아파트 하자소송,
이렇게 해결하라!

아파트 하자소송, 이렇게 해결하라!

입주자 민원사례와 대응전략

정홍식 저

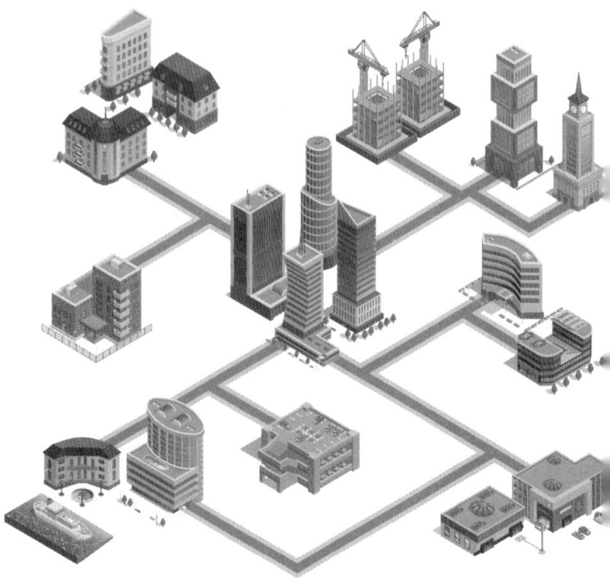

건설경제

머리말

2015년 기준으로 우리나라 주택 중 아파트가 차지하는 비율은 약 60%에 이를 정도로 우리나라는 집합건물의 비중이 높고, 아파트 등 집합건물의 관리에서 가장 문제가 되는 것이 바로 하자라 하여도 과언이 아닙니다. 입주자들은 분양받은 주택에 입주를 시작하거나 기존 주택을 매수할 때 제일 먼저 집 안의 하자를 확인합니다. 하자는 곧 입주자들의 생활의 불편과 직결되는 문제이기 때문입니다. 시공자를 비롯하여 사업주체는 하자가 발생하지 않도록 시공 과정에서 최선의 노력을 다하지만 아무리 완벽하게 시공을 하여도 하자는 발생할 수밖에 없는 것이어서 입주자와 사업주체 사이에 종종 분쟁이 발생합니다.

저자는 1997. 8. 6. 법무법인 화인을 설립한 뒤 약 20년 동안 건설 사건을 수행하면서 2,000여 건 이상의 하자소송을 진행하였습니다. 초기 하자소송은 사실상 법원 감정인에 의해 그대로 결론이 난다 해도 과언이 아닐 정도로 감정이 재판에 미치는 영향이 막대했습니다. 본래 건설소송은 감정이 중요하고 그 영향이 지대하지만 초기에는 법률가들이 이 분야에 능통하지 못해 감정결과를 분석하고 오류를 찾아내어 법정에서 현출하는 일이 어려웠기 때문에 감정결과가 그대로 판결의 결론이 되는 경우가 종종 있었던 것입니다. 감정 뿐 아니라 집합건물의 하자담보추급권과 관련한 법령도 정리가 되지 않아서 재판 진행이 쉽지 않았던 시기도 있었습니다.

그러나 지금은 하자소송에서 감정인이 감정서를 제출하면 변호사들은 이를 분석하여 각자 유리한 결과를 도출하기 위해 오류를 찾아내고, 법원에서도 보다 적극적으로 하자여부를 판단하고 있는 것으로 보입니다. 건설분쟁이나 하자소송을 다루는 책들도 발간되었고, 서울중앙지방법원에서도 2011. 9.경 건설소송실무연구회를 설립하여 판사, 변호사, 건설감정인, 건설전문가 등이 힘을 합쳐

건설감정기준을 객관화하고 감정서를 표준화하기 위한 연구를 거듭한 끝에 '건설감정실무'를 발간함으로써 하자소송에 있어 감정기준을 마련하는데 큰 역할을 한 바 있습니다.

그럼에도 불구하고 여전히 하자소송은 복잡하고, 건설 공정을 정확히 이해하고 있어야 하며 하자의 원인부터 적정한 보수비까지 다투어야 하기 때문에 어려움이 많습니다. 그래서인지 저자가 수십 년간 하자소송을 진행하면서 가장 안타까웠던 것도 이 분야에 제대로 된 전문가가 없다는 점이었습니다. 물론 오랜 시간 하자소송을 진행하고 연구해 오신 훌륭한 분들이 몇 몇 계시지만 여전히 이 분야는 다른 분야에 비해 전문가가 많지 않은 것이 사실입니다.

저자 역시 부족하지만 그럼에도 불구하고 이 책을 집필하게 된 이유는, 첫째, 저자가 가지고 있는 하자소송의 지식과 경험을 공유함으로써 하자소송으로 어려움을 겪고 있을 입주자, 사업주체, 법률가들에게 조금이나마 도움이 될 수 있을까 싶어서이고, 둘째, 저자를 비롯하여 법률가, 사업주체, 감정인, 법원 등이 계속하여 연구함으로써 노력한다면 향후에는 하자소송도 더욱 전문적이고 합리적인 결론을 도출해낼 수 있게 될 것이라는 바람 때문이었습니다.

이 책은 주로 공동주택의 하자와 감정, 주요 공종별 하자분쟁의 쟁점과 판례의 입장을 소개하고, 하자소송에서의 대응전략에 대해 다루고 있습니다. 분량과 시간의 한계로 많은 내용을 소개하지는 못했지만 이 책이 사업주체에게는 물론이고 입주자들에게도 좋은 참고서가 되기를 바랍니다.

법무법인 화 인

대표변호사 정 홍 식

추천의 글

정홍식 변호사가 또 한 번 일을 냈다. 정홍식 변호사는 건설분쟁과 하자와 관련된 국내 최고의 인적 자원을 자랑하는 법무법인 화인을 진두지휘하는 인물이다.

특히 지난 2014년 아파트 하자소송과 관련한 기준점을 제시하면서 법조계는 물론 건설업계에 '핫 이슈'를 던지기도 했다. '공동주택의 하자 판단기준은 사용승인 도면(준공도면)을 원칙으로 해야 한다.'라는 취지의 대법원 판결을 이끌어 내면서 건설업계에 새로운 이정표를 세웠다. '아파트 건설과정에서 발생한 설계변경 등이 반영된 최종 설계도서로 사용검사를 받는다. 따라서 사용검사 이후의 하자 역시 준공도면을 기준으로 삼아야 한다.'라는 것이 대법원의 판단이다.

건설업계가 이 같은 명확한 기준이 정해지면서 이에 대한 철저한 준비가 진행된 시기도 이때부터다. 당시 대법원 판결은 건설업계에 유 · 무형의 큰 도움이 된 판례로 평가되고 있다.

정 변호사의 이러한 일련의 활동은 아파트 하자소송과 관련해 그동안 쌓은 경험과 전문성이 없었다면 불가능했을 일이었다.

그는 이력도 화려하다. 특히 정부가 공동주택 하자심사 분쟁전담기구(국토교통부 중앙하자심사 · 분쟁조정위원회)를 설치한 초창기에 두 차례에 걸쳐 위원장을 맡았다. 이를 통해 정부의 공동주택 하자심사 · 분쟁과 관련된 기능과 역할, 활동영역을 포함한 전반적인 기틀을 마련했다는 평가다. 지금도 이 분야의 국토교통부 자문변호사로 왕성하게 활동 중이다.

그가 이번에 새로 쓴 〈아파트 하자소송, 이렇게 해결하라!〉에 더 관심을 두게 된 것도 이와 무관치 않다. 실제 아파트가 한국의 주거 패턴의 주류를 이루면서 하자와 관련한 분쟁도 늘어나는 추세다. 관련 소송도 많이 증가하고 있다. 하자 소송 자체가 복잡화하고 다기화하는 양상이다. 다양한 입주민의 요구와 높아진 눈높이가 반영된 것으로 풀이된다. 아파트를 짓는 건설업체의 부담도 그만큼 커진 셈이다.

하자소송은 대부분 입주민과 건설사 간에 이뤄진다. 이 과정에서 감정평가사, 아파트관리업체, 법무법인 등 다양한 외부 요소도 개입된다. 그러는 사이 소위 기획소송도 한 자리를 잡았다.

이 책은 이 같은 문제의 핵심을 제대로 분석하고 있다. 특히 아파트와 관련한 모든 하자분쟁과 쟁점, 판결동향을 일목요연하게 정리했다. 특히 건설업계의 입장에서 하자분쟁이 발생할 경우 체크할 내용을 비롯한 심도있는 대응전략까지 제시하고 있다. 대형건설사는 물론 중소, 중견 건설사에도 꼭 필요한 내용이 고스란히 담겼다.

최근 이슈가 되는 방화문 성능불량, 스프링클러 배관 누수, 층간소음, 인접세대 간 소음전달 문제에 대해서도 명쾌한 해답을 내놓았다.

이 책을 집필한 정홍식 변호사의 노고에 감사드린다. 나아가 이 책이 아파트 하자소송은 물론 다양한 형태의 집합건물의 하자와 관련된 분쟁, 소송과정에서 필독해야 하는 '바이블' 혹은 〈지침서〉로서 역할을 해줄 것을 기대한다.

주택산업연구원 이사장
(전)건설교통부 장관 추 병 직

CONTENTS

제3장 공동주택 하자분쟁의 주요 쟁점과 판결동향

CONTENTS

제4장 하자분쟁 관련 조정 사례

제5장 하자분쟁 발생시 업계의 대응전략

부록

제1장

최근 공동주택 하자 소송의 동향

제1절 하자의 개념과 담보책임의 범위

제2절 공동주택 하자에 대한 소송의 동향 및 형태

제1절 하자의 개념과 담보책임의 범위

1. 집합건물의 종류 및 현황

일반적으로 집합건물이라 함은 '집합건물의 소유 및 관리에 관한 법률'(이하 '집합건물법'이라 한다)의 적용대상인 건물로, 동 법률의 적용대상인 1동의 건물 중 구조상 구분된 수 개의 부분이 독립되어 사용될 수 있는 건물을 말한다. 오피스, 아파트형 공장, 오피스텔, 아파트, 연립주택, 다세대주택, 상가 등 그 종류가 다양하다.

특히 1동의 건물 중 구조상 구분된 여러 개의 부분이 독립한 건물로서 사용될 수 있을 때에는 그 각 부분은 위 집합건물법의 규정에 따라 각각 소유권의 목적으로 할 수 있고(집합건물법 제1조), 그에 따른 구분소유권 등기도 가능하다.

일물일권주의의 원칙상 하나의 물권의 객체는 하나의 독립된 물건이어야 한다. 그러나 건축기술의 발달 등으로 인해 이와 같은 원칙에 대한 예외가 발생하게 되었다.

과거에는 사람의 주거공간이 단독주택이 일반적이었지만, 건축기술의 발달과 인구의 밀집화로 인해 아파트 등 집합건물에 거주하는 비율이 높아졌고, 최근 그 비율은 80%를 상회하고 있다.

이와 같은 집합건물의 증가는 그동안 단독주택 또는 소규모 건물에 적용되던 민법 규정의 한계를 가져오기에 이르렀고, 그에 따라 집합건물에 적용될 수 있는 규범을 마련하기에 이르렀다.

위의 집합건물 및 공동주택 등의 법률적 정의에서 알 수 있듯 공동주택은 당연히 집합건물에 포함되지만, 집합건물은 공동주택 외에도 아파트형 공장이나 상가, 오피스텔 등을 모두 포함하는 개념이다.

전체적으로 집합건물이 늘어나면서 공동주택의 비율도 크게 늘어났다. 통계청이 발표한 '2016년 인구주택 총조사' 결과에 따르면 전체 주택 중에서도 아파트 등 공동주택의 비율이 이미 70%를 넘어선 상태이다. 특히 아파트가 1000만호를 넘어서 60%에 이르른 것으로 나타났다. 우리나라 열 집중에 여섯 집이 아파트인 셈이다. 대다수의 사람들이 공동주택에 살고 있을 만큼 공동주택이 보편화되었음을 알 수 있다.

이 책에서는 집합건물 중 특히 공동주택으로 분류되는 아파트에 대한 하자소송을 중심으로 그 법률관계를 논하고자 한다.

2. 하자의 개념

가. 일반적인 개념

국어사전에서는 '하자(瑕疵)'를 '어떤 사물이나 일에서 불완전한 부분'이라고 정의하고 있다. 그리고 하자와 비슷한 뜻을 지닌 단어로 '흠'을 들고 있다. '흠'에 대해서는 '사물의 불완전하거나 잘못된 부분'이라고 설명하고 있다. 즉 제대로 있어야 할 것을 갖추지 못하고 있거나 어느 한 부분이 빠지거나 잘못되어서 제 기능을 발휘하지 못하는 경우를 일컬어서 하자라고 부르는 것이다. 하자를 '자하'라고 부르기도 하는데, 이때는 흠이라는 말과 같은 뜻으로 쓰인다.

나. 법률적인 개념

법률적으로도 하자라는 말이 많이 쓰이는데, 이때는 법률 또는 당사자가 예기한 상태나 성질이 결여되어 있는 일을 하자라고 정의하고 있다. 즉 주택과 관련된 내용 외에 민법이나 건설산업기본법, 국가를 당사자로 하는 계약에 관한 법률, 지방자치단체를 당사자로 하는 계약에 관한 법률 등 각종 법률과 시행령 등에도 하자라는 말이 쓰이고 있다.

일반적으로 건축물에서 하자라는 말이 쓰이는 경우에는 완성된 건축물에 공사계약에서 정한 내용과 다른 구조적 · 기능적 결함이 있거나 거래관념상 통상 건축물이 갖추어야 할 내구성, 강도 등의 품질을 제대로 갖추고 있지 아니한 결과 그 사용가치 또는 교환가치를 감쇄시키는 결점을 뜻한다[1].

아파트 등 하자보수사건에서 적용되는 법률에는 주택법, 집합건물법, 집합건물법에 의해 준용되는 민법, 건설산업기본법 등이 있는 바, 주택법을 제외한 다른 법률에서는 하자의 범위나 개념에 관하여 명확한 규정을 두고 있지 않다.

구 주택법 제46조 제1항 및 동법 시행령 제59조 제1항 [별표 6]에서는 하자의 범위를 "공사상의 잘못으로 인한 균열 · 처짐 · 비틀림 · 침하 · 파손 · 붕괴 · 누수 · 누출, 작동 또는 기능불량, 부착 · 접지 또는 결선 불량, 고사 및 입상불량 등이 발생하여 건축물 또는 시설물의 기능 · 미관 또는 안전상의 지장을 초래할 정도의 하자"로 규정하고, 주택법 시행령 제59조 제1항 [별표 7]의 경우, 하자의 범위에 대해 두 가지 경우 즉, "가. 내력구조부에 발생한 결함으로 인하여 당해 공동주택이 무너진 경우", "나. 제62조 제3항의 규정에 의한 안전진단 실시결과 당해 공동주택이 무너질 우려가 있다고 판정된 경우"로 규정하고 있다.

1) 건설분쟁관계법(윤제윤 저, 제6판) 제275면 참조

3. 법원의 입장

대법원은 2010. 4. 29. 선고 2007다9139 판결에서, "아파트 분양계약에서의 분양자의 채무불이행책임이나 하자담보책임은 분양된 아파트가 당사자의 특약에 의하여 보유하여야 하거나 주택법상의 주택건설기준 등 거래상 통상 갖추어야 할 품질이나 성질을 갖추지 못한 경우에 인정된다."고 판시한 바 있다.

위와 같이 법원은 하자의 개념을 주관적 하자와 객관적 하자로 구분하여, ① 주관적 하자의 경우 당사자간의 특약(분양계약 등)과 달리 시공된 경우를 하자로, ② 객관적 하자는 관계 법령상의 기준을 충족하지 못하거나 거래상 통상 갖추어야 할 품질이나 성질을 갖추지 못한 경우를 하자로 판단하고 있다는 것을 알 수 있다.

[대법원 2010. 4. 29. 선고 2007다9139 판결]

【판결요지】

[1] 아파트 분양계약에서의 분양자의 채무불이행책임이나 하자담보책임은 분양된 아파트가 당사자의 특약에 의하여 보유하여야 하거나 주택법상의 주택건설기준 등 거래상 통상 갖추어야 할 품질이나 성질을 갖추지 못한 경우에 인정된다.

[3] 분양계약을 체결하는 과정에서 일조나 조망, 사생활의 노출 차단 등에 관한 상황에 대하여 일정한 기준에 이르도록 하기로 약정이 이루어졌다거나, 수분양자가 일조나 조망, 사생활의 노출 차단 등이 일정한 기준에 미치지 아니하는 사정을 알았더라면 그 분양계약을 체결하지 않았을 것임이 경험칙상 명백하여 분

양자가 신의성실의 원칙상 사전에 수분양자에게 그와 같은 사정을 설명하거나 고지할 의무가 있음에도 이를 설명 · 고지하지 아니함에 따라 일조나 조망, 사생활의 노출 차단 등이 일정한 기준에 이를 것이라는 신뢰를 부여하였다고 인정할 만한 특별한 사정이 없는 한, 아파트 각 동 · 세대의 배치 및 구조, 아파트의 층수, 아파트 각 동 · 세대 사이의 거리 등에 관한 기본적인 계획(이하 '기본적인 건축 계획'이라 한다)에 의하여 결정되는 일조나 조망, 사생활의 노출 등에 관한 상황에 대하여 수분양자가 이를 예상하고 받아들여 분양계약에 이르렀다고 봄이 상당하다. 따라서 분양된 아파트가 건축관계법령 및 주택법상의 주택건설기준 등에 적합할 뿐만 아니라, 분양계약 체결 당시 수분양자에게 알려진 기본적인 건축 계획대로 건축된 경우에는 아파트 각 동 · 세대의 방위나 높이, 구조 또는 다른 동과의 인접 거리 등으로 인하여 일정 시간 이상의 일조가 확보되지 아니하고 조망이 가려지며 사생활이 노출된다고 하더라도, 위에서 본 바와 같은 특별한 사정이 있지 않는 한, 이를 가지고 위 아파트가 그 분양계약 당시 수분양자에게 제공된 기본적인 건축 계획에 관한 정보에 의하여 예상할 수 있었던 범위를 벗어나 분양계약의 목적물로서 거래상 통상 갖추어야 하거나 당사자의 특약에 의하여 보유하여야 할 품질이나 성질을 갖추지 못한 경우에 해당된다고 할 수 없다.

4. 관계 법령에 따른 하자담보책임의 범위

가. 구 집합건물법 제9조, 구 주택법 제46조 및 주택법 시행령 제59조 제1항 – 사용검사 기준 2005. 5. 26. 이후 공동주택

공동주택 하자담보책임의 범위에 관한 내용은 구 집합건물법 및 개정 집합건물법, 구 주택법 및 주택법 시행령, 공동주택관리법 등에 규정되어 있다. 이들 법령 외에도 민법과 건설산업기본법 등에 하자담보책임에 관한 규정이 들어 있다.

이중 구 집합건물법과 구 주택법 및 주택법 시행령은 2005년 5월 26일 이후 사용검사를 받은 주택에 적용되며, 개정된 집합건물법은 2013년 6월 19일 이후 분양되는 공동주택에 적용된다. 2016년 8월 12일 이후 분양되는 공동주택은 공동주택관리법의 적용을 받는다. 민법과 건설산업기본법은 수급인의 담보책임 및 도급계약에 따른 담보책임 등을 규정하고 있다.

1) 대법원 2012. 7. 12. 선고 2010다108234 판결

2005. 5. 26. 주택법 개정 당시 함께 개정된 집합건물법 부칙 제6조 단서는 주택법과의 관계에 대해 "다만 공동주택의 담보책임 및 하자보수에 관하여는 주택법 제46조의 규정이 정하는 바에 따른다"라고 규정하고 있음에도, 주택법 제46조 제1항은 입주자대표회의 등이 사업주체에 대해 하자보수를 요청할 수 있음을 규정하고, 주택법 제46조 제3항은 공동주택의 내력구조부에 중대한 하자가 발생한 경우에 한해 하자보수에 갈음한 손해배상책임을 물을 수 있음을 규정하고 있다. 이에 따라 일반적인 하자의 보수에 갈음하는 손해배상청구권의 근거가 주택법에서 도출되지 않는 결과가 초래되어 주택법과 집합건물법의 관계에 대해 다수의 논의가 있었다. 대법원 2012. 7. 12.

선고 2010다108234 판결은, "2005. 5. 26. 각 개정된 집합건물법 제9조와 주택법 제46조의 하자관계 책임은 입법목적, 하자담보책임의 내용, 하자담보책임의 대상이 되는 하자의 종료와 범위, 하자담보책임을 추급할 수 있는 권리자와 의무자, 하자담보책임을 추급할 수 있는 권리의 행사기간 등을 서로 달리하고 있어 독립적으로 행사할 수 있다. 다만 집합건물법 부칙 제6조 단서의 취지상 주택법 제46조에서 규정한 하자에 대하여는 대통령령이 정하는 담보책임기간 안에 하자가 발생한 때에 한하여 집합건물법 제9조에 따라 하자보수에 갈음하는 손해배상을 청구할 수 있고, 그 밖에 주택법 제46조에서 규정하지 않은 사용검사일 전에 발생한 하자나 오시공, 미시공 등의 하자에 대하여는 위 대통령령이 정하는 담보책임기간의 제한 없이 집합건물법 제9조에 따라 하자보수에 갈음하는 손해배상을 청구할 수 있다"고 판시하였다. 이와 같은 판시는 사용검사 전 하자에 대하여는 집합건물법이 하자담보추급권이 된다는 것이며, 사용검사 후 하자의 경우에도 하자담보추급권의 근거는 집합건물법 제9조로서 구 주택법 제46조와 독립적으로 성립하되, 구 주택법 제46조의 하자발생기간[3]을 추가적인 요건으로 삼아야 한다는 것으로 해석된다.

2) 하자담보책임의 근거 및 하자담보책임기간

주택법에 의할 때, 사업주체(시공자를 포함)는 사용검사일로부터 공동주택의 내력구조부별 및 시설공사별로 10년 이내의 범위에서 대통령령이 정하는 담보책임기간(구 주택법 제46조 및 그 시행령 제59조 제1항 별표6, 별표7의 담보책임기간을 의미) 안에 공사상 잘못으로 인한 하자가 발생한 때에는 입주자 등(구 주택법 제46조 제1항 제1호 내지 제4호)의 청구에 따라 그 하자를 보수하여야 하며(구 주택법 제46조 제1항), 또한 사업주체(시공자를

3) 다만, 위 집합건물법 부칙 제6조 단서는 2012. 12. 18. 집합건물법의 개정으로 삭제되어 그 시행일인 2013. 6. 19. 이후 분양되는 공동주택에 대하여는 집합건물법 제9조의2가 적용될 것이다.

포함)는 담보책임기간 안에 공동주택의 내력구조부에 중대한 하자가 발생한 때에는 하자발생으로 인한 손해를 배상할 책임이 있다(구 주택법 제46조 제3항). 따라서 주택법에 따르면 내력구조부에 중대한 하자가 있는 경우에 한해 하자발생으로 인한 손해배상청구가 가능할 뿐이며(구 주택법 제46조 제3항), 하자보수를 청구하는 경우에도 구 주택법 시행령 제59조 제1항 별표6, 별표7이 정한 하자발생기간 내에 발생한 하자에 해당하여야 할 것이다.

다만, 위 대법원 2012. 7. 12. 선고 2010다108234 판결에서 판시한 바와 같이 하자담보추급권의 근거는 집합건물법 제9조이며, 다만 하자의 범위 및 내용(하자발생시기)에 관하여 주택법 제46조 및 그 시행령 제59조 제1항 별표6, 별표7이 적용되는 것이므로, 집합건물법에 근거하여 구분소유자는 분양자를 상대로 구 주택법 시행령이 정하는 하자발생기간 내에 발생한 하자에 대해 하자보수에 갈음하여 손해배상청구가 가능하다.

그리고 입주자대표회의가 하자보수에 갈음한 손해배상을 집합건물법에 따라 청구하기 위해서는 대법원 2009. 5. 28. 선고 2009다9539 판결에 따라 입주자대표회의는 하자보수에 갈음한 손해배상청구의 주체가 될 수 없으므로 각 구분소유자들로부터 손해배상채권의 양도를 받아야 가능할 것이다.

또한, 집합건물법은 분양자의 책임만을 규정하고 있으므로 집합건물법을 근거로 하여서는 구분소유자는 분양자가 아닌 시공사에게 하자보수에 갈음한 손해배상청구를 하는 것은 불가능하며, 시공사를 상대로 청구하기 위해서는 분양자를 대위하여 청구를 해야 할 것이고 대위청구가 가능하기 위해서는 채권자대위권의 요건(특히 분양자의 무자력)을 갖추어야 할 것이다. 이는 입주자대표회의가 구분소유자로부터 채권을 양도받아 시공사를 상대로 하자보수에 갈음하는 손해배상을 구하는 경우에도 마찬가지이다.

구 집합건물법(2012. 12. 18. 개정 이전, 2013. 6. 19. 시행 이전)

제9조(담보책임)

① 제1조 또는 제1조의2의 건물을 건축하여 분양한 자의 담보책임에 관하여는 「민법」 제667조부터 제671조까지의 규정을 준용한다.

② 제1항의 분양자의 담보책임에 관하여 「민법」에 규정된 것보다 매수인에게 불리한 특약은 효력이 없다.

구 주택법 제46조

제46조(담보책임 및 하자보수 등)

① 사업주체(「건축법」 제11조에 따라 건축허가를 받아 분양을 목적으로 하는 공동주택을 건축한 건축주 및 제42조제2항제2호에 따른 행위를 한 시공자를 포함한다. 이하 이 조 및 제46조의2부터 제46조의7까지에서 같다)는 건축물 분양에 따른 담보책임에 관하여 전유부분은 입주자에게 인도한 날부터, 공용부분은 공동주택의 사용검사일(주택단지 안의 공동주택의 전부에 대하여 임시 사용승인을 받은 경우에는 그 임시 사용승인일을 말하고, 제29조제1항 단서에 따라 분할 사용검사나 동별 사용검사를 받은 경우에는 분할 사용검사일 또는 동별 사용검사일을 말한다) 또는 「건축법」 제22조에 따른 공동주택의 사용승인일부터 공동주택의 내력구조부별 및 시설공사별로 10년 이내의 범위에서 대통령령으로 정하는 담보책임기간에 공사상 잘못으로 인한 균열 · 침하(沈下) · 파손 등 대통령령으로 정하는 하자가 발생한 경우에는 해당 공동주택의 다음 각 호의 어느 하나에 해당하는 자(이하 이 조 및 제46조의2부터 제46조의7까지에서 "입주자대표회의등"이라 한다)의 청구에 따라 그 하자를 보수하여야 한다.〈개정 2009.2.3., 2010.4.5., 2012.1.26., 2012.12.18.〉

1. 입주자
2. 입주자대표회의
3. 관리주체(하자보수청구 등에 관하여 입주자 또는 입주자대표회의를 대행하는 관

리주체를 말한다)

4. 「집합건물의 소유 및 관리에 관한 법률」에 따른 관리단

② 제1항에 따른 사업주체(「건설산업기본법」 제28조에 따라 하자담보책임이 있는 자로서 사업주체로부터 건설공사를 일괄 도급받아 건설공사를 수행한 자가 따로 있는 경우에는 그 자를 말한다)는 대통령령으로 정하는 바에 따라 하자보수보증금을 예치하여야 한다. 다만, 국가 · 지방자치단체 · 한국토지주택공사 및 지방공사인 사업주체의 경우에는 그러하지 아니하다.〈개정 2009.2.3., 2010.4.5.〉

③ 사업주체는 제1항에 따른 담보책임기간에 공동주택의 내력구조부에 중대한 하자가 발생한 경우에는 하자 발생으로 인한 손해를 배상할 책임이 있다.〈개정 2009.2.3.〉

④ 시장 · 군수 · 구청장은 제1항에 따른 기간에 공동주택의 구조안전에 중대한 하자가 있다고 인정하는 경우에는 안전진단기관에 의뢰하여 안전진단을 할 수 있다. 이 경우 안전진단의 대상 · 절차 및 비용 부담에 관한 사항과 안전진단 실시기관의 범위 등에 필요한 사항은 대통령령으로 정한다.〈개정 2009.2.3.〉

구 주택법 시행령

제59조(사업주체의 하자보수)

① 사업주체(법 제46조제2항에 따른 사업주체를 말한다. 이하 이 조, 제59조의2, 제60조, 제60조의2, 제60조의4, 제61조, 제62조 및 제62조의13에서 같다)가 보수책임을 부담하는 하자의 범위, 내력구조부별 및 시설공사별 하자담보책임기간 등은 별표 6 및 별표 7과 같다.

구 주택법 시행령 제59조 제1항 [별표 6.]

[별표 6] 〈개정 2008.11.5〉

하자보수대상 하자의 범위 및 시설공사별 하자담보책임기간

(주택법 시행령 제59조 제1항 관련)

1. 하자의 범위

공사상의 잘못으로 인한 균열 · 처짐 · 비틀림 · 침하 · 파손 · 붕괴 · 누수 · 누출, 작동 또는 기능불량, 부착 · 접지 또는 결선 불량, 고사 및 입상불량 등이 발생하여 건축물 또는 시설물의 기능 · 미관 또는 안전상의 지장을 초래할 정도의 하자

2. 시설공사별 하자담보책임기간

구분		하자담보책임기간			
		1년	2년	3년	4년
1. 대지조성공사	가. 토공사		○		
	나. 석축공사		○		
	다. 옹벽공사		○		
	라. 배수공사		○		
	마. 포장공사			○	
2. 옥외급수 · 위생 관련 공사	가. 공동구공사		○		
	나. 지하저수조공사		○		
	다. 옥외위생(정화조) 관련 공사		○		
	라. 옥외급수 관련 공사		○		
3. 지정 및 기초	가. 직접기초공사			○	
	나. 말뚝기초공사			○	
4. 철근콘크리트공사	가. 일반철근콘크리트공사				○
	나. 특수콘크리트공사				○
	다. 프리캐스트콘크리트공사				○
5. 철골공사	가. 구조용철골공사			○	
	나. 경량철골공사		○		
	다. 철골부대공사		○		

6. 조적공사	가. 일반벽돌공사		○		
	나. 점토벽돌공사		○		
	다. 블럭공사		○		
7. 목공사	가. 구조체 또는 바탕재공사		○		
	나. 수장목공사	○			
8. 창호공사	가. 창문틀 및 문짝공사		○		
	나. 창호철물공사		○		
	다. 유리공사	○			
9. 지붕 및 방수공사	가. 지붕공사				○
	나. 홈통 및 우수관공사				○
	다. 방수공사				○
10. 마감공사	가. 미장공사	○			
	나. 수장공사	○			
	다. 칠공사	○			
	라. 도배공사	○			
	마. 타일공사		○		
	바. 단열공사		○		
	사. 옥내가구공사		○		
11. 조경공사	가. 식재공사		○		
	나. 잔디심기공사	○			
	다. 조경시설물공사		○		
	라. 관수 및 배수공사		○		
	마. 조경포장공사		○		
	바. 조경부대시설공사		○		
12. 잡공사	가. 온돌공사(세대매립배관 포함)			○	
	나. 주방기구공사		○		
	다. 옥내 및 옥외설비공사		○		
	라. 금속공사	○			

13. 난방 · 환기, 공기조화 설비공사	가. 열원기기설비공사		○		
	나. 공기조화기기설비공사		○		
	다. 닥트설비공사		○		
	라. 배관설비공사		○		
	마. 보온공사		○		
	바. 자동제어설비공사		○		
14. 급 · 배수위생설비공사	가. 급수설비공사		○		
	나. 온수공급설비공사		○		
	다. 배수 · 통기설비공사		○		
	라. 위생기구설비공사		○		
	마. 철 및 보온공사		○		
	바. 특수설비공사		○		
15. 가스 및 소화설비공사	가. 가스설비공사		○		
	나. 소화설비공사			○	
	다. 제연설비공사			○	
	라. 가스저장시설공사			○	
16. 전기 및 전력설비공사	가. 배관 · 배선공사		○		
	나. 피뢰침공사		○		
	다. 조명설비공사	○			
	라. 동력설비공사		○		
	마. 수 · 변전설비공사			○	
	바. 수 · 배전공사		○		
	사. 전기기기공사		○		
	아. 발전설비공사			○	
	자. 승강기 및 인양기설비공사			○	

17. 통신 · 신호 및 방재설비공사	가. 통신 · 신호설비공사		○		
	나. TV공청설비공사		○		
	다. 방재설비공사		○		
	라. 감시제어설비공사		○		
	마. 가정자동화설비공사		○		
	바. 자동화재탐지설비공사			○	
	사. 정보통신설비공사		○		
18. 지능형 홈네트워크 설비공사	가. 홈네트워크망 공사		○		
	나. 홈네트워크기기 공사		○		
	다. 단지공용시스템 공사		○		

주택법 시행령 제59조 제1항 [별표 7.]

[별표 7] 〈개정 2005.9.16〉

내력구조부별 하자보수대상 하자의 범위 및 하자담보책임기간

(주택법 시행령 제59조 제1항 관련)

1. 하자의 범위

가. 내력구조부에 발생한 결함으로 인하여 당해 공동주택이 무너진 경우

나. 제62조제3항의 규정에 의한 안전진단 실시결과 당해 공동주택이 무너질 우려가 있다고 판정된 경우

2. 내력구조부별 하자보수기간

가. 기둥 · 내력벽(힘을 받지 않는 조적벽 등은 제외한다) :10년

나. 보 · 바닥 및 지붕 : 5년

나. 개정 집합건물법 제9조 및 제9조의2
– 2013. 6. 19. 이후 분양되는 공동주택

2005. 5. 26. 주택법 개정시 들어온 구 집합건물법 부칙 제6조 단서[4]가 2012. 12. 18. 집합건물법 개정과 함께 삭제되었으므로, 2013. 6. 19. 이후 분양되는 공동주택에 대하여는 구 주택법 제46조가 적용되지 않고 개정된 집합건물법 제9조 및 제9조의2가 적용된다. 즉 분양자와 분양자와의 계약에 따라 건물을 건축한 자로서 대통령령으로 정하는 자는 구분소유자에 대해 담보책임을 부담하며, 이 경우 그 담보책임에 관하여는 민법 제667조 및 민법 제668조가 준용된다(개정 집합건물법 제9조 제1항). 또 시공자가 분양자에 부담하는 담보책임에 관하여 다른 법률에 특별한 규정이 있는 경우 시공자는 그 특별법령에서 정하는 담보책임의 범위에서 구분소유자에게 담보책임을 진다(개정 집합건물법 제9조 제2항). 시공자는 하자담보책임 중 손해배생책임에 있어 분양자에게 회생절차개시신청, 파산신청, 해산, 무자력 또는 그 밖에 이에 준하는 사유가 있는 경우에만 손해배상책임을 부담하며, 시공자가 이미 분양자에게 손해배상을 한 경우에는 그 범위에서 구분소유자에 대한 책임을 면하도록 규정하고 있다(개정 집합건물법 제9조 제3항).

개정 집합건물법은 담보책임의 존속기간을 제9조의2 및 집합건물법 시행령 제5조에 규정하고 있는데, 하자 종류에 따른 담보책임에 관한 구분소유자의 권리는 다음과 같은 기간 내에 행사하여야 한다.

---

4) 구 집합건물법 부칙 제6조 단서는 주택법과의 관계에 대하여 "다만 공동주택의 담보책임 및 하자보수에 관하여는 주택법 제46조의 규정이 정하는 바에 따른다"라고 규정하고 있었으나, 2012. 12. 18. 개정된 집합건물법에 따라 삭제되었다.

하자의 구분	담보책임 존속기간
건축법 제2조 제1항 제7호에 따른 건물의 주요구조부 및 지반공사의 하자 (내력벽, 기둥, 바닥, 보, 지붕틀 및 주계단)	10년
기산일(전유부분은 인도한 날, 공용부분은 사용검사일) 전에 발생한 하자	5년
대지조성공사, 철근콘크리트공사 철골공사, 조적공사, 지붕 및 방수공사의 하자 등 건물의 구조상 또는 안전상 하자	5년
건축법 제2조 제1항 제4호에 따른 건축설비공사(이와 유사한 설비공사를 포함), 목공사, 창호공사 및 조경공사의 하자 등 건물의 기능상 또는 미관상의 하자	3년
마감공사의 하자 등 하자의 발견, 교체 및 보수가 용이한 하자	2년

이처럼, 집합건물법 개정 이전에는 집합건물법상으로는 하자의 종류를 구분하지 않고 하자에 대해 10년의 제척기간이 적용되었지만(다만 구 주택법 부칙 제6조가 적용되는 사용검사 기준 2005. 5. 26. 이후 분양 기준 2013. 6. 19. 이전 공동주택의 경우에는 대법원 판례의 관계법령 해석에 따라 구 주택법 제46조 및 그 시행령 제59조 별표 6, 별표 7에 따른 하자담보책임기간이 적용되었음), 개정 집합건물법 제9조의2는 대통령령(집합건물법 시행령 제5조)으로 정하는 하자의 종류에 따라 담보책임의 존속기간이 합리적으로 세분화되었다.

집합건물법

제9조(담보책임)

① 제1조 또는 제1조의2의 건물을 건축하여 분양한 자(이하 "분양자"라 한다)와 분양자와의 계약에 따라 건물을 건축한 자로서 대통령령으로 정하는 자(이하 "시공자"라 한다)는 구분소유자에 대하여 담보책임을 진다. 이 경우 그 담보책임에 관하여는 「민법」 제667조 및 제668조를 준용한다.〈개정 2012.12.18.〉

② 제1항에도 불구하고 시공자가 분양자에게 부담하는 담보책임에 관하여 다른 법률에 특별한 규정이 있으면 시공자는 그 법률에서 정하는 담보책임의 범위에서

구분소유자에게 제1항의 담보책임을 진다.〈신설 2012.12.18.〉

③ 제1항 및 제2항에 따른 시공자의 담보책임 중 「민법」 제667조제2항에 따른 손해배상책임은 분양자에게 회생절차개시 신청, 파산 신청, 해산, 무자력(無資力) 또는 그 밖에 이에 준하는 사유가 있는 경우에만 지며, 시공자가 이미 분양자에게 손해배상을 한 경우에는 그 범위에서 구분소유자에 대한 책임을 면(免)한다.〈신설 2012.12.18.〉

④ 분양자와 시공자의 담보책임에 관하여 이 법과 「민법」에 규정된 것보다 매수인에게 불리한 특약은 효력이 없다.〈개정 2012.12.18.〉

[전문개정 2010.3.31.]

제9조의2(담보책임의 존속기간)

① 제9조에 따른 담보책임에 관한 구분소유자의 권리는 다음 각 호의 기간 내에 행사하여야 한다.

1. 「건축법」 제2조제1항제7호에 따른 건물의 주요구조부 및 지반공사의 하자: 10년
2. 제1호에 규정된 하자 외의 하자: 하자의 중대성, 내구연한, 교체가능성 등을 고려하여 5년의 범위에서 대통령령으로 정하는 기간

② 제1항의 기간은 다음 각 호의 날부터 기산한다.

1. 전유부분: 구분소유자에게 인도한 날
2. 공용부분: 「주택법」 제29조에 따른 사용검사일(집합건물 전부에 대하여 임시 사용승인을 받은 경우에는 그 임시 사용승인일을 말하고, 「주택법」 제29조제1항 단서에 따라 분할 사용검사나 동별 사용검사를 받은 경우에는 분할 사용검사일 또는 동별 사용검사일을 말한다) 또는 「건축법」 제22조에 따른 사용승인일

③ 제1항 및 제2항에도 불구하고 제1항 각 호의 하자로 인하여 건물이 멸실되거나 훼손된 경우에는 그 멸실되거나 훼손된 날부터 1년 이내에 권리를 행사하여야 한다.

[본조신설 2012.12.18.]

부칙

제3조(담보책임에 관한 경과조치)

제2조의2, 제9조, 제9조의2, 법률 제3725호 집합건물의 소유 및 관리에 관한 법률 부칙 제6조(법률 제7502호 집합건물의 소유 및 관리에 관한 법률 일부개정법률에 따라 개정된 내용을 포함한다)의 개정규정 및 부칙 제4조에도 불구하고 이 법 시행 전에 분양된 건물의 담보책임에 관하여는 종전의 규정에 따른다.

집합건물법 시행령

제5조(담보책임의 존속기간)

법 제9조의2제1항제2호에서 "대통령령으로 정하는 기간"이란 다음 각 호의 구분에 따른 기간을 말한다.

1. 법 제9조의2제2항 각 호에 따른 기산일 전에 발생한 하자: 5년
2. 법 제9조의2제2항 각 호에 따른 기산일 이후에 발생한 하자: 다음 각 목의 구분에 따른다.

가. 대지조성공사, 철근콘크리트공사, 철골공사, 조적(組積)공사, 지붕 및 방수공사의 하자 등 건물의 구조상 또는 안전상의 하자: 5년

나. 「건축법」 제2조제1항제4호에 따른 건축설비 공사(이와 유사한 설비공사를 포함한다), 목공사, 창호공사 및 조경공사의 하자 등 건물의 기능상 또는 미관상의 하자: 3년

다. 마감공사의 하자 등 하자의 발견 · 교체 및 보수가 용이한 하자: 2년

다. 공동주택관리법 제36조, 제37조, 제38조

– 2016. 8. 12. 이후 분양되는 공동주택

1) 관련 법령의 제정 및 개정

기존에 공동주택의 하자담보책임기간 및 하자보수보증금예치에 관하여 규율하고 있던 구 주택법 제46조 및 그 시행령 제59조, 시행령 별표 6, 7이

2016. 1. 19. 주택법의 개정(2016. 8. 12. 시행)으로 삭제되었으며, 이와 함께 2016. 8. 12. 공동주택관리법이 새롭게 시행되어 위 구 주택법 제46조, 구 주택법 시행령 제59조, 집합건물법 제9조의 2에 규정되어 있던 하자담보책임 및 하자보수보증금예치에 관한 사항이 공동주택관리법 제36조 내지 제38조에 규정되게 되었다. 자세히 살펴보면, 공동주택관리법 제36조 제1항 및 제2항에는 집합건물법 제9조와 제9조의 2의 내용이, 공동주택관리법 제37조에는 구 주택법 제46조 제1항, 제3항의 내용이, 공동주택관리법 제38조에는 구 주택법 제46조 제2항의 내용이 규정되게 되었다.

이와 같은 관련법령의 제정 및 개정은, 그동안 집합건물법, 주택법 등에 산재되어 법령의 적용에 있어 혼란을 야기시키던 하자담보책임의 근거, 하자담보책임기간 및 하자보수보증금예치 등에 관한 규정들을 정리하고, 이를 일원화하여 법령적용의 혼란을 없애고 관련법령의 통일성을 제고하기 위한 것으로 해석된다.

2) 공동주택관리법의 적용

따라서, 2016. 8. 12. 이후 분양되는 공동주택의 경우에 하자담보책임에 관하여 적용되는 법률은 집합건물법과 공동주택관리법이 될 것이나, 현행 집합건물법 제2조의 2[5]는 "공동주택관리법의 특별한 규정은 집합건물법에 저촉되어 구분소유자의 기본적인 권리를 해치지 아니하는 범위에서 효력이 있다."고 규정하고 있으므로, 결국 공동주택인 아파트에 관하여는 특별한 사정이 없는 한 새롭게 제정된 공동주택관리법 제36조 내지 제38조에 의해 규율될 것으로 보이며, 집합건물법 제9조, 제9조의 2 등의 하자담보책임 관련

---

5) 집합건물법 제2조의2(다른 법률과의 관계)
집합주택의 관리 방법과 기준, 하자담보책임에 관한 「주택법」 및 「공동주택관리법」의 특별한 규정은 이 법에 저촉되어 구분소유자의 기본적인 권리를 해치지 아니하는 범위에서 효력이 있다. 〈개정 2015.8.11.〉

규정은 공동주택(아파트) 아닌 집합건물을 규율할 것으로 생각된다. 다만 사안에 따른 법령의 구체적인 적용은 향후 법원의 유권해석이 필요할 것이다.

3) 공동주택관리법령상의 하자담보책임기간의 성질

구 주택법 시행령 제59조는, "하자담보책임기간 내에 공동주택의 하자가 발생한 경우에는 사업주체에 대하여 그 하자의 보수를 청구할 수 있다."고 규정하고 있어, 하자담보책임기간을 하자발생기간으로 보았으므로 하자보수청구는 하자담보책임기간 이후에 있더라도 사업주체는 하자담보책임을 부담하는 것으로 보았다.

그러나, 공동주택관리법 시행령 제38조 제1항은, "공동투택에 하자가 발생한 경우에는 담보책임기간 내에 사업주체에게 하자보수를 청구하여야 한다."고 규정하고 있으며, 공동주택관리법 시행령 제39조 제1항은 시공사 등 사업주체로 하여금 담보책임기간 만료 30일 전까지 그 만료 예정일을 해당 공동주택 입주자대표회의에 서면으로 통보하도록 의무를 부과하고 있다. 따라서 위 공동주택관리법 시행령을 문언으로만 판단하여 보면, 입주자대표회의가 하자담보책임기간 내에 사업주체에게 하자보수청구를 해야 사업주체가 하자담보책임을 부담하게 되고, 구 주택법 시행령 제59조와 달리 하자담보책임기간 내에 하자가 발생함이 입증된다고 하더라도 하자담보책임기간 내에 하자보수요청이 없다면 사업주체의 하자담보책임이 제척기간의 경과로 소멸되는 것으로 해석해야 할 것으로 사료된다.

결국 공동주택관리법에 따른 하자담보책임기간의 법적 성질에 관하여는 향후 법원의 유권해석에 의해 결정될 것으로 보이나, 앞에서 살펴본 공동주택관리법 시행령의 문언만을 놓고 판단하여 본다면 하자담보책임기간 내에 하자보수요청을 해야 하는 제척기간으로 해석될 가능성이 높다고 생각된다.

따라서 향후 공동주택에 관한 하자소송에서 원고인 입주자대표회의의 하자보수요청 사실에 관한 입증책임이 무거워질 것으로 예상된다.

4) 담보책임의 종료

공동주택관리법이 제정되기 이전에는, 시공사와 입주자대표회의 사이의 하자보수종결합의, 하자보수종료확인서 등으로 연차별 하자담보책임에 관하여 주채무자인 시공사가 아파트 입주자대표회의, 관리단 등으로부터 하자보수의무가 면제되거나 입주자대표회의의 시공사에 대한 하자보수청구권이 포기되었다고 볼 수 있는지가 실무적으로 문제되고 있었다. 이에 비해 공동주택관리법 시행령 제39조는 담보책임의 종료에 관한 사항을 새롭게 규정하고 일정한 시기(제5항)와 절차(제6항)에 따라 하자보수종료확인서 등을 작성하게 함으로써 시공사 등 사업주체의 하자담보책임의 범위를 좀 더 명확히 할 수 있을 것으로 판단된다.

공동주택관리법

제36조(하자담보책임)

① 사업주체(「건축법」 제11조에 따른 건축허가를 받아 분양을 목적으로 하는 공동주택을 건축한 건축주 및 제35조제1항제2호에 따른 행위와 「주택법」 제66조제1항에 따른 리모델링을 수행한 시공자를 포함한다. 이하 이 장에서 같다)는 공동주택의 하자에 대하여 분양에 따른 담보책임(시공자는 수급인의 담보책임을 말한다)을 진다.〈개정 2016.1.19.〉

② 제1항에 따른 담보책임의 기간(이하 "담보책임기간"이라 한다)은 하자의 중대성, 시설물 내구연한 및 교체 가능성 등을 고려하여 공동주택의 내력구조부별 및 시설공사별로 10년(「주택법」 제38조에 따른 장수명 주택의 경우에는 15년)의 범위에서 대통령령으로 정한다. 이 경우 담보책임기간은 다음 각 호의 날부터 기산한다.〈개정 2016.1.19.〉

1. 전유부분: 입주자에게 인도한 날
2. 공용부분: 「주택법」 제49조에 따른 사용검사일(같은 법 제49조제4항 단서에 따라 공동주택의 전부에 대하여 임시 사용승인을 받은 경우에는 그 임시 사용승인일을 말하고, 같은 법 제49조제1항 단서에 따라 분할 사용검사나 동별 사용검사를 받은 경우에는 그 분할 사용검사일 또는 동별 사용검사일을 말한다) 또는 「건축법」 제22조에 따른 공동주택의 사용승인일

③ 제1항의 하자(이하 "하자"라 한다)는 공사상 잘못으로 인하여 균열 · 침하(沈下) · 파손 · 들뜸 · 누수 등이 발생하여 건축물 또는 시설물의 안전상 · 기능상 또는 미관상의 지장을 초래할 정도의 결함을 말하며, 그 구체적인 범위는 대통령령으로 정한다.

제37조(하자보수 등)

① 사업주체(「건설산업기본법」 제28조에 따라 하자담보책임이 있는 자로서 제36조제1항에 따른 사업주체로부터 건설공사를 일괄 도급받아 건설공사를 수행한 자

가 따로 있는 경우에는 그 자를 말한다. 이하 이 장에서 같다)는 담보책임기간에 하자가 발생한 경우에는 해당 공동주택의 다음 각 호의 어느 하나에 해당하는 자(이하 이 장에서 "입주자대표회의등"이라 한다)의 청구에 따라 그 하자를 보수하여야 한다. 이 경우 하자보수의 절차 및 종료 등에 필요한 사항은 대통령령으로 정한다.

1. 입주자
2. 입주자대표회의
3. 관리주체(하자보수청구 등에 관하여 입주자 또는 입주자대표회의를 대행하는 관리주체를 말한다)
4. 「집합건물의 소유 및 관리에 관한 법률」에 따른 관리단

② 사업주체는 담보책임기간에 공동주택의 내력구조부에 중대한 하자가 발생한 경우에는 하자 발생으로 인한 손해를 배상할 책임이 있다.

③ 시장 · 군수 · 구청장은 담보책임기간에 공동주택의 구조안전에 중대한 하자가 있다고 인정하는 경우에는 안전진단기관에 의뢰하여 안전진단을 할 수 있다. 이 경우 안전진단의 대상 · 절차 및 비용 부담에 관한 사항과 안전진단 실시기관의 범위 등에 필요한 사항은 대통령령으로 정한다.

제38조(하자보수보증금의 예치 및 사용)

① 사업주체는 대통령령으로 정하는 바에 따라 하자보수보증금을 예치하여야 한다. 다만, 국가 · 지방자치단체 · 한국토지주택공사 및 지방공사인 사업주체의 경우에는 그러하지 아니하다.

② 입주자대표회의등은 제1항에 따른 하자보수보증금을 제39조에 따른 하자심사 · 분쟁조정위원회의 하자 여부 판정 등에 따른 하자보수비용 등 대통령령으로 정하는 용도로만 사용하여야 하며, 의무관리대상 공동주택의 경우에는 하자보수보증금의 사용 후 30일 이내에 그 사용내역을 국토교통부령으로 정하는 바에 따라 시장 · 군수 · 구청장에게 신고하여야 한다.

공동주택관리법 시행령

제36조(담보책임기간)

① 법 제36조제2항에 따른 공동주택의 내력구조부별 및 시설공사별 담보책임기간(이하 "담보책임기간"이라 한다)은 다음 각 호와 같다.

1. 내력구조부별(「건축법」 제2조제1항제7호에 따른 건물의 주요구조부를 말한다. 이하 같다) 하자에 대한 담보책임기간: 10년
2. 시설공사별 하자에 대한 담보책임기간: 별표 4에 따른 기간

② 사업주체(「건축법」 제11조에 따른 건축허가를 받아 분양을 목적으로 하는 공동주택을 건축한 건축주를 포함한다. 이하 이 조에서 같다)는 해당 공동주택의 전유부분을 입주자에게 인도한 때에는 국토교통부령으로 정하는 바에 따라 주택인도증서를 작성하여 관리주체(의무관리대상 공동주택이 아닌 경우에는 「집합건물의 소유 및 관리에 관한 법률」에 따른 관리인을 말한다. 이하 이 조에서 같다)에게 인계하여야 한다. 이 경우 관리주체는 30일 이내에 공동주택관리정보시스템에 전유부분의 인도일을 공개하여야 한다.

③ 사업주체는 주택의 미분양(未分讓) 등으로 인하여 제10조제4항에 따른 인계 · 인수서에 같은 항 제5호에 따른 인도일의 현황이 누락된 세대가 있는 경우에는 주택의 인도일부터 15일 이내에 인도일의 현황을 관리주체에게 인계하여야 한다.

제37조(하자의 범위)

법 제36조제3항에 따른 하자의 범위는 다음 각 호의 구분에 따른다.

1. 내력구조부별 하자: 다음 각 목의 어느 하나에 해당하는 경우
 가. 공동주택 구조체의 일부 또는 전부가 붕괴된 경우
 나. 공동주택의 구조안전상 위험을 초래하거나 그 위험을 초래할 우려가 있는 정도의 균열 · 침하(沈下) 등의 결함이 발생한 경우
2. 시설공사별 하자: 공사상의 잘못으로 인한 균열 · 처짐 · 비틀림 · 들뜸 · 침하 · 파손 · 붕괴 · 누수 · 누출 · 탈락, 작동 또는 기능불량, 부착 · 접지 또는 결선(結線)

불량, 고사(枯死) 및 입상(立像) 불량 등이 발생하여 건축물 또는 시설물의 안전상 · 기능상 또는 미관상의 지장을 초래할 정도의 결함이 발생한 경우

제38조(하자보수 절차)

① 법 제37조제1항 각 호 외의 부분 후단에 따라 입주자대표회의등(같은 항 각 호의 어느 하나에 해당하는 자를 말한다. 이하 이 장에서 같다)은 공동주택에 하자가 발생한 경우에는 담보책임기간 내에 사업주체(법 제37조제1항 각 호 외의 부분 전단에 따른 사업주체를 말한다. 이하 이 장에서 같다)에게 하자보수를 청구하여야 한다.

② 제1항에 따른 하자보수의 청구는 다음 각 호의 구분에 따른 자가 하여야 한다. 이 경우 입주자는 전유부분에 대한 청구를 제2호나목에 따른 관리주체가 대행하도록 할 수 있으며, 공용부분에 대한 하자보수의 청구를 제2호 각 목의 어느 하나에 해당하는 자에게 요청할 수 있다.

1. 전유부분: 입주자

2. 공용부분: 다음 각 목의 어느 하나에 해당하는 자

가. 입주자대표회의

나. 관리주체(하자보수청구 등에 관하여 입주자 또는 입주자대표회의를 대행하는 관리주체를 말한다)

다. 「집합건물의 소유 및 관리에 관한 법률」에 따른 관리단

③ 사업주체는 제1항에 따라 하자보수를 청구받은 날(법 제48조제1항 후단에 따라 하자진단결과를 통보받은 때에는 그 통보받은 날을 말한다)부터 15일 이내에 그 하자를 보수하거나 다음 각 호의 사항을 명시한 하자보수계획(이하 "하자보수계획"이라 한다)을 입주자대표회의등에 서면(「전자문서 및 전자거래 기본법」 제2조제1호에 따른 정보처리시스템을 사용한 전자문서를 포함한다. 이하 이 장에서 같다)으로 통보하고 그 계획에 따라 하자를 보수하여야 한다. 다만, 하자가 아니라고 판단되는 사항에 대해서는 그 이유를 서면으로 통보하여야 한다.

1. 하자부위, 보수방법 및 보수에 필요한 상당한 기간

2. 담당자 성명 및 연락처

3. 그 밖에 보수에 필요한 사항

④ 제3항에 따라 하자보수를 실시한 사업주체는 하자보수가 완료되면 즉시 그 보수결과를 하자보수를 청구한 입주자대표회의등에 통보하여야 한다.

제39조(담보책임의 종료)

① 사업주체는 담보책임기간이 만료되기 30일 전까지 그 만료 예정일을 해당 공동주택의 입주자대표회의(의무관리대상 공동주택이 아닌 경우에는 「집합건물의 소유 및 관리에 관한 법률」에 따른 관리단을 말한다. 이하 이 장에서 같다)에 서면으로 통보하여야 한다. 이 경우 사업주체는 다음 각 호의 사항을 함께 알려야 한다.

1. 제38조에 따라 입주자대표회의등이 하자보수를 청구한 경우에는 하자보수를 완료한 내용

2. 담보책임기간 내에 하자보수를 신청하지 아니하면 하자보수를 청구할 수 있는 권리가 없어진다는 사실

② 제1항에 따른 통보를 받은 입주자대표회의는 다음 각 호의 구분에 따른 조치를 하여야 한다.

1. 전유부분에 대한 조치: 담보책임기간이 만료되는 날까지 하자보수를 청구하도록 입주자에게 개별통지하고 공동주택단지 안의 잘 보이는 게시판에 20일 이상 게시

2. 공용부분에 대한 조치: 담보책임기간이 만료되는 날까지 하자보수 청구

③ 사업주체는 제2항에 따라 하자보수 청구를 받은 사항에 대하여 지체 없이 보수하고 그 보수결과를 서면으로 입주자대표회의등에 통보하여야 한다. 다만, 하자가 아니라고 판단한 사항에 대해서는 그 이유를 명확히 기재한 서면을 입주자대표회의등에 통보하여야 한다.

④ 제3항 본문에 따라 보수결과를 통보받은 입주자대표회의등은 통보받은 날부터 30일 이내에 이유를 명확히 기재한 서면으로 사업주체에게 이의를 제기할 수 있

다. 이 경우 사업주체는 이의제기 내용이 타당하면 지체 없이 하자를 보수하여야 한다.

⑤ 사업주체와 다음 각 호의 구분에 따른 자는 하자보수가 끝난 때에는 공동으로 담보책임 종료확인서를 작성하여야 한다. 이 경우 담보책임기간이 만료되기 전에 담보책임 종료확인서를 작성해서는 아니 된다.

1. 전유부분: 입주자
2. 공용부분: 입주자대표회의의 회장(의무관리대상 공동주택이 아닌 경우에는 「집합건물의 소유 및 관리에 관한 법률」에 따른 관리인을 말한다. 이하 같다)

⑥ 입주자대표회의의 회장은 제5항에 따라 공용부분의 담보책임 종료확인서를 작성하려면 다음 각 호의 절차를 차례대로 거쳐야 한다. 이 경우 전체 입주자의 5분의 1 이상이 서면으로 반대하면 입주자대표회의는 제2호에 따른 의결을 할 수 없다.

1. 의견 청취를 위하여 입주자에게 다음 각 목의 사항을 서면으로 개별통지하고 공동주택단지 안의 게시판에 20일 이상 게시할 것
   가. 담보책임기간이 만료된 사실
   나. 완료된 하자보수의 내용
   다. 담보책임 종료확인에 대하여 반대의견을 제출할 수 있다는 사실, 의견제출기간 및 의견제출서
2. 입주자대표회의 의결

공동주택관리법 시행령 제36조 제1항 제2호 [별표 4]
시설공사별 담보책임기간

구분		기간
시설공사	세부공종	
1. 마감공사	가. 미장공사	2년
	나. 수장공사	
	다. 도장공사	
	라. 도배공사	
	마. 타일공사	
	바. 석공사(건물내부 공사)	
	사. 옥내가구공사	
	아. 주방기구공사	
	자. 가전제품	
2. 옥외급수 · 위생 관련 공사	가. 공동구공사	3년
	나. 저수조(물탱크)공사	
	다. 옥외위생(정화조) 관련 공사	
	라. 옥외 급수 관련 공사	
3. 난방 · 냉방 · 환기, 공기조화 설비공사	가. 열원기기설비공사	
	나. 공기조화기기설비공사	
	다. 닥트설비공사	
	라. 배관설비공사	
	마. 보온공사	
	바. 자동제어설비공사	
	사. 온돌공사(세대매립배관 포함)	
	아. 냉방설비공사	

4. 급 · 배수 및 위생설비공사	가. 급수설비공사	
	나. 온수공급설비공사	
	다. 배수 · 통기설비공사	
	라. 위생기구설비공사	
	마. 철 및 보온공사	
	바. 특수설비공사	
5. 가스설비공사	가. 가스설비공사	
	나. 가스저장시설공사	
6. 목공사	가. 구조체 또는 바탕재공사	
	나. 수장목공사	
7. 창호공사	가. 창문틀 및 문짝공사	
	나. 창호철물공사	
	다. 창호유리공사	
	라. 커튼월공사	
8. 조경공사	가. 식재공사	
	나. 조경시설물공사	
	다. 관수 및 배수공사	
	라. 조경포장공사	
	마. 조경부대시설공사	
	바. 잔디심기공사	
	사. 조형물공사	

9. 전기 및 전력설비공사	가. 배관 · 배선공사	
	나. 피뢰침공사	
	다. 동력설비공사	
	라. 수 · 변전설비공사	
	마. 수 · 배전공사	
	바. 전기기기공사	
	사. 발전설비공사	
	아. 승강기설비공사	
	자. 인양기설비공사	
	차. 조명설비공사	
10. 신재생 에너지 설비공사	가. 태양열설비공사	
	나. 태양광설비공사	
	다. 지열설비공사	
	라. 풍력설비공사	
11. 정보통신공사	가. 통신 · 신호설비공사	
	나. TV공청설비공사	
	다. 감시제어설비공사	
	라. 가정자동화설비공사	
	마. 정보통신설비공사	
12. 지능형 홈네트워크 설비 공사	가. 홈네트워크망공사	
	나. 홈네트워크기기공사	
	다. 단지공용시스템공사	
13. 소방시설공사	가. 소화설비공사	
	나. 제연설비공사	
	다. 방재설비공사	
	라. 자동화재탐지설비공사	
14. 단열공사	벽체, 천장 및 바닥의 단열공사	
15. 잡공사	가. 옥내설비공사(우편함, 무인택배시스템 등)	
	나. 옥외설비공사(담장, 울타리, 안내시설물 등), 금속공사	

16. 대지조성공사	가. 토공사	5년
	나. 석축공사	
	다. 옹벽공사(토목옹벽)	
	라. 배수공사	
	마. 포장공사	
17. 철근콘크리트공사	가. 일반철근콘크리트공사	
	나. 특수콘크리트공사	
	다. 프리캐스트콘크리트공사	
	라. 옹벽공사(건축옹벽)	
	마. 콘크리트공사	
18. 철골공사	가. 일반철골공사	
	나. 철골부대공사	
	다. 경량철골공사	
19. 조적공사	가. 일반벽돌공사	
	나. 점토벽돌공사	
	다. 블록공사	
	라. 석공사(건물외부 공사)	
20. 지붕공사	가. 지붕공사	
	나. 홈통 및 우수관공사	
21. 방수공사	방수공사	

비고: 기초공사 · 지정공사 등 「집합건물의 소유 및 관리에 관한 법률」 제9조의2제1항제1호에 따른 지반공사의 경우 담보책임기간은 10년

라. 민법 제667조 내지 제671조

민법 도급편 규정에 수급인의 담보책임 규정이 존재하며, 수급인의 책임을 무과실 책임에 가깝게 규정하고 있다. 민법 제667조는 수급인의 도급인에 대한 하자담보책임 규정이며, 제671조는 수급인 하자담보책임기간을 도급계약의 목적물에 따라 5년 또는 10년으로 규정하고 있는데, 아파트의 경우 10년이다.

> **민법**
>
> **제667조(수급인의 담보책임)**
>
> ① 완성된 목적물 또는 완성전의 성취된 부분에 하자가 있는 때에는 도급인은 수급인에 대하여 상당한 기간을 정하여 그 하자의 보수를 청구할 수 있다. 그러나 하자가 중요하지 아니한 경우에 그 보수에 과다한 비용을 요할 때에는 그러하지 아니하다.
>
> ② 도급인은 하자의 보수에 갈음하여 또는 보수와 함께 손해배상을 청구할 수 있다.〈개정 2014.12.30.〉
>
> ③전항의 경우에는 제536조의 규정을 준용한다.
>
> **제671조(수급인의 담보책임-토지, 건물 등에 대한 특칙)**
>
> ① 토지, 건물 기타 공작물의 수급인은 목적물 또는 지반공사의 하자에 대하여 인도후 5년간 담보의 책임이 있다. 그러나 목적물이 석조, 석회조, 연와조, 금속 기타 이와 유사한 재료로 조성된 것인 때에는 그 기간을 10년으로 한다.
>
> ②전항의 하자로 인하여 목적물이 멸실 또는 훼손된 때에는 도급인은 그 멸실 또는 훼손된 날로부터 1년내에 제667조의 권리를 행사하여야 한다.

마. 건설산업기본법 제28조

구 건설산업기본법은 수급인인 등록건설업자의 도급인에 대한 하자담보책임기간만을 규정하고 있었으며, 하자담보책임의 내용에 관하여는 어떠한 내용도 규정하고 있지 않았으나, 2015. 8. 11. 개정되면서 개정집합건물법 및 그 시행령과 유사하게 하자의 종류에 따른 하자담보책임기간을 자세히 규정하게 되었다. 개정 건설산업기본법 제28조 제1항(공종별 하자담보책임기간)의 시행일은 2016. 2. 12.이며, 하자담보책임기간에 대해 다른 법령(민법 제670조 및 제671조는 제외)에서 정하고 있거나 또는 대통령령으로 정한 바에 따라 도급계약 내용에서 특별히 정한 경우에는 다른 법령이나 도급계약에서 정한 바에 따르게 하는 개정 건설산업기본법 제28조 제3항은 2016. 8. 12.부터 시행되며 2016. 8. 12. 이후 최초로 체결되는 도급계약에 적용하도록 하고 있다(부칙 제1조, 제3조).

> **개정 건설산업기본법(2015. 8. 11. 개정)**
>
> **제28조(건설공사 수급인 등의 하자담보책임)**
>
> ① 수급인은 발주자에 대하여 다음 각 호의 범위에서 공사의 종류별로 대통령령으로 정하는 기간에 발생한 하자에 대하여 담보책임이 있다.〈개정 2015.8.11.〉
>
> 1. 건설공사의 목적물이 벽돌쌓기식구조, 철근콘크리트구조, 철골구조, 철골철근콘크리트구조, 그 밖에 이와 유사한 구조로 된 것인 경우: 건설공사의 완공일과 목적물의 관리 · 사용을 개시한 날 중에서 먼저 도래한 날로부터 10년
> 2. 제1호 이외의 구조로 된 것인 경우: 건설공사 완공일과 목적물의 관리 · 사용을 개시한 날 중에서 먼저 도래한 날로부터 5년
>
> ③ 건설공사의 하자담보책임기간에 관하여 다른 법령(「민법」 제670조 및 제671조는 제외한다)에 특별하게 규정되어 있는 경우에는 그 법령에서 정한 바에 따른다.

다만, 공사 목적물의 성능, 특성 등을 고려하여 대통령령으로 정하는 바에 따라 도급계약에서 특별히 따로 정한 경우에는 도급계약에서 정한 바에 따른다.〈개정 2015.8.11.〉

④ 하수급인의 하자담보책임에 대하여는 제1항부터 제3항까지를 준용한다. 이 경우 "수급인"은 "하수급인"으로, "발주자"는 "수급인"으로, "건설공사의 완공일과 목적물의 관리 · 사용을 개시한 날 중에서 먼저 도래한 날"은 "하수급인이 시공한 건설공사의 완공일과 목적물의 관리 · 사용을 개시한 날 중에서 먼저 도래한 날"로 본다. 〈신설 2014.5.14., 2015.8.11.〉 [전문개정 2011.5.24.] [제목개정 2014.5.14.] [시행일 : 2016.8.12.] 제28조제3항

부칙

제1조(시행일)

이 법은 공포 후 6개월이 경과한 날부터 시행한다. 다만, 제28조제3항의 개정규정은 공포 후 1년이 경과한 날부터 시행 한다.

제3조(건설공사 수급인 등의 하자담보책임에 관한 적용례)

제28조제3항의 개정규정은 같은 개정규정 시행 후 최초로 도급계약을 체결하는 경우부터 적용한다.

5. 하자보수보증금

하자보수보증금은 하자보수를 위해 내놓는 보증금액을 말한다. 공동주택이 완공되면 사업주체나 시공업체는 사용검사권자가 지정하는 금융기관에 하자보수보증금을 예치한 예치증서를 제출하여야 하며, 이는 입주자대표회의가 구성되면 입주자대표회의로 명의가 변경된다.

하자보수보증금은 공동주택 입주후 발생한 하자에 대해 하자를 보수할 수 있도록 입주자대표회의에서 하자보수보증업체에 청구한다. 하자보수보증업체는 주택도시보증공사를 비롯하여 건설공제조합, 서울보증주식회사 등이 있다.

가. 관련 법령 및 청구권자/상대방

구 주택법 제46조 제2항, 주택법 시행령 제60조는 하자보수보증금에 관하여 규정하고 있는데, 입주자를 보호하기 위해 입주자대표회의에 특별한 권한을 부여한 규정이다. 사업주체(「건설산업기본법」 제28조에 따라 하자담보책임이 있는 자로서 사업주체로부터 건설공사를 일괄 도급받아 건설공사를 수행한 자가 따로 있는 경우에는 그 자를 말한다)는 공동주택이 완공되면 사용검사신청시 사용검사권자가 지정하는 금융기관에 사용검사권자 명의로 하자보수보증금을 예치한 예치증서(현금, 은행의 지급보증서, 보증보험증권, 건설공제조합 등이 발행하는 보증서로 예치가능)를 제출하여야 하며, 또한 사용검사권자는 입주자대표회의가 구성되면 지체없이 하자보수보증금의 권리자 명의를 입주자대표회의로 변경하여야 한다. 하자보수보증금은 구 주택법 시행령 제60조 제3항에 따라 다르지만 일반적으로 총 건축비의 100분의 3 정도에 해당하는 금액이 된다.

하자보수보증금의 청구권자는 입주자대표회의 또는 관리단에 한정되며(구 주택법 시행령 제60조 제2항), 하자보수보증금 청구의 상대방은 하자보수보증계약을 체결한 자가 되는데 일반적으로 건설공제조합, 주택도시보증공사(구 대한주택보증 주식회사) 또는 서울보증보험 주식회사 등이 하자보수에 대한 보증을 행하고 있다.

구 주택법

제46조(담보책임 및 하자보수 등)

② 제1항에 따른 사업주체(「건설산업기본법」 제28조에 따라 하자담보책임이 있는 자로서 사업주체로부터 건설공사를 일괄 도급받아 건설공사를 수행한 자가 따로 있는 경우에는 그 자를 말한다)는 대통령령으로 정하는 바에 따라 하자보수보증금을 예치하여야 한다. 다만, 국가 · 지방자치단체 · 한국토지주택공사 및 지방공사인 사업주체의 경우에는 그러하지 아니하다.

구 주택법 시행령

제60조(하자보수보증금)

① 법 제46조제2항 본문에 따라 사업주체(임대를 목적으로 하는 공동주택의 경우에는 건설임대주택을 분양전환하려는 자를 말한다)는 사용검사권자가 지정하는 은행(「은행법」에 따른 은행을 말한다. 이하 같다)에 현금 또는 다음 각 호의 어느 하나에 해당하는 하자보수보증금의 보증서 발급기관에서 발행하는 보증서를 사용검사권자의 명의로 예치하고, 그 예치증서를 사용검사신청서(단지안의 공동주택의 전부에 대하여 임시사용승인을 받으려는 경우에는 임시사용승인신청서를 말하며, 건설임대주택을 분양전환하려는 경우에는 「민간임대주택에 관한 특별법」에 따른 양도신고서 또는 양도 허가신청서, 「공공주택 특별법」에 따른 분양전환 승인신청서, 분양전환 허가신청서 또는 분양전환 신고서를 말한다)를 제출할 때 사용검사권자에게 제출하여야 한다.

1. 주택도시보증공사가 발행하는 보증서
2. 「건설산업기본법」에 따른 건설공제조합이 발행하는 보증서
3. 「보험업법」 제4조제1항제2호라목에 따른 보증보험업을 영위하는 자가 발행하는 이행보증보험증권
4. 금융기관의 지급보증서

② 사용검사권자는 입주자대표회의(법 제46조제1항제4호에 따른 관리단을 포함한다. 이하 이 조 및 제61조에서 같다)가 구성된 때에는 지체없이 제1항에 따른 하자보수보증금의 예치명의를 당해 입주자대표회의의 명의로 변경하여야 하며, 입주자대표회의는 사업주체의 하자보수책임이 종료되는 때까지 하자보수보증금을 금융기관에 예치하여 보관하여야 한다.

③ 제1항에 따른 하자보수보증금은 다음 각 호의 어느 하나에 해당하는 금액의 100분의 3으로 한다. 다만, 건설임대주택이 분양전환되는 경우에는 본문에 따른 금액에 임대주택 세대 중 분양전환을 하는 세대의 비율을 곱한 금액으로 한다.

1. 대지조성과 함께 공동주택을 건설하는 경우 : 사업계획승인서에 기재된 해당 공동주택의 총사업비[간접비(설계비, 감리비, 분담금, 부담금, 보상비 및 일반분양시설경비를 말한다)는 제외한다. 이하 이 항에서 같다]에서 해당 공동주택을 건설하는 대지의 조성전 가격을 뺀 금액
2. 대지조성을 하지 아니하고 공동주택을 건설하는 경우 : 사업계획승인서에 기재된 당해 공동주택의 총사업비에서 대지가격을 뺀 금액
3. 법 제42조제2항제2호의 규정에 의하여 공동주택을 신축 · 증축 · 개축 · 대수선 또는 리모델링하는 경우 및 동조제3항의 규정에 의하여 리모델링을 하는 경우 : 허가신청서 또는 신고서에 기재된 당해 공동주택의 총사업비
4. 「건축법」 제11조에 따른 건축허가를 받아 분양을 목적으로 공동주택을 건설하는 경우 : 사용승인을 신청할 당시의 「공공주택 특별법 시행령」 제54조제5항에 따른 공공건설임대주택 분양전환가격의 산정기준에 의한 표준건축비를 적용하여 산출한 건축비

제60조의2(하자보수보증금의 용도)

법 제46조제7항에서 "하자심사 · 분쟁조정위원회의 하자 여부 판정에 따른 하자보수비용 등 대통령령으로 정하는 용도"란 입주자대표회의등이 직접 보수하거나 제3자에게 보수하게 하는 데 사용되는 경우로서 하자보수와 관련된 다음 각 호의 용도를 말한다.

1. 법 제46조의2제1항에 따른 하자심사 · 분쟁조정위원회(이하 "위원회"라 한다)가 법 제46조의2제2항제1호에 따라 하자로 판정한 시설공사 등에 대한 하자보수비용(하자보수를 갈음하여 입주자대표회의등에 지급하는 금액을 포함한다. 이하 이 조에서 같다)
2. 위원회가 법 제46조의4제7항에 따라 송달한 조정서 정본에 따른 하자보수비용
3. 법 제46조의7제1항에 따라 사업주체가 입주자대표회의등과 협의하여 하자진단을 실시한 경우 그 결과에 따른 하자보수비용
4. 법원의 재판 결과에 따른 하자보수비용

나. 보증책임의 요건

입주자대표회의 등이 하자보수보증인에게 하자보수보증금을 청구하려면, 하자보수보증약관 등에 따라, ① “사용검사 이후”에 발생한 하자로서, ② “공종별 하자보수보증책임 기간 내”(대표적으로 주택법 시행령 제59조 별표 6, 7 등)에 발생한 하자에 대해 ③ “보증사고”가 발생한 경우이어야 한다. 여기서 “보증사고”라 함은 “보증채권자의 하자보수청구에도 불구하고 주채무자가 정당한 사유없이 하자보수를 이행하지 아니하는 경우”를 말한다. 따라서 입주자대표회의 등이 보증계약의 이행청구를 위해서는 각 하자가 사용검사 이후에 발생한 하자라는 점, 하자담보책임기간 내에 발생하였다는 점, 사업주체(주채무자)가 하자보수를 이행하지 아니하였다는 점 및 하자보수를 이행하지 않음에 정당한 사유가 없다는 점 등을 모두 입증하여야

한다.

"보증사고"에 관한 대법원 판례(2007. 8. 23. 선고 2006다87880 판결)

우선 피고와 피고 보조참가인들 사이의 각 보증계약에 의하여 피고의 유익건설에 대한 하자보수보증금채무가 구체적으로 발생하는 사유가 되는 보증사고는, '피고 보조참가인들의 공사 시공상의 잘못으로 인하여 하자가 발생하고, 그 하자의 보수의무를 피고 보조참가인들이 불이행하는 것'을 의미한다 할 것인바, 보증채권자인 유익건설 또는 그를 대위한 원고가 피고 보조참가인들에게 이 사건 아파트에 발생한 하자의 보수를 청구하였다거나, 피고 보조참가인들이 이러한 청구를 받고서도 불응하였다는 점에 관한 입증이 없는 이상, 피고 보조참가인들의 공사 시공상의 잘못으로 하자가 발생하였다는 사유만으로는, 피고 보조참가인들이 미리 하자보수를 하지 않겠다는 태도를 표시하였다는 등의 특별한 사정이 없는 한 보증사고가 발생한 것이라고 할 수 없고, 따라서 유익건설의 피고에 대한 하자보수보증금채권이 성립했다고 할 수는 없다.

다. 하자보수보증금 청구의 소멸시효

특별한 법령이나 당사자 사이의 약정이 없다면 하자보수보증금채권의 소멸시효기간은 상법에 따라 5년이며, 기산점은 보증금청구권은 보증사고가 발생한 때 구체적인 권리로 확정되어 그때부터 권리를 행사할 수 있게 되므로 보증금청구권의 소멸시효는 보증사고가 발생한 때부터 진행된다고 보아야 한다(대법원 2005. 12. 23. 선고 2005다59383, 56390 판결).

다만, 건설공제조합의 경우 건설산업기본법 제67조 제4항 및 부칙 제3조에 따라 2011. 11. 25[6].이전에 체결된 보증계약에 따른 보증금청구의 소멸시효는 5년이며, 2011. 11. 25. 이후에 체결된 보증계약에 따른 보증금에 대한 소멸시효는 2년이다. 또한 서울보증보험 주식회사의 경우 상법상 보험금지급청구권의 소멸시효(상법 제662조)가 적용되어 보증금청구의 소멸시효는 2년이므로 각별한 주의를 요한다.

라. 하자보수보증기간에 관하여

1) 개정 집합건물법과 구 주택법 제46조 제2항의 문제점

현행 개정 집합건물법은 하자보수보증금의 예치에 관련한 규정을 두지 아니함에 따라 사업주체는 개정 집합건물법 제9조, 제9조의 2를 근거로 하자담보책임기간에 따른 책임을 부담하면서도 하자보험증권은 구 주택법 제46조 제2항을 근거로 발급받음으로써, 결국 하자담보책임기간과 하자보수보증기간이 불일치하는 결과를 초래하게 되었다. 예를 들어, 조경공사의 경우 개정 집합건물법상 담보책임기간은 3년인데 비해, 하자보험증권은 구 주택법에 근거하여 2년을 보증기간으로 하여 발급받게 되는 결과 시공사의 책임기간과 보증기간이 불일치하는 문제가 야기되었다.

2) 공동주택관리법의 제정 및 구 주택법의 개정

그러나, 구 주택법 제46조, 그 시행령 제59조 및 별표 6, 7이 2016. 1. 19. 주택법의 개정으로 2016. 8. 12.부터 삭제되어 시행되었고, 또한 공동주택관리법이 2016. 8. 12. 시행되어 공동주택관리법 제38조에 의거하여 하자보수보증금예치의 근거가 새롭게 마련되었으며, 공동주택관리법 시행령 제36조 제1항 제2호 별표 4에서 하자담보책임기간을 규정함에 따라, 결국 공동

---

6) 건설산업기본법
부칙(법률 제10719호, 2011. 5. 24.개정)
제3조(보증금에 관한 권리에 대한 경과조치) 이 법 시행 전에 체결된 보증계약에 따라 공제조합에 대하여 가지는 보증금에 관한 권리의 소멸시효는 종전의 규정에 따른다.

주택관리법 시행 이후 공동주택에 관하여는 책임기간과 보증기간이 모두 공동주택관리법에 의해 규율되도록 정비되었다.

이와 같이 공동주택에 관한 하자담보책임기간과 하자보수보증기간이 달라지던 개정 집합건물법의 문제점이 2016. 8. 12. 공동주택관리법의 시행으로 보완됨에 따라, 향후에는 공동주택관리법을 근거로 보증책임을 부담하며 그에 따른 담보책임기간에 상응하는 하자보수보증서 등이 발급되어야 할 것으로 보인다.

공동주택관리법

제38조(하자보수보증금의 예치 및 사용)

① 사업주체는 대통령령으로 정하는 바에 따라 하자보수보증금을 예치하여야 한다. 다만, 국가 · 지방자치단체 · 한국토지주택공사 및 지방공사인 사업주체의 경우에는 그러하지 아니하다.

② 입주자대표회의등은 제1항에 따른 하자보수보증금을 제39조에 따른 하자심사 · 분쟁조정위원회의 하자 여부 판정 등에 따른 하자보수비용 등 대통령령으로 정하는 용도로만 사용하여야 하며, 의무관리대상 공동주택의 경우에는 하자보수보증금의 사용 후 30일 이내에 그 사용내역을 국토교통부령으로 정하는 바에 따라 시장 · 군수 · 구청장에게 신고하여야 한다.

공동주택관리법 시행령

제41조(하자보수보증금의 예치 및 보관)

① 법 제38조제1항에 따라 사업주체(건설임대주택을 분양전환하려는 경우에는 그

임대사업자를 말한다. 이하 이 조에서 같다)는 하자보수보증금을 은행(「은행법」에 따른 은행을 말한다)에 현금으로 예치하거나 다음 각 호의 어느 하나에 해당하는 자가 취급하는 보증으로서 하자보수보증금 지급을 보장하는 보증에 가입하여야 한다. 이 경우 그 예치명의 또는 가입명의는 사용검사권자(「주택법」 제49조에 따른 사용검사권자 또는 「건축법」 제22조에 따른 사용승인권자를 말한다. 이하 같다)로 하여야 한다.

1. 「주택도시기금법」에 따른 주택도시보증공사
2. 「건설산업기본법」에 따른 건설 관련 공제조합
3. 「보험업법」 제4조제1항제2호라목에 따른 보증보험업을 영위하는 자
4. 제23조제7항 각 호의 금융기관

② 사업주체는 다음 각 호의 어느 하나에 해당하는 신청서를 사용검사권자에게 제출할 때에 제1항에 따른 현금 예치증서 또는 보증서를 함께 제출하여야 한다.

1. 「주택법」 제49조에 따른 사용검사 신청서(공동주택단지 안의 공동주택 전부에 대하여 임시 사용승인을 신청하는 경우에는 임시 사용승인 신청서)
2. 「건축법」 제22조에 따른 사용승인 신청서(공동주택단지 안의 공동주택 전부에 대하여 임시 사용승인을 신청하는 경우에는 임시 사용승인 신청서)
3. 「민간임대주택에 관한 특별법」에 따른 양도신고서, 양도 허가신청서 또는 「공공주택 특별법」에 따른 분양전환 승인신청서, 분양전환 허가신청서, 분양전환 신고서

③ 사용검사권자는 입주자대표회의가 구성된 때에는 지체 없이 제1항에 따른 예치명의 또는 가입명의를 해당 입주자대표회의로 변경하고 입주자대표회의에 현금 예치증서 또는 보증서를 인계하여야 한다.

④ 입주자대표회의는 제3항에 따라 인계받은 현금 예치증서 또는 보증서를 해당 공동주택의 관리주체(의무관리대상 공동주택이 아닌 경우에는 「집합건물의 소유 및 관리에 관한 법률」에 따른 관리인을 말한다)로 하여금 보관하게 하여야 한다.

제42조(하자보수보증금의 범위)

① 법 제38조제1항에 따라 예치하여야 하는 하자보수보증금은 다음 각 호의 구분에 따른 금액으로 한다.

1. 「주택법」 제15조에 따른 대지조성사업계획과 주택사업계획승인을 함께 받아 대지조성과 함께 공동주택을 건설하는 경우: 가목의 비용에서 나목의 가격을 뺀 금액의 100분의 3

가. 사업계획승인서에 기재된 해당 공동주택의 총사업비[간접비(설계비, 감리비, 분담금, 부담금, 보상비 및 일반분양시설경비를 말한다)는 제외한다. 이하 이 항에서 같다]

나. 해당 공동주택을 건설하는 대지의 조성 전 가격

2. 「주택법」 제15조에 따른 주택사업계획승인만을 받아 대지조성 없이 공동주택을 건설하는 경우: 사업계획승인서에 기재된 해당 공동주택의 총사업비에서 대지가격을 뺀 금액의 100분의 3

3. 법 제35조제1항제2호에 따라 공동주택을 증축 · 개축 · 대수선하는 경우 또는 「주택법」 제66조에 따른 리모델링을 하는 경우: 허가신청서 또는 신고서에 기재된 해당 공동주택 총사업비의 100분의 3

4. 「건축법」 제11조에 따른 건축허가를 받아 분양을 목적으로 공동주택을 건설하는 경우: 사용승인을 신청할 당시의 「공공주택 특별법 시행령」 제56조제7항에 따른 공공건설임대주택 분양전환가격의 산정기준에 따른 표준건축비를 적용하여 산출한 건축비의 100분의 3

② 제1항에도 불구하고 건설임대주택이 분양전환되는 경우의 하자보수보증금은 제1항제1호 또는 제2호에 따른 금액에 건설임대주택 세대 중 분양전환을 하는 세대의 비율을 곱한 금액으로 한다.

제43조(하자보수보증금의 용도)

법 제38조제2항에서 "하자심사 · 분쟁조정위원회의 하자 여부 판정 등에 따른 하자보수비용 등 대통령령으로 정하는 용도"란 입주자대표회의가 직접 보수하거나 제3자에게 보수하게 하는 데 사용되는 경우로서 하자보수와 관련된 다음 각 호의 용도를 말한다.

1. 법 제43조제2항에 따라 송달된 하자 여부 판정서(같은 조 제8항에 따른 재심의 결정서를 포함한다) 정본에 따라 하자로 판정된 시설공사 등에 대한 하자보수비

용

2. 법 제44조제3항에 따라 하자분쟁조정위원회(법 제39조제1항에 따른 하자심사 · 분쟁조정위원회를 말한다. 이하 같다)가 송달한 조정서 정본에 따른 하자보수비용

3. 법원의 재판 결과에 따른 하자보수비용

4. 법 제48조제1항에 따라 실시한 하자진단의 결과에 따른 하자보수비용

제2절 공동주택 하자에 대한 소송의 동향 및 형태

1. 최근 소송의 동향

가. 하자에 대한 인식의 변화

주택의 하자문제는 비단 어제 오늘의 얘기가 아니다. 주택이 건립되기 시작한 이래 하자문제는 늘 따라다니는, 떼려야 뗄 수 없는 관계처럼 되어왔다. 집을 아무리 잘 지어도 어느 구석에 문제가 생기기 마련이기 때문이다. 몇십년 전 단독주택 건립이 호황을 이루었을 때도 집을 짓고 나면 늘 어느 부분에서든 문제가 있기 마련이었다. 문제는 시공업자에 따라 하자를 꼼꼼히 보수해주는 업자가 있는가 하면, 그렇지 못한 경우도 적지 않았다는 점이다.

공동주택이 보편화된 이후에는 하자문제가 더욱 늘어났다. 그도 그럴 수밖에 없는 것이 공동주택은 한꺼번에 수십, 수백 채, 요즘에는 수천 채의 주택을 짓는 것이기 때문이다. 그래서 공사가 끝나고 입주가 시작되고 나면 시공업체들은 늘 하자문제를 처리하는 것이 일상사처럼 되었다. 대개는 입주

이후 1년여 정도의 시간을 두고 하자문제를 전담 처리토록 A/S팀을 상주시키는 것이 일반적이다.

아파트가 대량으로 건립되던 초기에는 하자문제가 있어도 소송까지 이르는 경우는 많지 않았던 게 사실이다. 대부분 시공업체에서 A/S 팀을 통해 하자를 보수해주는 수준에 만족하였기 때문이다. 하자문제를 제기해도 보수를 해주지 않거나 일반적인 보수로 해결되지 않는 특수한 경우에 간혹 소송으로 이어지는 경우가 있기는 했다.

그러나 경제의 성장과 주거의 질적 향상에 대한 인식이 높아지면서 상황이 달라지기 시작하였다. 주택에 대한 주민들의 요구가 높아지고 하자문제에 대한 대응도 과거 개별적인 대응에서 집단적인 대응으로 바뀌었다. 이 과정에서 시공업체에 대한 소송이 늘어나는 것은 어떻게 보면 당연한 일이라고도 할 수 있다. 또한 아파트 하자에 대해 개별적으로 대응하는 것보다 집단적으로 대응하는 것이 하자를 보수하는 데에도 훨씬 효율적이었다.

사회 전반적으로 주거의 질에 대한 인식의 제고와 함께 아파트 품질에 대한 요구 수준도 그만큼 높아지는 것은 당연한 일이다. 이에 따라 과거에는 하자로 여겨지지 않던 내용들도 하자로 보아 보수가 필요해진 부분도 적지 않게 되었다. 그러나 시공업체의 입장에서는 하자가 늘어날수록 공사비용이 늘어나는 만큼 되도록 하자를 줄이려고 하고, 과거의 관습대로 처리하고자 했다. 입주자들과 시공업체 사이에 분쟁이 생기게 되고 이것이 소송으로 이어지는 것은 어쩔 수 없는 현상이기도 했다.

나. 하자관련 분쟁 및 소송 증가와 그 원인

국토교통부 산하 하자심사 · 분쟁조정위원회의 자료에 따르면, 2010년 69

건에 불과하였던 하자심사분쟁조정 신청건수가 2014년 1376건, 2015년에는 4244건으로 크게 늘어난 것으로 나타났다. 2016년에도 3881건에 이르렀다. 하자심사 · 분쟁조정 신청은 입주민들과 시공사간 하자보수에 대한 합의에 실패한데 따른 것으로, 위원회의 역할이 커지면서 입주민들의 이용이 활성화됨에 따라 나타난 현상이기도 하지만, 그만큼 하자문제가 많이 생기고 있음을 보여준다.

하자와 관련된 분쟁이 이만큼 늘었다는 것은 곧 관련 소송도 그만큼 늘고 있음을 어렵지 않게 짐작케 해준다. 실제로 법조계에서도 하자관련 손해배상 소송이 늘어나는 것으로 분석하고 있다. 하자심사 · 분쟁조정위원회에서도 조정이 되지 못하면 소송으로 이어지고, 아예 위원회를 거치지 않은 채 소송으로 바로 들어가는 경우도 적지 않다.

하자에 관련된 분쟁이나 소송이 늘어나는 원인은 우선 하자에 대한 일반 국민들의 인식이 높아지고 있는 점을 꼽을 수 있다. 법원에서도 높아진 국민들의 주거의 질에 대한 요구수준에 맞추어 입주자들의 요구를 들어주는 경우가 많았다. 그러다보니 아파트 하자에 대한 소송이 늘어나는 것은 당연한 일이다. 또한 전체적인 주택수가 늘어나는 것도 하자관련 소송이 늘어나는 원인이다. 특히 최근에는 지난 몇 년간의 부동산시장 호황으로 주택건설이 크게 늘어났던 만큼 입주물량이 늘면서 이에 따라 하자문제도 그만큼 더 늘어날 것으로 점쳐지고 있다.

부동산전문 포털인 부동산114의 통계에 따르면 2012년 18만가구 수준이던 아파트 입주물량은 2014년과 2015년에는 연간 25만 가구 이상으로 물량이 크게 늘었다. 2016년에는 더욱 늘어 연간 30만 가구를 훨씬 넘었고, 2017년에도 30만 가구를 크게 웃돌 것으로 추정되고 있다. 아파트 입주물량이 늘어나는 만큼 하자관련 소송이 크게 늘어나는 것은 어쩔 수 없는 현상이다.

다. 기획소송의 증가

특히 일부 변호사들에 의한 기획소송이 하자와 관련된 법률소송의 증가를 더욱 부추기는 요인이 되고 있기도 하다. 한국건설산업연구원의 자료에 따르면 2015년 9월 현재 전국 200여개 건설사를 상대로 180여건의 하자관련 소송이 진행되는 것으로 나타났다. 하자관련 이행청구금액만 약 4700억원에 이르는 것으로 추정되었다. 이중 기획소송에 의한 것이 70~80% 정도를 차지한다는 게 업계의 분석이다.

이른바 기획소송은 일부 법무법인에 의해 이루어지는 경우가 대부분이다. 변호사가 늘어나면서 변호사의 업무가 줄어드는 것과 함께, 영역이 다양화되면서 전문화가 이루어지고, 이 과정에서 건설과 관련된 전문영역도 생기게 되었다.

건설 관련 전문 업무영역의 경우 처음에는 건설 관련 일반 분야의 영역을 대상으로 했다. 그러나 실제로 건축 관련 분야만 하더라도 세부적으로 나누면 적지 않다. 특히 건설 관련 분야의 경우 분쟁이 생기는 예가 끊이지 않는 게 사실이다. 그러나 사실 이들 분쟁이 생기는 영역의 문제를 세부적으로 제대로 다룰 수 있는 변호사가 많지 않은 것 또한 현실이다. 건설과 관련된 전문적인 지식없이 법률적인 지식만으로 이와 같은 문제를 모두 소화할 수 없기 때문이다.

그렇다고 기획소송이 전적으로 건설관련 전문 변호사에 의해 이뤄지는 것도 아니다. 어느 정도 전문지식을 갖추고 있기야 하겠지만, 그보다는 감정인의 감정결과에 전적으로 의존하는 소송이 이루어지는 경우가 대부분이다. 때문에 감정인과 결탁하는 경우도 심심찮게 있다. 즉, 하자보수와 관련하여 기술적인 분야를 맡고 있는 하자 감정인과 연계를 맺고 하자부분 및 보상금액을 실제보다 부풀려 하자보수금액을 많이 받는 방법으로 소송에 임하는 것이다. 이렇게 해서 받은 하자보수금액의 일정 부분을 자신들의 성공보수로 가져간다. 실제로 몇몇 감정인들의 증언에 따르면 기획소송을 주로 하는 변호사와 협력관계를 이루면서 해당 변호사 측에 유리하게 감정을 해준 사례가 드러나기도 했다.

기획소송의 경우 대개는 변호사나 법조브로커 등이 입주자 대표회의를 찾아가 하자소송을 통해 많은 돈을 받아낼 수 있는 것처럼 부풀려 현혹하는 경우가 많다. 실제 보수비보다 더 많은 돈을 받아낼 수 있다는 말에 입주자들이 넘어가 소송으로 이어지는 것이다. 실제 보수비보다 더 많은 돈을 받아내려고 하다 보니 하자 감정인과도 연계를 가질 수밖에 없는 구조가 되는 것이다. 즉 감정인들이 변호사의 부탁을 받고 실제 하자내용보다 부풀려 감정하는 경우가 나타나는 것이다.

국토교통부의 하자심사 · 분쟁조정위원회에 접수된 하자의 경우도 실제 신청건수에 비해 하자로 판정받는 경우는 그리 많지 않다. 국토교통부의 자료에 따르면 2010년부터 2014년까지 접수된 7700여건중 실제로 하자판정을 받은 것은 절반에도 훨씬 못미치는 2800여건에 불과하다. 따라서 하자와 관련된 기획소송은 오히려 정상적이고 합리적인 보수를 지연시켜 소송이 끝날 때까지 입주민들은 하자에 대한 보수공사도 하지 못하고 불편을 겪는 것은 물론 더러는 위험에 노출되기도 한다.

기획소송에 따른 하자의 경우 보수청구금액이 적은 경우도 있지만, 세대수가 많을 경우 기하급수적으로 늘어나 업체에게도 큰 부담이 된다. 대규모 재건축사업을 진행한 몇몇 대형업체들은 거의 1000억원에 가까운 하자보수 손해배상 청구소송을 벌이기도 한다.

한 자료에 따르면 2016년 주식시장의 시가평균 상위 5개 건설업체의 건설분쟁관련 소송금액이 2조원을 웃도는 것으로 나타나기도 했다. 삼성물산의 경우 전년도의 170억여원에서 2000억원 이상으로 늘어나기도 했다. 건설업체들의 소송이 이처럼 늘어난 것은 부동산시장의 호황으로 아파트 공급이 늘어나면서 그만큼 하자관련 소송도 늘어난데 기인하는 바도 적지 않은 것으로 풀이된다.

대형업체들보다는 덜하지만 중견업체들도 하자관련 소송에 시달리기는 마찬가지다. 아파트 공사를 끝내고 입주가 시작되면 하자가 어느 정도나 생길까 걱정이 시작된다는 것이 중견업체 관계자들의 하소연이다. 더구나 과거에는 하자문제도 입주자 대표들과 업체 A/S팀 간에 원만히 해결되는 경우가 많았지만, 요즘은 걸핏하면 소송으로 이어지는 경우가 많아 골머리를 앓기 일쑤다.

중견업체들의 경우 하자관련 보수금액이 적어도 몇억원에서 많게는 몇십억원에 이르는 수준이다. 업체 관계자들에 따르면, 요즘 아파트공사가 과거와 달리 품질의 고급화 등에다 공사비용의 투명화 등으로 이익이 크게 줄어든 점을 감안할 때 과도한 하자보수 비용을 지불하고 나면 자칫 손해를 볼 형편이라는 것이다. 더구나 소송으로 이어질 경우 소송비용까지 감당하여야 하니 중견업체로서는 이래저래 난감할 수밖에 없는 처지다.

이처럼 하자관련 소송이나 분쟁이 크게 늘어난 요인으로 기획소송도 한 몫을 차지하고 있다는 것이 업계의 대체적인 분석이다. 문제는 기획소송으로 하자보수 비용을 부풀리려다보니 건설업체와 입주자 모두에게 부담을 지울 수밖에 없다는 점이다. 일부 건설업체들은 건설과 관련된 각종 소송 때문에 정상적인 업무에까지 지장을 주는 경우도 있다고 한다. 여기에다 결국 기획소송은 입주자들보다 변호사들의 경제적 이익에 기여하는 경우가 많다는 점도 문제로 꼽힌다. 어찌보면 입주자들이 하자보수를 매개로 이용당하는 것이나 마찬가지라고 해도 과언이 아니다.

라. 하자관련 소송의 다양화

입주물량의 증가와 함께 하자소송의 내용이 다양해지고 있는 점도 최근 나타나고 있는 경향의 하나이다. 종전에는 콘크리트 균열이나 결로 등이 주요 하자였던데 비해 최근에는 빌트인 가구의 하자나 엘리베이터 폐쇄회로(CC)TV의 화질 등을 하자보수 청구 대상으로 문제삼는 예가 늘어나고 있다. 아파트의 품질이 고급화되고 단지내 편의시설이 늘어나는데 따라 하자의 종류와 범위도 늘어나고 있는 셈이다. 최근에는 공사중 외부에 쓰이는 자재를 문제삼는 경우도 있을 정도다.

입주물량의 증가와 함께 기획소송도 하자소송의 종류와 범위가 늘어나는데 한몫하는 요인으로 꼽힌다. 즉 기획소송을 부추기는 변호사들이 하자내용을 늘리기 위해 문제가 될 만한 것은 모두 들춰내다보니 하자의 범위가 늘어나게 되는 것이다. 이에따라 과거에는 하자로 취급되지 않던 것도 문제를 삼아 하자보수를 청구하는 경우도 늘어난다. 기획소송을 하는 변호사들의 입장에서는 하자보수 청구비용을 늘리기 위한 방편으로 이용하는 것이다.

한 보도에 따르면, 최근 액체방수와 아파트 방화문, 콘크리트 균열 등에서 기획소송이 다시 기승을 부리는 것으로 나타나고 있다고 한다. 특히 이들 소송은 실제 하자가 아닌 내용에까지 이루어지면서 업체들을 어렵게 하고 있어 문제로 지적된다. 액체방수의 경우 시방서상의 성능기준을 지키고 있지만, 계약서상의 빈 틈을 노려 기획소송을 하고 있다는 것이다. 액체방수의 경우 지난 5년간 300여건의 소송이 이어진 것으로 나타나고 있다.

최근 하자관련 분쟁 및 소송이 과거에 비해 크게 늘어나고 있다는 점은 분명한 것으로 보인다. 이는 하자에 대한 인식이 늘어난 것과 함께 주거의 품질 향상에 따른 측면도 있지만, 과거와 달리 입주자들과 건설업체간 원만한 합의에 의해 하자보수가 이루어지는 경우보다는 분쟁이나 소송으로 비화되는 경우가 많기 때문으로 분석된다. 하자심사 · 분쟁조정위원회에 접수된 하자신청의 경우에도 조정으로 원만히 합의에 이르는 경우보다 결렬되는 경우가 많다는 점이 이를 잘 보여준다.

그러나 이와 같은 하자소송의 증가는 결국 입주자들이나 건설업체 모두에게 손해를 입혀 사회적 비용이 늘어나는 결과를 초래한다는 지적이 적지 않다. 입주자들은 소송기간에 따른 하자보수의 지연으로 제때에 보수를 받지 못하는 경우가 많고, 건설업체들도 하자보수비용 외에 소송비용까지 부담하게 됨으로써 필요이상의 손실을 떠안기 십상이기 때문이다. 따라서 하자문제에 관한 원만한 합의를 유도할 수 있도록 하자에 대한 명확한 개념 및 기준을 설정하고 법원의 하자감정도 공정하게 이루어질 수 있도록 제도를 정비할 필요가 있다.

2. 기획소송의 배경과 유형 및 문제점

가. 기획소송 증가의 배경

1) 변호사 시장의 변화

앞에서도 이미 설명한 것처럼 기획소송은 변호사의 증가와 밀접한 관련을 맺고 있다. 변호사 수가 늘어나면서 사건의 수임을 제대로 받지 못한 변호사들이 일감을 따기 위해 법률적인 문제가 있을 법한 분야에 눈을 돌리게 되고, 특히 건설분야가 좋은 대상이 된 것이라고 할 수 있다.

건설분야는 건설과정에서 크고 작은 분쟁이 자주 일어난다. 특히 최근 들어서는 환경에 대한 국민들의 인식이 높아지면서 건설현장 주변에 민원이 크게 늘어나고 법률적인 다툼으로 번지는 경우가 적지 않다. 변호사들로서는 이런 분쟁이 좋은 소재거리가 됨은 물론이다. 건설업체들의 입장에서는 주변의 민원을 해결하지 않고서는 공사를 제대로 진행하기 어렵기 때문에 울며겨자먹기로 민원을 들어주는 경우가 대부분이다. 설사 제기되는 민원내용이 불합리한 것이라 하더라도 소송으로 진행될 경우 소송비용에다 공사기간의 지체 등 업체로서는 감수하여야 하는 부담이 커지는 만큼 민원을 해결하는 편이 더 효과적이라고 생각하게 된다.

건설분야는 공사가 진행되는 과정에서 특히 수십개에 이르는 많은 공종이 복합적으로 얽혀 있는데다 오랜 기간 공사가 진행되는 특성이 있다보니 그만큼 분쟁의 소지가 많을 수밖에 없다. 각 분야마다 하도급 형태로 공사가 이루어지기 때문에 공사감독을 철저히 하더라도 작은 부실들을 모두 막기는 어려운 측면도 있다. 하도급도 몇단계에 걸쳐 이루어지는 복잡한 구조를 이루고 있어 더욱 그렇다.

건설현장 주변에서는 여러 가지 일이 일어나게 마련이다. 이들 일중 상당 부분은 건설업체와 합의로 처리할 수 있는 일이지만, 여기에 변호사나 법률 브로커가 개입하여 소송을 부추기는 경우가 적지 않다. 특히 최근에는 건설 분쟁에 대한 일반인들의 인식도 높아지는 추세여서 법률사건의 수임을 목적으로 하는 변호사들이 바로 이 점을 파고들어 높은 보상을 받을 수 있을 것처럼 부채질하는 것이다.

변호사업무의 전문화도 기획소송이 늘어나는 요인으로 작용하고 있다. 2000년대 이후 변호사 수가 늘어나는 것과 함께 업무의 전문화도 나타나기 시작하였다. 변호사들이 기존의 민형사 소송사건 중심에서 벗어나 주변의 다양한 분야로 눈을 돌린데 따른 것이다. 특히 건설분야는 앞에서도 언급한 것처럼 복잡한 공정에다 오랜 공사기간 등으로 소송사건이 생길 여지가 많은 분야라는 점에서 변호사들의 입장에서는 좋은 수임대상 분야라 할 만하다.

그러나 초기에는 기획소송으로 이어질 만한 내용이 별로 없었다. 변호사들이 법률적인 지식은 충분하였지만, 건설공사의 복잡함을 이해하기가 쉽지 않았기 때문이다. 공사내용을 제대로 알고 있지 않고서는 이를 법률적으로 적용시키는데 무리가 따를 수밖에 없다. 중소규모의 건설업체들도 대부분 법률고문이나 자문을 두고 있지만, 정작 분쟁이 발생하였을 때 이에 효율적으로 대처하지 못하는 것도 건설관련 지식의 전문성이 부족하기 때문이다. 건설전문 법률사무소의 간판을 내건 업체들도 마찬가지였다. 이들 역시 초기에는 적지 않은 시행착오를 겪었던 것이 사실이다.

이는 비단 법률사무소뿐만 아니라 판결을 내려야 하는 법원의 법관들도 마찬가지였다. 건설분야에 대한 정확한 지식이 없다보니 법관에 따라 판결내용이 들쭉날쭉할 수밖에 없었다. 기획소송에서 나타나는 하자감정의 편파적 진단이나 판단의 기준이 모호하였던 것 등이 바로 이런 점에 기인하는 것이다. 법관들 스스로도 이와 같은 문제를 인식하고 건설관련 실무 연구모임을 만드는가 하면, 하자판정 기준을 자체적으로 만들어 배포하기도 했다.

최근 들어 서초동 법원 주변에 있는 법률사무소들 중 건설분야의 전문성을 내건 사무실들이 크게 늘었다. 건설관련 분야의 소송사건이 그만큼 늘어나고 있기 때문이다. 대형로펌도 건설관련 분야의 소송사건이 늘어나는 것에 맞춰 건설분야를 전문화하고 있다. 이들 전문화된 법률사무소가 늘어나면서 기획소송 건수도 늘어나고 있다. 특히 이들 중 일부 법률사무소의 경우 전문성을 제대로 갖추지 못한 채 사건수임만을 위해 간판을 내건 경우도 있는 것으로 지적된다.

결국 변호사 수의 증가와 전문화가 건설분야의 소송을 늘리는 결과로 작용하고 있고, 이것이 기획소송의 증가로도 이어지고 있다. 전문화된 기능을 가지고 사건이 될 만한 일감을 찾다보니 기획소송으로 나타나는 것이다.

2) 하자담보책임의 확대 및 강화

또한, 하자보수에 대한 건설업체들의 책임범위가 넓어진 것도 기획소송이 늘어나는데 한몫하고 있다. 당초 주택법에는 중요한 하자와 경미한 하자에 대해 하자담보책임기간을 나누어 놓았지만, 대법원에서 집합건물법에 적용되는 10년을 일률적으로 적용하여야 한다는 판결을 내리면서 업체들의 하자담보책임기간이 크게 늘어나게 되었다. 이에 따라 주택법에서는 10년의 기간 안에서 대통령령에 따라 정하는 기간까지 담보책임을 지도록 하고 있다.

여기에다 2013년 6월부터 집합건물법 개정안이 시행되면서 건설업체들의 하자담보관련 책임이 강화되었다. 즉 기둥과 보, 바닥, 지붕 등 주요 구조부의 하자보수 책임기간이 5년에서 10년으로 늘어났다. 또 아파트나 오피스텔 등의 구조적 하자에 대해서도 건설업체들이 5년 동안 책임을 지도록 했다. 하자보수에 대한 건설업체들의 책임기간이 늘어나자 이미 하자보수를 받은 아파트의 경우에도 법률사무소 등에서 입주자 대표회의를 부추겨 기간이 만료되기 전에 소송을 진행하는 경우가 나타나게 된 것이다.

최근 수도권지역에서 지은지 10년이 다 되어가는 아파트에서 대규모 하자소송을 진행한 예가 바로 그런 형태였다. 하자보수 책임기간이 늘면서 늘어난 기간이 만료되기 전에 하자보수소송을 제기한 것이다.

나. 하자관련 기획소송의 유형

하자기획소송이 이루어지는 패턴을 보면, 대체적으로 변호사들이 입주자 대표회의 등을 찾아가 하자에 대한 손해배상을 통해 보상금을 많이 받아낼 수 있다고 설득하여 이루어지는 경우가 많다. 입주자들의 입장에서는 실제 주택의 하자내용보다 더 많은 보상금을 얻어낼 수 있다는 점에 메리트를 느끼고 유혹에 넘어가기 십상이다. 변호사들의 입장에서는 자신들의 설명대로 보상금을 타내게 되면 이른바 '성공보수'의 명목으로 수임료를 더 타낼 수 있는 이점이 있다. 이 과정에서 입주자들을 대표하는 대표회의 관계자들과의 거래가 이루어지기도 하는 것으로 알려져 있다.

일단 입주자들과 하자에 대한 소송을 제기하는 문제의 합의가 이루어지면 변호사들은 소송대리인으로 소송과정에 참여하게 되는데, 이때 법률사무소와 하자감정업체들이 서로 연계되는 경우가 대부분이다. 즉 법원에서 하자관련 소송을 진행하기 위해서는 건설 및 하자의 내용을 잘 아는 전문가인 하자감정인을 선정하여야 하고, 이들로부터 받은 감정내용을 토대로 소송을 진행하게 된다는 점을 이용해 변호사측에 유리한 감정결과를 이끌어내도록 유도하는 것이다.

실제로 기획소송을 진행하는 법률사무소들의 경우 대부분 하자진단업체들과 연계되어 있는 것으로 나타나고 있다. 그간 특정 법률사무소의 하자관련 소송을 진행하는 경우 몇몇 하자진단업체들이 단골처럼 감정인으로 선정된 사례가 이를 잘 보여준다. 이들 하자진단업체들은 하자감정시 실제보다 내용을 부풀리는 것은 물론이고, 하자라고 할 수 없는 경미한 내용도 하자로 둔갑시키기 일쑤이다.

이와 같은 과정을 거치면서 하자보수비용은 실제 하자보수에 필요한 비용보다 훨씬 늘어나게 마련이다. 결국 건설업체들은 실제보다 더 많은 하자보수비용을 지불하여야 하는 결과로 이어지는 것이다. 요즘은 자체의 노력 등으로 많이 개선되었지만, 법원에서도 초기에는 하자소송을 담당하는 법관들이 건설관련 내용을 제대로 알지 못한 채 하자감정인들의 감정결과를 그대로 따르는 예가 많았다. 간혹 건설업체측의 변호사들이 전문적인 지식을 가지고 대응을 하는 경우도 없지는 않았지만, 이는 극히 드문 경우였다.

사정이 이렇다보니 같은 내용의 하자소송사건을 두고도 판결도 제각각으로 나는 경우가 적지 않았다. 어떤 사건에서는 하자로 판정나지 않은 내용이 다른 사건에서는 하자로 판정이 내려지는 경우도 다반사였다. 그야말로 하자관련 소송에서는 조금이라도 전문지식이 있는 쪽이 유리하였다. 이러한 환경이 또한 기획소송을 가능하게 한 토양이기도 했다. 하자보수비용에 대한 판결금액도 천차만별이었다. 불과 몇천만원에 그쳐야 할 보수비용 산정이 몇억원에서 몇십억원으로 불어나기도 했다.

아예 하자진단업체가 하자소송을 부추기는 경우도 있다. 지난 2006년 한 하자진단업체가 서울 강남의 한 아파트에 대해 부실과 불량 공사로 문제가 많은데다 하자 보수가 제대로 이루어지지 않고 있다며 소송이 불가피하다고 주장하였다. 하자진단업체인 D사는 입주민들에게 전혀 부담이 없다며 하자 소송을 권유하였다.

이에 따라 입주민들은 협의 끝에 시행사와 시공사 등을 상대로 하자 소송을 추진하였다. 하자진단업체는 2000여만원을 착수금조로 받아 10cm 두께의 하자부실조사 보고서를 제작, 총 65억원에 달하는 손해배상청구금을 산정하였다. 그러나 이 업체의 하자조사 보고서는 건축물 상태와 안전성에 대해 실제 이상으로 과장하여 진단을 한 것이었다. 입주민들은 이 보고서를 보고 심각한 안전문제가 있는 것으로 판단하였다.

소송 결과는 입주민 기대와 달리 승소 판결금이 크지 않았고 착수금과 법원 감정비용 등을 공제하고 나니 오히려 6000여만원의 손해가 발생하였다. 더 큰 문제는 소송 때문에 정작 추가적인 하자 보수도 요구할 수 없게 되었다는 점이다. 이 업체가 조사한 보고서는 전체 가구 중 6가구만을 대상으로 한 부실 평가로 드러났다. 입주민들은 이 업체를 상대로 사기 등에 의한 소송에 들어갔다.

일반적으로 하자관련 소송은 건설관련 소송에서 가장 많은 부분을 차지하고 있다. 특히 공동주택 하자에서는 결로와 균열 같은 내용이 가장 많이 나타나고 소송내용 또한 이들 내용이 대부분을 차지한다. 하자심사·분쟁조정위원회의 자료에 따르면, 하자분쟁의 유형은 설계도서와 상이시공이 결로와 함께 가장 많은 부분을 차지하고 있으며, 균열 및 누수,

소음문제, 창호 등의 기능불량, 오염 및 변색 등의 순으로 하자문제가 제기되는 것으로 나타나고 있다.

이와 함께 최근에는 하자보수 요구와 함께 입주민들의 분양대금 반환청구, 허위광고에 따른 손해배상 청구 등의 소송도 크게 늘어나는 것으로 나타나고 있다. 분양대금 반환청구나 허위광고에 따른 손해배상 등은 종전에는 볼 수 없었던, 최근 나타나기 시작한 기획소송의 전형적인 유형이라고 할 수 있다.

다. 기획소송의 문제점

하자관련 기획소송에 따른 문제점은 적지 않다. 무엇보다 당초 기획하였던 의도와 다른 결과를 초래하는 경우가 적지 않다는 점이다. 예컨대 기대하였던 내용보다 보상비용이 적게 나오는 경우가 대표적이다. 이는 곧 불필요한 사회적 비용을 초래하여 국민의 세금을 낭비하는 결과로 이어진다.

하자관련 기획소송의 경우 처음에 법률사무소측에서 주장하였던 대로 소송이 진행되는 경우는 많지 않다. 더욱이 최근에는 하자감정인 등 소송 진행 과정에서 나타나는 문제점들에 대한 법원의 인식이 높아지면서 재판의 내용이 과거와 달리 투명해지고 있음에 따라 당초 법률사무소측이 의도하였던 바와 다른 방향으로 진행되는 경우가 늘고 있다. 소송의 결과 또한 마찬가지이다.

그런데 문제는 법률사무소 측은 이와 관련하여 아무런 손해를 입지 않는다는 점이다. 물론 성공보수를 약속받은 경우 판결내용이 기대하였던 대로 나오지 않을 경우 성공보수를 받지 못한다는 점은 있지만, 기본적인 변호사비용이나 하자감정 비용 등은 지출될 수밖에 없다. 따라서 소송진행 과정의 여부와 관계없이 법률사무소 측이 피해를 보는 내용은 거의 없는 셈이다. 결국 그 피해가 돌아가는 곳은 소송에 참여하였던 입주자들이나 건설업체들이다. 변호사 비용은 비용대로 지불하면서도 기대하였던 판결을 받지 못해 소송진행 과정에서 나타나는 피해들을 보상받을 길이 없어지는 셈이다.

대표적인 경우로 얼마전 수도권에 조성된 대규모 신도시 입주자들이 당초 기대하였던 주변의 개발이 이루어지지 않았다는 점을 근거로 허위과장광고 시비를 제기함과 아울러 아파트가격 하락 등을 문제삼아 분양계약 취소 및 손해배상 청구 소송을 제기한 사례가 있었다. 당시 사건을 맡은 법률사무소 측은 분양금액의 35%까지 받아낼 수 있는 반면 가구별 부담액은 30~40만원에 불과하다며 입주민들에게 소송을 권유한 것이다.

그런데 정작 법원의 판결을 받은 결과 1심 재판에서는 분양대금의 10% 정도밖에 배상판결이 나오지 않았다. 그나마 고등법원의 항소심에서는 신도시 주변의 개발에 대해서는 건설업체들의 고의성이 없었다며 아예 원고 전부패소 판결이 나왔다.

이 소송사건으로 법률사무소 측은 수임료를 모두 받았지만, 입주자와 건설업체 측은 모두 큰 손해를 입었다. 입주자들의 경우 분양계약 취소를 위한 소송이어서 중도금과 잔금을 치르지 않은 채 소송에 임하였다. 그러다보니 연 10%가 넘는 지연이자와 대출이자를 물어야 하는 상황이 되었다. 건설업체들은 들어와야 할 중도금과 잔금이 들어오지 않다보니 자금의 유동성 위기를 겪게 되었다.

결국 기획소송은 소송을 맡은 변호사들의 배만 불려주는 꼴이 되기 십상이다. 물론 개중에는 입주민들이 미처 알지 못하던 잘못된 문제를 바로 잡아

주는 역할을 하는 경우도 없지는 않지만, 이는 극히 일부에 지나지 않는다. 대부분의 기획소송의 경우 입주자들의 기대에 미치지 못한 채 끝나기 일쑤이다. 더욱이 최근 들어 법원에서도 관련 판결의 기준을 만드는 등 공정하고 합리적인 판결을 이끌어내기 위해 노력하고 있기 때문에 입주자들의 입장에서 기획소송으로 인한 이득을 얻기는 더욱 어려운 구조가 되고 있다는 점을 생각하여야 할 것이다.

제2장

감정

제1절 감정인 선정의 중요성과 선정절차

제2절 잘못된 감정사례와 데이터 축적의 중요성

제1절 감정인 선정의 중요성과 선정절차

1. 하자소송에서 감정과 감정인 선정의 중요성

감정이란 법관의 판단능력을 보충하기 위해 전문적인 지식과 경험을 가진 자로 하여금 법규나 경험칙 또는 이를 구체적인 사실에 적용하여 얻은 사실판단을 법원에 보고하게 하는 증거조사방법이다. 특히 건설소송과 같은 전문 분야는 법관이 재판에 필요한 건설지식을 모두 갖출 수 없다는 점에서 관련 전문가로부터 기술적인 보조를 받는 감정절차의 중요성이 더욱 부각된다.

일반사건에서 흔히 시행되는 측량감정, 시가감정, 신체감정 등 일반감정은 감정구조가 단선적이고 간단하며 감정료도 일반적으로 낮고, 산출된 감정결과에 대한 검토와 오류지적이 용이하다. 이에 비해, 건설사건에서의 감정은 감정의 전제조건설정부터 까다롭고, 감정사항이 복잡하며 감정료가 고액이고 무엇보다 감정결과에 대한 검토와 오류지적이 매우 어려워서 일단 내려진 감정결과를 수정하는 것이 매우 어렵다. 따라서 일반감정과 비교할 때 건설소송상 감정은 사건의 결론을 좌우하는 가장 중요한 요소로서 작용한다.

이와 같은 건설감정에 대한 문제점은 크게 ① 부적격한 감정인의 선정, ② 고액의 감정비용, ③ 부실한 감정결과, ④ 감정서의 불비, ⑤ 감정의 지연 등으로 요약된다. 건설감정의 공정성 및 적정성을 높이고 감정평가에 대한 신뢰성 확보를 위해서는 우선 능력 있는 감정인의 확보와 당해 사건에 알맞은 감정인의 지정이 전제되어야 한다.

여기에서는 대법원예규 '감정인등 선정과 감정료 산정기준 등에 관한 예규(재일 2008-1), 개정 2014.09.12 [재판예규 제1485호, 시행 2014.09.12]'(이하 "감정예규"라 한다)에서 정하고 있는 감정인 선정절차의 개요, 감정인 선정절차의 현황에 관하여 살펴본다.

2. 감정인의 법원 등록 및 선정 절차

가. 감정인 명단의 작성 등

1) 감정예규 제5조(감정인 명단)

법원행정처장은 매년 12월 일정한 자격을 갖춘 사람(건설감정인의 자격 요건은 '건축사 · 건축구조기술사 · 건축시공기술사 등의 국가기술자격을 가진 사람으로서 소속단체가 추천한 사람 또는 본인이 신청한 사람'이다) 중에서 적절하다고 판단되는 사람을 '감정인 명단'에 등재한다. 건설감정인이 되고자 하는 사람은 우선 법원행정처장(소관 : 사법지원실)이 주관하는 '온라인감정인신청시스템'을 통해 감정인 후보자 등재를 신청한다.

이후 법원행정처장은 범죄경력조회 등 자격심사를 한 후 감정인 후보자 명단을 위 시스템을 통해 각급 법원 및 지원에 송부한다. 각급 법원 등은 자격요건 등 심사기준과 건설감정인 평정기준표(전산양식 A1800호)에 의해 감정인으로 적정하다고 평가하는 자를 법원행정처장에게 등재 요청한다. 법원행정처장은 각급 법원 등에서 등재 요청한 감정인 후보자를 승인하여 『감정인선정전산프로그램』의 '감정인 명단'에 등재하게 된다.

2) 현황(2014년도 기준)

가) 신청자 등 현황

서울중앙지방법원은 2003년도부터 건설감정인을 ① 건축시공, ② 건축구조, ③ 토목시공, ④ 토목구조, ⑤ 토목(기타 : 도로 및 공항)으로 분야를 세분화하여 감정인 명단에 등재하고 있다. 그리고 2011년도부터는 건축시공A(건축시공기술사), 건축시공B(건축사) 그룹 내에서 일정 규모 이상의 인력을 보유한 감정인들을 선별하여 별도로 A-1, B-1 그룹으로 나누어 사안이 복잡한 경우 위 그룹에서 감정인이 지정될 수 있도록 하고 있다.

서울중앙지방법원에 2014년도 건설감정인 등재를 신청한 사람은 601명에 이르고 있으며 그 중 심사기준에 따라 144명을 제외한 457명을 법원행정처에 등재요청하여 모두 승인을 받은 바 있다.

나) 심사기준

서울중앙지방법원이 감정예규(제4조의 2)에 따라 마련한 2014년도 건설감정인 심사기준 중 2호, 5-1호, 5-2호, 5-3호, 7호의 내용은 다음과 같다.

① 심사기준 2호 : 건설감정인은 (구)건설기술관리법 제6조의2 제2항에 명시된 경력 등에 관한 증명서를 포함한 자료를 제출한 자 중에서 심사하고, 자료 미제출자는 심사에서 제외한다.

② 심사기준 5-1호 : 건축시공감정인은 건축사 · 건축시공기술사 이상의 자격을 가진 사람으로 한다.

③ 심사기준 5-2호 : 건축구조안전감정인은 건축구조기술사 · 건설안정기술사 · 토질 및 기초기술사 이상의 자격을 가진 사람으로 한다.

④ 심사기준 5-3호 : 토목시공 · 토목구조 · 도로 및 공항 각 관련 감정인은 기술사 이상의 자격을 가진 사람으로 한다.

⑤ 심사기준 7호 : 기타 공정하고 객관적인 감정업무를 수행하기 곤란하다고 판단되는 자는 제외한다.

나. 감정인 선정 절차

1) 감정인 등 선정의 원칙(감정예규 제4조)

① 감정인등은 법원행정처에서 운영하는『감정인선정전산프로그램』에 의해

선정하여야 한다. 다만, 양쪽 당사자가 합의하여 특정 감정인등에 대한 감정인 선정 신청을 하거나 『감정인선정전산프로그램』에 의해 선정할 수 없는 경우에는 그러하지 아니하다(감정예규 제4조 제1항).

② 『감정인선정전산프로그램』은 제5조 및 제6조에 따라 매년 작성되는 『감정인 명단』 및 『감정촉탁기관 및 감정과목별 담당의사 명단』(다음부터 두 명단을 합쳐서 부를 때는 "『감정인 명단 등』'이라고 한다) 중에서 일정한 수를 무작위적으로 추출, 선정하는 것으로서 『감정인 명단 등』에 등재된 자 전원에게 균등하게 선정될 기회를 부여하는 것이어야 한다(감정예규 제4조 제2항).

2) 감정인 선정 및 지정(감정예규 제9조, 제10조, 제25조, 제47조, 제49조)

① 감정인등을 선정하고자 할 경우에는 담임 법원 사무관등이 재판장의 명을 받아, 『감정인선정전산프로그램』의 『감정인선정기능』을 실행하여 감정인을 선정하고, 민사사건, 가사사건 및 행정사건 등에서는 감정인지정결정서 [전산양식 A1780] 및 감정인소환장을, 경매사건에서는 감정인선정표와 평가명령서 [전산양식 A3339]를 출력하여야 한다(감정예규 제9조 제1항).

② 법원은 특별한 사정이 없는 한 제9조에 따라 선정된 사람을 감정인으로 지정하여야 한다(감정예규 제10조 제1항).

③ 공사비등의 감정의 감정인은 다음 각 호의 방법으로 지정한다(감정예규 제25조 제1항).

1. 재판장이 『감정인선정전산프로그램』을 이용하여 『감정인 명단』 중에서 1인을 무작위로 추출 · 선정하는 것이 적절하지 아니하다고 인정하여 『복수 후보자 선정 후 감정인 지정』을 명하는 경우, 감정사항에 비추어 적합한 자격을 갖춘 사람이 제5조에 따른 『감정인 명단』 에 등재되어 있을 때에는 『감정인선정전산프로그램』에 의해 2인 또는 3인의 감정

인 후보자를 선정한 다음 감정인 후보자의 전문 분야, 경력, 예상감정료 및 당사자의 의견 등을 종합하여 감정인을 지정한다. 다만, 이와 같은 방식으로 감정인을 지정하는 경우에도 『감정인 명단』에 등재된 사람 전원에게 균등한 기회가 부여되도록 하되, 후보자로 선정되었으나 감정인으로 지정되지 아니한 것이 3회에 이르면 1회 지정된 것으로 본다.

2. 감정사항을 감정하기에 적합한 자격을 갖춘 사람이 『감정인 명단』에 등재되어 있지 않은 것으로 인정되는 경우에는 외부의 공공단체, 교육기관, 연구기관 등에 후보자 추천을 의뢰하는 등 적절한 방법으로 적격자를 선정하여 감정인을 지정한다.

④ 법원행정처장은 각급 법원 및 지원에서 특수분야 전문가(제2조 제1항 각 호에 정한 감정을 제외한 나머지 분야의 감정업무를 수행할 수 있는 사람을 말한다. 이하 "특수분야 전문가"라고 한다.)를 감정인으로 선정하는 업무를 지원하기 위해 『특수분야 전문가 명단』을 전산으로 작성 · 관리한다(감정예규 제47조).

⑤ 각급 법원 및 지원의 재판장은 『특수분야 전문가 명단』을 활용하여 해당 전문가를 감정인으로 선정할 수 있다(감정예규 제49조 제1항).

3) 서울중앙지방법원의 현황

가) 서울중앙지방법원 건설전담재판부는, 집합건물의 하자보수비 사건의 경우 ①원칙적으로 감정예규 제25조에 따라 『감정인선정전산프로그램』에 의하여 3명의 감정인 후보자를 선정한 다음 당사자들의 의견을 종합하여 감정인을 지정하되, ②당사자들의 의견이 일치하는 경우에는 해당 감정인으로 지정하고, 의견이 일치하지 않는 경우에는 최저 감정료를 제시한 감정인 또는 감정신청인의 의견에 따라 감정인을 지정하고 있는 것으로 파악된다.

나) 2013년도 실제 감정인 지정회수를 보면, ①건축시공A(A-1) 그룹이 1인당 평균 1.3회(1.5회), ②건축시공B(B-1) 그룹이 1인당 평균 0.1회(0.1회), ③건축구조 및 토목시공 그룹이 각각 1인당 평균 0.2회, ④토목구조 및 토목(기타) 그룹은 0.1회 이하인 것으로 나타났다(총 감정인 313명 / 총 지정회수 326회, 전체 평균 1인당 약 1회).

다) 한편 최근 2년간 '아파트 하자보수청구' 사건에서 실제 감정인으로 지정된 회수를 보면, 건축시공A 그룹의 평균 지정 회수보다도 훨씬 많게 3회 이상 지정된 감정인도 26명에 이르는 것으로 나타났다.

제2절 잘못된 감정사례와 데이터 축적의 중요성

1. 감정인의 잘못된 감정 사례

가. 하자보수비 산출 과정의 검토

하자소송에서 감정인은 일반적으로 다음과 같은 단계를 거쳐 하자보수비를 산출하고 있다.

〈 하자보수비 산출 과정 〉

원고의 감정신청

⇩

감정인의 현장조사

⇩

결함현황도의 작성

⇩

작성된 결함현황도를 근거로 수량 산출

⇩

산출된 수량에 일위대가를 적용

⇩

하자보수비의 산출

앞에서 살펴본 바와 같이 하자소송에서의 감정인은 감정예규에 따라 까다로운 감정인 등록절차와 원,피고의 의견 수렴을 거쳐 법원에 의해 선정된다. 그럼에도 불구하고, 다수의 감정인들이 ①결함현황도를 작성하지 않거나, 실제 결함현황과 달리 작성, 또는 소송당사자가 알아보지 못하게 작성함에 따라 검토가 되지 않는 등 결함현황도 작성 단계에서 문제를 야기시키거나, ②수량산출에 있어서 오류를 범하거나, ③하자보수 공법에 적절하지 않은 일위대가를 적용하여, 결과적으로 과다한 하자보수비를 산출하는 등 실무상으로 감정의 오류 및 부실함이 종종 발견되고 있다. 여기에서는 하자보수비 산출에 있어 각 단계에서 감정인들이 범한 오류들을 살펴보도록 한다.

나. 결함현황도 작성의 오류

1) 올바르게 작성된 경우

– 인천지방법원 2008가합16192 사건

인천지방법원 2008가합16192 사건의 감정서를 보면, 아래 [그림 1]과 같이, 아파트 외벽에 존재하는 각각의 균열에 번호를 부여하고, [그림 2]의 물

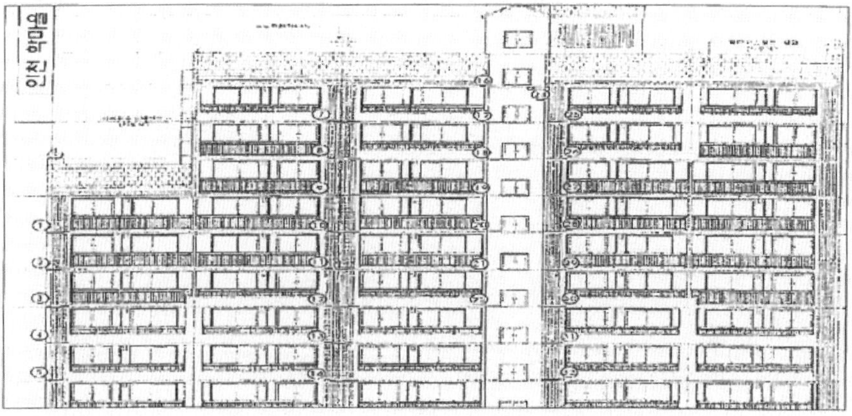

[그림 1] 인천지방법원 2008가 합16192사건 감정서 결함현황도 발췌본

물량 산출근거-132동(131동) 일부일언

콘크리트 하자 보증기간 10년														
구분	정면			배면			우측면			좌측면			기타속성	비고
	0.3mm 이상	0.3mm 미만	습식 균열	0.3mm 이상	0.3mm 미만	습식 균열	0.3mm 이상	0.3mm 미만	습식 균열	0.3mm 이상	0.3mm 미만	습식 균열		
1	1.20	- -		0.10	- -	- -		9.30		0.90	- -			
2	1.20	- -		2.70	- -	- -		1.50		-	9.50	-		
3	1.20	- -		0.10	- -	- -		9.30		-	9.50	-		
4	1.29	- -		0.40	- -	- -		9.50		-	0.50	-		
5	1.20	- -		1.20	- -	- -		0.40		-	9.50	-		

[그림 2] 인천지방법원 2008가 합16192사건 감정서 수량산출서 발췌본

량산출서에 그 번호 순서로 그 지점에 존재하는 균열이 몇 m이고, 폭은 몇 mm 인지 등을 상세히 적시하여 건축분야의 상식이 없는 사람도 곧바로 파악할 수 있도록 감정서를 명료하게 작성하고 있다.

2) 부산지방법원 2015가합45676 사건

– 결함현황도 자체가 누락된 경우

앞에서 보듯, 일반적으로 제출되는 감정서들의 경우 서울중앙지방법원 '건설감정실무지침'에 따라 공용 및 전유 부분에 발생한 하자에 대해 제3자가 결함현황도를 대조하여 곧바로 확인할 수 있도록 구체적으로 작성하고 이를 근거로 전유 및 공용부분 하자의 수량을 산출하여 하자보수비를 산정한다. 그러나 이 사건 감정인은 결함현황도 및 이를 바탕으로 한 수량산출내역(수량산출 집계표)이 누락되어 있고, 감정의견 또한 제시하지 않고 있어 소송당사자로 하여금 감정인이 산정한 하자보수금액 뿐만 아니라 감정서 전반에 의문을 가질 수밖에 없도록 하고 있다.

3) 수원지방법원 성남지원 2010가합12544 손해배상(기) 사건

– 실제 결함현황과 달리 작성되거나 당사자가 확인할 수 없도록 작성된 경우

수원지방법원 성남지원 2010가합12544 손해배상(기) 사건에서 감정인은 이 사건 외벽에 존재한다고 한 균열을 미세균열은 녹색, 극미세균열은 검정색, 건식균열은 청색, 습식균열은 적색 등으로 표시하여, 외견상으로는 일견 정확한 균열 조사가 이루어진 것처럼 포장하고 있다. 그러나 균열보수비의 기초가 되는 균열수량산출서에서는 동별로만 분류하여 감정인이 결함현황도에 표시한 균열이 어느 부위 몇 층에 존재하는 균열인지를 파악할 수 없도록 감정서가 불명료하게 작성되어 이 사건 감정인이 지적한 결함현황도에 적시한 균열과 수량산출서에 적시한 균열을 대조조차 할 수 없도록 하고 있다.

[그림 3]과 같이 확인이 가능한 1층만 발췌하여 이 사건 감정인이 존재한다고 한 균열에 (1) 내지 (5)까지 번호를 부여한 다음, 그 균열을 확인한 결과, 이 사건 감정인이 하자로 지적한 균열은 육안으로도 거의 판별하기 어렵고, 광학디지털계측기로도 '제로'로 확인되고 있다. 뿐만 아니라, 콘크리트층이 갈라지기 보다는 도색층이 건조되면서 발생한 도장면 균열이 명백한데도 불구하고 시공상 잘못에 기인한 하자로 판정하기 위해 '극미세균열'이라는 단어를 써가며 이례적인 감정을 하고 있다. 또한 수량산출서에는 [그림 3]에 적시한 균열이 어느 균열인지도 파악할 수 없도록 감정서를 작성한 바 있다.

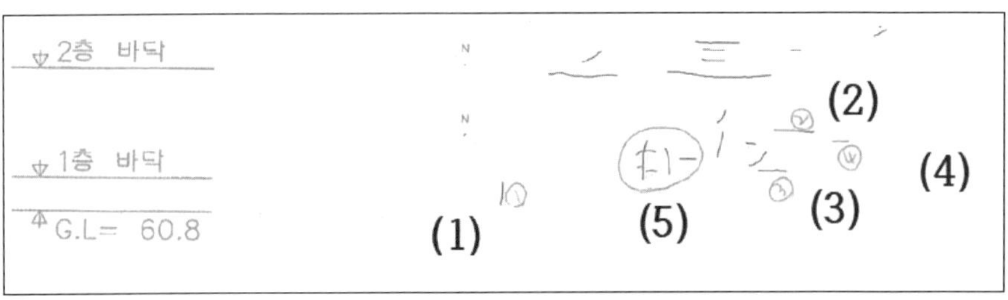

[그림 3]

또한, [그림 4]를 보더라도, (18) 내지 (35)번 중 (21), (22), (23), (24), (26), (29), (32), (37) 등 8개 균열이 역시 실제로는 존재하지 아니함을 현장조사를 통해 확인할 수 있었고, 나머지 균열 또한 감정인의 의견과 달리 균열의 폭도 0.14mm 내지 0.39mm까지 존재함을 알 수 있다.

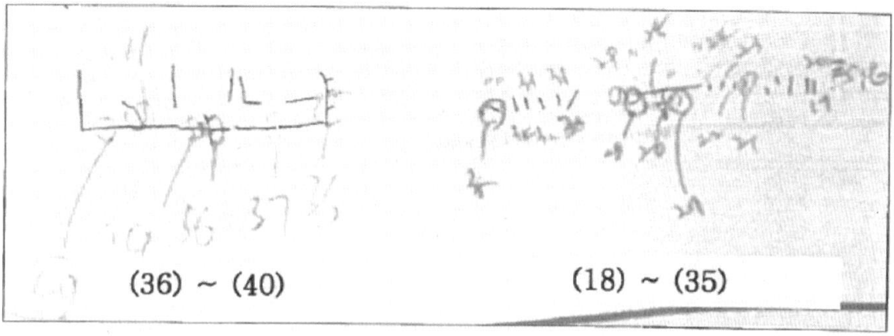

[그림 4]

4) 수원지방법원 성남지원 2013가합1026 손해배상(기) 사건

– 실제 결함현황과 달리 작성된 경우

이 사건에서 감정인이 존재한다고 한 층이음 균열이 실제로 존재하는지를 현장에서 확인, 조사한 결과, [그림5]의 708동 배면도 1층에 대해 이 사건 감정인은 36.99m의 층이음 균열이 존재하는 것으로 결함현황도에 표시하고 있으나, [사진]에서 보는 바와 같이 해당 부위에는 층이음 균열이 전혀 존재하지 아니하였다.

[그림5] 708동 외벽 배면 1층 균열현황도

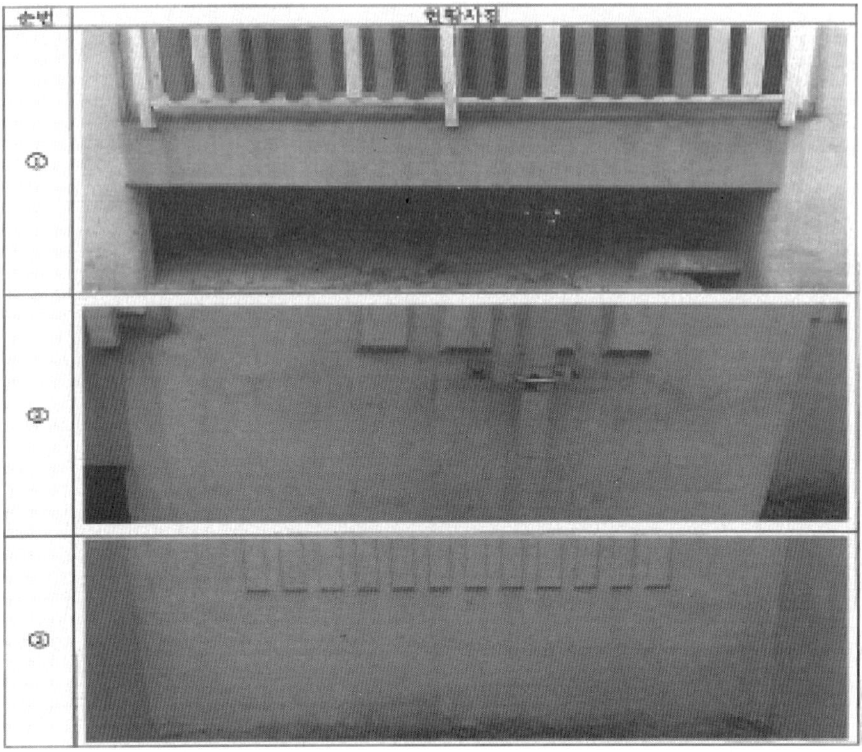

[사진] 현장조사시 확인된 708동 배면도 1층

다. 수량산출의 오류

1) 전주지방법원 2012가합5147 양수금 사건

이 사건 감정인은 이 사건 아파트 각동 외벽에 폭 0.3mm 이상의 층이음 균열이 77.8%나 존재한다는 감정의견을 제시하였다. 그러나, 유사사건 감정의 경우 폭 0.3mm 이상의 외벽 층이음 균열이 4.5% 내지 14.18%에 불과하였다. 이 사건 아파트 또한 동일한 공동주택인 유사사건의 아파트들과 특별히 달리 볼 사정이 없는데도, 이 사건 감정인만 폭 0.3mm 이상의 외벽 층이음 균열이 77.8%나 존재한다는 이례적인 감정의견을 개진한 바 있다.

이에 이 사건 피고가 직접 현장조사를 통해 외벽 1층에 존재하는 모든 층이음 균열의 폭을 측정한 결과 모두 폭 0.3mm 미만의 미세균열인 것으로 확인되었다. 이에 피고는 각동 외벽의 전체 층이음 균열 폭에 대한 보정이 필요하여 층이음균열에 대한 재감정을 신청하였고, 재판부 또한 감정에 오류가 있음을 인식하고 재감정신청을 채택한 바 있다. 결국 다른 감정인에 의한 재감정이 실시되어 기존 감정인에 의한 수량산출의 오류가 정정되었다.

2) 서울중앙지방법원 2012가합98282 하자보수비 등 사건

이 사건 감정인은 이 사건 아파트 전체도장 보수비로 금 166,729,171원을 산정하고 해당 면적을 36,358.0㎡로 산출하고 있으나, 피고가 직접 감정서를 확인해본 결과 24,604.05㎡로 산정되었다. 이와 같이 단순히 도장면적을 산출하는 부분에 있어서도 무려 11,753.95㎡의 차이가 발생하여, 감정인의 수량산출의 오류 및 과다한 하자보수비 산정의 오류를 발견할 수 있었다.

3) 수원지방법원 성남지원 2013가합1026 손해배상(기) 사건

수원지방법원 성남지원 2013가합1026 손해배상(기) 사건에서, 감정인은 결함현황도에 709동을 제외한 모든 동의 측면도 최하층에 [그림]과 같이 층이음 균열을 표기하지 않고서(분홍색 선이 존재하지 아니함), 우측에는 분홍색 글씨로 수량을 기재하고 있다(701동 우측면의 경우 11.18m). 그러나 피고측이 이러한 수량을 집계해 본 결과 그 수량이 198.01m에 이르는 등 결함현황도 상의 균열 표기와 수량기재가 불일치하는 오류가 발견된 바 있다.

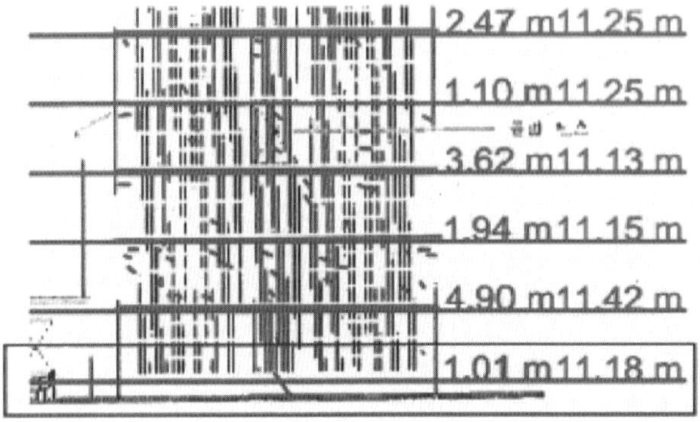

[그림] 701동 우측면 균열현황도

라. 일위대가 적용의 오류(단가 적용의 오류)

1) 서울중앙지방법원 2012가합98282 하자보수비 등 사건

가) 일위대가 호표의 부재

이 사건의 감정서는 수량산출의 오류 항목에서 보듯 수량산출에 있어 오류가 많음을 알 수 있으나, 다른 여러 하자 항목들에 있어서는 잘못을 바로 잡고자 하여도 일위대가 호표 및 수량산출식이 감정서에 부존재하여 소송의 당사자들이 그 적절성을 확인조차 할 수 없었다. 하자에 대한 보수공정 중 한 개의 보수내역은 반드시 그에 따른 일위대가를 첨부하여야 단가 산정의 근거를 알 수 있는 것이고 유사사건 감정인들은 모두 일위대가 호표, 수량산출식을 토대로 한 감정서를 제출하고 있다. 그러나 이 사건 감정인은 해당 자료를 감정서상에 제시하지 않아 단가 산정의 근거 및 물량을 확인할 방법이 전혀 없었으며, 불성실한 감정이 이루어짐을 알 수 있다.

나) 동일한 보수에 상이한 단가 적용

이 사건 감정인은 [공용 4-2-4. 지하주차장 계단실 바닥 마감 변경] 항목에 대한 보수비를 산정하면서, 화강석 물갈기 재료비를 40,619원/㎡, 타일붙이기 재료비를 4,188원/㎡를 기준으로 산정한 반면, [공용 4-3-4] 항목에서 화강석 물갈기 재료비를 34,817원/㎡, 타일붙이기 재료비를 12,688원/㎡을 기준으로 한 보수단가를 적용하고 있어, 동일한 보수에 각각 상이한 단가를 적용한 오류를 범한 바 있다.

2) 서울고등법원 2012나25977 손해배상(기) 사건

서울중앙지방법원 '건설감정실무지침'에서 하자보수비의 산정 시점은 원칙적으로 소제기시점을 기준으로 한다고 되어 있으며, 대법원 1998. 3. 13. 선고 95다30345 사건 판결에서도 하자보수비 산정시점에 관하여 목적물의 완성시가 아닌 청구시 또는 손해배상 청구시를 기준으로 산정하도록 하고 있다. 그럼에도 불구하고, 이 사건 감정인은 하자보수비 단가산정 및 원가계산 시점을 항소심 감정 1차 현장조사일을 기준으로 하여 산정하였다. 이에 피고는 감정의견을 개진하며 소제기시를 기준으로 하자보수비를 산정하여 정정할 것을 감정보완신청을 통해 요청하였고, 위 항소심 감정인은 오류를 인정하고 1차 현장조사일이 아닌 소제기시를 기준으로 하여 감정금액을 정정, 회신한 바 있다.

마. 기타 감정의 오류 등

1) 추측에 의한 감정

앞에 언급된 서울중앙지방법원 2012가합98282 하자보수비 등 사건에서, 일반적으로 은폐된 부위가 설계도면과 달리 시공되었는지 여부를 확인하기 위해서는 전체 세대를 파취하여 조사할 수 없기 때문에 감정인과 원·피고가 합의하여 일정한 샘플세대를 확보한 후 이를 파취하여 조사하는 방법을 통해 감정을 하며, 하자 항목 중에서 가장 대표적인 파취조사 항목이라 할 수 있는 것이 액체방수층 두께이다. 그러나 이 사건 감정인은 액체방수층에 대한 파취조사도 없이 육안으로 조사한 것과 액체방수층의 두께도 아닌 모르타르의 두께를 측정하면서 액체방수 6개 공정 중 4개의 공정이 누락되었다고 하여 막대한 보수비를 산정한 바 있다. 이는 육안상 확인이 불가한 사항에 대해 객관성을 담보할 수 없는 가정판단이라 할 수있다.

2) 불성실한 감정

서울고등법원 2013나2001967 손해배상 등 사건에서, 통상 감정인들이 실제 조사 결과 각 균열이 발생한 위치, 길이, 형태 등을 그림으로 표시한 결함현황도를 제출하여 원피고들이 감정결과 존재하는 것으로 나타난 균열의 상태를 객관적으로 확인할 수 있도록 하고 있음에도 불구하고, 이 사건 감정인은 외벽현황도를 통해 각 외벽별로 존재하는 균열의 위치만을 표기하고 있을 뿐 구체적인 균열의 폭이나 크기 등은 전혀 확인할 수 없도록 결함현황도를 작성하였다. 이에 피고측에서 이를 보완하여 달라는 요청을 하였지만 감정인은 어떠한 응답도 하지 않은 바 있다.

3) 부당한 추가감정료의 요구 등

가) 전주지방법원 2012가합5147 양수금 사건

이 사건의 감정인이 제출한 감정서는 구체적으로 어디에서 발생한 어떠한 결함을 하자로 판정하였는지, 그에 대해 어떠한 기준에 따라 어떠한 보수비가 산정되었는지를 확인할 수 없도록 그 내용자체가 총체적으로 부실하고 불분명하며, 오류가 많아 피고가 보완감정을 신청한 바 있다. 이에 대해 감정인은 아무런 답변도 하지 않다가 무려 6개월이 경과한 시점에 이르러 보완감정을 위해서는 추가로 약 5,000만 원이 소요된다며 추가감정료만을 요구할 뿐 피고의 보완신청에 대해 어떠한 답변도 하지 않은 바 있다. 일반적으로 감정서상의 명백한 착오나 오류가 발견되는 경우 최소 2~3회의 감정보완이 이루어지며 이 경우 타 감정인들은 추가감정료를 요구하지 않는 것을 감안할 때, 이와 같은 감정인의 요구는 감정에 대한 불성실함을 여실히 보여주는 실례라 할 것이다.

나) 대구지방법원 서부지원 2013가합2291 손해배상(기) 사건

이 사건 감정인은 피고측 1차 감정보완신청에 대해 추가 감정료를 요구한 바 있다. 일반적으로 추가 감정료는 최초 감정신청 항목과는 별개로 감정신청 항목이 추가되어 현장조사 등으로 별도 비용이 소요되는 경우 감정인이 요구하는 것이며, 감정신청 항목의 추가가 없는 기존 감정항목에 대한 보완신청, 조회에 대하여는 통상의 감정인들이 추가 감정료를 요구하지 않는다. 기본적으로 통상 최초 감정료에는 원,피고 각 2회의 감정보완신청에 따른 조회 비용도 포함된 것으로 보아야 하는데, 통상의 감정인들은 당사자들의 이러한 2-3회의 조회비용을 감안 내지 포함하여 예상감정료를 산정하고 있기 때문이다.

그런데 이 사건 감정인은 피고의 1차 감정보완신청에 따른 비용으로 세대당 3만원이 넘는, 최초 감정료의 40%에 달하는 매우 과다한 감정료를 요구한 바 있다. 특히 피고는 1차 감정보완신청을 통해 감정서에 누락되어 있는 결함현황도를 감정인에게 요청하였고, 또한 기존 감정신청 항목에 감정인이 적용한 공법 외에 다른 공법을 적용하여 보수비용을 산정하여 달라고 요청하였을 뿐이며, 기존 항목들에 대한 감정인의 의견을 조회하는 정도에 불과하였음에도 이처럼 별도의 감정료를 요구한 것이다.

이러한 감정인의 부당한 추가 감정료의 요구로 충실한 감정보완신청 또는 사실조회가 진행되기 어려웠으며, 당사자는 추가 감정인을 선정하여 추가 감정을 진행하여야 했고, 결과적으로 이로 인해 소송이 지연되어 소제기로부터 판결선고시까지 3년에 가까운 시간이 소요되었다. 이러한 감정인의 추가 감정료의 요구는 당사자들이 납득하지 못할 부당한 감정결과를 간접적으로 받아들일 수밖에 없는 결과를 가져오며, 특히 피고로서는 자신의 책임 없는 사유로 인한 소송지연으로 판결금액에 대한 지연이자의 부담을 떠안게 되는 부당한 결과를 가져온다. 이는 결국 감정의 공정성, 충실함을 훼손시킬 수밖에 없을 것이다.

2. 감정인 데이터 축적의 중요성

앞의 여러사례들에서 보듯 건설감정에서 감정인 선정은 사건의 결론을 좌우하는 중요한 요소이다. 법원이 감정예규 등에 따라 엄격한 감정인 등록절차와 감정인 선정절차를 거친다고 하더라도 감정인의 전문성, 공정성, 성실성을 담보하기란 매우 어려운 일이다. 따라서, 건설소송의 감정인 선정과정에서 감정인에 대한 데이터를 최대한 확보하고 있는 것이 감정결과의 적절성을 담보하는데 매우 중요하다.

감정인에 대한 데이터는 단순히 몇 번의 하자소송을 통해 축적되는 것이 아니며, 오랜기간 동안 하자소송을 경험하여 노하우를 축적한 곳만이 보유할 수 있는 자산이라고 하겠다. 이러한 측면에서 지난 20여 년간 1000여건의 하자소송을 진행하고 그를 통해 수많은 건설감정 및 감정보완을 진행하여 본 경험이 있는 법무법인 화인은, 이러한 경험으로 축적된 감정인에 대한 데이터를 통해 건설소송의 감정인 선정 절차에서부터 유리한 고지를 차지할 수 있는 이점을 가지고 있다.

[참고 법령]

대법원예규 '감정인등 선정과 감정료 산정기준 등에 관한 예규(재일 2008-1), 개정 2014.09.12 [재판예규 제1485호, 시행 2014.09.12.]'

제25조(감정인 지정의 원칙)

① 공사비등의 감정의 감정인은 다음 각 호의 방법으로 지정한다.

1. 재판장이 『감정인선정전산프로그램』을 이용하여 『감정인 명단』 중에서 1인을 무작위로 추출 · 선정하는 것이 적절하지 아니하다고 인정하여 『복수 후보자 선정 후 감정인 지정』을 명하는 경우, 감정사항에 비추어 적합한 자격을 갖춘 사람이 제5조에 따른 『감정인 명단』 에 등재되어 있을 때에는 『감정인선정전산프로그램』에 의하여 2인 또는 3인의 감정인 후보자를 선정한 다음 감정인

후보자의 전문 분야, 경력, 예상감정료 및 당사자의 의견 등을 종합하여 감정인을 지정한다. 다만, 이와 같은 방식으로 감정인을 지정하는 경우에도 『감정인 명단』에 등재된 사람 전원에게 균등한 기회가 부여되도록 하되, 후보자로 선정되었으나 감정인으로 지정되지 아니한 것이 3회에 이르면 1회 지정된 것으로 본다.

2. 감정사항을 감정하기에 적합한 자격을 갖춘 사람이 『감정인 명단』에 등재되어 있지 않은 것으로 인정되는 경우에는 외부의 공공단체, 교육기관, 연구기관 등에 후보자 추천을 의뢰하는 등 적절한 방법으로 적격자를 선정하여 감정인을 지정한다.

② 조정사건이 소송절차로 이행된 경우 조정위원으로 조정절차에 관여한 사람은 그 사건에서 감정인으로 선정될 수 없다.

제3장

공동주택 하자분쟁의 주요 쟁점과 판결동향

●●●

제1절 하자분쟁이 주로 일어나는 부분

제2절 공종별 주요쟁점 및 판결의 동향

제3절 최근 문제되고 있는 항목에 대한 고찰

제1절 하자분쟁이 주로 일어나는 부분

1. 하자분쟁의 요인

하자와 관련된 분쟁은 여러 요인에 의해 발생한다. 입주자 입장에서는 하자라고 생각하는 것을 사업주체나 시공업체 입장에서는 하자라고 생각하지 않는 것도 있다. 특히 설계도대로 시공했음에도 경미한 차이가 나타나는 사례도 있는데, 이런 경우에도 하자 여부를 두고 다툼이 일어날 여지가 있다.

대개의 경우 하자로 인한 분쟁이 일어나는 경우는 공사에 사용되는 여러 가지 도면의 불일치나 사업승인도면 및 준공도면 중 어느 도면을 기준으로 할 것인가 등의 문제에서 비롯된다. 그렇지만 이들 요인 외에 간접적인 요인으로 분쟁이 발생하기도 한다.

가. 하자에 대한 견해의 차이

시공사는 주택법 시행령 제59조에 따라 하자담보책임기간 내 발생한 하자에 대해 하자보수의무를 부담한다. 그런데 입주자들이 하자보수를 요청하는 항목 중 시공사에서는 하자로 보지 않는 부분이 상당수 존재하여 당사자간 견해의 차이가 존재하게 됨으로서 분쟁이 발생한다.

예컨대, 아파트와 같이 고층 건물의 경우 먼저 기초 위에 지하구조물을 형성하고 차례로 1층씩 콘크리트를 분리 타설하게 되는데, 이 구조체를 형성하기 위해 거푸집을 설치하고 여기에 콘크리트를 타설하여 양생 후 거푸집을 철거하는 방법으로 1층을 완성한다. 이 작업을 반복적으로 실시하게 되면 각 층의 콘크리트를 타설하는 시간차에 의해 아래층에서 타설한 콘크리트와 새로이 타설한 콘크리트가 면하는 부분에는 불가피하게 미세균열이 생길 수밖에 없다. 이러한 균열은 건물의 구조 안전상 아무런 영향을 미치지 않고, 공사상 필연적으로 발생할 수밖에 없는 것이어서 시공사로서는 하자가 아니라고 주장하는 반면, 입주자들은 이와 같은 층간 균열은 건물의 구조체에 발생한 균열로써 중요한 하자로서 보수가 이루어져야 한다고 주장한다.

예시와 같이 각 공종별 해당 항목이 하자인지 아닌지 여부에 따른 판단이 서로 상이함에 따라 입주자측과 시공자측 사이에 분쟁이 발생하는 경우가 많다. 특히 허용 균열폭 미만의 균열, 욕실 · 발코니 · 현관 단차높이 부족, 타일 뒤채움 불량, 결로 등은 대표적으로 시공사측과 입주자측 사이에 견해가 대립되는 부분이다.

나. 공종 상호간 도면, 일반도면 및 상세도면과의 상호 불일치

건설관계 설계도서는 건축물의 건축 · 대수선 · 설비의 설치 또는 공작물의 축조를 위한 공사용 도면 · 구조 계산서 · 시방서 · 건축설비계산 관계서

7) 건축법 제2조 제1항 제14호, 시행규칙 제1조의2.

류 · 토질 및 지질 관계서류 · 기타 공사에 필요한 서류를 말한다[7]. 그런데 소송을 하다보면 공종 상호간의 도면이 일치하지 않는다거나, 일반도면 및 상세도면이 일치하지 않는 경우가 다수 존재하고, 이와 같은 상황이 되면 시공사와 입주자는 각기 유리한 도면을 근거로 각 주장을 함으로써 분쟁이 발생하게 되므로 애초에 도면에 대한 통일성을 갖추어야 한다.

이와 관련하여 국토교통부는 주택의 설계도서 작성 기준(국토교통부 고시 제2012-533호)에 따라 일응의 기준을 마련하였고, 법원 역시 이 기준을 「건설감정실무」에 포함시킴으로서 활용하고 있다. 한편, 주택의 설계도서 작성 기준 제10조는 다음과 같이 규정하고 있다.

> 제10조(설계도서의 해석)
>
> ① 설계도서의 내용이 서로 일치하지 아니하는 경우에는 관계법령의 규정에 적합한 범위 내에서 감리자의 지시에 따라야 하며, 그 내용이 설계상 주요한 사항인 경우에 감리자는 설계자와 협의하여 지시내용을 결정하여야 한다.
>
> ② 제1항의 경우로서 감리자 및 설계자의 해석이 곤란한 경우에는 당해 공사계약의 내용에 따라 적용의 우선순위 등을 결정하여야 하며, 계약으로 그 적용의 우선순위를 정하지 아니한 경우에는 다음의 순서를 원칙으로 한다.
>
> 1. 특별시방서
> 2. 설계도면
> 3. 일반시방서, 표준시방서
> 4. 수량산출서
> 5. 승인된 시공도면

그러나 이와 같은 규정이 일응의 기준은 될 수 있다 하더라도 국토교통부 고시는 법원의 판단에 있어 구속력이 있는 것이 아닌 데다 동일한 설계도면 중 각 도면의 지시사항이 상이한 경우는 특별한 기준이 없어 여전히 문제가 남게 되므로 설계도면의 통일성을 기하는 것은 추후 분쟁의 소지를 줄일 수 있는 좋은 방안이 된다.

다. 하자판정의 기준이 되는 도면에 대한 견해의 차이

또, 하자판정의 기준이 되는 도면에 관하여 입주자측은 사업승인도면 내지 착공도면을, 시공사측은 준공도면(사용승인도면, 이하 '준공도면'이라 한다)을 각 주장함으로써 분쟁이 존재하고 있다. 이에 대한 분쟁을 이해하기 위해서는 먼저 각 도면에 대한 기본적인 이해가 바탕이 되어야 한다.

1) 사업승인도면 및 준공도면

사업승인도면이란, 사업주체가 주택건설사업계획의 승인을 받기 위해 사업계획승인권자에게 제출하는 기본설계도서이고, 착공도면은 착공신고시 제출하는 실시설계도서이다. 따라서 사업승인도면 및 착공도면은 대외적으로 공시되지는 않는다. 반면, 준공도면은 시공자가 공사 수행 중 또는 완성단계에서 작성하는 도면으로서 공사의 특정 부분을 구체적으로 나타내기 위한 도면, 도해, 설명서 등으로 구성된다. 도급인은 시공자가 작성해야 할 시공상세도면 목록을 공사시방서에 명시해야 하고, 이는 건축물의 실제상황을 나타내며 하자보수의 기준도면으로 쓰인다.

2) 사업승인도면을 기준으로 해야 한다는 견해

통상 입주자측은 사업승인도면 또는 착공도면이 하자판단의 기준도면이 되어야 한다고 주장한다. 그 논거는 선분양, 후시공 방식의 분양의 경우 수분양자는 사업승인도면 또는 착공도면에 따라 아파트를 건축할 것으로 기대하고 분양계약을 체결하게 되므로 사업승인도면 또는 착공도면이 분양계약의 내용에 편입되었다는 이유이다.

또한, 주택법에 따른 아파트의 사용검사시 감리자의 감리의견서만 행정관청에 제출될 뿐, 실제로는 준공도면을 기준으로 사용검사가 이루어지는 것이 아니고, 준공도면은 사업주체가 관리주체 및 시설물 관리공단에 자신들 임의로 작성하여 교부하는 임의의 도서에 불과하며 주택 관련 법령에도 명문화 되어 있지 않다는 점을 그 근거로 든다.

3) 준공도면을 기준으로 해야 한다는 견해

반면, 시공사측에서는 준공도면이 하자판단의 기준이 되어야 한다고 주장한다. 장기간 계속되는 공사의 특성 상 현장 상황에 맞게 설계변경이 이루어질 수밖에 없고 변경된 내용이 모두 반영되어 있는 준공도면에 의해 사용승인을 받는 것이며, 사용승인이 있은 후 하자보수 역시 준공도면을 기준으로 이루어진다는 것이 주된 논거이다.

또한, 사업승인도면 또는 착공도면은 대외적으로 공시가 되지 않는 것으로서 이와 같은 도면이 분양계약의 내용으로 편입되었다고 보기는 어렵고, 사업승인도면 또는 착공도면은 사업의 청사진을 제시하는 것에 불과할 뿐 아니라, 아파트에 관한 사업승인 단계부터 완공까지는 많은 시간이 소요되고 공사 기간 중 기술변화와 민원 사항 등을 반영하여 건축이 이루어지는 것이므로 준공도면에 따라 건축된 상태가 사업승인도면 또는 착공도면에 의해 건축된 상태보다 반드시 나쁘다고 할 수 없다는 근거도 있다.

4) 대법원 판례의 태도

이와 관련하여 2014년 대법원은 하자판정 기준도면은 준공도면으로 한다고 판시함으로서 이 분쟁을 종식시켰다. 판례의 주요 내용 및 주된 논거는 다음과 같다.

가) 대법원 2014. 10. 15. 선고 2012다18762 판결

사업승인도면은 사업주체가 주택건설사업계획의 승인을 받기 위하여 사업계획승인권자에게 제출하는 기본설계도서에 불과하고 대외적으로 공시되는 것이 아니어서 별도의 약정이 없는 한 사업주체와 수분양자 사이에 사업승인도면을 기준으로 분양계약이 체결되었다고 보기 어려운 점, 실제 건축과정에서 공사의 개별적 특성이나 시공 현장의 여건을 감안하여 공사 항목 간의 대체 시공이나 가감시공 등 설계변경이 빈번하게 이루어지고 있는 점, 이러한 설계변경의 경우 원칙적으로 사업주체는 주택 관련 법령에 따라 사업계획승인권자로부터 사업계획의 변경승인을 받아야 하고, 경미한 설계변경에 해당하는 경우에는 사업계획승인권자에 대한 통보절차를 거치도록 하고 있는 점, 이처럼 설계변경이 이루어지면 변경된 내용이 모두 반영된 최종설계도서에 의하여 사용검사를 받게 되는 점, 사용검사 이후의 하자보수는 준공도면을 기준으로 실시하게 되는 점, 아파트 분양계약서에 통상적으로 목적물의 설계변경 등에 관한 조항을 두고 있고, 주택 관련 법령이 이러한 설계변경절차를 예정하고 아파트 분양계약에서의 수분양자는 아파트가 사업승인도면에서 변경이 가능한 범위 내에서 설계변경이 이루어진 최종설계도서에 따라 하자 없이 시공될 것을 신뢰하고 분양계약을 체결하고, 사업주체도 이를 계약의 전제로 삼아 분양계약을 체결하였다고 볼 수 있는 점 등을 종합하여 보면, 아파트 분양계약 당시 사업승인도면이나 착공도면에 기재된 특정한 시공내역과 시공방법대로 시공할 것을 수분양자에게 제시 내지 설명하거나 분양안내서 등 분양광고나 견본주택 등을 통하여 그러한 내용을 별도로 표시하여 분양계약의 내용으로 편입하였다고 볼 수 있는 등 특별한 사정이 없는 한 아파트가 사업승인도면이나 착공도면과 달리 시공되었더라도 준공도면에 따라 시공되었다면 특별한 사정이 없는 한 이를 하자라고 볼 수 없다.

나) 대법원 판례의 분석 및 사례의 검토

(1) 대법원 판례의 분석

앞의 판단은 사업승인 이후 다수의 설계변경을 거쳐 반영된 최종 도면이 준공도면이므로 하자보수 역시 이를 기준으로 하고 있다는 점에서 타당한 결론이라 생각된다.

다만, 이 판례를 해석해보면 사업승인도면이나 착공도면이 분양계약의 내용으로 편입되었다고 볼 수 있는 특별한 사정이 있는 경우, 예컨대 사업주체가 아파트 분양계약 당시 사업승인도면이나 착공도면에 기재한 특정 시공 내역과 방법으로 시공할 것을 수분양자에게 제시 내지 설명, 분양안내서 또는 기타 광고에서 그 내용을 별도로 표시한 경우 등에는 예외적으로 사업승인도면이 기준도면이 될 수도 있을 것이므로 주의를 요한다.

또한, 이 대법원 판례의 논거를 보면, 주택 관련 법령이 이러한 설계변경 절차를 예정하고 아파트 분양계약에서의 수분양자는 아파트가 사업승인도면에서 변경이 가능한 범위 내에서 설계변경이 이루어진 최종설계도서에 따라 하자 없이 시공될 것을 신뢰하고 분양계약을 체결하고, 사업주체도 이를 계약의 전제로 삼아 분양계약을 체결하였다고 볼 수 있는 점을 하나의 논거로 들고 있다. 이는 적법한 설계변경을 전제로 한 것이라 할 것이고, 이와 같은 이유로 이같은 판결이후에도 원고측은 적법한 설계변경이 없었음을 문제삼아 여전히 사업승인도면 내지 착공도면을 기준으로 한 항목에 대한 하자를 주장하고 있는 것이 현실이다.

(2) 적법한 설계변경 유무가 다투어진 사건

일례로 서울고등법원 2015나2018846 사건의 경우, 발코니 바닥마감재가 착공도면 및 실내재료마감표상 자기질 타일로 되어 있었으나, 사용승인도면에는 일부 발코니에 대해 룸카펫으로 시공지시를 하고, 그에 따라 시공하였음에도 실내재료마감표에는 여전히 자기질 타일로 기재되어 있어 원고측이 극렬하게 다투었던 사건이다.

그러나 이 사안의 경우 최초 사업계획승인시 발코니 부분은 자기질타일로 마감하는 것으로 하여 사업승인을 받았으나(발코니 확장이 허용되지 아니한 2005. 1. 이전에 사업승인 받은 아파트임), 이후 분양자측은 수전이 위치하지 않아 물을 사용하지 않는 공간에 대해 실내공간처럼 사용할 수 있도록 입주자의 편의를 위해 룸카펫으로 변경시공하는 것으로 하여 사업계획변경승인을 받게 된 사안이다. 이와 같이 사업계획변경승인을 함에 있어 수전이 위치하지 아니한 공간에 대하여만 룸카펫으로 변경하는 것이고, 수전이 위치하여 물을 사용하는 공간은 여전히 자기질타일로 시공할 수밖에 없는 사정이었다. 그에 따라 각 단위세대평면도상 세대 타입별로 [표]에서 보는 바와 같이 수전의 위치가 다르게 되었다.

이와 같은 이유로 룸카펫이 시공되는 구체적인 위치에 대하여는 설계도면에 표시하여 설계변경절차를 거쳤고, 기본적으로 수전을 사용하는 발코니의 마감재는 자기질타일이라 할 것이어서 실내재료마감표상의 기재는 그대로 둘 수밖에 없었던 것이다.

[표] 각 단위세대평면도상 마감재 구분

구분	발코니 1	발코니 2	발코니 3	발코니 4
51㎡(N형)단위세대평면도	룸카펫	자기질타일	일부 자기질타일 일부 룸카펫	X
51㎡(절곡형)단위세대평면도	룸카펫	자기질타일	자기질타일	X
59㎡(N형)단위세대평면도 (ALT–1)	룸카펫	자기질타일	자기질타일	룸카펫
59㎡(S형) 단위세대평면도–1	룸카펫	자기질타일	자기질타일	룸카펫
59㎡(절곡형)단위세대평면도–2 (ALT–1)	룸카펫	자기질타일	룸카펫	자기질타일
59㎡(절곡형)단위세대평면도–3	룸카펫	자기질타일	룸카펫	자기질타일

사정이 이러함에도 원고는 실내재료마감표상 기재의 변경이 없고 이에따른 적법한 설계변경이 없었다는 이유로 피고의 책임을 주장하였다. 그러나 분양자측은 이와 같은 점을 적절히 방어하였고, 원고 청구의 기각으로 귀결되어 원고가 상고하였으나(대법원 2015다255241 사건), 심리불속행기각으로 확정된 사건이다.

이와 같이, 대법원 판결이 나온 이후에도 입주자측은 여전히 사업승인도면 내지 착공도면을 기준으로 주장하는 경우가 있고, 특히 문제삼는 것은 설계변경 절차가 없었다는 점이다. 앞 사안의 경우에도 설계변경절차를 거침에 있어 실내재료 마감표상 "구체적인 시공위치는 도면 참조"라고 기재하였다면 이와 같은 위험 부담에서 손쉽게 벗어날 수 있었던 사안으로 향후 변경시공으로 인해 금액이 차이가 큰 공종의 경우에는 설계변경 절차를 반드시 거칠 것을 요한다.

(3) 분양계약서상 원목온돌마루라고 기재함에 따라 책임이 인정된 사건

수원지방법원 2012가합 23873 사건의 감정인은, 분양카다로그 기준 마루판 재질 변경시공 항목에 대해, "카다로그 3쪽, 모델하우스, 설계도면, 계약서 등에 온돌마루로 표기되어 있고, 카다로그 2쪽에만 원목온돌마루로 표기되어 있음. 카다로그 제작시 원목온돌마루와 일반온돌마루로 혼재하여 표기하였으나 일반 온돌마루를 오기한 것으로 사료됨. 감정인은 원고측 주장에 의해 비용을 산정하였으나 원 · 피고측의 입증자료 및 변론을 통해 최종적으로 재판부에서 가름지어야 할 사항으로 사료된다"고 밝히며 차액으로 281,242,014원을 산정하였다(239세대).

이 사건의 경우 분양카다로그 내 마감재 목록에서 보는 바와 같이, 확장 전 · 후를 불문하고 모두 **'온돌마루'**라고 표기되어 있고, 다만, 분양카다로그에서 인테리어를 표현한 문구에만 원목이라는 글자가 추가되어 표기된 것에 불과한 것을 두고 원고는 원목 온돌마루를 시공하기로 되어 있었다고 주장한 사안이다.

<table>
<tr><th colspan="2" rowspan="2">구분</th><th colspan="2">주택유형</th></tr>
<tr><th>34A</th><th>34B</th></tr>
<tr><td rowspan="5">확장전품목</td><td>현관</td><td colspan="2">디지털 도어록 / 신발장 / 천연화강석 현관디딤판
폴리싱 타일 / 현관전신거울</td></tr>
<tr><td>거실</td><td colspan="2">거실 간접조명등 / 온돌마루 / 매입형 거실등
서라운드스피커 잭/ 거실 아트월</td></tr>
<tr><td>안방</td><td>리모콘 스위치
고급룸 / 매입형그라스등
온도조절기</td><td>리모콘 스위치 / 고급룸
매입형그라스등 / 온도조절기
대리석상판 화장대</td></tr>
<tr><td>드레스룸</td><td>대리석상판 화장
시스템 장
그라스등 / 온돌마루</td><td>시스템 장 / 그라스등
온돌마루</td></tr>
<tr><td>침실</td><td colspan="2">고급룸 / 걸레받이 / 매입형그라스등</td></tr>
</table>

분양카다로그 내 마감재 목록

분양카다로그 내 문구

감정인 역시 이러한 사실들을 모두 확인한 후, "카다로그 제작시 원목온돌마루와 일반온돌마루로 혼재하여 표기하였으나 일반온돌마루를 오기한 것으로 사료된다"라고 감정의견을 밝히고 있다. 입주자대표회의측에서 감정인에게 기제출한 사업계획승인도면과 사용승인도면, 공급계약서, 모델하우스 견본 모두 '온돌마루'로 표기되거나 '모델하우스 내 시공된 제품'으로 하도록 되어 있었으며, 이 사건 아파트 분양을 위해 시공된 모델하우스(견본주택) 내에도 온돌마루가 시공되어 있었으며, 실시공 역시 위와 같은 사업승인도면, 사용승인도면, 견본주택의 내용에 따라 온돌마루로 정상시공된 상태이다.

그러나 이 사건의 경우 입주자대표회의측은 하자소송의 제기에 앞서 공정거래위원회 및 한국소비자원에 제소를 하여 공정거래위원회는 피고의 분양카다로그 기재 및 전단지상 '로하스의 삶을 전해주는 친환경 마감재'라는 소제목 아래 '품격높은 원목온돌마루'라고 표시한 행위가 표시 ·

광고의 공정화에 관한 법률(이하 '표시광고법'이라 한다) 제3조 제1항 제1호[8]를 위반한 것으로 보아 표시광고법 제7조[9]에 따른 시정 조치를 명하였고, 한국소비자원은 표시광고법 제10조에 근거하여 피고의 수분양자에 대한 손해배상책임을 인정하였다. 입주자대표회의측은 하자보수에 갈음한 손해배상이라는 청구원인에 표시광고법 제10조[10]에 따른 손해배상책임을 구하는 것으로 예비적으로 청구원인을 추가하였고, 그에 따라 조정에서 하자로 인정하되 세대당 30만원씩만 인정하는 것으로 강제조정되었던 사건이다.

이 사례에서 볼 수 있는 바와 같이, 분양카다로그상에 문구 하나 잘못 표기함으로 인해 입은 손해가 매우 크다는 사실을 알 수 있다. 분양카다로그상 기재의 경우 분양계약으로 편입되었다는 점외에 표시광고법 위반에 따른 책임도 인정될 여지도 크다 할 것인 바 실제 시공현황과의 일치는 매우 중요하다고 할 것이다. 앞의 사례 역시 이와 같은 점에서 아쉬움이 남으나 감정인이 산정한 281,242,014원 중 7,170만원(239세대×30만원)만 인정된 것으로 최대한 손실을 줄였던 사건이라 할 것이다.

---

8) 제3조(부당한 표시 · 광고 행위의 금지) ① 사업자등은 소비자를 속이거나 소비자로 하여금 잘못 알게 할 우려가 있는 표시 · 광고 행위로서 공정한 거래질서를 해칠 우려가 있는 다음 각 호의 행위를 하거나 다른 사업자등으로 하여금 하게 하여서는 아니 된다.
1. 거짓 · 과장의 표시 · 광고

9) 제7조(시정조치) ① 공정거래위원회는 사업자등이 제3조제1항을 위반하여 부당한 표시 · 광고 행위를 하는 경우에는 그 사업자등에 대하여 그 시정을 위한 다음 각 호의 조치를 명할 수 있다.
1. 해당 위반행위의 중지
2. 시정명령을 받은 사실의 공표
3. 정정광고
4. 그 밖에 위반행위의 시정을 위하여 필요한 조치

10) 제10조(손해배상책임) ① 사업자등은 제3조제1항을 위반하여 부당한 표시 · 광고 행위를 함으로써 피해를 입은 자가 있는 경우에는 그 피해자에 대하여 손해배상의 책임을 진다.
② 제1항에 따라 손해배상의 책임을 지는 사업자등은 고의 또는 과실이 없음을 들어 그 피해자에 대한 책임을 면할 수 없다.

5) 소결론

이 대법원 판례의 취지에 비추어 현재 하자판단의 기준도면은 준공도면으로 정리가 되었다고 볼 수 있다. 다만, 분양계약의 내용으로 편입되었다던지, 적법한 설계변경절차를 거치지 않았다는 등의 사정이 있을 경우에는 여전히 사업승인도면, 착공도면이 기준이 될 가능성도 배제할 수 없는 바, 이 점에 있어서 주의를 요한다.

또한 하자판단의 기준도면이 준공도면이라는 이유로 준공도면대로 시공하였다고 하여 모두 책임을 면한다고 볼 수는 없다 할 것이다. 따라서 준공도면에 지시사항이 없다 하더라도 통상 갖추어야 할 성상을 가지고 있지 못하거나[11] 법령상 기준을 충족하지 못한 경우[12]에는 하자로 인정되는 경우도 있으므로 준공도면 작성에 있어 더욱 주의를 기울여야 한다.

또한, 건축시공은 상당한 시간이 소요되고 그 과정에서 시공 공법, 재료 등이 변경될 수 있음은 물론, 실제 공사를 하다보면 예기치 못한 상황이 발생하는 경우도 다수 있어 시공내용의 변경은 필연적으로 이루어질 수밖에 없다. 그런데, 이와 같은 과정에서 최종 도면인 준공도면에 변경 사항을 반영하지 않고 누락하는 경우, 법원의 하자판단의 기준도면이 준공도면인 이

---

11) 준공도면에 지하주차장 트렌치를 설치하는 것으로 명기되어 있지 아니한 사실은 인정하나, 현재 원활한 배수가 이루어지지 아니하고 있는 사실이 인정되고, 이로 인해 겨울철에는 바닥결빙으로 인한 사고가, 여름철에는 해충발생이 각 우려되므로 하자에 해당한다(서울고등법원 2008나27443 판결), 지하주차장 내 차동식 감지기 미시공은 화재가 발생할 경우 대형 인명 사고로 이어질 위험성이 큰 점 등을 종합하면 안전상 하자에 해당(서울중앙지방법원 2009가합111147 판결)

12) 주택건설규정 제30조에는 옹벽의 균열, 붕괴 등으로 인한 피해를 줄이기 위해 옹벽과 공동주택의 이격거리를 5m로 규정되어 있으므로 5m보다 2m이상 미달되게 시공한 것은 기능, 안전상 중요한 하자에 해당(서울고등법원 2006나70099 판결), 준공도면대로 각 지하층마다 각 5개의 cctv가 설치되어 있으나, 주차장법 시행규칙 제6조는 관리사무소에서 주차장 내부 전체를 볼 수 있는 방범설비를 설치, 관리하여야 한다고 규정되어 있으므로 설치된 cctv는 설치 목적에서 요구되는 품질을 갖추고 있지 아니한 것으로써 기능상 하자에 해당(서울고등법원 2008나27433 판결)

상 이와 달리 시공된 바가 있다면 하자로 인정될 여지가 높다는 점에도 주의를 기울여야 할 것이다.

라. 간접적인 원인

주택시장에 관하여 전문가들은 선불리 낙관적인 전망을 하지 못하고 있다. 우리나라의 경우 상당 기간 부동산 호황기를 누려왔으나 최근 넘쳐나는 수요와 저금리, 세계의 경제 상황에 비추어 볼 때 주택가격이 떨어질 가능성도 배제할 수 없기 때문이다. 뿐만 아니라, 새롭게 개발이 진행되는 지역의 경우 도시개발계획의 이행에 차질을 겪게 되면서 미분양이 속출하고 이미 분양이 상당 부분 이루어진 세대도 뜻하지 않은 아파트 가격 폭락을 겪게 되기도 한다.

일반적인 시각에서 주택가격이 매매가 대비 소폭 상승하거나 하락하는 경우 입주자들은 이에 대한 일종의 만회를 위해 그 대안으로 하자소송을 진행하기도 한다. 하자소송을 통해 지급 받은 금원은 주택도시보증공사 등 보증사로부터 지급받는 하자보수보증금과는 달리 그 사후 용도에 관하여 아무런 규제가 없다. 그래서 이와 같은 점을 악용하여 실제 지급받은 금원으로 보수를 하지 않고 각 입주자들에게 안분하는 경우가 있어 문제가 된다.

공동주택관리법 시행령[시행 2016.9.1.] [대통령령 제27473호, 2016.8.31., 타법개정] 은 입주자대표회의와 보증사 사이의 하자보수보증금과 관련하여 다음과 같이 규정하고 있다.

제44조(하자보수보증금의 청구 및 관리) ① 입주자대표회의는 사업주체가 하자보수를 이행하지 아니하는 경우에는 하자보수보증서 발급기관에 하자보수보증금의 지급을 청구할 수 있다. 이 경우 다음 각 호의 서류를 첨부하여야 한다.

1. 제43조 각 호의 어느 하나에 해당하는 서류(같은 조 제3호의 경우에는 판결서를 말하며, 제4호의 경우에는 하자진단 결과통보서를 말한다)
2. 제47조제3항에 따른 기준을 적용하여 산출한 하자보수비용 및 그 산출명세서(제43조 각 호의 절차에서 하자보수비용이 결정되지 아니한 경우만 해당한다)
② 제1항에 따른 청구를 받은 하자보수보증서 발급기관은 청구일부터 30일 이내에 하자보수보증금을 지급하여야 한다. 다만, 제43조제1호 및 제4호의 경우 하자보수보증서 발급기관이 청구를 받은 금액에 이의가 있으면 하자분쟁조정위원회에 분쟁조정을 신청한 후 그 결과에 따라 지급하여야 한다.
③ 하자보수보증서 발급기관은 제2항에 따라 하자보수보증금을 지급할 때에는 다음 각 호의 구분에 따른 금융계좌로 이체하는 방법으로 지급하여야 하며, 입주자대표회의는 그 금융계좌로 해당 하자보수보증금을 관리하여야 한다.

1. 의무관리대상 공동주택: 입주자대표회의의 회장의 인감과 법 제64조제5항에 따른 관리사무소장의 직인을 복수로 등록한 금융계좌

2. 의무관리대상이 아닌 공동주택: 「집합건물의 소유 및 관리에 관한 법률」에 따른 관리인의 인감을 등록한 금융계좌(같은 법에 따른 관리위원회가 구성되어 있는 경우에는 그 위원회를 대표하는 자 1명과 관리인의 인감을 복수로 등록한 계좌)

④ 입주자대표회의는 제3항에 따라 하자보수보증금을 지급받기 전에 미리 하자보수를 하는 사업자를 선정해서는 아니 된다.
⑤ <u>입주자대표회의는 하자보수보증금을 사용한 때에는 그 날부터 30일 이내에 그 사용명세를 사업주체에게 통보하여야 한다.</u>

이와 같은 규정은 아파트 입주자대표회의가 보증사로부터 하자보수보증금을 수령한 뒤 이를 하자보수의 용도에 맞게 사용하지 않고 다른 자금으로 운용하는 등의 부작용을 방지하기 위해 새로이 신설된 조항이다.

그런데 하자보수보증금과 하자보수에 갈음한 손해배상은 실질적으로 그 목적이 하자보수에 있다는 점은 동일하다. 따라서, 입주자들이 하자보수에 갈음한 손해배상으로 일정 금원을 지급 받고 이를 타에 유용하거나 보수를 하지 않은 채 입주자 개인에게 귀속시키는 부작용을 방지하기 위해서라도 하자보수에 갈음한 손해배상에도 사용 용도를 제한하거나 사용 내역을 공개하는 내용의 규정이 도입되어야 할 필요성이 있다고 본다.

2. 주요 공종별 하자분쟁 내용

가. 개요

주택을 건설하는데 있어 공종은 매우 많다. 이들 공종 중 특히 하자가 제기되는 공종은 대체로 몇몇 공종에 집중되는 것으로 나타나고 있다. 여기에서는 주택사업의 공사를 크게 나누고 이들 공사별 세부 공종에서 나타나는 하자분쟁이 어떤 것인지 살펴본다.

주택사업의 공사는 크게 토목공사, 건축공사, 설비공사, 전기공사 등으로 나눌 수 있다. 이중 토목공사는 대지조성 및 기초공사 등과 조경공사를 말한다. 건축공사는 철근콘크리트와 철골 등의 골조공사를 비롯하여 창호, 바닥 및 지붕, 타일, 방수, 도배 등으로 대부분의 공사가 여기에 포함된다. 설비공사는 냉난방 및 급배수, 위생, 소방공사 등을 말하며, 전기공사는 전기 및 전력설비공사, 그리고 정보통신 및 방재설비공사 등이 있다(표 참조). 이들 공사에서 대부분의 하자분쟁이 일어나며, 이들 외에도 최근에는 세대간 소음문제를 비롯하여 기계배선, 악취 및 분진, 일조권 침해 등의 하자분쟁도 심심치 않게 제기된다.

구분	
1. 대지조성공사	가. 토공사
	나. 석축공사
	다. 옹벽공사
	라. 배수공사
	마. 포장공사

2. 옥외급수 · 위생 관련 공사	가. 공동구공사
	나. 지하저수조공사
	다. 옥외위생(정화조) 관련 공사
	라. 옥외급수 관련 공사
3. 지정 및 기초	가. 직접기초공사
	나. 말뚝기초공사
4. 철근콘크리트공사	가. 일반철근콘크리트공사
	나. 특수콘크리트공사
	다. 프리캐스트콘크리트공사
5. 철골공사	가. 구조용철골공사
	나. 경량철골공사
	다. 철골부대공사
6. 조적공사	가. 일반벽돌공사
	나. 점토벽돌공사
	다. 블럭공사
7. 목공사	가. 구조체 또는 바탕재공사
	나. 수장목공사
8. 창호공사	가. 창문틀 및 문짝공사
	나. 창호철물공사
	다. 유리공사
9. 지붕 및 방수공사	가. 지붕공사
	나. 홈통 및 우수관공사
	다. 방수공사

10. 마감공사	가. 미장공사
	나. 수장공사
	다. 칠공사
	라. 도배공사
	마. 타일공사
	바. 단열공사
	사. 옥내가구공사
11. 조경공사	가. 식재공사
	나. 잔디심기공사
	다. 조경시설물공사
	라. 관수 및 배수공사
	마. 조경포장공사
	바. 조경부대시설공사
12. 잡공사	가. 온돌공사(세대매립배관 포함)
	나. 주방기구공사
	다. 옥내 및 옥외설비공사
	라. 금속공사
13. 난방 · 환기, 공기조화 설비 공사	가. 열원기기설비공사
	나. 공기조화기기설비공사
	다. 닥트설비공사
	라. 배관설비공사
	마. 보온공사
	바. 자동제어설비공사

14. 급 · 배수위생설비공사	가. 급수설비공사
	나. 온수공급설비공사
	다. 배수 · 통기설비공사
	라. 위생기구설비공사
	마. 철 및 보온공사
	바. 특수설비공사
15. 가스 및 소화설비공사	가. 가스설비공사
	나. 소화설비공사
	다. 제연설비공사
	라. 가스저장시설공사
16. 전기 및 전력설비공사	가. 배관 · 배선공사
	나. 피뢰침공사
	다. 조명설비공사
	라. 동력설비공사
	마. 수 · 변전설비공사
	바. 수 · 배전공사
	사. 전기기기공사
	아. 발전설비공사
	자. 승강기 및 인양기설비공사
17. 통신 · 신호 및 방재설비공사	가. 통신 · 신호설비공사
	나. TV공청설비공사
	다. 방재설비공사
	라. 감시제어설비공사
	마. 가정자동화설비공사
	바. 자동화재탐지설비공사
	사. 정보통신설비공사
18. 지능형 홈네트워크 설비 공사	가. 홈네트워크망 공사
	나. 홈네트워크기기 공사
	다. 단지공용시스템 공사

이들 공종중 하자문제가 가장 많이 제기되는 부분은 역시 건축공사에 포함된 공종들이다. 하자심사 · 분쟁조정위원회에 제기되는 분쟁의 내용은 물론, 공동주택 하자문제를 분석한 각종 연구논문이나 보고서 등에 나타나는 하자유형을 살펴보더라도 건축공사 분야에 제기되는 하자비율이 전체 하자의 70%를 넘는 것으로 나타나고 있다. 그 외에 전기공사나 설비공사 분야의 하자는 10%를 약간 넘는 수준이다.

특히 건축공사에서 제기되는 하자는 콘크리트 및 벽체 등의 균열과 창호의 결로문제로 이들 내용은 하자분쟁의 단골메뉴라고 해도 과언이 아닐 정도로 빈번하게 문제가 제기되는 내용이다. 한 자료에 따르면 콘크리트 균열의 경우 전체 하자문제의 50%를 웃도는 것으로 나타나고 있다. 그러나 그렇다고 해서 주요 구조부에 하자가 있는 경우는 거의 없다. 구조부의 하자는 곧 건축물의 안전과 직결되는 부분이기 때문이다. 이들 하자 외에 미장이나 도배 등 마감공사에도 비교적 많은 하자문제가 제기되고, 방수나 조경 등에서도 하자문제가 곧잘 제기된다.

여기서는 하자가 가장 많이 제기되는 건축공사중 콘크리트 균열이 일어나는 골조공사와 결로의 주요인이 되는 창호공사, 그리고 비교적 하자가 빈번하게 나타나는 방수, 타일, 내장목공사 등의 공종을 중심으로 하자가 어떤 것인지를 살펴본다.

나. 골조공사

골조공사에서는 특히 콘크리트 균열이 가장 많이 제기되는 하자내용이다. 워낙 많이 제기되는 하자여서 국토교통부에서 별도의 하자판정기준[13)]을 마련해 시행하고 있다. 국토교통부 고시에서는 허용균열폭 미만의 균열(일반적으로 0.3mm 미만의 균열)은 하자로 보지 않는다.

콘크리트 균열이 일어나는 원인은 여러 가지다. 시멘트의 이상이나 점토질 골재, 저품질 골재 등 재료의 문제로 인해 균열이 생길 수 있고, 운반시간의 지연이나 타설속도나 순서상의 잘못, 양생 등 시공상 잘못으로 인한 경우도 있다. 분당과 일산 등 1차신도시 건설 당시 골재의 부족으로 이른바 바닷모래의 사용에 따른 문제점이 제기된 것도 바로 이와 같은 문제에 기인한 것이다.

사용 및 환경조건에 의해 균열이 생길 수도 있다. 콘크리트의 상태에 따라 적정한 온도가 유지되어야 함에도 그렇지 못할 수 있고, 온도와 습도의 차이에 따른 문제도 생길 수 있다. 또 구조설계에서부터 잘못되어 문제가 발생할 소지도 있다. 콘크리트에 받는 하중을 잘못 계산하였다든가, 이음부에 문제가 생겨서 균열이 일어나는 경우도 있을 수 있다.

이들 요인들은 발생시기별로 원인을 짚어볼 수도 있다. 즉 언제 콘크리트 균열이 일어났는가에 따라 균열의 원인을 추정할 수 있다는 얘기이다. 어쨌든 중요한 것은 이처럼 다양한 원인에 의해 일어나는 하자인 콘크리트 균열은 그것이 내력벽 등 구조적 안전에 어떤 영향을 미치느냐에 따라 하자의 중요도 여부가 판가름난다.

대개의 경우 구조적 안전에 영향을 미치는 경우는 드물고 단순히 약간 금이 간 정도에 머무르는 것이 사실이다. 그러나 이들 콘크리트 균열중에서도 내력벽체의 부실 등 구조적 안전에 영향을 미치는 경우도 있다. 이런 경우는

---

13) 국토교통부 고시, '공동주택 하자의 조사, 보수비용 산정 및 하자판정기준'

단순히 균열의 폭이 문제가 되지 않는다.

실제 법원에서도 균열의 폭보다는 구조적 안전성을 우려하여 판결하고 있다. 예컨대 콘크리트 균열의 폭이 국토교통부의 하자판정 기준에 못미치는 0.3mm 미만의 경우에도 이 틈을 통해 철근의 부식 진행 우려 등 구조적 안정성에 의문이 생길 경우 이를 하자로 보아 보수하도록 판결한 사례가 있다. 대법원에서도 최종적으로 이를 인정하였다.

다. 창호공사

창호공사에서 나타나는 하자중 가장 중요하고 빈번하게 나타나는 것이 결로이다. 결로란 내부와 외부의 온도차에 의해 습기가 서리는 현상으로, 특히 창호 등 개구부의 단열에 문제가 있을 때 잘 나타나는 현상이다. 즉 창호공사의 경우에는 유리의 선택 등 자재나 단열시공 등에 문제가 있을 때 나타난다. 아파트의 경우 최근 들어 규격화된 자재를 사용함에 따라 결로현상이 크게 줄어드는 반면 신축빌라 등에서는 여전히 문제가 끊이지 않는 것으로 지적되고 있다.

결로는 자재의 사용과 함께 시공상에도 주의를 기울여야 예방할 수 있다. 예컨대 단열이 되는 석고보드를 제대로 사용하였다고 하더라도 석고보드사이에 틈새가 생긴다면 이를 통해 외부와 내부의 온도차가 생기고 결로의 원인이 된다. 즉 빈틈이 생기지 않도록 철저한 시공이 필요한 것이다. 최근에는 이들 틈에 우레탄 폼 등의 단열재를 보강하여 마무리할 수 있지만, 실제적으로는 그 원인을 찾는데 시간을 허비하는 경우가 적지 않다.

창호공사의 하자에는 결로 외에도 창호의 뒤틀림 현상을 비롯하여 개폐 불량 및 이에 따른 소음, 문틀 불량, 도장이나 실리콘 불량, 잠금장치 불량 등 여러 가지가 나타나고 있다. 이중 가장 중요한 것이 바로 결로현상이며, 이는 창호공사외의 부분과 연계되기도 하는 문제여서 중요한 하자로 취급된다.

라. 방수공사

1960~1970년대를 살았던 사람들이라면 비가 오면 지붕이 새어 집안으로 물이 떨어지고, 떨어지는 빗물이 방에 고이지 않도록 그릇이나 대야를 갖다놓았던 기억을 가진 사람들이 있을 것이다. 당시에는 집을 짓는 기술도 그러려니와 재료 등의 문제로 인해 지붕이나 벽을 통해 물이 새는 경우가 적지 않았기 때문이다. 설사 비가 떨어지지는 않더라도 비가 새어 방 한 귀퉁이에 곰팡이가 스는 경우도 많았다.

집의 기본적인 역할은 외부환경으로부터 거주하는 사람을 보호하는 것이다. 그런 점에서 집에 물이 새어들지 않도록 하는 방수공사는 중요하다. 지붕으로 비가 떨어지는 경우는 없어졌겠지만, 지금도 물이 새어 벽의 한쪽에 습기가 배거나 곰팡이 등으로 색이 바래는 경우는 적지 않다. 바로 방수공사의 하자에 따른 대표적인 사례라고 할 수 있다.

방수공사의 하자는 방수공사 자체의 하자도 있지만, 시공의 부실로 각 부분별 이음부에 문제가 생겨 발생하는 등 여러 요인에 의해 나타난다. 방수공사 자체의 하자는 방수막이 제대로 도포가 되지 않아 물이 스며들어 생기는 것이다. 또 건물의 지붕이나 외벽에서 물이 잘 빠지도록 해주어야 하는데 물이 잘 빠지지 않아 건물의 작은 틈새 등으로 스며들어 생기는 경우도 있다.

창문과 벽체사이의 이음새 연결부위가 제대로 시공되지 않아 물이 벽체 안으로 스며들기도 한다. 배관이나 벽체의 모퉁이 등 이질적인 재료들이 결합하는 부위의 이음새가 제대로 되지 않은 경우도 마찬가지다. 건물도 외부 온도의 변화에 따라 수축과 팽창 등이 일어나는데 이때 건물의 균열을 방지하기 위해 사용하는 이완재 역할의 익스펜션 조인트 등의 설치가 불량하여 문제를 일으키는 경우도 있다. 더러 단열공사의 부실에 따른 결로현상을 방수하자로 착각하는 경우도 있는데 이는 방수 하자와는 다른 것이다.

마. 타일공사

타일공사의 하자도 공동주택에서 많이 지적되는 하자중의 하나로 꼽힌다. 욕실이나 벽, 거실 등에 붙여놓은 타일이 떨어지거나 들뜸현상 등을 보이는 경우들이 대표적인 타일공사 하자들이다. 또 녹물이나 화공약품, 백화현상 등에 의해 타일의 색깔이 변하는 하자도 나타난다.

타일의 하자중 먼저 들뜸이나 탈락현상을 보면, 이는 타일을 붙이기 위한 붙임몰탈을 붙인 후 일정 시간이 지난 후에 타일을 붙여야 하는데 이 시간이 제대로 지켜지지 않을 때 발생하는 하자다. 공기를 맞추기 위해 마감공사 등을 급히 서두를 때 주로 일어난다. 처음에는 별 문제가 없는 듯하다가도 조금만 시간이 지나면 문제가 생기기 시작한다. 또 붙임몰탈의 두께나 압착강도 등의 문제로 인해 들뜸이나 탈락현상이 나타나기도 한다.

타일 자체의 문제도 있다. 타일의 흡수율이나 팽창성이 바닥 콘크리트와 제대로 맞지 않아 하자가 발생할 수 있다. 이때에도 역시 이런 차이를 감안한 시공이 제대로 이루어지면 하자를 방지할 수 있다. 이외에도 건물의 변형이나 온도의 변화 등 외적 요인에 의해 하자가 생길 수도 있다.

타일공사의 하자 또한 다른 하자들과 마찬가지로 타일시공을 잘못하거나 저급한 재료를 사용해서 생기는 하자도 있지만, 이러한 원인 외의 다른 요인에 의해 생기는 하자 또한 적지 않다. 즉 타일 자체는 물론 붙임재료 등에 제대로 된 자재를 사용하고 보다 우수한 공법을 사용하면 타일공사의 하자는 크게 줄일 수 있다.

바. 내장목공사

내장목공사는 내부에서 이루어지는 목공사를 말하는 것으로 내력벽 등 건물의 구조부와는 관계없는 공사를 일컫는 말이다. 여기에는 문과 창호, 내력벽이 아닌 벽체와 바닥 등의 공사가 모두 포함된다. 여러 공사를 포함하고 있기 때문에 하자의 유형 또한 그만큼 다양하게 나타난다.

벽의 균열이나 처짐, 문짝의 뒤틀림, 문턱, 욕실 바닥, 가구 등 내부 인테리어 공사에서 나타나는 기능적 결함이나 벽체의 탈색이나 변색 등 미관상 결함 등에 의한 하자가 주로 발생한다. 또 설계도서와 다른 시공이 이루어진 경우에도 하자가 제기된다.

내장목공사에서 많이 제기되는 하자로는 문짝 및 문틀의 하자, 창호 하자, 주방가구에 대한 하자, 바닥의 들뜸 등을 꼽을 수 있다. 문짝 및 문틀의 경우 규격이 제대로 맞지 않아 틈이 생기는 하자가 발생하기도 하고, 욕실문턱의 높이가 낮아 문이 제대로 닫히지 않는 하자가 제기되기도 한다. 창호의 경우에도 창틀과 창문이 제대로 맞춰지지 않아 틈새가 생기는 경우가 대표적이다. 앞서 언급한 것처럼 바로 이런 경우에 결로현상 등이 나타나게 된다. 주방가구의 뒤틀림 현상 등도 자주 제기되는 하자의 하나이다. 바닥 들뜸의 경우 최근에는 마루바닥 등의 제품이 많이 이용되는데 접착이 제대로 되지 않아 나타나는 현상이다.

내장목공사의 경우에도 다른 하자들처럼 시공상의 문제와 함께 재료에도 문제가 있지만, 대체로 시공상의 잘못으로 인한 하자가 많은 편에 속한다.

제2절 공종별 주요쟁점 및 판결의 동향

1. 콘크리트 균열 하자

가. 문제점

콘크리트 균열과 관련하여 0.3mm(허용균열폭) 미만 균열이 건물의 내력구조부에 중대한 영향을 미치는 하자인지 여부, 층이음균열은 콘크리트 분리타설 공법상 필연적으로 발생하는 것임에도 이를 시공상의 잘못에 기인한 하자로 볼 수 있는지 여부가 문제된다.

또한, 층이음균열의 보수공법과 관련하여 2015년 건설감정실무 추록 이전에는 일반 균열과 마찬가지로 0.3미만 균열의 경우 표면처리공법, 0.3이상 균열의 경우 충전식 내지 주입식 공법을 적용하여 보수비를 산정하여 왔다. 그러나 2015년 건설감정실무 추록에서부터 균열폭을 구분하지 않고 층이음균열에 대하여는 충전식 공법을 적용하도록 하고 있어 이와 같은 보수방법이 적정한 것인지 여부, 현실적으로 균열폭과 길이를 정확히 조사할 수 있는 것인지 등이 여전히 문제가 되고 있다.

나. 0.3mm(허용균열폭) 미만 균열에 대한 하자 인정 여부 및 책임범위

1) 관련 판례의 태도

먼저 허용균열폭 미만 즉 0.3mm 미만 균열이 하자인지 여부에 대해 대법원 2009. 1. 30. 선고 2008다39939 판결은, "원심판결 이유에 의하면 원심은, 그 채택 증거를 종합하여 이 사건 아파트 지하주차장 벽 · 바닥 · 보 · 천장, 지하대피소 바닥 · 벽, L형 측구, 각 동 아파트 외벽 등에 다수의 균열이 발생한 사실을 인정한 다음, 그 균열 중 폭이 0.3mm 미만인 것이라 하더라도 계절별 온도변화가 심한 우리나라의 특성상 균열 사이로 이산화탄소나 빗물이 들어가면 균열이 더 진행되어 균열의 폭이 0.3mm를 초과하게 되고 이에 따라 안전성, 구조상 문제가 발생할 가능성이 농후하여 이를 보수할 필요가 있다는 등의 이유로, 폭이 0.3mm 미만인 균열은 하자보수대상에서 제외되어야 한다는 피고의 주장을 배척하였다.

기록에 비추어 살펴보면, 원심의 위와 같은 사실인정 및 판단은 정당한 것으로 수긍이 가고, 거기에 상고이유에서 주장하는 바와 같은 하자에 관한 법리오해 등의 위법이 없다."고 판시하였다.

즉 허용균열폭 미만의 균열도 하자로 보고 있고, 이와 같은 이유로 하급심 판례 역시 위 대법원 판례의 취지와 동일한 판시를 하고 있다.[14) 15)]

---

14) 동지 판례 : 서울중앙지방법원 2016. 1. 28. 선고 2014가합538371 판결 등 다수

15) 이에 반하여 서울중앙지방법원 2008. 8. 28. 선고 2007가합28241 판결은 "콘크리트는 그 특성상 경화 전후의 과정에서 일정한 정도의 균열이 불가피하게 발생하는 점, 이에 따라 위 구조설계기준에서 건물의 구조 안정성, 내구성 등 측면에서 큰 문제가 발생하지 않는 범위 내에서 이를 허용하여 건조 환경의 경우 0.4㎜, 습윤 환경의 경우 0.3㎜를 허용균열폭으로 정하고 있는 점, 계절별 온도변화가 심한 우리나라의 특성상 진행되는 균열의 경우 그 폭이 확대되어 0.3㎜를 초과할 가능성을 배제할 수는 없으나 위 구조설계기준에서 위와 같은 우리나라의 특성을 고려하여 허용균열폭을 정하였을 것으로 보이고 이 사건 아파트에 발생한 균열이 특별히 진행되는 균열이라는 점에 관한 입증이 없는 한 현재 0.3㎜ 미만의 균열은 진행되지 않는 균열로 추정된다고 할 것인 점, 0.3㎜ 미만의 균열은 미세 균열에 해당하여 이것만으로 특별한 미관상의 지장을 초래할 정도에 이르렀다고 보기 어려운 점 등을 종합하여 보면 이 사건 아파트에 0.3㎜ 미만의 균열이 발생하였다는 사실만으로 이를 바로 하자라고 인정하기 어렵고, 달리 위 0.3㎜미만의 균열이 자연발생적인 것이 아니라 피고 성지건설의 공사상의 잘못으로 인하여 발생한 것이라고 인정할 만한 증거가 없으므로, 원고의 이 부분 주장은 이유 없다."고 판시하고 있으나, 이는 극히 예외적인 판례이다.

2) 허용균열폭 미만 균열을 시공상 하자로 볼 수 있는지 여부

이와 관련하여 국토교통부 고시 제2015-951호 공동주택 하자의 조사, 보수비용 산정 및 하자판정기준 제7조 제1항은, 콘크리트에 발생한 균열은 허용균열폭 이상인 경우에 시공상 하자로 본다고 규정하고, 동조 제2항에서는 누수를 동반하는 균열, 철근이 배근된 위치에 발생한 균열의 경우 건조환경에서는 0.4mm 이상, 습윤환경에서는 0.3mm 이상의 경우에 시공상 하자로 본다고 규정하고 있다. 이에비해 서울중앙지방법원 건설감정실무지침은 허용균열폭 미만인지 여부에 관계없이 모든 균열을 하자로 보고, 0.3mm 미만 균열의 경우에는 표면처리 공법에 따른 보수비를, 0.3mm 이상 균열의 경우에는 구조부의 경우 주입식 공법에 따른 보수비를, 비구조부의 경우 충전식 공법에 따른 보수비를 산정하도록 하고 있다.

현대사회 건축물의 핵심부재로 널리 사용되고 있는 철근콘크리트는 부재에 작용하는 외력에 대해 압축력에 강한 콘크리트와 인장력에 강한 철근이 일체로 되어 서로의 결점을 보완하는 구조라고 할 수 있다. 그러나 아무리 철근으로 콘크리트의 약점인 인장응력을 보완한다 하더라도 사용하중이라는 부하가 걸리게 되면 콘크리트 부재의 인장 측에서 발생하는 미세한 균열은 피할 수가 없다. 즉 건축물의 시공과정에서 콘크리트 재료가 가지고 있는 고유한 특성 때문에 숙명적으로 발생할 수밖에 없으므로 공동주택의 구조설계에서는 이와 같은 점을 감안하여 사용하중의 1.8배 이상을 구조설계에 반영하고 있고 구조안전상 문제가 없는 범위 내에서 일정수준의 균열은 허용하고 있는 것이다.

따라서 국토해양부의 각종 고시인 '건축구조 설계기준', '하자평가기준', '보수보강 전문시방서' 및 기타 관련 연구기관에서 인정하는 허용균열 폭에 대해 정리하면 [표 1]과 같다. 그럼에도 0.3mm 미만 균열에 대해 모두 하자로 보는 것은 문제가 있다고 할 것이다.

[표 1] 허용균열폭 관련 대비표

구 분	건조환경	습윤환경
가. 국토해양부 고시 건축구조설계기준	0.4 ㎜	0.3 ㎜
나. 학회 및 기타 관련 연구기관에서 본 허용균열폭 (한국콘크리트학회의 콘크리트 구조설계기준 관련)	0.4 ㎜	0.3 ㎜
다. 국토해양부 공동주택의 균열에 대한 하자평가 기준	0.4 ㎜	0.3 ㎜
라. 콘크리트 부재의 균열 누수 보수/보강 전문시방기준	0.4 ㎜	0.3 ㎜

또한, 우리나라는 보다 엄격한 기준에 따라 시설물 유지관리를 하고 있으면서도 사계절이 뚜렷한 일본이나 미국, 유럽에서도 우리나라와 동일하게 허용균열 폭 범위를 마련하여 그 이하의 균열에 대해서는 공사상의 잘못으로 보지 않고 있으므로, 허용균열폭 미만의 균열은 시공상의 잘못에 기인한 균열인지 여부가 먼저 판단되어야 할 것이다.

그럼에도 불구하고 법원은 사계절의 온도변화를 고려하여 보수의 필요성을 인정하는 사례가 있으나, 머리카락 굵기의 균열로 인해 구조적인 문제가 발생한다는 증거가 없다. 실무적으로도 미세균열은 원고가 5년 주기로 실시하는 장기수선계획에 따른 외벽 도장 시 이와 같은 균열은 모두 감추어지기 마련이어서 실제로 보수하지도 않고 있다. 따라서 국토교통부의 하자판정기준과 마찬가지로 허용균열폭 미만 균열은 하자의 범위에서 제외하되, 누수를 동반하는 균열, 철근이 배근된 위치에 발생한 균열의 경우 건조 환경에서는 0.4mm 미만, 습윤 환경에서는 0.3mm 미만의 균열은 보수비 산출에서 제외되어야 하고 시공자의 책임범위에서도 제외되는 것이 타당하다고 할 것이다.

3) 허용균열폭 미만 균열 보수 단가의 적정성 여부 검토

이상에서 본 바와 같이 허용균열폭 미만 균열의 경우 하자의 범위에서 제외하는 것이 타당하다 할지라도 법원의 태도는 이를 하자의 범위에 포함시키고 있다. 그렇다면 법원이 허용균열폭 미만 균열에 대해 적용하는 보수단가가 적정한 것인지 여부를 살펴보고자 한다.

서울중앙지방법원에서 2011년 발간한 건설감정실무지침은 '표면처리공법'의 단가로 5,845원을 규정하고 있다. 그 세부적인 일위대가를 다음 [표]에서 살펴보면, 표면처리공법 단가 산정에 있어 적용되는 일위대가의 대부분을 차지하고 있는 에폭시 계열 균열보수재의 단가가 12,453원/kg이고, 균열길이 m당 도포할 퍼티의 양이 0.34kg이 소요된다고 명시되어 있다.

① 표면처리 균열보수 (0.3mm미만)

품 명	규 격	단위	수량	재료비		노무비		경비		합계		비 고
				단 가	금 액	단 가	금 액	단 가	금 액	단 가	금 액	
균열보수재	에폭시 계열	KG	0.3400	12,453	4,234					12,453	4,234	
프라이머		L	0.0190	5,000	95					5,000	95	
연마석	A_CUP 4.5T	EA	0.0050	28,000	140					28,000	140	
공구손료	인력품의 3%	식	1	34	33					34	33	
잡재료	주재료비의 5%	식	1	223	223					223	223	
노무비	연마공	인	0.0018			88,551	159			88,551	159	
노무비	도장공	인	0.0100			96,119	961			96,119	961	
[합 계]					4,725		1,120				5,845	

2011년 서울중앙지방법원 감정실무지침 표면처리 균열보수

이는 이 지침 작성시 참조하였다는 국토해양부 산하 기관인 한국시설안전공단에서 발간한 보수보강 매뉴얼을 살펴보면 "표면처리 공법은 ① 균열선을 중심으로 폭 10~15mm 테이프를 부착하고, ② 테이프를 중심으로 폭 30~50mm, 두께 2~4mm의 변형성 및 신장성이 큰 실링재를 도포하고, ③ 폴리머 시멘트 페이스트, 시멘트 필러, 도막 탄성 방수재를 적절히 선정하여 흙손이나 주걱 등으로 마무리 한다."라는 시공방법을 채택하여 퍼티의 두께를 4mm를 기준으로 하고 있는 것이다.

그러나 콘크리트 건물에 발생한 0.3mm미만 균열에 대해 500원 동전(두께 1.9mm)의 두 배 이상 두께인 4mm로 퍼티를 바르는 것은 현실적으로 불

가능하다. 즉 퍼티를 도포할 때 사용하는 주걱 등으로 시간 간격을 두고 수십번 덧바른다면 가능할지 모르나 4mm를 일시에 덧바르면 퍼티가 흘러내려 시공자체가 불가능하기 때문이다. 설사, 추가되는 인건비를 차치하고라도 시간간격을 두고 여러 차례로 나누어 시공하여 표면에 4mm이상의 두께로 퍼티를 덧바른다면 울퉁불퉁하여 시공상, 미관상으로 볼 때 탁상공론에 불과한 보수방법으로 보수실무에서는 로프를 타고 일시에 2~3회 1mm 두께 이내로 덧바르는 것이 보통이므로 건설감정실무지침상의 보수단가는 현실성이 없다할 것이다.

이에 이 지침을 발간한 서울중앙지방법원 건설소송실무연구회는 2015 건설감정실무지침 추록에서 표면처리공법의 보수단가를 3,788원으로 정정하면서, 변경근거로 "① 현재 표면처리보수공법을 별도로 정한 이유는 표면보수재의 두께를 4mm로 시공시 공동주택 외벽의 면에 돌출되어 미관상 지장을 초래함 ② 실제적 보수공법 적용시 표면보수재 두께를 1~1.5mm 내외로 시공하고 있기 때문이다. ③ 예시로 제시된 일위대가는 표면보수재의 두께를 1.5mm로 수정하고 재료비의 단가도 적정하게 조정하여 적용한 예시이다. 이 일위대가는 공동주택에 한정된 것이다. 그 외 시설물의 경우는 각종 균열시방서에 수록된 공법을 준수하여야 한다."라고 하였다.

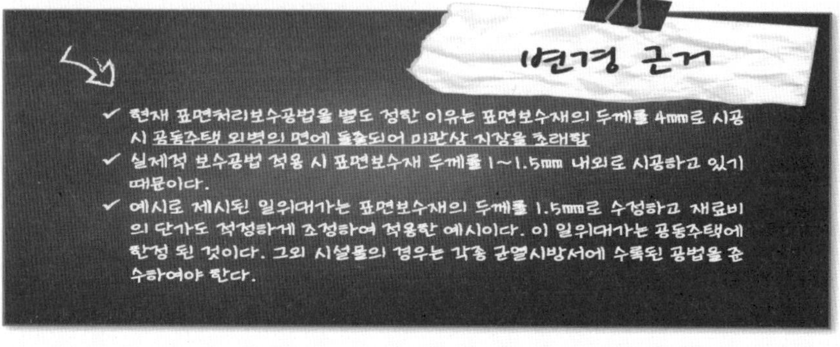

건설감정실무 기준변경안 16면 발췌

이와 같은 표면처리 공법의 보수단가의 변경은 하자보수의 실제를 고려한 것으로 적정한 개정방향이라 할 것이다.

다. 층이음균열에 대한 하자 인정 여부 및 책임범위

1) 판례의 태도

층이음균열의 하자 인정여부와 관련하여 서울중앙지방법원 2008. 1. 31. 선고 2006가합101927 판결은, "아파트 외벽 층이음부는 시공상 부득이하게 발생되는 이음부로서, 이 곳에 발생한 균열을 구조체의 균열로 볼 수 없으므로, 원고의 이 부분 주장은 이유 없다."고 판시하여 층이음 균열을 하자의 범위에서 제외하는 판시를 한 바 있다. 그러나 이는 예외적인 판례라 할 것이고, 다수의 판결은 층간균열을 하자로 판시하고 있다.

서울중앙지방법원 2016. 1. 28. 선고 2014가합538371 판결은, "층이음 균열은 층간 분리타설로 인하여 피할 수 없이 발생하는 균열이라고 하더라도 외벽 도장공사 전에 충전식 공법으로 보수한 후 도장공사를 하는 등 이음부에 대한 적절한 시공관리로 층이음부에 발생하는 균열을 충분히 억제할 수 있는 점, 층이음 균열을 장기간 방치할 경우 미세균열이라고 할지라도 시간의 흐름에 따라 빗물의 침투 등으로 철근이 부식되고 균열이 확산됨에 따라 구조체의 내구력이 감소하는 등 기능상, 안전상 지장을 초래하고 균열이 발생한 콘크리트 외벽이 노출되는 경우 미관상 지장까지 초래할 수 있는 점 등에 비추어 보면, 층이음 균열도 보수가 필요한 하자에 해당한다"고 판시하고 있다.

2) 층이음균열을 시공상 하자로 볼 수 있는지 여부

이와 같이 법원은 층이음 균열을 하자의 범위에 포함시키고 있으나, 철근콘크리트로 조성되는 건축구조물은 먼저 기초 위에 지하구조물을 형성하고 차례로 1개 층씩 콘크리트를 분리 타설한다. 이 구조체를 형성하기 위해 먼저 거푸집을 설치하고 여기에 콘크리트를 타설하여 양생 후 거푸집을 철거하는 방법으로 1개 층을 완성하는 공법으로 계속해서 상부층 또한 같은 과정을 거치게 된다. 따라서 각 층의 콘크리트를 타설하는 시간차에 의해 아래층에서 타설한 콘크리트와 새로이 타설한 콘크리트가 면하는 부분에는 불가피하게 [그림.1]과 같이 미세균열이 생길 수밖에 없다.

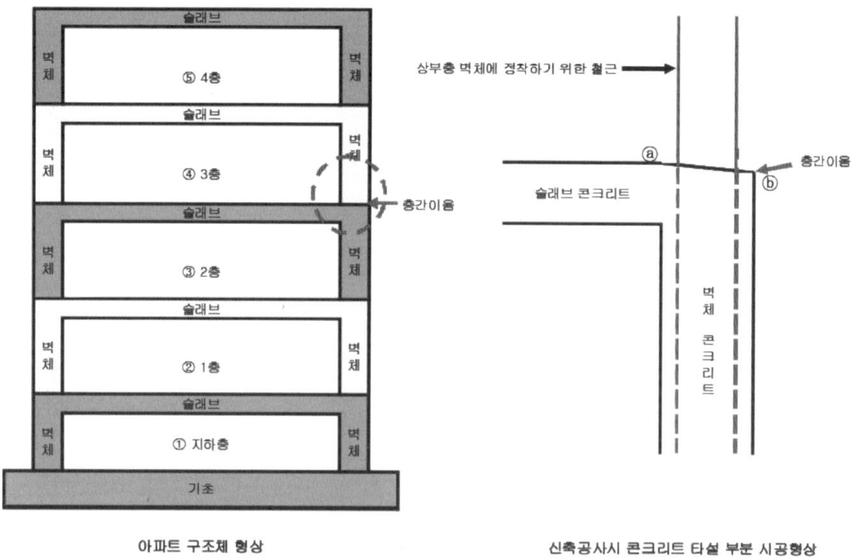

[그림.1] 아파트 구조체의 층간분리 콘크리트 타설 방법

또한, 각 건설회사에서는 이와 같은 층이음균열은 콘크리트 구조체의 경우 필연적으로 발생될 수밖에 없는 시공이음(construction joint)이라는 사실을 직시하고, 이를 미연에 방지하기 위해 신축공사 당시부터 해당부분에 잔존하는 레이턴스(Laitance) 등 이물질을 치핑 및 면처리한 후 고압세척기로 불어내어 이물질이 잔존하지 않도록 청소를 실시하고 난 이후, [그림.1]과 같이 경사면을 형성하여 시공하고, 해당부위에 균열 발생 방지를 위해 무

수축몰탈(polymer cement) 또는 구조용 실리콘으로 틈을 충전 후 수팽창 지수재를 틈이 발생하지 않도록 50mm이상 겹침이음으로 시공하고 있는 것이 현실이다. 그렇다면 층이음 균열은 콘크리트 메카니즘상 필연적으로 발생되거나, 내구연한 경과에 의한 자연 발생적인 균열이라 할 것이며 따라서 이는 하자의 범위에서 제외하는 것이 타당하다고 할 것이다.

3) 층이음 균열 보수 공법의 적정성 여부 검토

이상에서 본 바와 같이 층이음 균열의 경우에도 시공상 하자로 보는 것은 부당하다 할 것이나, 법원은 대체적으로 이를 하자의 범위에 포함시키고 있다. 그렇다면 법원이 적용하는 층이음 균열에 대한 보수공법이 적정한지 여부에 대한 검토를 해 볼 필요가 있다.

먼저 2011년 서울중앙지방법원 건설감정실무지침은 층이음균열에 대해 특별히 공법을 지시한 바 없고, 그에 따라 감정인들은 위 지침상 기준에 따라 층이음 균열에 대하여도 0.3mm 미만 균열의 경우 표면처리 공법에 따른 보수비를, 0.3mm 이상 균열의 경우 충전식 공법에 따른 보수비를 산정하여 왔고, 법원 역시 그와 같은 기준에 따라 보수비용을 인정하였다.

그러나, 2015년 건설감정실무 추록 및 2016년 개정된 건설감정실무에서는 층이음 균열에 대해 0.3mm 미만/이상 구분없이 충전식 공법에 따른 보수비를 산정하도록 하고 있고[16], 그 이유는 층이음균열이 관통균열이라는 점 때문으로 보인다.

---

16) 이와 같은 건설감정실무지침에 따라 서울중앙지방법원 2016. 5. 13. 선고 2014가합61611 판결은,"이 사건 감정결과에 변론 전체의 취지를 종합하여 인정되는 다음과 같은 사정들, 즉 ① 이 법원 건설감정실무(2011)에서는 층간균열의 경우 표면처리공법 및 주입식 균열보수방법 외에 더 적정한 공법을 선정할 수 있다고 명시하고 있고, ② 이 법원 건설감정실무 추록(2015)에서도 공동주택의 외부 층간균열의 경우 충전식 균열보수방법을 적용한다고 설시하고 있는 점, ③ 위 층간균열은 건물의 구조체에 발생한 균열로서 중요한 하자에 해당하는 점 등을 고려하면, 층간균열 하자는 충전식 균열보수 방법으로 보수하는 것이 타당해 보인다. 따라서 원고의 위 주장은 이유 있다."고 판시하여 균열폭에 관계없이 층이음균열에 대하여 충전식 공법에 따른 보수비용을 인정하고 있다.

이와 같은 보수공법이 적정한 것인지 여부와 관련하여 국토교통부에서 제정한 콘크리트균열보수전문시방서는 폭 0.5mm 이상인 비교적 큰 균열에 대해 충전식 공법을 적용하도록 규정하고 있음에도, 2015년 건설감정실무 추록(개정)은 위 전문시방서에서 규정하고 있는 균열 폭에 대한 규정을 전혀 고려하지 아니하고 균열 폭에 관계없이 모든 층이음균열에 대해 충전식 보수공법을 적용토록 하고 있다. 이는 콘크리트균열보수전문시방서에 비추어 부당하다고 할 것이다.

또한, 층이음균열에 대한 보수가 요구된다 하더라도, 국토교통부 고시(제2015-951호) 「공동주택 하자의 조사, 보수비용 산정 및 하자판정기준」 제67조 2항은 "철근이 배근된 위치에 따라 발생된 보수균열폭 미만의 콘크리트 균열은 특별한 사정이 없는 한 표면처리공법으로 보수비용을 산출한다"라고 하여, 공동주택 외벽의 허용균열폭인 0.3mm 미만의 건식균열은 표면처리로 보수하도록 규정하고 있다. 제4항은 "외벽의 층간이음 부위에 발생한 보수균열폭 이상의 균열은 특별한 사정이 없는 한 충전식공법으로 보수비용을 산출한다"라고 하여 0.3mm 이상의 층간균열에만 충전식공법으로 보수하도록 규정하고 있다. 또 사단법인 한국건축시공학회 또한 하자소송에서의 사실조회 회보서에서 "0.3mm 이하의 균열은 허용균열폭에 근거하여 보수보강을 할 필요성이 없다고 사료되나, 층간균열의 경우 상대적으로 외기에 접하고 있어 기온변화로 인한 콘크리트의 수축팽창이나 동결융해작용 등에 의하여 균열이 확장 진행될 가능성이 있음을 고려할 때 0.3mm 이하의 미세균열이라 하더라도 표면처리공법을 사용한 보수보강을 검토할 필요성은 있으리라 판단된다"라고 하여, 원칙적으로 허용균열폭 이하의 균열은 보수의 필요가 없다 할 것이나, 층간균열의 경우에는 보수가 필요하다 하더라도 표면처리공법에 따른 보수로 충분하다고 밝히고 있다. 따라서 2015년 건설감정실무 추록 및 2016년 개정된 건설감정실무에서 0.3mm 미만/이상 구분없이 충전식 공법을 적용한 것은 부당하다 할 것이고, 향후 개정되어야 할 부분으로 보인다.

라. 콘크리트 균열 하자 관련 대응 방안

대다수의 판례가 콘크리트 균열을 공사상 하자로 인정하고 있다 하더라도 균열의 조사방법은 저층의 경우 육안조사, 고층의 경우 망원경으로 조사를 하게 되므로 물량 산출의 오류가 발생될 가능성이 존재하는바 감정서에 첨부된 결함현황도와 물량산출서를 꼼꼼하게 보아야 할 필요가 있다.

한편, 감정서에 첨부되는 결함현황도는 통상 다음 그림과 같이 표기되며, 구간을 나누어 번호를 매긴 뒤, 물량산출서에는 해당 번호가 매겨진 구역별 물량이 표기된다. 그러나, 결함현황도 자체가 누락되거나, 실제 결함현황과 달리 작성되거나 당사자가 확인할 수 없도록 작성된 경우, 실제 균열 현황과 달리 작성된 경우 및 수량산출의 오류, 일위대가 적용의 오류 등의 문제가 있는 감정결과가 도출되는 경우가 다수 있음은 제2장에서 살펴본 바와 같다. 여기에서는 몇 가지 문제가 있는 사례에 대해 소개하도록 한다.

※ 인천지방법원 2008가합16192 사건의 결함현황도와 물량산출서

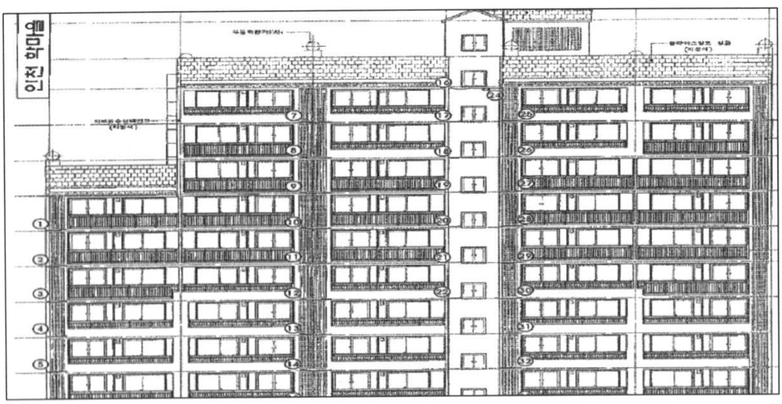

물량 산출근거-132동(101동) 외부입면

콘크리트 하자 보증기간 10년														
구분	정면			배면			우측면			좌측면			기타속성	비고
	0.3mm 이상	0.3mm 미만	습식 균열	0.3mm 이상	0.3mm 미만	습식 균열	0.3mm 이상	0.3mm 미만	습식 균열	0.3mm 이상	0.3mm 미만	습식 균열		
1	1.20	- -		0.40	- -	- -		9.50		0.90	- -			
2	1.20	- -		2.70	- -	- -		1.50		-	9.50	-		
3	1.20	- -		2.70	- -	- -		9.50		-	9.50	-		
4	1.29	- -		0.40	- -	- -		9.50		-	0.50	-		
5	1.20	- -		1.20	- -	- -		0.40		-	9.50	-		

※ 서울고등법원 2008가합116166 사건의 결함현황도와 물량산출서

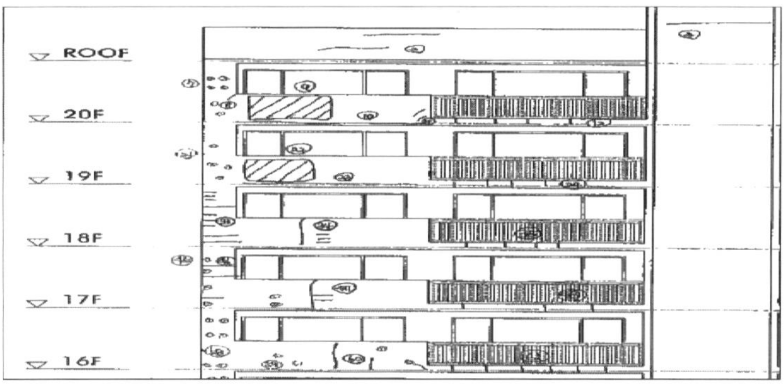

물량 산출근거-132동(101동) 외부입면

콘크리트 하자 보증기간 10년														
구분	정면			배면			우측면			좌측면			기타속성	비고
	0.3mm 이상	0.3mm 미만	습식 균열	0.3mm 이상	0.3mm 미만	습식 균열	0.3mm 이상	0.3mm 미만	습식 균열	0.3mm 이상	0.3mm 미만	습식 균열		
1	1.20	- -		0.40	- -	- -		9.50		0.90	- -			
2	1.20	- -		2.70	- -	- -		1.50		-	9.50	-		
3	1.20	- -		2.70	- -	- -		9.50		-	9.50	-		
4	1.29	- -		0.40	- -	- -		9.50		-	0.50	-		
5	1.20	- -		1.20	- -	- -		0.40		-	9.50	-		

마. 콘크리트 균열 하자 관련 대응 사례

1) 물량산정이 과다하게 되었던 사건

앞에서 본 바와 같이, 균열 조사에 있어서 육안 조사 및 망원경 조사를 통해 이루어지는 이유로 정밀한 조사 및 표기가 어려운 점을 악용하여 일부 감정인은 결함현황도와 물량산출서의 대조를 어렵게 하고 물량을 부풀려 높은 금액의 보수비를 산정하는 경우도 있었다.

한 예로, 수원지방법원 성남지원 2010가합12544 사건의 감정인은 결함현황도에 균열현황을 표시하기는 했으나, 각 소개한 결함현황도와 같이 넘버링을 전혀 하지 아니한 채 작성하였고, 균열보수비 산정의 기초가 되는 균열수량산출서에서는 동별로만 분류하여 감정인이 결함현황도에 표시한 균열이 어느 부위 몇 층에 존재하는 균열인지를 파악할 수 없도록 감정서가 불명료하게 작성되어 감정인이 지적한 결함 현황도에 적시한 균열과 수량산출서에 적시한 균열을 대사할 수 없게 하여 감정서를 제출하였다.

또한 균열을 분류함에 있어서는 통상적으로 0.3mm 미만 균열과 0.3mm 이상 균열로 분류하고, 0.3mm 미만 균열에 대하여는 표면처리식, 0.3mm 이상 균열에 대하여는 메꿈식 내지 주입식 공법으로 보수비를 산출함에도 불구하고, 감정인은 미세균열, 극미세균열, 건식균열, 습식 균열 등으로 분류하였다.

결함현황도 역시 미세균열은 녹색, 극미세균열은 검정색, 건식균열은 청색, 습식 균열은 적색 등으로 표시함으로써 결함현황도가 복잡하게 작성되었을 뿐 아니라, 극미세균열은 0.1mm 미만의 균열로서 외견상 균열로 보기 어려운 경우도 많고, 구조체의 안전 및 내구성에 지장을 주지도 않는다. 뿐만 아니라(안전점검 및 정밀안전진단지침 제5장 5. 2. 1. 참조), 구 주택법시행령 제63조, 구 주택법시행규칙 제26조 제1항 별표 5에는 건물 외벽 및 내부 천장, 내벽, 계단 등에 관하여 5년마다 1회씩 전면도색을 실시하도록 규정[17]하고 있는 바, 전면도색을 통해 충분히 보수가 가능한 균열에 불과함에도 이와 같은 극미세균열까지 균열수량에 포함시킴으로써 다대한 균열수량을 산출하였다.

> 제5장 시설물의 상태 평가기준 및 방법
>
> 5.2.1. 균열
>
> 일반적으로 균열은 아래와 같이 미세균열, 중간균열 및 대형균열로 나눌 수 있으며, 구조물의 중요도 및 특성 등에 따라 그 기준을 달리할 수 있다.
>
> 1. 미세균열 – 0.1㎜ 미만
> 2. 중간균열 – 0.1㎜ 이상 0.7㎜ 미만
> 3. 대형균열 – 0.7㎜ 이상
>
> 철근콘크리트 구조물에서의 미세균열은 구조물의 성능에는 영향이 없으나, 중간 및 대형 균열은 중요하기 때문에 보고서에 기록하여 추적조사가 이루어지도록 하여야 한다.

이에 이러한 문제점을 모두 지적하여 균열보수비 산정에 있어서는 반드시 재감정이 필요함을 강하게 주장한 결과, 균열항목에 한해 재감정을 채택받았고, 부분도색 기준 금 862,327,000원의 하자보수비가 금530,028,082원으로 감액되었다.

2) 층이음균열 보수비가 과다하게 산정되었던 사건

또한, 전주지방법원 2012가합5147 사건의 감정인은 해당 아파트 외벽에

---

17) 구 주택법 제47조, 제51조에는 아파트의 관리주체가 장기수선계획에 따라 아파트의 주요시설의 교체 및 보수에 필요한 장기수선충당금을 적립하도록 규정하고 있다.

존재하는 전체 층이음균열 중 무려 77.8% 상당이 폭 0.3mm이상 균열이고 나머지 22.2%만이 폭 0.3mm미만의 균열이라 밝히고, 폭 0.3mm 이상의 균열에는 습식에폭시주입공법을, 폭 0.3mm 미만의 균열에는 건식에폭시주입공법을 적용하여, 전체 외벽균열 보수비 548,048,897원 중 층이음 균열 보수비로만 금 374,020,994원이라는 다대한 보수비를 산정하였던 사건이 있었다.

통상 0.3mm 이상의 외벽 층이음균열은 4.5% 내지 14.18%에 불과하고, 0.3mm이상 균열은 과다하게 조사되는 경우가 극히 드문 것임에도 불구하고 77.8%나 산정된 것은 도저히 납득할 수 없는 경우였다. 이에따라 먼저 크렉스케일로 해당 아파트 외벽에 대한 현장 표본조사를 통해 해당 아파트 1층에 존재하는 층이음 균열을 확인해본 결과 모두 0.3mm미만의 미세균열임을 알 수 있었다.

이 균열보수비 산정의 또다른 문제점으로 균열보수 공법 자체가 잘못 적용된 착오가 존재하고 있었다. 유사사건의 감정인들은 층이음 균열에 대한 보수공법으로 폭 0.3mm 미만의 균열에는 표면처리공법을, 폭 0.3mm 이상의 균열에는 건식에폭시주입공법을 적용한 것과 달리, 이 사건 감정인은 이례적으로 폭 0.3mm 미만의 균열에는 건식에폭시주입공법을, 폭 0.3mm 이상의 균열에는 습식에폭시주입공법을 적용하였다. 단가에 있어서도 감정인이 적용한 **습식에폭시주입공법**의 단가 **금 35,455원**, 건식에폭시주입공법의 단가는 금 24,603원인 반면, 유사사건의 감정인들이 적용한 **표면처리공법**의 단가는 **금 6,635원 내지 8,873원**, 건식에폭시주입공법의 단가는 금 26,392원 내지 금 26,964원인 점(균열보수 단가는 모두 고소할증이 적용된 것임)에 비추어 보더라도, 이 사건 아파트 외벽의 층이음 균열 보수비가 얼

균열발생 현황	균열 측정 사진 (크랙스케일)	측정된 최대 균열 폭 (mm)
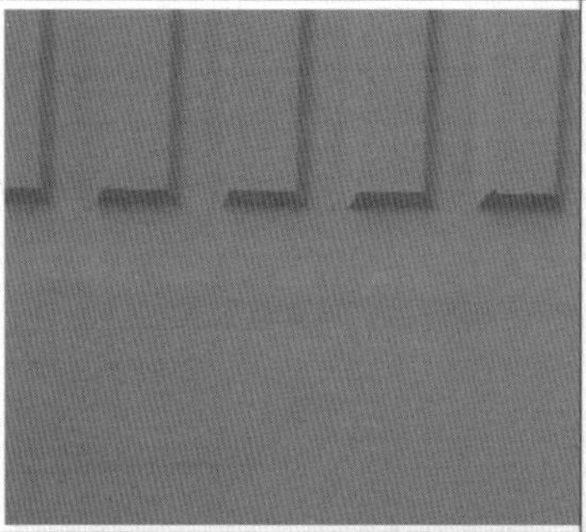	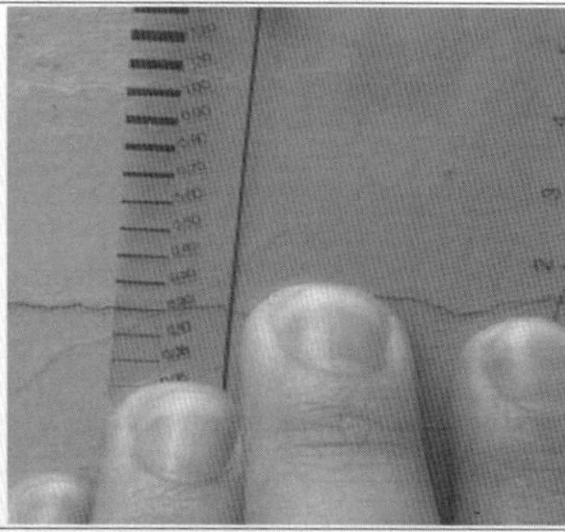	0.2
	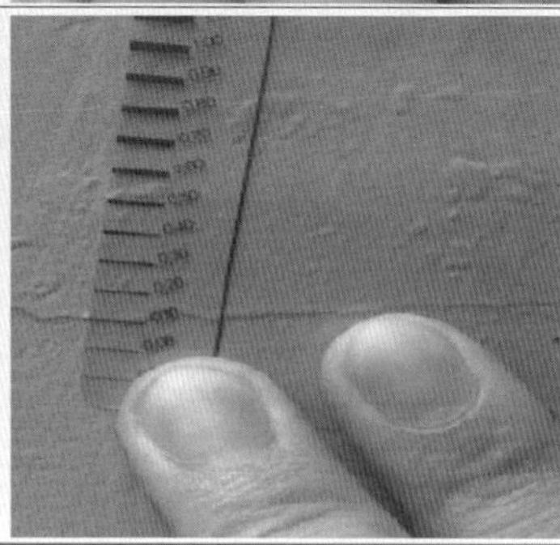	0.1

마나 과다하게 부풀려져 있는지 알 수 있는 문제점을 지적하였다.

이 사건 감정인이 습식에폭시주입공법을 적용한 이 사건 각동 외벽의 층이음 균열 77.8%에 대해 현재 실제로 누수가 진행 중이어서 이 사건 감정인이 균열보수 공법으로 습식에폭시 주입공법을 선택 적용한 것인지 여부를 살펴본 결과, 현재 진행 중인 누수균열은 전혀 존재하지 아니하였고, 일부 동에서 [그림]과 같이 파란색 박스로 표기한 부분(보일러실이 존재하는 구간)에서 과거의 누수흔적[18]이 발견되기는 하였다. 그러나 이는 정면과 배면의 층이음 균열 중 극히 일부 길이에 불과할 뿐, 창호가 없는 콘크리트 벽체

18) 일부 균열이 발생된 부위에서 백화나 백태 등의 누수흔적이 발생되었다 하더라도 이는 콘크리트 재료의 특성상 불가피하게 생기는 현상으로(비가 옴으로 인해 석회질이 물과 혼합할 때 생기는 현상), 일시적인 현상에 불과할 뿐이므로 현재 계속하여 누수가 진행되지 않는다면 습식균열보수공법을 적용하여서는 안 됨.

[그 림]

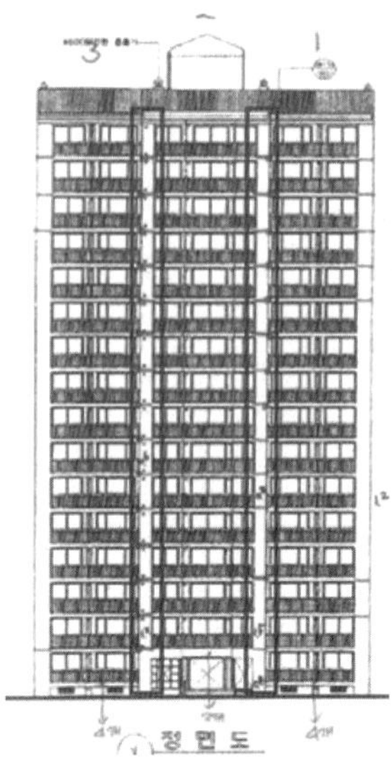

감정서 3권 98면 210동'정면도'발췌

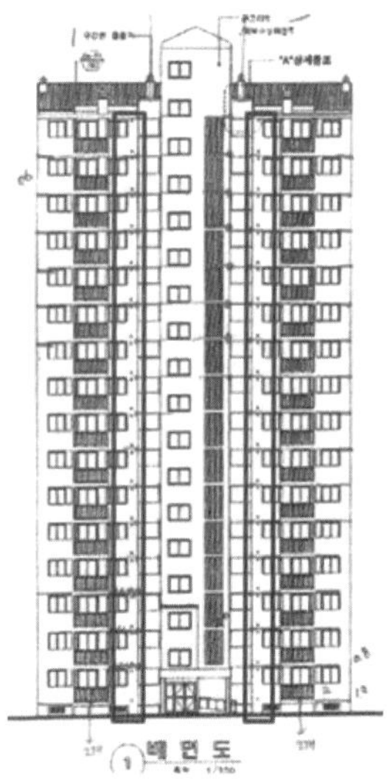

감정서 3권 99면 210동'배면도'발췌

로만 이루어진 우측면과 좌측면에서는 과거의 누수흔적 조차 전혀 발견되지 아니한 점을 확인하였다. 이와 같은 조사결과를 바탕으로 이 사건 감정인이 이 사건 각동 외벽 층이음 균열의 77.8%에 대해 습식에폭시주입공법을 적용한 것은 심히 부당하다 주장하여 각 동 외벽 층이음균열 부분 재감정을 신청하였다.

결국 건설사측의 요청에 따른 재감정을 채택 받아 기존 하자보수비 산정의 오류를 바로잡아 층이음균열에 대한 보수비용이 금374,020,994원에서 금204,843,054원으로 정정되었다.

3) 보수공법 및 보수비 산정이 부당했던 사건

이 외에도, 수원지방법원 2013가합1026 사건의 경우, 감정인은 아파트 외벽의 모든 층간에 균열이 발생되었다고 전제한 뒤 해당 균열의 폭을 0.3mm 이상으로 판단하여 충전식 공법을 적용한 보수비를 산정하였다. 이에 건설사측은 층이음 균열 전부에 대해 메꿈식 공법을 적용한 것은 부당하므로 층이음 균열의 크기를 폭에 따라 구분하고, 그에 맞는 균열보수공법을 적용하여 감정금액을 보완해 주도록 조회하였다. 그러나 감정인은 피고측 감정보완회신서에서, 층간균열은 이어치기 부위의 바탕처리 불량이 원인이라는 등 피고 조회와 무관한 답변을 하는 등 감정결과를 도저히 신빙할 수 없는 상황이 되었다.

이에 건설사측은 감정의견을 신뢰할 수 없어 직접 현장조사를 실시하였고, 감정인이 층간균열이 발생되었다는 구간 중 다수 구간에 대해 실제 균열이 없음을 확인하였다.

즉, 그림 및 사진에서 확인할 수 있는 바와 같이, 균열현황도상 층간균열이 존재하지 않는 부위에 대하여도 수량이 산출되어 있었다. 이와 같은 현장조사결과를 바탕으로 당초 감정인을 신뢰할 수 없어 새로운 감정인을 선임하여 다시 전면 재조사를 시행하였던 결과 당초 층이금 균열 보수비인 230,000,000원은 130,000,000원으로 감액되었으며, 위 감액된 금액으로 인정받았다.

[그림] 708동 외벽 우측면 균열현황도(감정서 3권 170면)

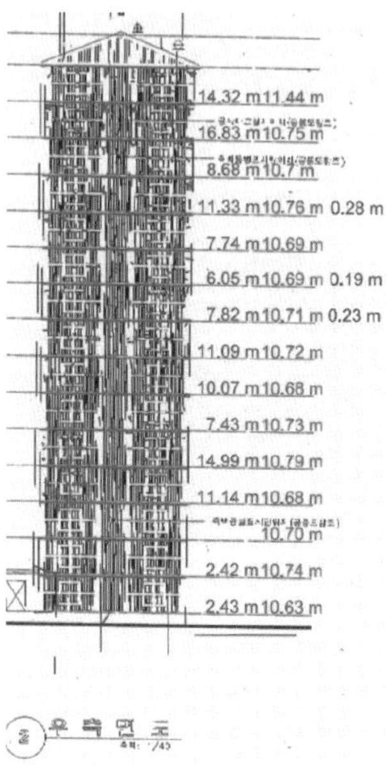

[사진] 708동 우측면 9층 ~ ROOF층의 층이음 균열 현황

14층~ROOF층(양 옆만 균열이 존재하며, 14층만 전체에 균열 발생)

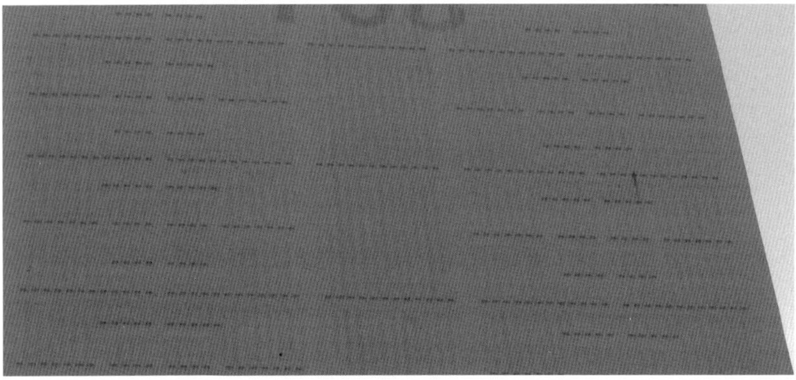

11층 ~ 13층(양 옆만 균열이 존재하며, 전체에 균열이 발생된 층은 없음)

9층~10층(9층은 균열이 보이지 않으며, 10층만 전체에 균열이 보임)

4) 균열 조사 방법 관련 기준 마련의 필요성

가) 기준마련의 필요성

현존하는 대부분의 공동주택은 재료와 타설 공법이 유사한 까닭에 연차가 동일한 주택의 경우 균열 분포에 큰 차이가 발생할 가능성은 거의 없다. 그런데 실제 하자보수에 갈음한 손해배상청구 등 관련 사건에서 균열 보수비 산정을 위한 감정을 진행하다보면, 균열 수량이 천차만별로 조사되는 경우가 많다. 이는 결국 조사 방법이 객관화되지 못함으로 인해 균열 조사 방법, 폭 측정 및 판단의 기준 등이 감정인 마다 상이한데서 기인한다. 이로 인해 유사한 아파트에 대해서도, 감정인에 따라 균열 보수비가 많게는 수 배씩 차이가 발생하기도 하며, 심할 때는 1동당 1억원 상당씩 차이가 나는 경우도 허다하다.

한편 최근 서울중앙지방법원은 건설감정실무 연구를 통해 균열 보수 공법 및 보수 단가에 대한 일응의 기준을 제시하고 있는바, 객관적인 균열 보수비 산정을 위해서는 정확한 균열 수량 파악이 먼저 전제되어야 할 것이다.

나) 도장면 균열과 구조체 균열의 구별 필요성

대부분의 공동주택은 신축시 통상 흔히 말하는 풀칠을 하고 그 위에 초벌바름, 재벌바름의 방식으로 도장을 하기 때문에 풀칠을 포함한 도장면의 두께가 1.5mm 전후에 이르고, 이러한 도장면의 경우 기간 경과에 따라 자연히 미세한 갈라짐 등이 발생할 수밖에 없다. 실제로 외관상 균열처럼 보이는 경우라도 상당수는 구조체에 발생한 균열이 아니라, 도장면이 갈라진 경우가 많으며, 외관상 0.3mm 이상의 균열로 관찰된 경우라도 실제 구조체에 발생한 균열은 0.3mm 미만인 경우가 대부분이다. 따라서 정확한 균열 수량 파악을 위해서는 도장면 갈라짐과 구조체에 실제로 발생한 균열이 반드시 구별되어야 할 것이다.

다) 조사방법 제안

균열 보수비 산정을 위한 감정의 목적은 실제 구조체에 발생하여 보수가 필요한 균열의 수량을 객관적이고 정확하게 파악하는데 있다. 따라서 정확한 균열 수량을 조사하기 위해서는 도장면 위에서 육안 관찰로 그칠 것이 아니라, 도장면을 제거하고 그 안쪽의 콘크리트 구조체에 실제로 균열이 발생하였는지 여부를 조사하는 과정이 개념상 필수적이다. 그러나 모든 부위에 도장 면을 실제로 제거하고 구조체 균열 여부 및 균열 폭을 측정하는 것은 시간과 비용 등 현실적인 문제로 인해 사실상 불가능하다. 왜냐하면 균열조사 비용이 균열 보수비용보다도 더 많아 지는 황당한 결과를 초래할 수도 있기 때문이다.

이에 최근 원 · 피고가 객관적으로 수긍할 수 있는 대안으로 주로 사용되고 있는 것이 샘플조사 방법이다. 감정인 사무실들의 특성에 맞게 육안이나 망원경, 스카이 리프트 같은 고가장비나 달비계 등을 이용하여 균열을 조사하여 전체 균열도가 완성되면 동별 또는 층별 샘플을 선정한 후 고가 장비나 달비계를 이용하여 도장면을 긁어내는 등 그 부위 구조체에 균열이 발생했는지 여부 및 폭을 확인하여, 이를 전체 균열 부위에 일반화하여 수량을 산정하는 방법이다.

다만 위 샘플 조사 방법은 전수 조사를 대체 · 보완하기 위한 방법이므로, 최대한 정확한 조사를 위해서는 샘플을 선정하는 과정에서부터 객관성이 확보되어야 할 것이다. 따라서 샘플 조사 과정에서는 원 · 피고가 합의 하에 각 동별로 일정 수 이상의 표본을 확보하여 양 당사자의 입회하에 감정인이 직접 조사하는 방법이 시간과 비용의 측면에서 가장 합리적이면서 균열폭과 수량에 대한 객관성과 공정성에 근접하는 방법일 것으로 생각한다.

바. 외벽, 계단실, 옥탑, 베란다 등에서의 습식균열 가능성 및 습식균열 보수공법 적용의 문제점

1) 건식균열, 습식균열 분류의 필요성

일반적으로 건물에 발생하는 균열은 크게 건식균열, 습식균열로 분류할 수 있고, 건식균열은 물기가 존재하지 않는 균열을 의미하고, 습식균열은 물이 배어 있거나, 흐르고 있는 등의 균열을 의미한다. 이와 같이 균열을 분류하는 중요한 이유는 그 균열의 양상에 따라 보수공법이 다르고 보수비 역시 상당한 차이가 나기 때문이다. 즉, 콘크리트 구조물의 균열, 누수보수, 보강 전문시방서에 따르면, 균열의 보수방법으로 표면처리공법, 주입공법, 충전공법, 습식균열 보수공법 등의 방법을 제시하고 있다. 습식균열의 경우 수중에서 사용이 가능한 제품을 사용하여 보수를 하여야 하고 그 비용에 있어서도 0.3mm미만의 균열 보수비만 놓고 비교하더라도 습식균열의 경우 건식균열의 경우보다 4~5배 높은 비용이 들고 있으며, 여기에다 고소할증을 적용하고 간접 비용까지 가산하게 되면 10배까지 차이가 나게 된다. 이와 같이 건식균열인지 습식균열인지 차이에 따라 비용의 부담이 달라질 수밖에 없으므로 그 비용을 지불해야 하는 입장에서는 그 분류에 민감할 수밖에 없다.

2) 감정서상 외벽, 계단실, 옥탑, 베란다 등의 균열을 습식균열로 분류하는 문제점

특히 아파트 등 건물의 하자를 감정하는 감정인들은 간혹 외벽, 계단실, 옥탑, 베란다 등에 발생하는 균열의 일부에 대하여도 습식균열로 분류하는 경우가 있는데, 구조적으로 이러한 부분에 습식균열이 발생할 수 없다. 집 내부에 물을 가득 채워놓지 않는 한 항시 물기가 있거나 물기가 스며나오는 균열이 발행할 수가 없기 때문이다. 그러나 감정인들은 외벽, 계단실, 옥탑, 베란다 등에 발생한 백태흔적을 보고 습식균열로 분류하기도 하는데 이 경우에는 감정인이 어떠한 제품을 보수공법으로 적용하였는지 살펴보아야 한다. 즉, 감정인은 습식균열로 분류하면서도 일시적인 누수로 보아 저렴한 제품을 주입하는 것으로 감정하기도 하고, 발포 우레탄과 같이 고가의 제품을 주입하는 것으로 감정하기도 한다. 전자의 경우라면 크게 문제가 되지 않겠으나, 후자의 경우에는 감정인에 대한 조회 등을 통해 습식균열로 분류한 이유, 고가의 제품을 사용하도록 한 이유는 무엇인지 등에 대한 부분을 확인할 필요가 있고, 이를 통해 균열의 분류를 바로잡아야 할 필요가 있다.

왜냐하면 외벽, 계단실, 옥탑, 베란다 등은 상황에 따라 균열에 물기가 있을 수 있으나 그러한 물기가 항시적으로 지속된다고 볼 수 없기 때문에 부당하게 고가의 제품을 사용하는 보수공법을 제시하는 것은 건설사들에게 부당한 비용을 지급하게 하는 결과를 야기하기 때문이다.

이상에서 살펴본 것처럼 건설사의 시공상의 잘못으로 발생한 균열에 대해서는 책임을 져야하는 것이나, 감정인들의 잘못된 분류에 따라 책임한도를 초과하는 부분에 대해서까지 건설사에 책임을 지우는 것은 부당하다 할 것이고, 차제에 습식균열 분류의 기준 등이 마련되어야 할 것이다.

3) E/V PIT 지하층, 샤프트 벽체 등을 습식균열로 분류한 사례

서울남부지방법원 2010가합25453 사건의 감정인은 "각 동 E/V PIT 내 습식균열로 인한 우천시 물고임이 조사되었으며, 기능상, 미관상, 안전상 지장을 초래하여 해당 부위 누수보수(주입식 공법) 및 마감보수에 소요되는 비용을 산정하였다고 감정을 한 바 있다.

그러나 감정서 내역서, 수량산출서, 하자조사서를 검토한 결과 당해 사건 아파트 E/V PIT 지하층 뿐만 아니라 1층 내지 4층에 해당하는 샤프트 벽체에 발생한 균열 모두를 습식균열로 판단하는 잘못을 범한 것으로 확인이 되었고, 상시 건조상태의 E/V 샤프트에 습윤상태에서의 균열보수에 사용되는 중앙케미콘 본드 E380 제품(그림 참조)을 적용한 문제점이 있었다. 이와 같은 문제점을 보완감정신청, 현장검증 등을 통해 방어하여 위 E/V 샤프트 벽체에 대해 건식균열로 정정한 사례가 있다. 이와 같이 감정인이 일부 건식벽체에 대해 백태 등의 흔적으로 습식균열로 분류하는 점에 대하여는 면밀히 검토하여 방어하여야 할 것이다.

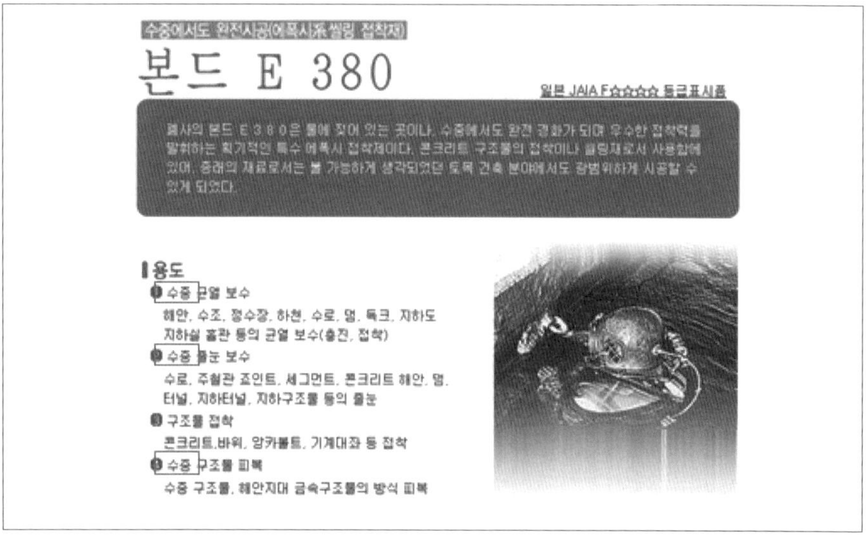

[그림] 본드 E 380 제품정보

사. 지하주차장 무근콘크리트, 경계벽, 치장벽 등에 대한 균열 보수 방법

1) 균열보수의 연혁

콘크리트구조물의 균열에 대한 보수를 엄격히 관리하게 된 것은 1999년 12월경 부터로 알고 있다. 지금도 생생히 기억하고 있는 삼풍백화점붕

괴와 성수대교붕괴의 여파로 국토교통부(구 건설교통부)에서는 한국시설안전공단(구, 시설안전기술공단)을 설립하였고, 동 공단 주도하에 콘크리트구조물의 균열, 누수, 보수 · 보강 전문시방서를 제정하여 공공건물뿐만 아니라 민간시설물에 대해서도 균열에 대한 보수 · 보강을 엄격히 관리해왔다.

이같은 전문시방서가 시행되기 이전에는 균열보수에 대한 특별한 규정이 없었고, 보수 · 보강에 대한 특별한 기준이 없었기 때문에, 현장에서는 흔히 얘기하는 공갈빠다(고무성분이 들어 있는 액체)를 균열부위에 바르는 것이 전부였던 것으로 알고 있다.

2) 전문시방서의 주요 요지

전문시방서의 핵심요지는 균열보수를 엄격히 하여 구조적 안전성, 내구성 및 방수성을 유지 · 강화하는데 있다. 즉 구조적 안전성이나 내구성 및 방수성에 영향이 없을 경우에는 보수의 필요성이 없는 것으로 위 전문시방서 여러곳에서 명시하고 있다. 구조적 안전성은 용어 그대로 하중이나 횡력을 지탱할 수 있는지 여부로 요약되고, 내구성은 콘크리트 구조물의 수명, 방수성은 물의 침투여부를 방지한다는 것이다. 따라서 균열이 발생된 부위가 건물의 구조적 안전성이나 내구성 및 방수성과는 전혀 관계없는 부위라면 전문시방서 상의 보수공법으로 보수해야 할 필요는 없을 것으로 보인다.

전문시방서가 제정된 연혁에서 알 수 있듯이 더 이상 삼풍백화점이나 성수대교와 같은 불행한 사태를 사전에 예방해야 한다는 차원에서 콘크리트구조물의 균열, 누수에 대한 보수 · 보강을 상당히 고가로 엄격히 보수하도록 하고 있기 때문에 구조적 안전성이나 내구성 및 방수성과 전혀 관계없는 부위의 균열에 대해서까지도 전문시방서상의 엄격한 고가의 균열보수공법으로 보수한다는 것은 국가경제적으로도 전혀 불필요한 낭비에 불과할 뿐이다. 전문시방서에 의하면 내력구조부(보, 바닥, 지붕, 기둥, 내력벽)에 있는 균열조차도 구조안전성이나 내구성, 방수성에 영향이 없는 균열은 보수할 필요성이 없다고 하고 있다.

3) 지하주차장의 무근콘크리트, 경계벽이나 치장벽 등의 기능

건축에 종사하는 사람이면 누구나 알 수 있겠지만 지하주차장 무근콘크리트는 지하주차장 슬라브를 보호하기 위해 슬라브 위에 100mm 두께로 타설하는 콘크리트이고, 경계벽은 말 그대로 경계를 구분하기 위해 벽돌을 쌓아 만든 벽체이며, 치장벽은 지하벽체에 스미는 결로나 외부에서 스며들어오는 물이 보이지 않도록 벽돌을 쌓아 만든 벽체로서(건축공법에 따라 결로처럼 지하벽체에 물이 비칠 수 있다 함), 무근콘크리트나 치장벽, 경계벽은 건축구조물의 구조적 안전성이나 내구성, 방수성과는 전혀 관계없는 부위이다. 무근콘크리트에 균열이 발생된다하더라도 슬라브층의 구조적 안전성에 전혀 영향을 미칠 수가 없는 것이고, 경계벽이나 치장벽의 균열도 건축물의 구조적 안정성이나 내구성, 방수성과 전혀 무관한 것이다.

4) 무근콘크리트, 치장벽, 경계벽에 대한 균열보수공법의 문제점

그러나 대부분의 감정인들이 무근콘크리트와 치장벽, 경계벽에 나타난 균열에 대해 허용균열폭 미만은 표면처리공법으로, 허용균열폭 이상은 충전공법이나 에폭시주입식 공법으로 보수비를 산출하고 있고, 그 금액도 많게는 억단위를 넘는 경우도 있다. 이는 전문시방서상의 고가의 엄격한 보수공법을 따르고 있기 때문이다. 서울중앙지방법원 건설감정실무지침 역시 콘크리트 균열하자편에서 무근콘크리트와 조적벽(경계벽, 치장벽도 조적벽임)상의 균열에 대해 0.3mm 미만은 표면처리공법, 0.3mm 이상은 충전식균열보수공법으로 보수해야 하는 것으로 명시하고 있는 바, 표면처리공법이나 충전식 보수공법은 모두 위 전문시방서상의 엄격하고도 고가의 보수공법에 해당한다고 할 것이다.

그러나, 지하주차장 무근콘크리트, 경계벽, 치장벽 등에 발생한 균열은 전문시방서 상의 내력구조부에 발생한 균열이 아니라 할 것이어서 일종의 소모품과 유사한 것이라 할 수 있으며, 입주자들이 적절한 방법으로 수선하여 사용해야 할 부분이지 시공사들이 보수해 줘야 할 대상이 아닌 것으로 보여진다. 설사 시공사들이 보수해 줘야 할 부분이라 하더라도 그 보수공법으로 전문시방서상의 보수공법을 적용한다는 것은 어불성설이다. 전문시방서 상의 고가의 엄격한 보수공법으로 보수한다면 국가경제적으로 낭비에 불과하기 때문이고 따라서 저렴하면서도 간편하고 적절한 보수로 충분하지 않을까 생각된다.

아. 지하주차장 바닥 균열에 적정한 보수공법

1) 현황

최근에 공동주택의 하자소송이 증가하는 원인은 실제 소요되는 하자보수비용에 비해 과다한 하자보수비의 판결이라 할 수 있는데, 전체 판결금액의 40%에 상당하는 균열보수비를 더욱 다대하게 만드는 원인 중 하나는 균열공법에 대해 그 적용기준이 틀린 점이다. 이는 양당사자 간에 가장 치열하게 대치하는 부분이기도 하다.

2) 감정인이 적용하는 지하주차장 바닥균열 보수 공법

통상적인 감정인들은 지하주차장 0.3mm이상 바닥균열에 충전식 공법을 적용하여 보수비를 산정하고 있으나, 일부 감정인들은 지하주차장 0.3mm이상 바닥균열에 대해 주입식 균열보수비를 산정하고 있다. 그에 대한 사유로 균열의 폭이 크고 깊이가 깊은 균열은 충전식 공법을 사용하면 재하자 발생의 우려가 많다고 판단하여 주입식 공법을 적용하는 경우가 허다하다.

3) 국토교통부의 하자판정 및 보수비용 산정 기준

그러나 최근의 국토교통부 고시 하자판정 기준 조사방법 및 보수비용 산정기준 제2장 하자여부판정 제4조(균열)를 살펴보면, "① 콘크리트 허용균열폭(콘크리트 구조 설계기준, 한국콘크리트 학회) 이상일 경우 하자로 판정한다. ② 제1항에 따른 하자 판단의 세부기준은 별표1과 같다. 단, 허용균열폭 미만인 경우에도 누수가 있거나 철근이 배근된 위치에서 발견된 경우 하자로 판정한다."고 규정하면서 제55조(균열 보수비용)에서는 "① 허용균열폭 미만(0.3mm미만)의 경우에는 철근이 배근된 위치에 따라 발생된 균열로 인정된 경우 표면처리공법을 원칙으로 하고, 허용균열폭 이상(0.3mm이상)의 경우에는 충전식(메꿈식) 공법으로 보수하는 것을 원칙으로 한다. ② 제1항에도 불구하고, 균열폭과 관계없이 누수나 관통균열의 경우 주입식 공법으로 보수하며, 균열보수면적 산정 기준 및 균열보수 후 도장처리 기준은 별표13과 같다."고 규정하여 0.3mm이상 균열에는 충전식 공법을 적용하는 것으로, 다만, 관통균열의 경우에 한하여 주입식 공법을 적용하는 것으로 규정하고 있다.

4) 소결론

결국, 관통균열이란 콘크리트 층의 한쪽 면에서부터 다른 면까지 이어져(관통하여) 발생한 균열로서, 지하주차장과 같이 습기에 면한 곳에서는 습식(누수) 균열로 보이는 것이다. 그렇다면 지하주차장 슬래브 누수 균열항목에서 관통균열에 대한 보수비가 산정된 것으로, 지하주차장 0.3mm이상 바닥균열은 충전식(메꿈식) 균열보수가 정당하다 할 것이다.

자. 소결론

균열과 관련하여 비록 법원에서 모두 하자로 인정하고 있는 추세라 하더라도, 하자의 범위, 보수공법, 보수비 등 감정서의 내용을 면밀히 살펴 오류가 있는지 여부를 꼼꼼하게 체크해 보아야 한다.

한편, 콘크리트는 재료의 특성상 균열이 발생할 수밖에 없고, 기존 삼풍백화점, 성수대교 사태 등의 사건을 계기로 이에 대한 반성적 고려로서 건축물을 축조할 때에는 콘크리트 구조설계기준에서 규정하는 설계기준을 엄격히 준수하도록 하고 있고 감리도 철저하게 이루어지고 있다. 예컨대, 15층 아파트의 1층의 내력벽이나 기둥이 100 정도의 중력을 지탱하는데 50cm폭의 두께가 필요하다고 할 경우, 균열이 당연히 발생할 것을 전제로 1.8배 정도의 강도, 즉 90cm(50cm × 1.8) 폭의 두께로 설계를 하여 시공을 하고 있는 것이다.

따라서 콘크리트 구조물에 0.3mm 미만의 미세한 균열이 발생한 경우 건축물의 구조안전과는 무관하고 미관상 문제만 남게 되므로, 이와 같은 경우에는 표면처리공법(퍼티작업)으로도 충분히 보수가 가능하다. 향후에는 법원도 0.3mm 미만 균열과 구조체의 안전과의 인과관계에 관해 보다 숙고하여 보다 합리적인 판단을 할 수 있게 되길 바란다.

2. 결로 · 곰팡이

가. 문제점

결로 하자가 발생하는 경우 그 위치에 곰팡이가 발생하게 되고, 이를 통해 하자의 현상을 확인하게 된다. 결로 현상이란 수분을 포함한 대기의 온도가 이슬점 이하로 떨어져 대기가 함유하고 있던 수분이 물체 표면에서 물방울로 맺히는 현상으로 다양한 원인에 의해 결로현상이 발생할 수 있다. 이 중에서 건설사의 공사상 잘못으로 볼 수 있는 것은 오직 단열재의 부실시공 한 가지에 불과하고, 사용상의 문제, 환경상의 문제 등 다양한 요인이 개입되어 있다. 그럼에도 이를 건설사의 시공상의 잘못에 기인한 하자라 볼 수 있는지 여부가 문제된다.

나. 판결의 동향

이와 관련하여 다수의 판례는 단열공간인 침실 등에 발생한 결로, 곰팡이뿐 아니라 비단열공간인 발코니(확장되지 아니한 발코니)에 발생한 결로, 곰팡이에 대해서도 하자로 인정하고 다만, 사용상의 과실 내지 환경적 요인 등을 고려하여 책임제한에서 참작하는 태도를 취하여 왔다. 최근 선고된 서울남부지방법원 2016. 5. 26. 선고 2014가합11995 판결은 "결로 및 곰팡이는 단열불량 또는 환기부족을 원인으로 발생하는데, ①건물의 구조 등으로 인해 입주자가 환기를 시키는 관리 노력만으로는 결로 발생을 충분히 방지하기 어려운 경우도 많은 점, ② 따라서 시공자는 설계도면에 단열 시공을 하도록 기재되어 있지 않더라도 결로 방지 페인트를 바르거나 환풍기를 시공하는 등 결로 발생을 방지할 시공상 주의의무가 있는 점, ③ 일부 세대의 경우 구분소유자가 별도로 발코니 샷시 공사를 하였으나, 피고 ○○이 발코니 샷시를 시공한 세대에서도 동일한 양상의 결로 하자가 광범위하게 나타난 점, ④ 따라서 이 부분 결로 하자는 샷시 시공이나 입주자의 환기부족 등으로 인해 발생하였다기 보다는 건물 구조와 관련된 시공상 하자에 기인한 것으로 보이는 점, ⑤ 결로 및 곰팡이 하자는 기능상, 미관상, 위생상의 지장을 초래하는 점 등에 비추어 보면, 이 부분은 그 시공 부분이 통상적으로 갖추어야 할 품질을 갖추지 못한 경우에 해당하므로 하자라고 봄이 타당하다. 설령, 준공도면 등에 이 부분 단열재 설치 등에 관한 설계가 포함되어 있지 않더라도 그러한 사정만으로는 피고들이 결로 하자의 발생에 대한 책임을 면할 수 없다. 따라서 이 사건 피고들의 이 부분 주장은 이유 없다(다만, 일부 하자의 경우 입주자의 사용상 과실로 인해 발생하였거나 확대되었을 가능성도 배제할 수 없으므로, 이러한 사정은 책임제한에서 고려하기로 한다)."고 판시하고 있다[19].

다만, 건설감정실무지침에서도 확인할 수 있는 바와 같이 발코니 샷시를 시공자가 시공하지 아니한 경우에 인천지방법원 2015. 10. 2. 선고 2014가합51929 판결은 발코니 곰팡이/결로 발생 항목에 대해 "원감정금액 : 21,427,844원, 각 감정보완촉탁 결과 및 증거에 따라 감축된 금액 : -2,419,757원(인정근거: 을 제23, 24, 25호증의 각 기재에 의하면 원고에게 채권양도를 한 세대 중 73세대에 대하여는 피고가 발코니 시공을 하지 않은

19) 이에 반하여 서울남부지방법원 2015. 8. 27. 선고 2013가합108656 판결은, "현장조사결과 이 사건 아파트의 발코니 벽체, 천장에서 결로, 곰팡이가 발견되었으나, 일부 세대에서만 발견된 점, 설계도서에 별도 단열에 관한 지시는 없는 점, 사용자의 환기, 습도조절, 내 · 외부의 온도차이 등에 의하여 발생할 가능성이 높은 점을 고려하면 이 부분은 하자로 볼 수 없다"고 판시하거나, 수원지방법원 성남지원 2014. 2. 12. 선고 2013가합1170 판결은, "감정인 ○○○의 감정결과, 이 법원의 감정인 ○○○에 대한 각 감정보완촉탁결과에 의하면, 감정인은 곰팡이 발생에 원인이 되는 결로는 단열불량 혹은 환기부족에 의하여 발생하는데 단기간의 조사로 그 원인을 구체적으로 밝히기 어려운 면이 있고, 단열재가 설계도면과 다르게 시공되었는지 여부는 벽체 및 천정내부에 시공되어 있어 확인하지 못하였다고 하고 있으며, 실제 곰팡이는 따뜻한 공기와 차가운 공기가 마주쳐 발생하게 되는데, 사용자가 실내공간을 따뜻하게 사용하기 위한 과정에서 그 곰팡이 발생이 더욱 증가될 가능성 역시 배제하기 어려운 만큼, 위와 같은 곰팡이의 발생이 피고의 시공상의 잘못만이라고 보기 어렵고, 달리 이를 인정할 만한 증거가 없으므로 피고의 책임범위에서 제외한다"고 판시한 사례도 있으나(동지 판례 : 인천지방법원 부천지원 2016. 1. 13. 선고 2014가합2234 판결), 이는 일반적인 판결례는 아니라 할 것이다.

사실을 인정할 수 있다)"라고 판시하여 시공자의 책임범위에서 제외하고 있다.

이와 같이 법원의 경향은 결로, 곰팡이 항목에 대해 대체적으로 하자로 인정하는 태도를 취하고 다만, 책임제한에서 참작하는 태도를 보이고 있다. 그러나 과연 결로, 곰팡이 항목을 하자라고 볼 수 있는지, 그에 따라 시공자의 책임으로 인정할 수 있는지 여부에 대해서는 결로, 곰팡이의 발생 위치 등에 따라 달리 판단되어야 할 것인 바, 항을 달리하여 검토하고자 한다.

다. 세대 침실 결로, 곰팡이 발생이 시공상 하자인지 여부

1) 문제점

실내 결로는 결국 실내외의 온도차와 창호가 제공할 수 있는 단열 기능에 기본적으로 좌우된다고 할 수 있다. 창호제작에 대한 K.S 기준은 실내 온도 20도 정도 및 습도는 50%정도로 되어 있고 창호의 성능이 이를 충족한 경우 창호자체의 법규위반의 문제는 없을 것으로 본다.

그러나, 현실적으로 우리나라 아파트 입주자들이 이와 같은 온도와 습도를 유지하며 생활하지 않는다. 오히려 생활습관의 차이로 인한 결로 현상이 심한 경우가 대부분이다. 위와 같은 K.S 기준은 정부가 산업정책적인 차원에서 겨울철 실내온도를 20도 정도로 맞추어서 생활하라고 하고 일종의 정부에서 권장하는 온도와 습도라 할 수 있다. 이와 같은 온도와 습도를 유지하면 결로는 거의 발생하지 않는다고 하나, 현실적으로 상기 온도를 유지하며 생활하는 세대가 거의 없으므로, 아무리 단열재나 그에 관한 시공이 잘 이루어지더라도 결로에 관한 공사상 하자에 관한 다툼은 아파트 시공에 피할 수 없이 내재된 부분이라 할 것이다.

2) 세대 침실 결로, 곰팡이 발생이 공사상 하자인가

최근 다수 사건에서 감정인들은, 세대 내부 천장, 측벽 등 결로에 의한 곰팡이를 조사하고, 단열 구간의 미흡한 마감처리 등에 의한 열손실, 투습 등을 주원인으로 추정하여 마감재 철거 후 재시공 비용으로 다대한 비용을 산정하고 있다.

그러나 곰팡이는 주로 온난 다습한 환경에서 발생하게 되므로, 세대내 결로가 발생하는 위치는 거의 일치하는데, 이러한 결로현상, 곰팡이는 다양한 원인으로 발생하게 된다.

첫째 입주민의 '사용상 과실'로 인한 하자, 둘째 설계자의 단열재 부분 적용 오류에 따른 '설계상 하자', 셋째 단열재 부실시공에 따른 '시공상 하자' 등의 원인 등이 복합적으로 작용하여 결로 현상이 발생됨을 알 수 있다. 이 같은 결로 발생의 원인 중 시공사의 하자보수담보 책임 범위는 단열재 부실시공에 따라 열교가 발생되는 구간으로 제한되는 것이 마땅하며, 발생 그 자체만으로 시공사의 잘못으로 보는 것은 부당하다.

또한 감정인들은 통상적으로 단열구간의 미흡한 마감처리 등에 의한 열손실, 투습이 주원인이라고 하고 있지만, 이를 확인하지 않고 시공상 잘못으로 보고 있다. 그러나 대법원(대법원2008. 6. 26.자 선고 2005다56193, 2005다56209(병합))은 직접 확인하지 않고 산출한 보수비는 인정할 수 없다는 태도를 분명히 하고 있고, 단열재 부실시공을 직접 확인하지 않고 결로, 곰팡이가 발생하였다고 하여 철거 후 재시공이라는 다대한 보수비를 산정하는 것은 부당하다.

따라서 세대 내부 결로, 곰팡이에 대한 하자판정을 하기 위해서는 단열재 부실시공 등 시공상의 잘못이 명확히 확인되어야 하며, '건축물의 설비기준 등에 관한 규칙 제21조 별표4'에 지역별 건축물 부위의 열관류율표를 기준으로 설계표면온도와 실측표면온도를 측정하여 온도차를 비교하여야 한다. 또한 결로는 포화상태의 습공기가 노점온도 이하의 표면과 접하게 될 때 표면에 생기게 되는 이슬맺힘 현상으로, 온도차 뿐만 아니라 실내 공기의 습도도 주요한 원인이므로, 사용자의 습도 관리 등을 종합적으로 판단하여 하자로 판단하여야 할 것이다.

라. 발코니 결로, 곰팡이 발생이 시공상 하자인지 여부

세대내부 결로, 곰팡이와 마찬가지로 공사상 잘못으로 인한 하자로 볼 근거가 불분명한 세대 발코니 벽체, 천장 결로, 곰팡이 발생에 대해 미관상, 위생상 지장을 초래하고 있으며, 내 · 외부 온도차로 인해 결로가 발생된 것으로 추정하여 단열모르타르 바름 후 결로방지 페인트 도장 시공이라는, 실로 다대한 보수비를 산정하고 있다.

그러나 우선적으로 발코니 외부 새시의 시공 주체에 대해 시공사가 시공한 것인지, 각 입주민들의 개별적인 설치인지 확인하여야 한다. 또한 발코니는 당초 실외 공간으로 설계가 되지만, 실내 공간화하여 사용하고자 하여 새시를 설치하게 되므로 필연적으로 온도차에 의하여 결로가 발생하며, 사용자의 생활환경(난방, 환기 등)에 의해 발생된 결로가 기간이 경과하면서 곰팡이로 발전된다. 예를 들면 대부분의 입주자들은 주방 발코니에 세탁기를 놓고 사용하고 있고, 세탁할 때 사용된 온수를 배수하는 과정에서 수증기가 발생된다. 발생된 수증기는 환기를 통해 습도율을 낮게 만들어 주어야 하나 환기가 제대로 되지 아니할 경우 그 습도는 결로수가 되어 결국 곰팡이로 발전할 수밖에 없다.

서울중앙지방법원 건설소송실무연구회에서 2011. 9. 27. 발표한 건설감정실무지침의 결로하자 판정기준에 따르면 발코니 새시 시공 주체에 따라 보수 책임을 구분하고 있으며, "구분사용자가 사용검사 이후 임의로 새시 공사를 한 경우, 결로로 인한 하자의 원인이 외부 새시로 판단될 시에는 하자의 보수 책임은 분양자가 아닌 새시 업자에게 있으므로 시공사의 하자에서 제외하는 것이 타당할 것이다."라고 하여 입주민이 새시를 시공한 경우 발생한 결로 하자는 시공사의 책임이 아니라고 밝히고 있다.

따라서 발코니는 외기에 해당되는 공간으로 설계 당시부터 발코니 외부 창호를 시공할 것을 예정하지 아니하여, 단열재 시공을 고려하지 아니한 것으로, 이러한 발코니 결로, 곰팡이는 공사상의 잘못에 기인한 것으로 볼 수 없을 것이다[20].

발코니에 발생한 결로, 곰팡이의 책임 소재를 논하기 위해 가장 먼저 해야 할 일은 발코니 외부 새시의 시공주체가 누구인지를 확인하는 일이다. 발코니는 당초 실외 공간으로 설계되는 곳으로서 단열재 시공 의무가 없다. 그런데 최근 발코니를 실내 공간화하여 사용하고자 하는 입주자들이 늘어나면서 발코니를 확장하고 새시를 설치하는 경우가 왕왕 있는데 이러한 경우 필연적으로 온도차에 의한 결로가 발생한다. 따라서 입주자가 발코니를 확장한 뒤 해당 발코니에서 곰팡이, 결로와 같은 하자가 발생하였다면 그 책임주체는 입주자에게 있다고 보아야 한다. 2015년 건설감정실무 추록도 같은 입

20) 수원지방법원 성남지원 2016. 1. 28. 선고 2014가합5100 판결도 구분소유자가 외부 새시를 시공한 경우 발코니 결로 하자는 시공상 하자에서 제외하는 것이 상당하다고 보아 시공사가 새시를 시공한 세대에 국한하여 금액을 인정하였다.

장이다.

뿐만 아니라, 입주자의 생활환경(난방, 환기 등)에 의해 발생한 결로가 시간이 경과하면 곰팡이로 발전되는데, 예컨대 발코니에 세탁기를 놓고 사용하는 경우 등 발코니에서 온수를 사용함으로써 수증기에 의한 온도, 습도 차이가 지속적으로 발생하는 경우는 발코니 결로, 곰팡이 하자를 발생시키는 요인으로서 시공사의 책임이라 보기는 어렵다.

마. 지하주차장 결로가 시공상 하자인지 여부

1) 문제점

최근 공동주택의 주차장은 지상의 편의시설 확충을 위해 대부분 지하에 설계되고 있고, 지하에서 직접 연결되는 계단실 및 엘리베이터를 통해 세대와 연결되도록 구성되어 있는 설계가 증가하고 있으며, 하절기 결로 발생 문제로 심각한 민원이 발생하여 소송으로 이어지는 경우가 많다.

특히 감정인들은 지하주차장 통로, EV홀 벽체 결로가 발생되어 미관상, 위생상 지장을 초래하고 있으며, 내 · 외부 온도차로 인해 결로가 발생된 것으로 추정하여 마감재 철거, 단열재 시공 및 액체방수 시공 후 마감재 시공이라는 실로 다대한 보수비를 산정하고 있다.

2) 지하주차장 결로를 시공상 하자로 볼 수 있는지 여부

그러나 지하주차장에는 주로 여름에 한해 결로가 발생하는데 이는 날씨의 영향이 크다. 여름철 지하구조물의 특성상 외부에서 고온다습한 공기가 유입되게 되고, 그 공기 자체의 습도가 높으며, 이에 따라 노점 온도도 상승하는 반면, 지하층의 낮은 온도로 표면온도는 저하됨에 따라 결로가 발생하게 되는 것이다. 중부지방을 기준으로 하절기인 6월 말 ~ 8월까지의 외부공기의 평균온도는 30℃, 상대습도 80%로 고온다습하며, 하절기 지하주차장 내부의 기온은 20℃ 전후, 상대습도 80% 정도이다.

고온다습한 외부공기가 그대로 지하주차장으로 유입되면 곧바로 20℃ 전후의 공기와 만나게 되면서 온도의 저하로 인해 상대습도 100%가 되며, 상대습도 100%가 되면 공기 중에는 습기가 포화상태가 되는바 바로 이슬이 맺히기 시작한다.

즉, 공동주택의 지하주차장에서 발생하는 결로는 우리나라 기후의 특성상 불가피하게 발생하는 것이지 시공상 과실로 인해 발생하는 것이 아니다. 따라서 지하주차장에는 급기용 유인팬, 배기용 팬을 각 설치함으로서 결로 하자를 예방할 필요가 있고, 특히 결로 발생 가능성이 높은 장마철 한철에는 제습기 가동도 고려해 볼 만 하다.

바. 소결론

법원은 대체적으로 곰팡이, 결로 하자에 관하여 사업주체에게 그 책임을 묻는 경향이 있는데 이는 법원감정인이 위 하자의 발생 원인에 대해 면밀한 조사와 검토를 하지 않고 법원 역시 특별한 사정이 없는 한 감정인의 견해를 존중하여 판결을 하게 됨으로써 나타나는 경향이다. 향후에는 곰팡이, 결로 하자에 대한 감정인들의 보다 깊은 이해와 연구로 하자별 책임주체가 바람직하게 인정되길 기대해본다.

3. 주방 싱크대 하부 배면 벽체, 바닥 마감

가. 문제점

2016년 개정된 건설감정실무에 의하면 싱크대 벽체 마감과 관련하여 설계도서(실내재료 마감표, 싱크대 벽체 상세도면, 시방서 등)에 마감재를 미시공하도록 표기한 경우 하자에서 제외한다고 명시하고 있는데, 통상 설계도면에는 싱크대 벽체 마감에 대한 별도의 지시사항 없이 주방 벽면/바닥의 마감만을 표기하고 있는 경우가 대다수이다. 따라서 이와 같은 경우 싱크대 하부 배면 벽체마감을 시공하지 않은 것을 하자로 볼 수 있는지 여부가 문제된다.

또한 싱크대 하부 미시공과 관련하여 2016년 개정된 건설감정실무에는 시멘트 모르타르가 그대로 노출된 경우 분진이 발생할 우려가 있고, 미관상 지장을 초래하므로 하자로 판단한다고 명시하고 있어 시멘트 모르타르가 그대로 노출되지 않은 경우, 예컨대 장판 등으로 마감이 되어 있는 경우 미시공 하자라 볼 수 있는지 여부가 문제된다.

나. 판결의 동향

1) 싱크대 하부 바닥 마감 미시공 항목에 대한 판례의 태도

먼저 싱크대 하부 바닥 마감 미시공 항목에 대해 종래에는 시공비 차액을 인정하는 판례가 주류를 이루었고, 에폭시 시공비용을 인정하는 경우는 일부에 불과하였으며, 하자의 범위에서 제외하는 경우는 예외적인 판례라고 할 수 있었다. 2015 서울중앙지방법원 건설감정실무 추록에서 보수비 산정방법으로 에폭시 시공비용을 인정하는 것으로 견해를 변경한 이후에는 에폭시 시공비용을 인정하는 것이 다수 판례의 태도라 할 것이나, 여전히 이 항목에 대해 시공비 차액을 산정하는 사례도 있다.

구체적으로 살펴보면, 서울남부지방법원 2015. 9. 4. 선고 2014가합2571 판결은, "감정인은 사용승인도면에 주방 바닥에 대해서는 온돌마루가, 벽체에 대해서는 타일마감이 이루어져야 함에도, 그와 같이 시공이 이루어지지 않아 기능상 지장이 초래되었다고 판단하였는데, ① 사용승인도면의 실내재료마감표에는 주방의 마감재가 판넬히팅과 온돌마루로 기재되어 있고, 싱크대 하부를 마감재 설치대상에서 제외한다는 기재는 존재하지 않는 점, ② 온돌마루를 미시공할 경우 싱크대 시공에 수평이 맞지 않고 먼지 및 이물질이 발생할 우려가 있는 점 등을 아울러 고려할 때, 싱크대 하부 마감재 미시공으로 인하여 하자가 발생하였다고 본 감정인의 판단이 부당하다고 보기 어렵다."고 판시하여 미시공을 하자의 범위에 포함시키고 있다[21].

또한 수원지방법원 2016. 5. 21. 선고 2014가합62964 판결 역시 "아파트 주방에 설치된 싱크대 하부 바닥에 마감재를 시공하지 아니하는 경우 바닥자재 자체에서 분진 등이 발생하여 외부로 유출되거나, 해충이 서식할 위험이 있으므로 적어도 에폭시 코팅으로 마감할 필요가 있다. 에폭시 코팅 비용을 이 부분 하자보수비로 감정한 감정인의 감정결과가 불합리하다고 볼 수 없다."고 판시하여 이를 하자로 인정하면서 그 보수비용은 2015년 건설감정실무 추록에 따라 에폭시 비용을 인정하고 있다.

---

21) 반면 서울중앙지방법원 2014. 1. 23. 선고 2011가합137555 판결은, 각 세대 싱크대 하부 마감을 주방 마감재와 동일하게 시공하여야 하는데, 현재 싱크대 하부에 마감재가 미시공되어 있어 하자라는 원고의 주장에 대하여 "이 사건 아파트 실내재료마감표에는 이 사건 아파트 세대 싱크대 하부에 관하여 마감재를 시공하라는 표기가 없는 점, 싱크대 하부 공간은 밀폐된 공간으로 통상적으로 마감재를 시공하지 아니하는 점, 주방 싱크대 하부에 마감재를 시공하지 아니하더라도 기능상, 사용상 지장이 초래되지 아니하는 점, 미관상의 문제를 해결하기 위해 현재 싱크대 하부는 가림판으로 막혀 있는 점 등을 고려하면 싱크대 하부 마감재 미시공으로 인하여 이 사건 아파트에 기능, 미관 또는 안전상의 지장을 초래한다고 보기 어렵다"고 판시하여 하자의 범위에서 제외한 판례도 다수 이다(동지판례 : 서울남부지방법원 2015. 1. 15. 선고 2013가합103972 판결, 서울남부지방법원 2014. 9. 2. 선고 2013가합103989 판결, 수원지방법원 2005. 11. 8.선고 2004가합4754 판결 등).

2) 싱크대 하부 벽체 마감 미시공 항목에 대한 판례의 태도

이와 관련하여 서울중앙지방법원 건설감정실무지침은 "싱크대 벽체 마감 미시공은 설계도면의 실내재료마감표 및 당해 부위 상세도의 마감재 표기 유무에 따라 판단한다. 건축물의 설계도서(실내재료마감표, 싱크대 벽체 상세도면, 시방서 등)에 마감재를 미시공하도록 표기한 경우에는 하자에서 제외한다"라고 규정하고, 비용산정은 공사비 차액으로 산정하는 것으로 규정하고 있다. 그러나 대부분의 사례에서 보면, 싱크대 벽체 마감재를 미시공하도록 표기한 경우는 거의 없다. 그에 따라 법원은 이 항목을 하자로 인정하면서 공사비 차액을 인정하는 태도를 취한 사례도 있는 반면, 이 항목의 미시공으로 인해 기능상 지장이 초래되지 않는다는 이유로 하자의 범위에서 제외한 판례도 있다.

서울중앙지방법원 2016. 2. 3. 선고 2013가합84518 판결은, 기능상, 미관상, 안전상 지장이 초래되지 않는다는 주장에 대해 "준공도면에 이 부분 벽체 마감방법이 '지정마감과 타일마감', '지정벽 타일/벽지'로 명시되어 있는바, 현재 이 부분은 마감 미시공 상태이므로 하자에 해당한다.

하자보수방법으로는 이 부분의 장소적 특성이나 벽지의 재료적 특성에 비추어, 벽지로 마감시공을 하는 것이 적절하지 않은 점 등에 비추어 볼 때, 타일 시공을 기준으로 하자보수비용을 산정한 감정인의 감정결과가 현저히 부당하다고 볼 수 없다"라고 판시하여 시공비 차액을 인정하고 있다.

반면, 서울중앙지방법원 2015. 10. 20. 선고 2013가합564991 판결은, "[전용39] 주방 싱크대 상부 선반 후벽체면 타일 미시공, [전용42-1] 주방싱크대 후면 타일 미시공 : 비록, 사용승인도면상 주방벽면에 타일을 시공하도록 되어 있으나 아파트의 준공 공사 당시 공정별 시공순서에 따라 싱크대 및 선반을 먼저 시공하고 마감재를 시공하는데, 설계도면에 별도로 싱크대 등

반영구적으로 가구가 고정되어 있는 뒷면까지 타일을 시공하라는 지시가 없는 점, 현재의 상태로도 사용상 · 기능상의 어려움이 없는 점에 비추어 이를 하자로 볼 수 없다."고 판시하여[22] 상반되는 태도를 취하고 있다.

다. 주방 싱크대 하부 배면 벽체, 바닥 마감 미시공의 하자 여부에 대한 검토

2014. 1. 3. 국토교통부는 공동주택의 하자와 관련된 분쟁을 공정하고 신속하게 해결하기 위해 '공동주택 하자의 조사, 보수비용 산정 방법 및 하자판정 기준'을 제정 · 고시한 바 있고, 위 하자판정기준 제7조(주방 싱크대의 하부 및 배면 벽체 마감 미시공)에서는 "건축물의 설계도서(실내재료마감표, 싱크대 하부의 상세도면, 시방서 등)에 별도로 마감재가 표기되어 있는데도 불구하고 미시공한 경우 하자로 판정한다. <u>다만, 시방서나 도면에 별도로 표기되어 있지 않은 경우 하자가 아닌 것으로 판정한다.</u>"라고 고시한 바 있다.

살펴보면 일반적으로 설계도면이나 재료마감표상에는 싱크대 하부까지 연장하여 마감재를 시공하도록 표기되어 있지 않을 뿐만 아니라 '대한건축학회의 건축기술지침서'에서도 "온돌 마루판 마감은 마루판 시공이 선행되어야 하므로 보양에 대한 부담이 크고, 누수로 인한 마루판 교체시 주방가구를 해체하여야 교체 가능하다."라는 이유로 오히려 온돌마루 시공이 불필요

---

22) 서울중앙지방법원 2016. 5. 20. 선고 2014가합555116 판결 역시 "아파트 준공도면 실내재료마감표(A-101)에 주방 및 식당 벽체 마감이 실크벽지로 표기되어 있음에도 이에 따라 시공하지 않았으므로 이는 하자에 해당한다는 주장에 대하여, "이 법원의 감정인에 대한 2015. 11. 13.자 감정보완촉탁결과에 의하면, 주방 싱크대 후면 벽체의 경우 특별히 상세도 등에 싱크대 후면 벽체까지 특정하여 벽지나 타일로 시공하도록 표기되지 않았다. 싱크대와 벽체의 밀착을 위하여 별도의 벽지나 타일의 시공 없이 본래의 벽체에 싱크대를 직접 부착하는 것이 일반적인 시공방법이다. 이 사건 아파트 준공도면 실내재료마감표에 주방 벽체를 실크 벽지로 마감하라고 기재된 것만으로는 싱크대후면 벽체까지 벽지로 시공하여야 한다고 보기는 어렵다. 따라서 이 항목을 하자라고 볼 수 없다."고 판시하여 하자의 범위에서 제외하고 있다.

하다고 밝히고 있다. 나아가 한국토지주택공사의 견적지침서에서도 '건축공사 견적지침서 5. 수장공사 편'에서 "주방가구 하부는 싱크대 하부 칸막이에서 8cm 내부 면적은 공제한다."라고 하여 씽크대 하부 면적은 견적당시에서부터 제외하도록 규정되어 있다. 따라서 단지 재료마감표상에 거실과 주방을 예컨대 '합판마루'로 표기하였다 하여 도면의 해석을 싱크대 하부까지 연장하여 본다는 것은 그 자체로서 불합리하다 할 것이다.

또한 싱크대 하부 벽체의 경우에도 하자판정기준에서 "시방서나 도면에 별도로 표기되어 있지 않은 경우 하자가 아닌 것으로 판정한다."라고 규정하고 있고, 건축적산 및 응용 제267면에 의하더라도 주방가구가 부착되는 면은 타일 수량산출에서 제외하도록 적시하고 있다. 또 한국토지주택공사의 시공례에서도 현실적으로 공동주택의 주방가구는 영구적으로 고정된 시설물이므로 그 배면의 타일은 시공하지 아니하고 있는 바, 이 항목을 하자로 인정하는 것은 부당하다고 할 것이다.

하지만 많은 감정인들은 여러 하자보수 사건에서 도면(단순히 재료마감표상 바닥 및 벽면에 대한 공통적인 자재 사항을 표기하고 있을 뿐이다)에 싱크대 하부 및 벽면에 마감재를 시공토록 명기되어 있으며, 미시공으로 인해 분진이 발생하여 기능상 문제가 되므로 싱크대 하부 및 벽체 마감재 미시공을 하자로 판단하고 있다. 어떤 감정인은 기능상 · 미관상 · 안전상 문제는 없으며 마감한다 해도 국가적인 차원에서 자원의 낭비라고 판단된다고 견해를 밝히고 있으면서도, 도면에 명시되어 있고 특별히 싱크대 하부의 마감시공을 제외한다는 주기가 없으므로 이를 하자로 판단하여 공사비용을 산정하고 있는 것이 현실이다.

그러나 하자판정기준은 도면에 별도로 표기된 경우만 하자로 보고 있는 바, 소송의 실제와는 다소 괴리감이 있어 하자판정기준에 대해 법원 역시 깊은 고민을 해야 할 것으로 보인다.

라. 대응사례

1) 설계도서에 싱크대 하부 및 벽체 마감에 대한 시공지시가 있었는지가 다투어진 사건

서울중앙지방법원 2013. 12. 11. 선고 2012가합54596 사건의 감정인은 싱크대 하부와 벽체 배면의 마감 미시공은 준공도면 건축 실내재료마감표(A-100)와 달리 시공되었으므로 구조적 내구연한이나 안전에는 문제가 없지만 이는 미시공하자에 해당한다 하여 보수비를 산정하였다.

한편, 설계도서에는 표에서 보는 바와 같이 주방/식당의 바닥과 벽에 대한 마감표기가 있었을 뿐 싱크대 하부 및 벽체에 관하여는 별도의 지시가 없었다. 따라서, 이 부분 설계도면의 해석과 관련하여 감정인과 사이에 논란이 계속되자, 시공사측은 이 사건 아파트를 설계한 설계사무소에 대해 감정인이 기준으로 한 설계도면 실내재료마감표(A-100)에 대한 사실조회를 하였다.

실내재료 마감표

구분	설명	바닥		벽	
		바탕	마감	바탕	마감
세대	가설, 거실 / 침실	판넬히팅	THK8.0 온돌마루판	콘크리트 THK12.5 석고보드	고급실크벽지(친환경) 벽체일부 아트월
	주방 / 식당	판넬히팅	THK8.0 온돌마루판	콘크리트 THK12.5 석고보드	고급실크벽지(친환경) 주방가구면:도기질타일(300×600)
	침실 1	판넬히팅	THK8.0 온돌마루판	콘크리트 THK12.5 석고보드	고급실크벽지(친환경)

해당 아파트 준공도면 실내재료 마감표(A-100) 발췌

즉, 세대 내 '주방/식당'의 벽체마감은 '고급실크벽지(친환경)/주방가구면: 도기질타일(300*600)'로, 바닥 마감은 '온돌마루판'으로 표기되어 있는데,

해당사항은 전체 주방 마감에 대한 일반적인 지시일 뿐 싱크대 하부 및 배면의 은폐되어진 부분까지 시공을 하라는 것인지 아니면 하지 아니하여도 된다는 것인지 여부가 불분명한 바, 이 부분에 대한 설계자의 진정한 의도를 질의했던 것이다.

이에 대해 설계사무소는 회신서에서 "싱크대 하부를 마루판 마감으로 시공할 경우 싱크대 공사전 선행되어야 하므로 보양에 대한 부담이 크고, 누수 등으로 인한 마루판 교체시 주방가구를 해체해야 하며, 또한 누수에 따른 해충 서식 등의 문제점이 있어 온돌 마루판 마감을 하지 않는다는 의미입니다. 싱크대 배면은 반영구적으로 고정하여 사용하고 있으며, 싱크대로 막히는 부분이기 때문에 싱크대의 상부장과 하부장 사이의 벽체 마감을 실내재료 마감표상의 도기질 타일로 시공하라는 의미입니다."라고 회신하였다. 즉, 은폐되어 보이지 않는 부분은 마감재를 시공하지 않으나, 주방가구가 면하는 부분 중 상부장과 하부장 사이에는 도기질 타일로 시공하여야 하기 때문에 별도로 지시한 것으로 해석할 수 있다.

이와 같은 회신 결과에 따라 해당 재판부는 이 사건 아파트 준공도면 실내재료마감표에 주방/식당 바닥마감재가 '온돌마루판'으로, 벽체마감재가 '고급실크벽지(친환경) / 주방가구면 : 도기질 타일'로 되어있기는 하나, 이를 싱크대에 의해 은폐되는 싱크대 하부 바닥 및 벽체까지 온돌마루판 및 타일로 시공한다는 의미로 보기 어렵고, 싱크대 하부 바닥에 온돌마루판을 시공할 경우 누수로 인한 부패의 가능성을 배제할 수 없고 싱크대 하부 벽체의 경우 싱크대와 벽면과의 밀착을 위해 별도의 벽지나 타일 시공 없이 본래의 벽체에 싱크대를 직접 부착하는 것이 일반적인 시공방법인 점 등을 종합해 보면, 싱크대 하부 바닥에 온돌마루판을, 벽체에 타일을 시공하지 않았다고 하더라도 기능, 미관 또는 안전상의 지장이 발생한다고 보기도 어려우므로 미시공 하자에 해당되지 않는다고 판단하였다.

2) 싱크대 하부에 비닐장판이 시공되어 있었던 사건

서울남부지방법원 2015. 8. 27. 선고 2013가합108656 판결의 감정인은 싱크대 하부 마감재 미시공 항목과 관련하여 준공도면 '실내재료마감표' 상 주방 및 식당 바닥에 온돌마루를 시공토록 지시된 사항을 근거로 싱크대 하부에 마감재가 시공되지 아니하였다는 이유로 온돌마루 시공비용 금 41,926,674원의 하자보수비를 산정하였다.

그런데, 해당 아파트 싱크대 하부 바닥에는 비닐장판이 이미 시공되어 있었고 감정인이 제출한 감정서 타항목 현황사진을 근거로 들며, 개정된 건설감정실무지침(2015)을 기준하였을 경우 현재 비닐장판이 시공된 경우라면 하자로 볼 수 없는 것 아닌지, 싱크대 하부는 각종 배관 등이 지나가는 곳으로, 그 하부에 온돌마루 등 마감재를 설치할 경우 누수 등이 발생하여도 침출수 처리가 어려우며, 이로 인해 해충서식이나 마루 훼손 등의 문제가 발생할 수 있으므로 일반적으로 싱크대 하부에서는 마감재를 설치하지 않는다는 취지로 다투었다. 이를 토대로 해당 재판부는 '주방싱크대 및 수납장의 경우 마감을 하지 않는 것이 일반적이고 이 부분에 마감재를 시공하지 않더라도 특별히 미관상 지장이 있다고 보기도 어려우므로 이 부분은 하자로 볼 수 없다'고 판시하며 하자에서 제외한 바 있다.

마. 대응방안

이상에서 본 바와 같이 싱크대 하부 마감 미시공을 하자로 인정하는 주된 논거 중 하나는 시멘트 모르타르가 그대로 노출되면 분진 등 기능상 결함이 발생한다는 것이다. 2015년 건설감정실무 추록 또는 2016년 개정된 건설감정실무 역시 "싱크대 하부 바닥의 마감이 없어 시멘트 모르타르가 그대로 노출된 경우에는 분진이 발생할 우려가 있고, 미관상 지장을 초래하므로 하자로 판단한다"고 명시하고 있는 바 싱크대 하부의 시멘트 모르타르가 그대로 노출되지 않았다거나 싱크대 하부에 별도의 마감을 하지 않더라도 아무런 결함이 존재하지 않는다는 점을 강조할 수 있는 방안을 적극적으로 찾아 대응하여야 한다.

한편, 싱크대 하부 및 벽체와 관련하여 대다수의 준공도면에는 별도의 표기가 없고 주방/식당의 마감재 표기만 존재한다. 그런데 이와 같은 시공지시는 주방/식당에 적용되는 것이지 싱크대 하부 및 벽체까지 연장하여 시공하라고 보기는 어려움에도 대다수의 판례는 준공도면에 지시된 주방/식당의 마감재로 시공을 하지 아니하였다 하여 미시공 하자로 보고 있다. 더욱이, 2015년 건설감정실무 추록에서 싱크대 벽체의 경우 설계도서에 마감재를 미시공하도록 표기한 경우 하자에서 제외한다고 명시함에 따라 더욱 이러한 성향이 짙어졌다.

따라서 싱크대 하부 및 벽체의 경우에는 준공도서 검토 등을 통해 준공도면 상 싱크대 벽체의 미시공 부분을 표기하고 이 외 설계도면의 전체적인 통일성을 맞추어 차후 분쟁을 미연에 방지하는 것이 중요하다.

바. 소결론

많은 감정인들은 설계도면에 싱크대 하부 미시공으로 인해 분진이 발생하여 기능상 결함이 발생할 수 있다는 이유 및 벽체에 마감재를 시공하도록 지시되어 있다는 이유(최근에는 2015년 건설감정실무 추록에 따라 싱크대 벽체에 마감재를 시공하지 아니할 것을 지시하지 않았다는 이유)로 하자로 보고 있다.

그러나 싱크대는 바닥 마감을 시공하기 전에 이미 설치하므로 별도의 마감을 한다는 것을 상정하기 어려울 뿐 아니라 싱크대 그 자체가 마감이 되는 바 이를 하자라 볼 수는 없는 것이다. 설계도면의 지시 내용은 주방/식당 마감에 관한 것이지 이를 싱크대 하부까지 적용하라는 것이라 해석할 수 없으며, 다수의 감정인들의 견해와 달리 싱크대 하부에 마감을 하지 않는다 하여 그 어떤 기능상, 미관상, 안전상 결함도 발생하지 않는다.

따라서 이와 같이 불필요한 곳에 마감을 시공하게 하는 것은 국가적인 차원에서 자원의 낭비에 해당하는 바, 기계적으로 싱크대 하부, 벽체에도 마감재를 시공하여야 한다고 판단하는 태도는 바람직하지 않은 것으로 보인다.

4. 타일 뒷채움 부족

가. 문제점

벽체타일의 경우 일반적으로 압착 공법 또는 떠붙임 공법으로 시공하도록 되어 있는 바, 떠붙임 공법으로 시공할 경우 공법의 특성상 불가피하게 뒷채움이 부족하게 시공된다 할 것이고, 이와 같은 뒷채움 부족이 하자인지 여부에 대해 문제가 된다.

특히, 설계도면 내지 시방서에 압착공법을 지시하고 있음에도 불구하고, 떠붙임 공법으로 시공하여 뒷채움 불량이 발생한 것이라면 이는 시공 지시 위반으로 하자가 되는 것은 당연한 귀결이라고 할 수 있으나, 떠붙임 공법으로 시공지시가 되었고 그에 따라 시공한 경우 뒷채움 부족을 과연 하자로 볼 수 있는지 여부에 대해 살펴보기로 한다.

나. 판결의 동향

앞에서 본 바와 같이 떠붙임 공법으로 시공된 경우에 과연 뒷채움 부족이 하자인지 여부에 대해 법원은 어떻게 보고 있는지에 대해 살펴보면, 다수의 판례는 이를 하자로 보고 시공비 차액을 인정하는 태도를 취하고 있다. 서울중앙지방법원 2016. 8. 19. 선고 2014가합33159 판결은, "시방서에 '타일붙임은 압착공법으로 하며 타일 붙이기 전 도면에 의거 바탕면을 수직, 수평되게 하여야 한다'라고 표기되어 있어, 세대 욕실 벽타일은 압착공법으로 시공되어야 한다.

압착공법의 경우 타일 뒷면의 몰탈 채움이 밀실히 시공되어야 하나, 이 사건 아파트의 경우에는 세대 욕실 벽타일의 뒷채움이 평균 13.33% 부족하다. 타일 뒷면 몰탈은 밀착 및 채움 정도가 80% 이상이면 합격이라는 대한 건축학회 건축기술지침의 규정은 떠붙임 공법에 관한 것이다. 국토교통부 하자판정기준은 행정규칙에 불과하여 행정조직의 내부에서만 효력을 가질 뿐 대외적 구속력을 가지지 않는다"라고 판시하여 뒷채움 불량을 하자의 범위에 포함시키고 있다.

그러나 일부 판례의 경우 이와 같은 뒷채움 부족에 대해 하자의 범위에서 제외하고 있는 바, 건설감정실무지침의 규정 내용과 관계없이 판결이 이루어지고 있는 실정이며, 최근 선고된 서울중앙지방법원 2016. 5. 13. 선고 2014가합61611 판결[23]은 "살피건대, 이 사건 감정 결과에 따르면 이 사건 아파트 욕실 벽타일은 타일 뒷면에 몰탈을 발라 벽면에 눌러 붙이는 방식의 떠붙이기 공법으로 시공되었는데, ① 위 공법의 특성상 타일 부착 과정에서 타일 뒷면 전체가 붙임 몰탈로 채워지지는 않는 것이 일반적인 현상인 점, ② 욕실 벽타일 뒤채움 시공은 시공 상황마다 달라질 수 있어 3세대의 표본 조사만으로 전체 세대를 대표할 정도의 표본이라고 보기 어렵고, 다른 증거가 없는 이상 나머지 세대의 욕실 벽타일에도 같은 정도의 뒤채움 부족이 있다고 단정할 수 없는 점[이 사건 감정 당시 3세대의 표본조사 중 104동 1101호는 약 19% 부족하게 시공되어 있어 대한건축학회에서 제시한 80% 합격 기준을 넘었고, 다른 2세대(59%, 58% 부족)와 상당한 차이가 있어 표본조사 결과를 전 세대에 확대 적용하는 것은 부적절한 면이 있다], ③ 일부 세대에서 벽체 타일 균열 및 들뜸, 탈락 등이 발생한 사실이 있으나 붙임몰탈 채움 부족으로 인한 것인지는 명확하지 않은 점, ④ 표본조사 결과 약 59% 부족하게 시공된 것으로 확인된 102동 204호와 약 58% 부족하게 시공된 것으로 확인된 106동 1301호의 경우에도 벽체 타일 균열, 들뜸, 탈락 등의 하자는 확인되지 않은 점(감정서 제2권 561쪽, 719쪽) ⑤ 실제로 벽체 타일에 균열,

23) 동지 판례 : 의정부지방법원 2012. 2. 17. 선고 2008가합6097 판결, 서울남부지방법원 2015. 8. 21. 선고 2012가합13126 판결 등

들뜸, 탈락 등의 하자가 존재하는 부위에 대하여는 전유 4-2 항목에서 별도의 보수비가 산정되어 있는 점 등에 비추어 볼 때, 이 사건 감정결과 만으로는 욕실 벽타일 뒤채움 부족이 기능상, 미관상, 안전상 결함에 해당된다고 단정하기 어렵다."고 판시함으로서 욕실 벽타일 뒤채움이 다소 부족하게 시공되어 있다 하더라도 하자에 해당하지 않는다고 판단하였다.

다. 벽 타일 뒷채움 부족과 관련한 현재 감정의 문제점

1) 현장 실무

일반적으로 내벽 타일시공은 붙임방법에 따라 떠붙임 공법과 압착공법으로 분류되고, 통상적으로 벽타일은 떠붙임 공법으로, 바닥은 압착공법으로 시공되고 있다. 또한 현장에서 떠붙임 시공은 공법의 특성상 타일을 벽면에 부착하기 위해 타일의 뒷면에 묻힌 몰탈이 퍼지면서 시공되는 것으로 타일의 뒷면 전체가 몰탈로 채워지는 밀실시공은 어렵다고 본다.

2) 감정현황 판단

아파트 등 건물의 하자를 감정하는 대다수의 감정인들은 원고의 기획소송으로 발췌된 이 같은 감정항목에 대해 건축표준시방서를 근거로 타일 뒷면에 모르타르가 밀실하게 시공되지 않았으며, 일부 세대에 대해 타격봉으로 조사하여 공명음이 나는 타일 전부를 들뜸 하자로 추정하여 사용상, 기능상 별다른 문제가 없음에도 불구하고 주관적인 생각과 추정에 의해 철거 후 재시공 또는 모르타르 충진 비용으로 많게는 억 단위가 넘는 다대한 하자보수비를 산정하고 있다.

3) 유관기관의 견해

그러나 대한건축학회의 건축기술지침에서는 접착제 또는 모르타르 밀착 및 채움 정도가 80% 상당이면 접착이 잘 된 타일로 보고 있으며, 나아가 2006년도 국토해양부에서 제정한 건축공사 표준시방서의 '3.2 벽타일 붙이기'편에서도 비록, 타일 뒷면에 붙임모르타르를 바르고 빈틈이 생기지 않게 바탕을 눌러 붙이도록 규정하고 있기는 하나, 타일이 잘 부착되었는지 여부에 대한 판정은 타일 뒷채움이 100% 되었는지 여부로 판단할 것이 아니라 타일 접착강도로 판단하는 것이 타당하다고 할 것이다. 왜냐하면 떠붙임 공법으로 시공되는 특성상 밀실한 시공이 불가능하기 때문이다.

이와 같은 이유로 국토교통부의 공동주택 하자판정기준, 조사방법 및 보수비용산정기준은 제20조 제1항에서, "타일 뒷채움이 부족할 경우 타일의 접착강도 시험을 실시하여 하자여부를 판단하며 접착강도가 4kgf/㎠ (39.2N/㎠) 미만인 경우 하자로 판정한다."고 규정하게 된 것이다.

4) 향후 과제

건설소송의 심리는 일반 민사사건과 상당히 다르고, 감정결과가 판결에 큰 비중을 차지하며, 일단 감정결과가 나오면 재판부는 감정서에 의존하게 되므로 결정적인 의미를 갖는다. 서울중앙지방법원에서 발표한 건설감정실무지침에서는 타일 뒤채움 불량하자에 대해 타일 두드림 검사를 하여 공명음으로 뒤채움 불량 하자를 판단하고 몰탈 뒤채움 비용을 산정하도록 명시하고 있다.

그러나 수많은 타일을 일일이 타격하여 공명음 여부를 확인한다는 것 자체에 문제가 있을 뿐만 아니라 설사 공명음이 들린다하더라도 채움의 정도가 80% 이상이거나 접착강도가 표준시방서 이상인지 여부를 전부 조사한다는 것은 시간적 · 경제적으로 불가능하다. 결국 탈락하거나 뒤채움불량으로 들뜬 부위에 한해 하자보수비를 산정하는 것이 합당한 것으로 사료된다.

라. 대응사례

1) 건축기술지침 수치의 충족, 접착강도 충족에도 불구하고 하자로 인정된 사례

서울중앙지방법원 2014가합33159 하자보수보증금 등 사건의 경우, 감정인은 현장조사 결과 세대 욕실의 타일 뒷채움이 평균 13.33% 부족하게 시공된 것으로 확인되어, 부족시공된 벽타일의 뒷채움을 시공하는 비용(차액)을 산정하였다.

그러나, 이와 같은 수치는 대한건축학회 건축기술지침상의 수치를 상회하는 수치이고, 앞서의 하자판정기준 등에 비추어 접착력 시험을 실시하여 개선할 필요성이 있다는 점을 개진하여 원 · 피고 입회하에 부착력을 시험한 결과 두 세대의 샘플 중 한 세대는 76N/㎠, 또 한 세대는 78N/㎠로 산정되어 하자판정기준상의 접착강도(39.2N/㎠)를 충분히 상회하고 있음을 확인할 수 있었다.

그럼에도 불구하고, 서울중앙지방법원 2016. 8. 19. 선고 2014가합33159 판결은, "시방서에 '타일붙임은 압착공법으로 하며 타일 붙이기 전 도면에 의거 바탕면을 수직, 수평되게 하여야 한다'라고 표기되어 있어, 세대 욕실 벽타일은 압착공법으로 시공되어야 한다. 압착공법의 경우 타일 뒷면의 몰탈 채움이 밀실히 시공되어야 하나, 이 사건 아파트의 경우에는 세대 욕실 벽타일의 뒷채움이 평균 13.33% 부족하다."는 이유로 하자로 보고 있다. 즉 당해 아파트 시방서에서 '타일붙임은 압착공법으로 하며, 타일 붙이기 전 도면에 의거 바탕면을 수직, 수평되게 하여야 한다'라는 기재가 있음으로 인해 건축기술지침의 수치를 만족하고 접착강도가 확보되었음에도 피고의 책임으로 인정된 것이다. 이와 같은 점에서도 설계도면, 시방서를 실제의 시공현황과 일치시켜야 할 필요성이 매우 크다는 점을 알 수 있고, 이 사건에서 시방서상에 떠붙임 공법으로 시공하도록 지시하였다면 접착강도가 충분히 확보되어 하자의 범위에서 제외할 수 있었음에도 그와 같이 일치가 되지 아니하여 약 9,000만원 상당의 손해금이 인정되었다는 점에서 매우 아쉬운 사안이라 할 것이다.

2) 설계사무소에 대한 사실조회를 통해 하자에서 제외한 사례

서울고등법원 2012나31699 사건(1심 의정부지방법원 2008가합6097 사건)에서 감정인은 「설계도면 A-601 [10] 욕실상세도」에 표기된 '시멘트 몰탈붙이기' 및 시방서의 벽타일 적재공법 및 압착공법 표기에 근거하여, 세대내 욕실 타일 뒷채움 불량의 원인으로 압착공법에 의해 시공되어야 할 욕실 벽체 타일이 적재공법으로 시공되어 타일 뒤채움이 밀실하게 채워지지 않았다고 판단하여 공사비 차액으로 금188,862,836원이라는 다대한 보수비를 산정하였다.

이에 건설사측은 감정인에 대한 조회를 통해 "설계도면 및 이 사건 건축공사 시방서의 해석상 떠붙임 공법이 타당하다고 인정되면 해당금액을 제외할 수 있다"고 회신하였다. 그리고 건설사측은 아파트를 설계한 설계사무소에 대한 사실조회를 통해 "시공방법을 두 가지 모두 표현한 의도는 떠붙이기 공법이나 압착붙이기 공법 모두 현장에서 널리 쓰이고 있는 공법이기 때문에 굳이 설계자로서 공법에 대한 제약을 가할 필요가 없다고 판단했기 때문에, 현장 시공시 감리자나 시공사의 판단에 의해 두 가지 공법 중 선택해서 시공토록 하고 있는 내용이다"라는 취지의 회신을 받아 떠붙이기 공법의 시공방법을 택하였다고 하여 하자라고 볼 수 없다는 취지의 주장을 개진하였다. 의정부지방법원 2012. 2. 20. 선고 2008가합6097 판결은, 이와 같은 점을 판시 근거로 들며 "이 사건 아파트의 전유부분 욕실벽체 타일

이 적재공법으로 시공되었다는 것 자체만으로는 설계도면과 다른 내용으로 시공한 하자가 있다고 보기 어려우므로 원고의 주장은 이유없다"고 판시하였다. 그 항소심인 서울고등법원 2012. 12. 13. 선고 2012나31699 판결 역시 "감정인은 욕실벽체 타일이 실제로 파손된 부위에 대하여는 별도로 하자보수비를 산정하고 있는 반면 적재공법으로 시공되어 있는 욕실 벽체 타일이 현재 그 자체로 어떠한 기능상 · 미관상 또는 안전상 지장을 초래하고 있다고 볼 만한 자료는 찾아볼 수 없는 점 등에 비추어 보면, 이 사건 아파트의 전유부분 욕실 벽체 타일이 적재공법으로 시공되었다는 사정만으로는 하자에 해당한다고 인정하기에 부족하다"고 판시하여 원고의 항소를 기각하였다.

마. 대응방안

타일 뒤채움 불량하자에 관하여 2015년 건설감정실무 추록은 탈락 면의 육안 관측 또는 타공 시의 타격음으로 미시공 여부를 판단할 것을 기준으로 하고 있다. 그러나 수많은 타일을 일일이 타격하여 공명음을 확인한다는 것 자체가 문제가 있을 뿐 아니라, 공명음이 들린다 하더라도 몇 %가 부족한 것인지 수치화하는 것이 불가능하다.

더욱 문제가 되는 것은 대한건축학회의 건축기술지침은 접착제 또는 몰탈 밀착 및 채움 정도가 80%면 충분하다고 보고 있고 일부 판례 역시 이 기준에 따라 하자 여부를 판단한다는 점에 있다. 따라서 타일 뒤채움 항목을 조사하기 위해서는 파취 조사가 이루어짐이 타당하고, 만약 파취조사가 이루어지지 않았다면 뒤채움 부족으로 인해 탈락하거나 들뜬 부위에 한해 하자보수비를 산정하는 것이 합당한 것으로 사료된다.

또한 앞의 두 사례에서 볼 수 있듯이 설계도면 및 시방서와 실제 시공 현황을 일치시키는 것이 매우 중요하다는 사실을 알 수 있다. 두 번째 사례의 경우 감정인으로부터 설계도면 및 이 사건 건축공사 시방서의 해석상 떠붙임 공법이 타당하다고 인정되면 해당금액을 제외할 수 있다는 회신을 받아 설계사무소에 대한 조회를 통해 떠붙임공법 시공의 타당성을 인정받아 하자의 범위에서 제외하기는 하였으나, 두가지 공법을 모두 병기한 것은 매우 위험한 것이라 할 것이다. 첫 번째 사례의 경우에도 시방서상 떠붙임 공법으로 지시를 하였다면 하자의 범위에서 제외할 수 있었다는 점을 보아도 설계도면 및 시방서의 검토는 반드시 필요하다고 할 것이다.

5. 액체방수 부족시공

가. 문제점

1999년 건축공사 표준시방서는 1994년 건축공사 표준시방서와 달리 액체방수의 두께와 관련한 기준을 삭제하면서 1994년 건축공사 표준시방서상의 C종, D종을 1종, 2종으로 바꾸었고, 2006년 건축공사 표준시방서는 바닥, 벽으로 구분하면서 역시 액체방수 두께 규정을 삭제하고 있다. 그럼에도 불구하고, 다수의 사건에 있어서 설계도면에 액체방수 두께가 지시되어 있거나, 1종, 2종으로 표기되어 있는 등 건축공사 표준시방서의 개정에 따르지 못한 지시가 포함되게 되고 그에 따라 두께 부족 시공이 하자인지 여부가 문제되는 것이다.

나. 판결의 동향

1) 액체방수 두께 변경시공을 하자로 인정한 판례

먼저 액체방수 두께 변경시공을 하자로 인정한 판례를 살펴보면, 서울중앙지방법원 2016. 4. 27. 선고 2014가합62737 판결은, "감정인이 감정결과, 이 법원의 감정인에 대한 2015. 12. 8.자 및 2016. 3. 8.자 각 감정보완촉탁결과에 변론 전체의 취지를 종합하면, ① 시멘트 액체방수 공정은 1994년 건축공사 표준시방서에서 A,B,C,D의 4개 공정으로 구분되었다가, 1999년 개정 시 종래의 C,D 공정이 각각 1종, 2종으로 구분되었고, 더 나아가 2006년 개정시에는 벽체와 바닥으로만 구분된 점, ② 이 사건 아파트 준공도면은 액체방수를 1종(2차)과 2종(1차)으로 구분하여 표시하고 있고, 1999년 개정 표준시방서상 시멘트 액체방수 1종은 방수모르타르를 2회, 2종은 방수모르타르를 1회 시공하도록 되어 있는 점, ③ 건축공사 표준시방서상의 액체방수는 1994년, 1999년, 2006년에 걸쳐 개정되면서 시멘트 액체방수의 층수와 명칭은 변경되었지만, 방수층의 마지막 공정인 방수모르타르 바름은 변경이 없이 유지되고 있는 점, ④ 이 사건 아파트의 건축공사시방서에는 액체방수 1종 또는 2종의 두께가 명기되어 있지는 않으나, 이 사건 아파트의 준공도면에는 액체방수 1종과 2종의 시공순서를 명기하고 있는데, 이는 1999년 건축공사 표준시방서의 1종, 2종의 구분 및 1994년 건축공사 표준시방서의 C종, D종의 구분과 일치하는 것으로 보이는 점, ⑤ 1999년 건축공사 표준시방서의 액체방수 1종과 2종의 경우 두께 규정을 두고 있지 않으나, 1994년 건축공사 표준시방서 D종의 경우 방수모르타르의 경우 바닥 바름두께는 10~15mm였고, 벽 바름두께는 6~9mm였으며, C종의 경우 바닥 바름두께는 20~30mm였고, 벽 바름두께는 12~18mm였던 점, ⑥ 보호몰탈로 시멘트 액체방수층을 보호할 경우 액체방수 1종은 그 방수층의 두께가 6mm 이상은 필요한 점, ⑦ 감정인은 이러한 사정을 참작하여 준공도면상 액체방수 1종 또는 액체방수 2종(또는 액체방수)으로 표시된 공정의 경우 방수층 평균 두께 12mm 또는 6mm를 기준으로 삼아 이에 미달하는 부분을 하자로 판단한 점 등을 인정할 수 있는 바, 이러한 사정에 비추어 볼 때 위와 같은 감정인의 하자 판단은 합리적인 것으로 보인다."고 판시하여 시공비 차액을 인정하고 있다.

또한 이와 같이 액체방수 두께 부족 항목을 하자로 보면서도 시공비 차액이 아닌 재료비 차액만을 인정한 판례도 있다. 수원지방법원 성남지원 2016. 4. 29. 선고 2014가합5735 판결은, "이 부분 노무비 품은 바름 두께에 따라 차이가 없는 것으로 보이고, 이 사건 감정인도 이 부분 방수공사 시공시 바름 두께에 따라 재료비의 차이가 있을 뿐 노무비의 차이는 없다고 보았으며, 사용승인 후 약 7년이 지난 현재까지 위 부분 하자로 인해 누수 등의 문제가 발생하였음을 인정할 증거가 없으므로, 그 하자가 중요하지 않다고 봄이 상당한데, 노무비가 재료비의 10-30배에 이르러 노무비를 포함하는 경우 실제 손해에 비해 하자보수비용이 과다하게 증가하게 되어 부당하므로, 원고의 이 부분 주장 중 위에서 인정한 금액을 초과하는 범위 부분은 이유 없다."고 판시하고 있다. 그러나 이와 같이 재료비 차액을 인정받는 경우는 많지 아니하고 또한 변론과정에서 정치한 주장을 통해서야 가능한 판결이라 할 것이다.

2) 액체방수 두께 변경시공을 하자의 범위에서 제외한 판례

반면, 이와 달리 액체방수 두께에 관한 기준이 삭제되었고, 준공도면에 달리 두께에 관한 지시가 없으며 액체방수의 두께와 방수 기능사이의 인과관계가 존재하지 않음을 이유로 하자로 인정하지 않는 판례도 있다.

구체적으로 살펴보면, 서울남부지방법원 2014. 6. 24. 선고 2013가합1809 판결은, "1999년 개정된 건축공사 표준시방서에서 액체방수에 대한 두께 규정이 삭제된 점, 대한건축학회도 '시멘트 액체방수층은 두께가 크다고 품질이 우수하다는 것은 정량적 평가가 아니기 때문에 시공단계의 구분을 최소화하고 방수층으로서 필요한 정량적 성능을 확보하는 것이 타당하다는 의견에 따라 방수층의 두께 규정을 삭제한 것이므로, 위 시방서 개정 이후에는 설계도서에 방수층 두께를 명시하지 않아도 된다'는 의견을 개진한 점, 감정인도 이 부분에 관하여 누수 등의 하자사항이 조사되지 않았고, 기능 · 안전상 지장을 초래하는 것도 아니라고 판단한 점 등을 종합해보면, 이 부분 액체방수 두께가 부족하게 시공되었다는 사정만으로는 이를 하자라고 보기에 부족하고, 달리 이를 인정할 증거가 없다"고 판시하였다. 서울중앙지방법원 2014. 8. 14. 선고 2012가합108585 판결도 "공용98. 주차장 바닥 액체방수층 시공두께 부족 항목 : 위 항목에 대한 사용승인도면 등에는 '액체방수 2차, 보호몰탈'이라고 표기되어 있을 뿐, '두께'에 대한 표시가 별도로 없는 점, 감정인 김현계는 위 항목의 액체방수층 두께가 평균 4.2mm로 시공되었고, 방수층의 한단계인 방수몰탈층이 시공되지 않은 것으로 확인하면서, 표준시방서상 액체방수 1종 시공공정에 방수몰탈이 포함되어 있고, 조달청의 액체방수 일위대가를 기준으로 할 때 방수층의 적정 두께가 15.5mm 이상은 되어야 하는 것으로 보아 국토해양부 제정 표준시방서에 따른 방수몰탈층 10mm가 축소 시공된 것으로 판단하여 그에 대한 시공비 차액을 산정하였는바, 이는 결국 이 사건 아파트 사용승인도면 등에 방수몰탈의 두께가 지시된 바가 없는 상황에서 표준시방서에 제시된 방수몰탈의 두께 기준을 충족시키지 못하였음을 전제로 그 두께 부족에 대한 하자보수비를 산정한 것에 불과하다고 보이는 점, 위 항목 부분에 방수불량으로 인한 누수가 발생되고 있지도 않은 점, 1999년 개정된 건축공사 표준시방서는 방수몰탈 바름 두께에 대한 기준을 삭제하여 두께기준에서 성능기준으로 바뀌었고, 2006년 건설공사 표준품셈도 개정되어 액체방수 1,2차에 대한 구분이 없어지고 벽/바닥으로만 구분하여 규정하고 있는 점 등을 고려하면, 하자에 해당하지 않는다고 봄이 상당하다."고 판시하였다.

또한 최근 선고된 서울중앙지방법원 2016. 5. 20. 선고 2014가합555116 판결에서도, "원고가 주장하는 이 사건 아파트 준공도면에는 액체방수의 두께를 명기하지 않고 있다. 이 사건 아파트 현장 조사 당시 누수 등 액체방수 두께 부족으로 인한 기능상, 미관상, 안전상 하자가 있다고 판단되지 않았다. 1999년과 2006년에 개정된 건축공사 표준시방서는 방수/몰탈 두께의 기준을 삭제하여 두께기준에서 성능기준으로 변경하였다. 이러한 사정을 종합하여 보면, 이 부분 액체방수 두께가 부족하게 시공되었다는 사정만으로는 이를 하자라고 보기 어렵다."고 판시하여 하자의 범위에서 제외하고 있다.

3) 판례의 동향 검토

이와 같은 판례를 보면, 액체방수 두께부족 변경시공을 하자의 범위에서 제외하기 위해서는 건축공사표준시방서상의 두께기준이 삭제되었다는 점만을 이유로 해서는 어렵다는 사실을 알 수 있다. 즉, 두께 기준의 삭제가 아닌 당해 공사 설계도면 내지 시방서 상에 두께 지시가 없고, 또한 기능상, 미관상, 안전상 지장이 초래되지 않는다는 점에 대해 감정인을 통해 확인받아야 하며 대한건축학회의 의견 등 시공자의 주장을 뒷받침할 수 있는 적정한 자료가 필요하다 할 것이다. 그 외 설계도면 내지 시방서 등에 두께가 지시되어 있는 경우에는 하자의 범위에 포함시키고 있어 주의를 요한다.

특히, 설계도면상 액체방수 1종이라고 표시하고 두께가 규정되지 않았음에도 불구하고, 시방서상에 액체방수 1종의 공종 순서를 제시하고 순서에 따른 두께를 지시한 경우에는 이는 두께를 지시하지 않은 것이라고 보기 어렵다. 실제 일부 사례에서는 그와 같은 이유로 하자의 범위에 포함되어 다액의 손해배상을 하는 경우도 있어 주의를 요한다.

다. 시멘트 액체방수 모르타르 두께 부족에 관한 법원감정의 문제

1) 시멘트 액체방수의 기능

시멘트 액체방수란 습기 및 물의 침입으로부터 콘크리트 구조체를 보호하기 위해 콘크리트 표면에 방수 시멘트 페이스트와 방수액 등을 도포하는 것이다. 이같은 공사에서 보호 모르타르는 방수층이 낙하물, 중량물 이동 등으로 인해 파손되지 않도록 방지하는 역할을 한다.

2) 법원감정의 실태 및 문제점

법원 감정인들은 통상 건축공사 표준시방서를 근거로 모르타르 두께 부족 여부를 판단한 뒤 부족량에 관한 공사비 차액을 하자보수비로 산정하고 있다. 서울중앙지방법원 건설감정실무에서도 2011년 이후 액체방수층 두께 부족은 설계도면의 당해 부위 상세도와 시방서 등에 의해 판단하고 현재 방수기능에 문제가 있는 경우에는 중요한 하자로 보아 재시공비를 산정할 수 있도록 지침을 두고 있다.

문제는 법원감정인들이 기준으로 삼고 있는 보호모르타르 두께에 관한 건축공사 표준시방서가 1999년도에 개정되면서 보호모르타르 두께에 관한 규정을 삭제하였고, 2006년 개정에서도 위와 같은 태도를 그대로 견지하였다. 그럼에도 불구하고, 여전히 법원감정실무에서는 이에 대한 고려 없이 두께에 관한 규정을 두고 있던 1994년도 표준시방서를 기준으로 하자보수비를 산정하고 있다는데 있다.

그러나, 현재 공동주택 하자소송이 제기되는 아파트들의 경우에는 모두 1999년 이후에 사업승인을 받아 시공된 아파트들로서 – 1999년 이전 사용검사를 받은 아파트들은 이미 제척기간 경과로 인해 소를 제기할 수 없음 – 보호모르타르 두께에 관한 규정을 둔 1994년도 표준시방서는 그 기준이 될 수 없다.

또한, 대한건축학회는 액체방수층 두께 규정을 삭제한 이유에 대해 '시멘트 액체방수는 방수재의 구성 및 특성상 방수 성능을 결정하는 평가지표가 두께에 의한 관리가 아니기 때문'이라고 하고 있다. 발전된 건축시공기술을 고려하여 두께 기준을 삭제한 학회의 견해에 따를 때, 비록 방수기능에 문제가 있다 하더라도 보호모르타르 두께 부족을 중요한 하자로 보아 재시공비를 산정하는 서울중앙지방법원 건설감정실무의 지침은 타당하지 않은 것으로 보아야 할 것이다.

3) 대응방안

이상에서 살펴 본 바와 같이, 현재 제기되고 있는 공동주택 하자소송에 있어서는 시멘트 액체방수 보호모르타르 두께는 현행 건축공사 표준시방서

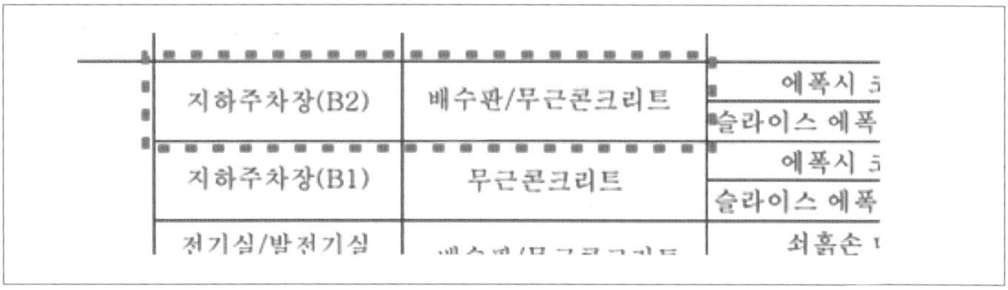

아파트 실내재료 마감표 발췌(A-701)

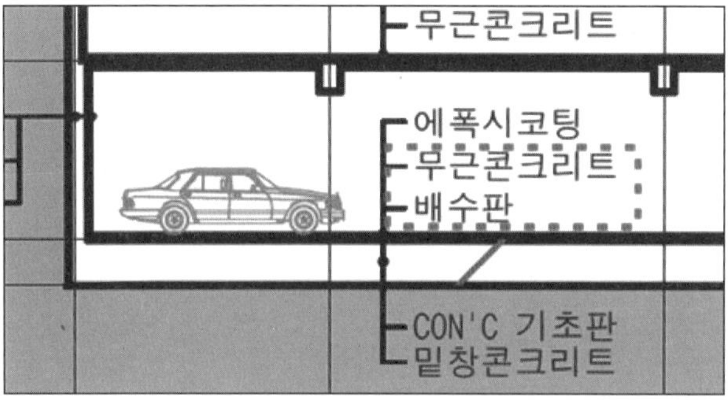

아파트 지하주차장 단면도 발췌(A-704)

에 따를 때 이를 하자라 볼 수 없다. 뿐만 아니라, 설계도면의 당해 부위 시공상세도 등에 두께에 관한 지시가 있다 하더라도 이에 미달하는 시공상태를 중요한 하자라 볼 수는 없다.

따라서, 법원 감정인들이 보호모르타르 두께 부족을 하자로 판정하여 과다한 보수비를 산정하는 경우, 감정의 기준이 어디에 있는지를 우선 파악한 뒤 표준시방서라면 이를 배척하도록 하고, 시공상세도라면 중요하지 않은 하자라는 점을 지적하여 그 보수비를 제한하는 대응이 필요할 것이다.

라. 대응사례

1) 기준두께가 존재하지 않으나 감정인이 하자로 판단한 사건

서울중앙지방법원 2014가합61611 사건의 감정인은 은폐되어 육안으로 확인할 수 없는 액체방수에 대해 통상적으로 조사하는 일부 구간 코어를 채취하는 조사를 실시하였고, 원, 피고 입회하에 액체방수가 시공되는 부분에 대해 파취를 하여 두께를 측정한 후 미시공 또는 부족하게 시공되었다고 판단하여 보수비를 산정하였다.

그러나 해당 아파트의 경우 설계도면 및 시방서 등의 자료에 액체방수에 대한 두께는 명시되어 있지 않은 상태에서 액체방수가 부족하게 시공되었다고 판단할 수 없었던 상황이며, 또한 이 항목에 대하여는 도면간의 불일치가 있었는 바, 집수정 단면도에는 액체방수를 시공하도록 지시하고 있었으나, 표에서 보는 바와 같이 이 사건 아파트 실내재료마감표에는 배수판/무근콘크리트만 시공하도록 지시하고 있다. 지하주차장과 관련된 단면도를 살펴보더라도 배수판 및 무근콘크리트를 시공하라는 지시가 있고, 액체방수에 대한 언급은 없는 사안이었다.

따라서 적용되는 도면이 무엇이냐에 따라 변경시공인지 여부에 대한 판단이 달라질 수 있는 사안[24]이었다. 이에 시공자측은 액체방수의 두께 부족과 방수 기능과는 무관하다는 점, 현재 이로 인해 기능상, 미관상, 안전상 결함이 존재하지 않는다는 점, 감정인이 적용한 기준도면(단면도)에 오류가 있다는 점 등을 지적하였고, 피고측의 조회에 대해 감정인은 현재 별다른 결함이 없고 감정인이 적용한 기준도면은 액체방수가 아닌 집수정에 대한 단면도였음을 회신하였다.

24) 서울남부지방법원 2004가합19112 판결은, "감정인은 각 동 아파트 지하대피소 계단실 마감이 설계도면에 따라 인조석 현장 물갈기로 시공되지 않고 시멘트 몰탈로 시공되어 하자(공용 19. 중 일부)에 해당한다고 판단하였으나, 을 제18호증의 1, 2의 각 기재에 의하면 단면도에는 인조석 현장 물갈기로 표시된 반면, 평면도에는 시멘트 몰탈로 표시된 사실을 인정할 수 있고, 위와 같이 동일 부위를 나타내는 도면에 차이가 존재할 때 피고 풍림산업이 임의로 하나를 선택하여 시공하였다 하여 이를 하자라 할 수 없고, 달리 시멘트 몰탈 시공으로 인하여 기능상, 안전상, 미관상 문제가 발생함을 인정할 만한 증거가 없으므로, 이 부분에 대한 하자보수비 8,278,378원은 제외한다"고 판시하여 도면이 상이할 경우 시공자가 임의로 하나를 선택하여 시공한 경우 이를 하자로 볼 수 없다는 판시를 한 바 있다.

이를 토대로 피고는 액체방수 변경시공은 하자라 볼 수 없고 감정인의 적용 도면은 부당함을 주장하여, 서울중앙지방법원 2016. 5. 13. 선고 2014가합61611 판결은, "이 사건 준공도면인 지하주차장 실내재료마감표(A-701) 및 단면도(A-704)에서 지하주차장 및 부속실의 바닥을 배수판/무근 콘크리트로 시공하도록 지시했는데, 이 사건 아파트는 이와 동일하게 시공되었으므로 하자라 할 수 없고, 집수정에 관한 잡상세도와 다르게 시공되어 있다는 이유로 미시공 하자로 감정한 이 사건 감정결과는 받아들이지 않는다"라고 판시하여 하자의 범위에서 제외한 판시를 하였다.

2) 보수비 산정에 있어 다툼이 있었던 사건

서울남부지방법원 선고 2013가합4181 사건의 감정인은 '세대 부분 방수층 표본조사 각 3개소를 실시하였고, 1) 욕실 벽체 평균 3mm, 바닥 평균 8.75mm로, 2) 대피공간 및 발코니 바닥 평균 8.75mm으로 조사가 되었으며, 공용 부분 방수층 표본조사를 2개소 실시하여, 3) 지하PIT 바닥 평균 3mm, 외벽체 평균 3mm로, 4) 각동 경사지붕 바닥 평균 5mm로, 5)지하주차장 및 집수정 외벽 평균 5mm로 조사가 되었다고 밝혔고, 해당 사건의 경우 사용승인도면에는 액체방수 1종으로 지시되었고, 특기시방서에는 액체방수 공법으로 C종(1종과 유사)의 바름두께가 벽체 6mm, 바닥 10mm로 지시되었는바, 감정인은 이 기준에 따른 방수 두께 차이에 대한 공사비 차액을 하자보수비로 산정하였다.

이에 따라 해당 재판부는 표준시방서에 따라 벽체 12mm, 바닥 20mm로 시공할 경우와의 차액을 하자보수비로 산출하여야 한다는 원고의 주위적 주장이나 현재 누수가 발생하지 않고 있다는 이유만으로 특기시방서에 정한 두께에 미달한 시공(혹은 공용 10-8, 공용추가 10-20)의 경우 이를 전혀 시공하지 않은 것이 하자에 해당하지 않는다는 피고들의 주장은 모두 이유 없다고 판시하였다.

그런데 원고는 이 판결에 항소하여 시공 회수를 감안하지 않고 1회 시공 기준 두께를 전체 시공된 공정의 두께로 착오하여 하자로 인정하지 아니하는 오류를 범하였다고 주장하였다. 이에 피고는 원심법원이 시멘트 액체방수 관련 항목을 하자로 판단한 것은 1999년 건축공사 표준시방서에서 두께 규정을 삭제한 취지에 반하는 것이나, 이를 하자로 판단하는 경우에도, 원심법원이 인정한 금액을 넘어 벽체 12mm, 바닥 20mm를 기준으로 하여 차액을 인정할 아무런 이유가 없음을 주장하였다. 이에 해당 서울고등법원 2015. 4. 6. 결정 2014나2030993 사건에서 재판부는 원고 및 피고의 주장을 살피어 각 항소를 포기하는 것으로 조정하였던 바, 결국 두께 기준은 1회(벽체 6mm, 바닥 10mm)로 확정된 바 있다.

3) 설계도면 및 시방서상 액체방수 두께가 기재되어 하자로 인정된 사건

수원지방법원 2013가합26718 사건의 감정인은, 다음의 표와 같이 각 항목들에 대해 파취조사 결과 설계도면보다 다소 부족하게 시공되었음이 확인되어, 설계도서 우선순위에 의해 이 사건 아파트 시방서를 기준으로 부족한 두께에 대한 공사비 차액을 산정하였다.

항목	금액	감정서 1권	비고
[공용 11-5]지하주차장 및 부속실 바닥 방수공사 상이시공	250,422,363원	182면	
[전유 11-3] 세대 욕실 벽체 방수공사 상이시공	77,997,652원	74면	
[전유 11-4] 세대욕실 및 발코니 바닥 방수공사 상이시공	73,858,117원	75면	
[공용 11-7] 지하 PIT바닥 방수공사 상이시공	46,813,387원	184면	
[공용 11-4] 지하주차장 및 부속실 외벽 방수공사 상이시공	37,792,923원	181면	
[공용 11-8] 지하 PIT 외벽 방수공사 상이시공	11,036,206원	185면	
합계	497,920,648원		

그러나 이 사건의 경우 아파트 단위세대 내부 단면도를 살펴보면, 세대 내 욕실 바닥 및 벽체에 대해 액체방수 2차로 명기되어 있었고(설계도면 참조), 또한 아파트 건축시방서에는 표와 같이 공종별로 바름 두께가 명시되어 있었다. 해당 바름두께를 기준으로 액체방수의 두께를 계상하게 될 경우 표와 같이 평균 바름두께 24mm, 최소 바름두께 18mm가 나오게 되어 이와 같은 두께 기준보다 부족하게 시공된 부분에 대해 보수비를 산정한 사안이다.

그럼에도 불구하고, 시공사는 설계도면에 명시적인 두께를 규정하고 있지 아니하여 책임이 없다는 취지로 주장하였으나, 설계도면 및 시방서에서 확인할 수 있는 바와 같이 일응 두께 규정이 존재한다 할 것이어서 법원은 이 항목을 하자로 인정하고 책임제한에서 일부 반영되는 것으로 하여 강제조정이 된 사건이다.

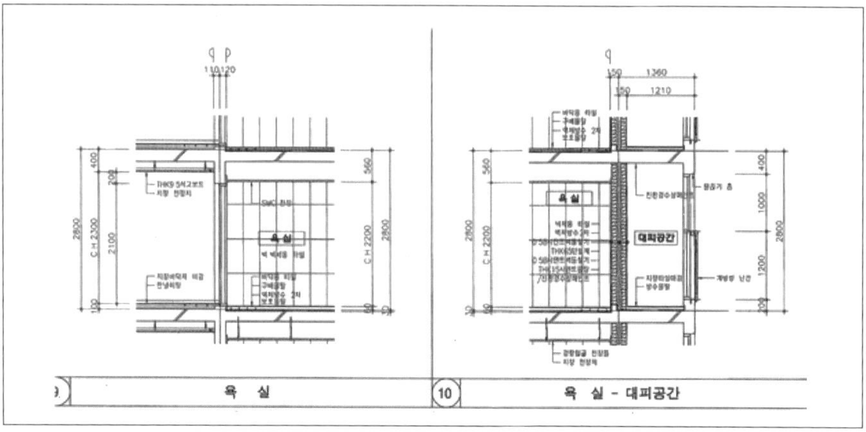

이 사건 아파트 세대 내 욕실 바닥

이 사건 아파트 세대 내 욕실 벽체

<table>
<tr><th colspan="2" rowspan="2">구분</th><th colspan="4">배합비(중량비)</th><th rowspan="2">바름두께(mm)</th></tr>
<tr><th>시멘트</th><th>모래</th><th>물</th><th>방수제</th></tr>
<tr><td colspan="2">방수용액</td><td>—</td><td></td><td>5~10</td><td>1</td><td></td></tr>
<tr><td colspan="2">방수시멘트 페이스트</td><td>2</td><td>0~0.5</td><td>2~4</td><td>1</td><td>1~3</td></tr>
<tr><td rowspan="2">방수 모르 타르</td><td>일반</td><td>2</td><td>4~6</td><td>2~4</td><td>1</td><td>6~8</td></tr>
<tr><td>최상층 바름이 외부 노출</td><td>26</td><td></td><td>2~4</td><td>1</td><td>7~9</td></tr>
</table>

이 사건 아파트 건축 시방서

[액체방수 2차 기준]

공정	평균 바름 두께(㎜)	최소두께(㎜)
1. 방수시멘트 풀칠	2	1
2. 방수용액 도포	1	1
3. 방수시멘트 풀칠	2	1
4. 방수모르터 바름	7	6
5. 방수시멘트 풀칠	2	1
6. 방수용액 도포	1	1
7. 방수시멘트 풀칠	2	1
8. 방수모르터 바름	7	6
합계	24	18

4) 소결론

이상에서 본 바와 같이 건축공사 표준시방서의 두께 규정 삭제에도 불구하고 법원은 여전히 액체방수 두께 부족시공을 하자로 보는 것이 일반적이다. 첫 번째 사례에서 볼 수 있듯이 도면간의 불일치로 인해 하자로 판단될 위험성이 야기되는 문제가 있고, 이와 같은 문제는 준공도서 검토를 통해 충분히 해결이 가능했던 사안이라 할 것이다. 또한 두 번째 사안의 경우를 보면 액체방수 1종이라는 표현은 일응 두께를 규정한 것으로 해석이 가능하다 할 것이고, 세 번째 사안의 경우에는 시방서상에 액체방수 두께가 규정되어 있었던 사안이다. 이와 같은 사안들의 경우에는 건축공사표준시방서상의 액체방수 두께 규정이 삭제되었다고 하더라도 당해 아파트의 설계도면 및 시방서가 우선되는 이상 두께 부족 시공이 하자가 아니라고 인정받기 어려운 것이 현실이다.

따라서 시멘트 액체방수 보호모르타르의 두께는 현행 건축공사 표준시방서에 따르더라도 두께규정을 명시하지 않고 있고 달리 준공도면에 두께에 대한 지시사항이 없는 이상 임의의 기준에 따라 감정인이 두께가 부족하다고 감정을 한다 하더라도 이를 하자라 판단하기는 어렵다.

만약 준공도면에 두께에 관한 지시가 있다면 변경시공이 아니라고 다투기는 어렵겠으나 이에 미달하는 시공상태를 중요한 하자라 볼 수는 없는 것인바, 두께에 따라 노무비의 품이 달라지지는 않는 점을 감안하여 그 보수비는 재료비 차액으로 인정함이 타당한 것으로 사료된다.

하지만 가장 간명하면서도 책임 인정의 위험성에서 벗어나는 방법은 설계도면 및 시방서를 실제 시공 현황과 일치시키고, 액체방수 두께 규정을 삭제하는 것이라 할 것이다.

6. 무늬코트 상도 미시공

가. 문제점

1) 무늬코트 상도 미시공 관련 쟁점

계단실, 엘리베이터 홀 등에 시공되는 무늬코트는 하도, 중도, 상도로 나눌 수 있다. 하자소송을 제기하는 원고들은 무늬코트 상도가 미시공되었다고 주장하며 감정신청을 하고, 감정인은 상도가 미시공되었음을 이유로 시공비를 산정하며 법원은 그에 따라 상도미시공을 하자로 판단하는 경향을 보이고 있다. 이와 같은 무늬코트 상도가 과연 미시공된 것이라고 볼 수 있는지 여부 및 미시공된 것이라고 할 경우 어떠한 공법에 따른 보수비용이 인정되어야 하는지 여부가 문제되는 항목이다.

2) 무늬코트 상도 미시공 관련 감정의 문제점

상도 시공에 사용되는 상도재는 과거 유성과 수성이 있었으나, 유성의 경우 벽체 표면처리가 매끄럽지 못할 경우 빛의 반사에 따른 번들거림 현상이 발생하게 되고, 그에 따라 최근 상도가 수용성으로 개발되어 뿜칠시 중도재와 희석하여 사용함으로써, 육안으로는 상도재 시공여부를 파악할 수 없고, 분무기 등으로 물을 분사할 경우, 다음 사진과 같이, 상도재를 희석하여 뿜칠한 다채무늬는 물방울이 맺히는 반면, 상도재를 아예 희석하여 시공하지 아니한 경우에는 물이 젖는 현상이 확연히 드러남을 확인할 수 있다. 그럼에도 불구하고, 감정인은 육안으로 확인할 뿐 분무기 분사 등을 통해 확인하지 않는 경우도 다수이고, 또한 정확한 상도 시공 여부를 판단하기 위하여는 시료를 채취하여 성분분석을 의뢰하여야 하나 감정실무상 시료채취 후 성분분석이 이루어지는 경우는 거의 없다고 보아도 과언이 아니다.

또한 수용성 상도재의 경우 시간의 경과에 따라 감정시점에 조사되지 않아 미시공으로 판단되는 경우도 적지 아니한 바, 관련 판결의 태도를 살펴보면 다음과 같다.

[사진]

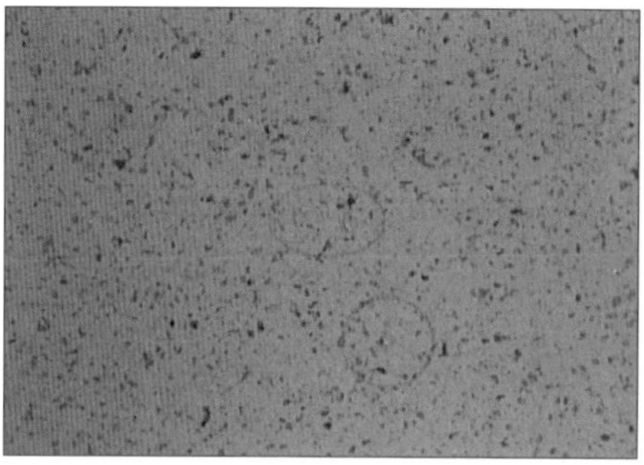

무늬코트 상도를 시공한 벽면
(물방울이 맺힘 : 붉은색 점선표기 부분)

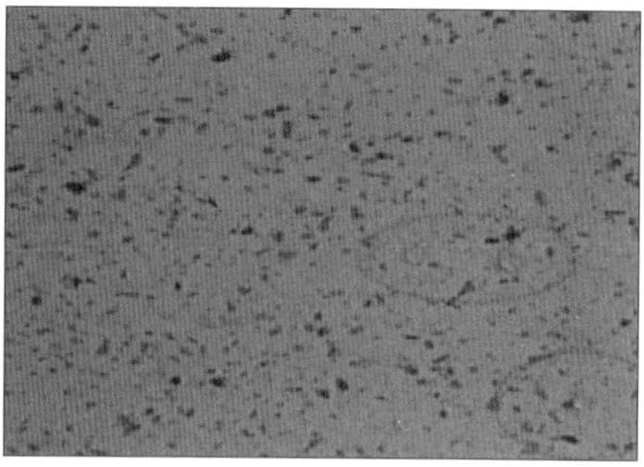

무늬코트 상도를
시공하지 아니한 벽면

나. 판결의 동향

1) 무늬코트 상도 미시공을 하자로 본 판례

다수의 판례는 무늬코트 상도 미시공을 하자로 판단하고 있다. 서울중앙지방법원 2016. 1. 28. 선고 2014가합538371 판결은, "① 건축공사 표준시방서에는 무늬코트 도장을 초벌, 재벌 및 정벌 순서로 하되 그 중 정벌과정에서 아크릴 투명페인트를 상도로 시공하도록 되어 있는 점, ② 표준시방서는 해당 공사에 필요한 필요 · 최소한의 사항을 정해 놓은 것으로서, 설계도서에 일부 공정이 기재되어 있지 않다고 하더라도 그러한 사실만으로 시공자가 표준시방서와 달리 그 공정을 시공하지 않아도 된다고 볼 수는 없으므로, 이 사건 아파트의 설계도면상 계단실 및 승강장 벽체의 무늬코트 시공과 관련하여 정벌도장이 별도로 기재되어 있지 않다고 하여 이를 바로 정벌도장을 시공하지 않아도 된다고 볼 수는 없는 점, ③ 무늬코트 정벌도장을 시공하지 않을 경우 낙서 등 오염에 약해지고, 장기적으로 볼 때 내구성 저하로 마모 및 탈락현상이 초래될 수 있는 점 등에 비추어 보면, 피고 ○○건설이 이를 시공하지 아니한 것은 이 사건 아파트에 기능상, 미관상 지장을 초래하는 하자에 해당한다고 할 것이다."라고 판시하여 피고의 책임범위에 포함시키고 있는 점을 알 수 있다[25].

2) 무늬코트 상도 미시공에 대한 보수공법 관련 판례

이와 같이 무늬코트 상도 미시공을 하자로 보는 것이 다수의 판례의 태도라 할 것이고, 그에 따라 어떠한 공법에 따른 보수비를 인정할 것인지 문제가 된다. 감정인이 뿜칠공법에 따라 보수비를 산정하여 줄 경우에는 크게 문제가 되지 않으나, 법원이 로울러칠 공법에 따라 판시하는 경향도 있어 로울러칠 공법에 따라 보수비를 산정할 경우에는 적극적인 대응이 필요하다.

구체적으로 판례를 살펴보면, 서울고등법원 2014. 5. 16. 선고 2013나4755 판결은, "위 하자의 보수비용에 관하여 살피건대, 위 각 증거에 의하여 인정되는 다음 각 사정, 즉 계약내역서상 무늬코트 도장 공법에 대하여는 구체적인 명시가 없는 점, 무늬코트 상도 시공시 뿜칠 공법과 롤러칠 공법이 모두 사용되나, 품질확보, 공사기간의 절감, 비용 절감 면에서 뿜칠 공법이 더 유리하여 많이 사용되고 있는 점, 뿜칠 공법으로 시공할 경우의 소요비용은 31,313,153원 정도인데 반하여, 롤러칠 공법으로 시공할 경우의 소요비용은 90,481,069원 상당으로 3배 가량 차이가 나는 점, 뿜칠 공법의 경우 세대 방화문, 엘리베이터 출입구, 계단실 창호, 각종 단자함 등의 보양처리비용이 들고 입주민의 불편 또한 수반되나, 이로 인하여 절감되는 사회경제적 비용 측면을 고려하면 위와 같은 불편의 정도가 수인하기 어려울 만큼 심각한 것으로 보이지는 않는 점 등을 종합하여 보면, 뿜칠 공법에 근거하여 위 하자의 보수비용을 산정함이 상당하다. 따라서 공용 18. 계단실 천정 및 벽체 무늬코트 코팅 미시공으로 인한 하자보수비는 뿜칠 공법에 의한 하자보수비 31,313,153원만 인정하기로 한다."고 판시하고 있다. 창원지방법원 2013. 5. 2. 선고 2010가합8747 판결 역시 "실무적으로 무늬코트 상도 시공은 뿜칠 공법과 롤러칠 공법 2가지 모두 사용하고 있는데, 롤러칠 공법으로 시공할 경우 중도 뿜칠 문양이 상도 도료에 녹아 나올 수 있어서 소량인 경우를 제외하고는 품질확보, 공사기간의 절감, 비용절감 면에서 일반적으로 훨씬 더 유리한 뿜칠 공법을 많이 사용하고 있는 점 등을 감안하면, 위 하자의 보수비용을 산정함에 있어서 뿜칠 공법에 따라 산정함이 상당하므로, 피고의 이 부분 주장은 이유 있다."고 판시하여 뿜칠 공법에 따른 보수비용을 산정하는 것이 다수 판례가 취하고 있는 태도로 보인다.

그럼에도 불구하고, 위에서 언급한 바와 같이 일부 판례의 경우 로울러칠 공법에 따른 보수비를 인정하고 있는 바, 서울중앙지방법원 2016. 6. 3. 선고 2014가합22934 판결은, "피고의 무늬코트 상도 시공 사실을 인정할 만한 증거가 없다. 또한 시방서에 무늬코트 상도 시공은 투명재(유광)를 사용하도록 명기되어 있다. 피고가 노무비 적용에 관하여 주장하는 1㎡당 도장

25) 반면 서울고등법원 2010. 1. 7. 선고 2009나9036 판결은, "계단실 무늬코트 상도누락은 설계도서에 지시되지 않았다면, 무늬코트 상도 미시공이 거래통념상 무늬코트 시공이 갖는 통상의 성상이나 용도 적합성을 갖추지 않았다고 볼 수 없다."고 판시하고, 부산지방법원 2013. 11. 15. 선고 2011가합4031 판결 역시, "① 이 사건 아파트의 설계도서에는 무늬코트 시공만을 지시하고 있고 코팅 제재에 관해서는 구체적인 지시가 없는 점, ② 모늬코트 코팅 제품은 유광, 무광, 투명 등 다양한 제품이 있는데, 무광 상도 제품으로 무늬코트 상도를 시공한 경우에는 육안으로 그 시공 여부를 판단하기 어려운 점, ③ 무광 상도제품 역시 낙서 방지 등의 기능면에서는 유광 상도 제품과 동일한 점에 비추어 보면, 감정인의 감정결과만으로는 계단실 및 엘리베이터 홀 무늬코트에 코팅이 시공되지 아니한 하자가 있다고 보기 어렵다고 할 것이므로, 원고의 이 부분 주장은 이유 없다."고 판시하여 하자의 범위에서 제외하고 있다. 수원지방법원 성남지원 2016. 1. 28. 선고 2014가합5100 판결 역시계단실 및 EV홀 다채무늬도료 상도 코팅 미시공 항목에 대하여 "감정인의 현장조사 결과 계단실 무늬코트면에 아크릴 투명페인트가 미시공된 것으로 조사된 점, 그러나 이 사건 감정은 이 사건 아파트의 사용승인일로부터 약 9년 상당 경과한 시점으로 이 부분을 미시공한 것이라고 확정하기 어려운 점, 을 제11호증의 기재에 의하면 피고는 2005. 5. 31. 다채무늬도료 상도 코트에 관한 품질검사를 의뢰하여 합격 결과를 받기도 한 점 등을 고려하여 보면, 감정인의 감정 결과만으로는 이 부분에 상도 코팅을 미시공하였다고 보기에 부족하고, 달리 이를 인정할 증거가 없으므로, 이 부분을 하자로 인정하지 아니한다."고 판시하는 등 하자가 아니라고 판시한 사례도 있으나, 하자로 인정한 판례와 비교하여 적은 수에 불과하다.

공 0.003인은 감정 기준시점인 2014년의 건설공사 표준품셈 중 '수성페인트 칠-뿜칠 1회 공정'에 따른 노무비로서 무늬코트 상도 시공에 곧바로 적용하기 어렵다. 2014년 건설공사 표준품셈에 무늬코트 상도 시공을 뿜칠의 방법으로 한다는 내용이 없고, 2016년 건설공사 표준품셈도 상도코팅은 롤러칠을 기준으로 산정되어 있다. 한편, 2014년 건설공사 표준품셈에 따르면 무늬코트 도장에 필요한 인력은 알칼리성면에 도장할 경우를 기준으로 ㎡당 0.11인인데, 감정인이 하도-중도-상도를 고려하여 그 중 1/3인 1㎡당 도장공 0.04인을 적용한 것이 불합리하다고 볼 수 없다.

피고는 무늬코트 상도시공은 롤러칠 뿐만 아니라 뿜칠로도 가능하고 둘 중 시공비용이 저렴한 뿜칠을 택하는 것이 합리적이라고 주장한다. 그러나 뿜칠을 할 경우에는 도료가 비산되는 문제가 발생하여 별도의 보양작업이 필요하다. 이러한 방법은 아파트를 처음에 시공할 때에는 비용이 저렴한 방법으로서 채택할 수 있을 것이나, 주민들이 이미 입주하여 거주하고 있는 상태에서 채택하기는 어려운 방법이라고 할 것이다."라고 판시한 바 있다.

3) 판례의 동향 검토

이와 같은 판례의 태도를 살펴보면, 설계도면 및 시방서에 무늬코트 상도 시공 지시가 있는 경우에 감정결과 미시공으로 판단되었다면 이는 하자의 범위에 포함시키는 것으로 볼 수 있다.

또한 무늬코트 상도를 미시공한 것으로 인정되어 보수비가 인정될 경우에 로울러칠 공법에 따른 보수비를 인정하는 판례도 있으나, 기간의 경과에 따라 아파트를 재도장하는 경우에도 입주민 거주 여부와 관계없이 비용의 문제로 인해 보양작업 후 뿜칠 공법에 따라 도장하는 것이 현실이고 그렇다면 보수비용 인정에 있어서도 뿜칠공법에 따른 보수비가 인정될 수 있도록 방어하여야 할 것으로 보인다.

다. 대응사례

1) 무늬코트 상도가 미시공되었다고 단정할 수 없었던 사건

수원지방법원 2014가합5100 사건의 감정인은 육안조사만으로 무늬코트 상도가 미시공되어 있다고 판단하였고, 해당 무늬코트의 기능은 오염방지이므로 입주민의 출입이 잦은 각동 지상 1~2층 계단실 벽체에 한해 무늬코트를 시공하는 비용을 산정하였다.

그러나 해당 아파트는 사용승인일로부터 약 9년이 경과한 시점에 감정이 이루어져 무늬코트 상도는 시간이 경과함에 따라 자연발생적으로 마모되어 수 년이 지났다면 시공여부를 확인하기 매우 어려운 것임에도 육안조사만으로 이루어진 감정결과를 신뢰할 수 없었다. 특히 해당 아파트의 경우 시공시점에 외부기관에 품질검사를 의뢰한 시험성적서 중 '다채무늬도료상도(수성)'에 관한 검사항목이 포함되어 있었다.

따라서, 위 시험성적서를 증거로 제출하며 해당 아파트에 무늬코트 상도를 시공하였음을 주장하였고 재판부 또한 피고의 주장을 인용하여 하자의 범위에서 제외한 사안이다.

2) 미시공 하자에 대한 보수공법으로 뿜칠공법을 인정받은 사건

통상 상도 시공 방법은 로울러칠 공법, 뿜칠 공법으로 이루어지는데 대다수의 감정인은 원고의 감정신청에 따라 무늬코트 상도가 미시공되었다는 판단이 들 경우 로울러칠 공법을 적용하였을 때의 보수비를 산정하며 이에 따라 서울중앙지방법원 2008가합10513 판결의 감정인 역시 로울러칠 공법으로 보수를 할 경우의 금액을 보수비로 산정하였다.

그러나 무늬코트 상도에 대해 통상적으로 설계도서 어디에도 상도를 시공하도록 지시되어 있지 않으며, 대한전문건설협회 산하 기관인 도장공사협의회에서 출판한 '도장기술의 이론과 실무 개정판' 다채모양 도료 도장편에서도 "상도용 다채모양 도료는 스프레이 건으로 1회 도장해서 다채모양을 얻을 수 있는 특징이 있다. 적용부위에 따라서 모양의 색, 크기 등 종류를 선택할 수 있다. 다채모양 도료 상도의 재질은 내부용으로 외부에는 사용할 수 없다. 결로가 쉬운 부위에는 원칙적으로 사용할 수 없지만 가벼운 정도의 결로 조건에는 상도 조장 후에 아크릴 수지 투명을 도장하면 도막이 벗겨지는 결함발생을 적게 한다. 다만, 이 경우 표면에 광택이 나기 때문에 의장적인 면에서 고려할 필요가 있다"는 내용을 바탕으로 상도 미시공은 하자가 아니라는 점, 하자라고 하더라도 뿜칠 공법에 따른 시공으로도 충분히 소기의 목적을 달성할 수 있다는 점을 주장 입증하였다. 해당 재판부는 피고의 주장에 따라 실무적으로도 로울러칠, 뿜칠 공법이 모두 사용된다는 사실을 인정하고 양 금액을 비교하여 로울러칠 공법에 비해 뿜칠 공법에 따른 비용이 저렴하면서도 동일한 효과를 낼 수 있다는 이유로 피고의 주장을 인정하였다.

라. 소결론

무늬코트 상도 미시공 항목은 중요하지 않은 하자임에도 불구하고 동 수에 따라 수 억대에 이르는 상당한 보수비가 산정되는 경우가 많다. 그러나 통상적으로 설계도서에는 계단실 벽과 천장, 엘리베이터 홀 등에 '무늬코트'를 시공할 것을 지시하고 있을 뿐 상도를 시공하라고 지시하고 있는 경우는 매우 드물고, 특기시방서에도 무늬코트 시공 후 상도를 시공하라는 별도의 지시사항이 없음에도 불구하고 감정인들은 건축공사 표준시방서[26]를 기준으로 상도미시공에 대한 보수비용을 산출하고 있다.

그러나 건축공사 표준시방서는 표준안으로써 이 중 현장에 차용된 부분만이 특기시방서로서 계약의 내용을 이루는 것인데, 설계도면에 상도에 대한 지시사항이 없고 특기시방서에 표시되지 않은 사항은 해당 아파트의 공사도면으로 볼 수 없을 것이다. 그럼에도 이에 대한 아무런 고려 없이 건축공사표준시방서를 기준으로 상도 시공보수비를 산정하는 것은 타당하지 않고, 실제로 상도시공이 오히려 미관상 지장을 초래하는 부분이 있는 바, 상도 미시공을 하자로 보는 것은 매우 부당하다. 다만, 이 항목에 대해 하자로 인정하는 법원의 경향에 비추어 보면, 상도를 시공하였음을 확인하는 감리의 확인서, 시공 현장에 반입된 제품의 품질검사 의뢰를 통한 시험성적서 등을 확보해 둘 필요가 있을 것으로 보인다.

26) 참고로 건축공사 표준시방서의 무늬코트 일위대가에는 상도용 도료를 계상하도록 기재되어 있다.

7. 거울 부식

가. 문제점

일반적으로 공동주택에 사용되는 거울은 유리 배면에 99% 은을 얇게 입히고 그 은막을 보호하기 위해 보호막 처리를 하여 시공되나, 보호페인트가 입혀졌다 할지라도, 은 성분은 저자극에도 매우 약하기 때문에 알칼리성이나 산성의 세제에 쉽게 반응하며, 심지어 욕실에서 발생하는 습기에 의해 변색이 발생하기도 한다.

따라서, 욕실에 시공된 거울은 청소시 산성 및 알칼리성 세제가 접촉되는 것을 피하고, 세제나 샴푸 등의 사용시 계면활성제가 공기 중의 수분과 반응하여 황화가스가 생성되어 욕실내의 수분만으로도 부식이 발생하므로 사용 후 환기를 시키는 등의 사용자의 적절한 유지 · 관리가 필요하다. 정상적으로 관리하였을 경우 변색 등의 하자가 발생하지 않는 제품임에도 불구하고, 하자소송에 있어서 거울 변색 항목은 반드시 포함되는 항목이라 할 것이어서 이를 하자로 볼 수 있는지 여부가 문제된다.

나. 판결의 동향

대다수의 판결은 욕실 변색 등을 시공상 하자로 인정하여 사업주체에게 하자보수에 갈음한 손해배상 책임을 인정하고 있다. 예외적으로 시공상 하자로 보지 않는 경우는 하자담보책임기간 내 이에 대한 하자보수를 요청한 세대가 거의 없고 하자 조사 시점에도 전체 세대 중 극히 일부에서만 변색 등이 발생하여 사용상 과실에 기인한 하자라 볼 합리적인 이유가 있는 경우 등이다.

1) 거울변색을 하자로 판단한 판례

구체적으로 거울변색을 하자로 판단한 사례를 보면, 서울중앙지방법원 2015. 9. 3. 선고 2013가합76906 판결은, "욕실 거울은 상시 물을 사용하는 공간에 설치되고, 다양한 세정제 사용에 노출될 것이 예상되므로 사용목적을 고려하여 이에 적합한 제품으로 시공하여야 할 의무가 있는 점, 욕실 거울 변색은 욕실 거울 제작 당시 거울 배면 은막 손상 등의 제품결함에 의해 일어나는 경우가 많은 점, 욕실 거울 하자가 다수의 세대에서 발생하여 이를 오로지 사용상 잘못에 의한 것으로 보기는 어려운 점 등에 비추어 보면, 욕실 거울 변색은 시공상 과실에서 비롯된 하자로 봄이 상당하다.

또한 아트리본을 부착하는 시공방법은 부식 부위가 번져나가는 것을 방지할 수 없어 위 항목에 대한 적합한 보수방법이라고 인정하기 어렵다(입주자들의 사용상 부주의로 하자가 확대되었을 가능성도 배제할 수는 없으므로 이러한 사정은 책임 제한에서 고려하기로 한다)."고 판시하고 있다. 수원지방법원 성남지원 2015. 12. 11. 선고 2013가합203273 판결 역시 "이 부분 하자 조사세대 1002세대 중 거울 변색이 발견된 세대는 597세대로 약 60%의 비율로 하자가 발견된 점, 거울 변색으로 이 사건 아파트 입주민들에게 미관상 지장이 초래된 것으로 보이는 점, 이 부분 하자는 보수가 불가능한 점 등을 종합하면, 거울 교체 비용으로 하자보수 비용을 인정하기로 한다."고 판시하여 하자의 범위에 포함시키고 있다.

2) 거울변색을 하자로 보면서도 아트리본 보수비를 인정한 판례

한편, 거울변색을 하자로 보면서도 아트리본 보수비를 손해의 범위로 인정한 판례도 있다. 서울남부지방법원 2014. 6. 24. 선고 2013가합1809 판결은, 변색된 거울에 대해 아트리본을 부착하는 보수방법은 미봉책에 불과하므로, 거울 전면 교체비용을 기준으로 하자보수비를 산정해야 한다는 원고의 주장에 대해 "감정인은 이 사건 아파트 각 세대의 욕실 거울 변색이 보수

불가능할 정도로 심각한 수준은 아니어서 아트리본 보수로도 충분하다고 판단하였는 바, 감정인의 이러한 판단은 합리적인 것으로 보이고, 달리 욕실 거울의 전면 교체가 필요하다고 인정할 증거가 없다. 따라서 원고의 이 부분 주장 역시 이유 없다."고 판시하여 아트리본 보수비를 인정하였다.

서울남부지방법원 2015. 11. 26. 선고 2013가합10513 판결 역시 욕실거울 변색 항목에 대해 "현장조사결과 거울테두리 변색은 거울뒤 은경으로 피막된 부분이 밀실하게 제작되지 아니한 제품을 사용하였거나 공장에서 제작된 판유리를 절단하여 설치하는 과정에서 절단면 주변의 피막 부분의 파손으로 오존 또는 황화수소가 함유된 합성세제가 유입되어 변색된 것으로 판단되므로 이 부분은 시공상의 하자로 판단된다. 다만, 거울의 일부분이 변색된 것으로 인하여 거울의 기능을 상실한 것은 아니므로 거울 테두리를 방습시트로 보수하는 비용으로 보수비를 산정한다."라고 판시하여 방습시트로 보수하는 비용을 인정한 바 있다.

3) 거울변색 항목을 하자의 범위에서 제외한 판례

반면, 서울중앙지방법원 2016. 5. 13. 선고 2014가합61611 판결은, 거울 변색 항목에 대해 "살피건대, 이 사건 감정 결과에 따르면 피고 금호산업이 사용승인 후 약 1년 10개월이 경과한 시점에 이 항목에 대한 하자보수를 완료하였는데, 거울의 변색 원인이 시공상의 과실 때문인지 사용자의 관리상 과실 때문인지를 명확히 구분할 수 없고, 하자담보책임 기간(1년) 내에 하자가 발생된 세대도 특정할 수 없는 상태이다. 또한, 거울이 파손된 것으로 확인된 세대는 전체 364세대 중 7세대로 시공상 하자로 보기엔 부족하다. 따라서 이 항목을 피고 금호산업의 책임이라고 단정할 수 없다."고 판시하여 하자의 범위에서 제외하는 판례도 있다. 그러나 이는 예외적인 판례로 보인다.

4) 판례의 동향 분석

이상에서 살핀 바와 같이 거울변색 항목을 하자로 보는 판례, 하자로 보면서도 아트리본 등에 따른 보수비를 인정한 판례, 하자의 범위에서 제외한 판례 등이 있음을 알 수 있다. 다만 하자의 범위에서 제외하는 경우 및 아트리본 등에 따른 보수비를 인정하는 경우 등은 극히 예외적인 판례라고 할 것이다.

다. 소결론

그러나 이와 같은 다수의 판례의 입장은 이해하기 어렵다. 현재 거울은 은(銀), 청동(靑銅), 철(鐵) 등의 표면을 갈아 광을 내어 만들던 옛날과 달리 표면이 평평한 유리판 뒷면에 수은(水銀)을 바르고, 그 위에 습기를 막기 위한 연단칠을 하여 제작한다. 이렇게 제작된 거울 원판은 소요 규격별로 절단을 하는데, 이 과정에서 절단된 면에 별도의 부식방지 코팅처리를 하지 않을 경우, 부식유발물질인 황(S), 염소(Si) 등이 가장자리 절단면의 은(Ag)과 함께 보호막 속으로 침투되어 부식을 유발시키는 것이다.

그러나, 부식방지 코팅처리가 되어있다 할지라도 은(Ag) 성분은 조금의 자극에도 쉽게 부식되기 때문에 욕실에서 사용하는 청소용 세제, 샴푸 등으로 인해 충분히 하자가 발생할 가능성이 있다. 통상적으로 욕실은 샤워, 청소 등 늘 수분이 많아 적절한 환기가 이루어지지 않으면 이러한 부식 현상을 촉진시키는 바, 욕실 환경의 특수성에 비추어 부식현상은 피할 수 없는 부분이다.

따라서, 감정인들은 거울 변색에 대해 욕실 환경을 고려하여 시공상 하자인지, 사용상 관리부실 하자인지를 명확하게 판단하여 하자 여부를 결정하여야 할 필요성이 있다(특히, 만약 전체 세대 중 극히 일부 세대에서만 변색 하자가 발생하였다면 사용상 하자라는 주장이 더욱 신빙성을 가질 수 있을 것이다).

8. 수목의 고사, 미식재, 규격불량

가. 문제점

주택법 시행령상 조경 항목의 경우 하자담보책임기간은 2년이라 할 것이고, 연차 종료 후 입주자대표회의 등의 요청에 의해 고사목에 대한 보식을 한 후 입주자대표회의로부터 하자보수완료확인서를 교부받은 상황에서 이후 하자보수에 갈음하는 손해배상청구소송이 제기된 경우에 조경 항목을 하자의 범위에 포함시킬 것인지 여부가 문제된다.

또한 미식재 항목의 경우 현장의 여건에 따라 다른 위치에 식재하거나 조경에 기재된 수종이 아닌 수종으로 대체식재를 하는 경우도 있고, 조경도면에 기재된 수량보다 추가식재하는 경우도 있다. 이 경우에 대체식재 및 추가식재 부분이 미식재 보수비용의 산정에 있어서 고려될 것인지 여부도 문제된다.

또한, 하자보수에 갈음하는 손해배상을 제기한 측에서는 조경도면에 기재된 규격과 달리 축소된 규격의 수목을 식재하였다고 주장하는 경우 감정인은 규격불량 수목에 대해 차액을 산정하는 경향을 보이고 있는 바, 이와 같은 보수비용의 산정이 적정한 것인지 여부도 문제된다.

나. 감정현황과 감정의 문제점 개관

1) 감정 현황

통상 감정인들은 고사목, 미식재, 규격불량과 관련하여 피고의 공사상 잘못으로 발생한 것인지 여부에 대한 의견 없이 고사, 미식재 부분은 동일 사양의 식재비용을, 규격불량은 식재수목과 조경도면상 수목간의 차액 보수비용을 산출하고 있다.

2) 감정의 문제점

그러나 조경수는 살아있는 생명체로서 그에 따른 적절한 유지관리가 필요하고, 사용검사일 이후 상당기간이 경과한 시점에서 감정이 이루어짐을 고려할 때 고사목 전부를 피고의 공사상 잘못으로 판단하여 보수비를 산정하는 것은 매우 부당하다 할 것이다. 또한 감정인은 관리상의 부주의 · 병충해 · 천재지변 · 입주민의 요청 등에 의한 벌목까지도 고사목으로 산정하는 경우도 허다하다.

게다가 일부 감정인들은 미식재와 관련하여 건설사가 추가시공한 조경수목은 감정에 전혀 반영하지 않고, 조경도면을 기준으로 하여 현재 조경도면상 표기된 곳에 식재되어 있지 않으면, 무조건 미식재로 산정하는 경우도 있다.

아울러 규격미달을 판단하기 위해서는 ① 구 건설교통부 제정 조경공사 표준시방서의 수목식재편에서도 수종별로 허용오차를 −5% ~ −10% 상당 허용하고 있고, ② 허용오차를 벗어나는 규격의 것이라도 수형과 지협 등이 지극히 우량하거나 식재지 및 주변 여건에 조화될 수 있다고 판단되어 감독자가 승인한 경우에는 허용할 수 있으며, ③ 근원직경 측정에 있어서도 수목이 굴취되기 전 재배지의 지표면에 접하는 줄기의 직경을 지칭하는 것이므로, 이식된 수목은 굴취직전의 지표면에 접한 부분보다 5~10㎝ 상당이 복토가 이루어지고 있어 현재 식재되어 있는 수목의 근원직경을 측정하기 위해서는 복토된 지표면을 걷어내고 굴취직전의 지표면에 접한 위치와 동일한 위치에서 근원직경을 측정하여야 할 것임에도 감정인들은 이에 대한 고려 없이 조경도면만을 기준으로 규격미달을 판단하고 있는 실정이다.

그 외에도 직경이 큰 수목은 신축공사 뿐만 아니라, 보수공사시에도 최근 굴착기 소형화로 기계식재로 보식하고 있는데, 노임단가가 높은 인력식재를 적용하는 감정인들도 있고, 고사목의 경우 새로이 그 자리에 식재를 하기 위해서는 어차피 고사목 제거를 위해 터파기를 해야 하므로 식재를 위한 터파기 비용이 불필요함에도 터파기 비용을 이중으로 산정하는 감정인들도 허다하다.

다. 표준시방서에서의 하자보수 대상 고사목 판정 기준

1) 조경공사 표준시방서 2003에서는 하자보수 대상 수목의 판정 기준에 대해, "1.7.1 수목은 수관부 가지의 약 2/3 이상이 고사하는 경우에 고사목으로 판정", "1.7.5 하자보수의 대상이 되는 식물은 수목이나 지피류, 숙근류 등의 다년생 초화류로서 식재된 상태로 고사된 경우에 한한다."라고 규정하고 있다. 즉 피고의 담보책임범위내의 하자보수 대상이 되는 고사목으로 인정하기 위해서는, 식재된 상태로 고사한 경우로, 수관부 가지의 약 2/3 이상이 고사된 경우에 한하는 것을 알수 있다.

2) 더불어, 동일 시방서에서는 위 고사목 기준에 만족하더라도, 하자보수 면제 대상에 해당되는 경우를 적시하고 있는 바(1.7.6 하자보수의 면제), 그 사유로는 ① 전쟁, 내란, 폭풍 등에 준하는 사태, ② 천재지변(폭풍, 홍수, 지진 등)과 이의 여파에 의한 경우, ③ 화재, 낙뢰, 과열, 폭발 등에 의한 고사, ④ 준공 후 유지관리를 지급하지 않은 상태에서 혹한, 혹서, 가뭄, 염해(염화칼슘) 등에 의한 고사, ⑤ 인위적인 원인으로 인한 고사(교통사고, 동물의 침입 등)등을 들 수 있고, 감정인들은 특히 고사목 발생이 폭풍, 홍수, 지진 등에 의한 것인지, 유지관리상의 문제에 의한 것은 아닌지 등에 대한 검토 후에 감정의견을 개진하여야 할 것이다.

라. 판결의 동향

1) 고사목 관련 판례

가) 고사목 항목을 하자로 인정한 판례

서울남부지방법원 2016. 4. 7. 선고 2014가합109656 판결[27)]

① 원고는 조경 분야의 전문가가 아니므로, 2년이 경과한 시점을 기준으로 모든 하자를 지적하여 하자를 요구하기 어려운 점, ② 수목의 고사의 경우 어느 시점에 고사되었는지 확인하는 것은 사실상 불가능한 점, ③ 벌목의 원인 등을 명확히 알 수 없으나, 원고는 2010. 10. 7.경 ○○○○에 하자보수요청을 하면서 많은 수목들이 고사하여 절단하였다고 고지하였던 점 등에 비추어 보면, 고사된 수목과 벌목된 수목은 ○○○○의 시공상 하자에 의한 것이라는 감정인의 판단이 불합리하다고 보기는 어렵다.

나) 고사목 항목을 하자의 범위에서 제외한 판례

수원지방법원 성남지원 2015. 4. 8. 선고 2013가합658 판결[28)]

감정인 ○○○의 감정결과에 의하면, 이 사건 아파트 단지내 조경수 중 일부에 고사 또는 수형불량 등의 하자가 발생한 사실, 해당 조경수에 대한 재식재 비용으로 56,761,267원이 드는 사실은 인정할 수 있으나, 이 법원의 감정인 ○○○에 대한 2014. 1. 21.자 사실조회결과 및 변론 전체의 취지를 종합하면 인정할 수 있는 다음과 같은 사정 즉, ① 위 항목에 관한 조사는 이 사건 아파트의 사용검사일인 2005. 11. 24.경부터 약 7년 8개월이 경과한 2013. 7.월말에 이루어진 점, ② 위 항목과 관련하여 고사 또는 수형불량 등의 하자가 발생한 것으로 집계된 수목은 총 174주로 이 사건 아파트 설계도면상의 수목 수량인 897주(이 사건 아파트의 설계도서를 기준으로 초과 식재된 수량은 미반영)의 약 19%에 불과한 점, ③

조경수는 생명체로서 외부 환경 요인에 민감하게 반응하기 때문에 유지 · 관리가 중요하고, 일정 기간 경과 후부터의 고사는 조경수의 하자가 아니라 유지 · 관리의 잘못으로 발생하였다고 봄이 상당한 점, ④ 위 항목의 하자가 조경수의 품질 미달 등 피고의 시공상 잘못에 기인하였다고 볼 증거가 없는 점(가사 이 사건 아파트의 분양전환 이전 피고의 유지 · 관리에 잘못이 있다고 하더라도 이는 시공상 잘못이 아니므로, 집합건물의 소유 및 관리에 관한 법률상 담보책임의 근거로 삼을 수는 없을 것이다), ⑤ 이 사건 아파트의 하자가 하자담보책임기간 내에 발생하였음을 입증할 책임은 원고 입주자대표회의에게 있는바, 위 항목의 하자가 해당 담보책임기간인 2년 내에 발생하였다고 인정할 만한 뚜렷한 증거가 없는 점 등에 비추어보면, 원고 입주자대표회의가 제출한 증거들만으로는 위 항목의 하자가 시공상 하자라거나 담보책임기간 내에 발생한 하자라고 인정하기에 부족하고, 달리 이를 인정할 증거가 없다. 따라서 이와 다른 전제에 선 원고 입주자대표회의의 위 주장은 이유 없다.

2) 미식재 관련 판례의 태도

미식재 항목의 경우 법원은 대체적으로 하자로 판단하는 경향을 보이고 있고, 다만, 감정인은 추가식재 부분을 공제하고 산정하는 것이 일반적이고 법원은 그에 따라 추가식재비용이 공제된 미식재 부분의 비용을 인정하는 태도를 취하고 있는 것으로 보인다. 이와 같이 감정인은 미식재 항목에 대해 추가식재 비용을 공제하고 금원을 산정하는 경향을 보이고 있어, 시공자 측이 추가식재 비용이 공제되어야 한다고 나투어 그에 대한 판단이 이루어진 경우는 흔치 아니하다.

---

27) 동지 판례 : 서울남부지방법원 2015. 8. 18. 선고 2014가합13670 판결 등

28) 동지 판례 : 서울중앙지방법원 2016. 5. 13. 선고 2014가합61611 판결, 서울남부지방법원 2015. 8. 27. 선고 2013가합108656 판결, 서울중앙지방법원 2015. 10. 15. 선고 2013가합564991 판결 등

다만, 미식재 부분을 특정할 수 없고, 추가식재 금원이 더 많은 사실 등에 비추어 시공자의 책임범위에서 제외한 판례를 소개하면 다음과 같다.

서울중앙지방법원 2016. 5. 13. 선고 2014가합61611 판결은, "조경수 미식재 항목과 관련하여 이 사건 감정인은 2016. 1. 5. 감정보완회보서(피고1차)에서 이 사건 아파트 사용승인 당시의 식재 현황에 대한 자료가 없어 사용승인 당시 미식재된 수목과 원고가 임의로 굴취한 수목을 명확히 구분할 수 없었다고 하고 있어 피고 ○○산업의 시공상 하자로 미식재된 부분을 특정할 수가 없다. 하지만 이 사건 감정 결과에 변론 전체의 취지를 종합적으로 고려하면 시공상 하자로 조경수가 미식재된 부분이 존재한다는 점은 인정할 수 있다. 그런데 수목 식재의 경우 전체적인 조경을 고려하여 준공도면에 표기된 위치에 수목이 식재되지 않았더라도 다른 곳에 수목이 추가로 식재되는 경우라면 하자로 보기 어려운 점, 피고 ○○산업이 추가로 식재한 조경수 부분에 대한 공사비가 44,972,583원에 이르는 점 등을 참작할 수 있으므로 공평의 관점에서 미식재 항목에 대한 하자보수비는 인정하지 않는다."고 판시하고 있는 바, 이는 추가식재의 이점을 참작한 판례라 할 것이다.

3) 규격불량 관련 판례의 태도 및 제 문제점 검토

규격 불량 항목의 경우 법원은 대체적으로 하자로 인정하는 경향을 보이고 있다. 그러나 소나무 등 고가의 수종 등이 규격불량으로 판단되는 경우 다액의 차액이 산정되는 경향이 있음에도 규격불량 항목에 대한 조사에 있어 조경업체의 적극적인 참여가 이루어지지 못하는 것이 현실이다.

특히 한국조경학회는 '조경수의 규격 측정은 수목의 특성에 따라 근원(Root) 직경, 흉고(Bust) 직경, 수관폭(Wide) 측정으로 구분됩니다. 근원 직경은 수목을 굴취하기 이전에 식재된 상태에서의 지표면에서 측정하는 것이 원칙입니다. 조경공사를 위해 굴취되어 현장 반입된 경우는 식재하기 전에 뿌리분 상부의 지반에 묻혔던 부위를 측정합니다. 위의 사실조회와 같이 식재된 이후의 근원직경 측정은 가급적 지양합니다. 부득이 측정해야 할 경우에는 식재 이후에 복토된 부위를 걷어내고 굴취되기 이전에 지반에 묻혔던 부위를 찾아 측정하는 것이 정확한 방법입니다'라고 의견을 개진하고 있다. 그럼에도 실제적으로 복토된 부위를 걷어내고 굴취되기 이전에 지반에 묻혔던 부위를 찾아 측정하는 경우는 거의 없고, 감정인에 따라서는 근원직경이 아닌 흉고직경을 측정하는 경우도 있어 문제가 되는 바, 조경항목에 대한 감정에 참여함에 있어 근원직경을 측정하는지 여부를 면밀히 살펴야 할 것이다. 또한, 건설감정실무지침에서 볼 수 있는 바와 굴취되기 이전에 지반에 묻혔던 부위를 찾아 측정하는 것이 어려운 점에 기인하여 허용오차 10%를 규정하고 있는 바, 이와 같은 기준을 면밀히 확인하여 대응해야 할 필요가 있다.

4) 판례의 동향 분석

이상에서 본 바와 같이 다수의 판례는 고사목, 미식재, 규격불량 등을 하자의 범위에 포함시키고 있고, 다만 관리상의 과실 등을 감안하여 책임제한에서 참작하는 태도를 취하고 있으며, 미식재의 경우 추가식재를 반영하는 태도를 취하고 있다. 규격불량의 경우 하자로 인정하고 있으나, 앞에서 본 바와 같이 측정 방법의 문제점 및 허용 오차 10% 기준을 활용할 경우 인정되는 금액을 줄일 수 있을 것으로 보인다.

또한 고사목 항목에 대해 하자의 범위에서 제외하는 판례도 다수 있다. 이를 검토하여 보면, 구체적인 수종, 위치 등을 특정하여 보수완료 사진 등을 첨부하고, 그에 따라 보수완료확인서를 교부받은 경우, 보수를 함에 있어서 대체식재 내지 추가식재하여 준 비용이 고사된 수목의 비용을 초과하는 경우, 하자담보책임기간 2년 경과 이후 상당 기간까지 고사목에 대한 보식을 행하고 그 이후 상당한 기간이 경과한 경우 등의 경우에 고사목 항목을 하자의 범위에서 제외하는 태도를 보이는 바 이러한 점을 유념하여 보수를 행할 것을 요한다.

마. 대응 사례

1) 고사목으로 판단한 수목에 대해 현장검증을 통해 다툰 사건

서울남부지방법원 2010가합25453 사건의 감정인은, "조경부분 고사목이 조사되어 해당 수목 식재에 소요되는 비용을 산정"한다고 밝히면서 130,966,289원을 산정하였다. 이에 피고측이 현장을 확인한 결과, ① 감정인이 결함현황도에서 고사되었다고 밝힌 수목 중 실제 아파트 단지에 생존해 있는 수목이 [그림1]과 같이 다수 존재하고 있음을 확인할 수 있고, ② 또한, 도면에 계획된 수목과 다른 수종의 고사목 표기에 대해 일부를 확인한 결과, [그림2]와 같이 지시된 위치에는 해당 고사목 뿐만 아니라 그루터기 또는 그루터기까지 제거된 흔적도 존재하지 않는 것이 확인되었으며, ③ 더불어, 감정인은 "고사된 수목의 상황[참고사진 #1 - 수목의 2/3 이상이 고사된 상태]"라고 하였으나, [그림3]과 같이 감정인이 고사목으로 표기한 위치의 느티나무는 실제 수관부의 2/3 상당이 생존해 있어(겨울철이라는 점을 감안하여 나무 가지 일부분을 꺽어서 생존 여부를 확인 함), 이 사건 감정의견 및 조경공사 표준시방서의 '하자보수 대상 수목 판정 기준' 중 "1.7.1 수목은 **수관부 가지의 약 2/3 이상이 고사하는 경우**에 고사목으로 판정"에 부합하지 않음을 알 수 있다. 이와 같은 이유로 현장검증신청을 통해, 재판부는 현장검증을 하여 수목이 생존해 있음을 확인하고, 감정인에게 다시금 조사하여 감정할 것을 명하여 재조사된 수목의 보수비용만을 인정하였다.

[그림1] 감정인이 고사되었다고 밝힌 수목 중 생존해 있는 수목

감정인 결함현황도	이사건 아파트 현재 수목 현황

소나무 1주 고사(회신서 9면)	소나무 3주 모두 이상없음
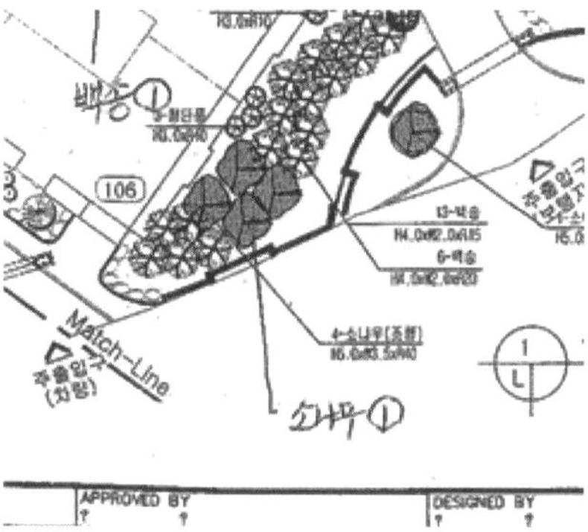	
소나무 1주 고사(회신서 10면)	소나무 4주 모두 이상없음
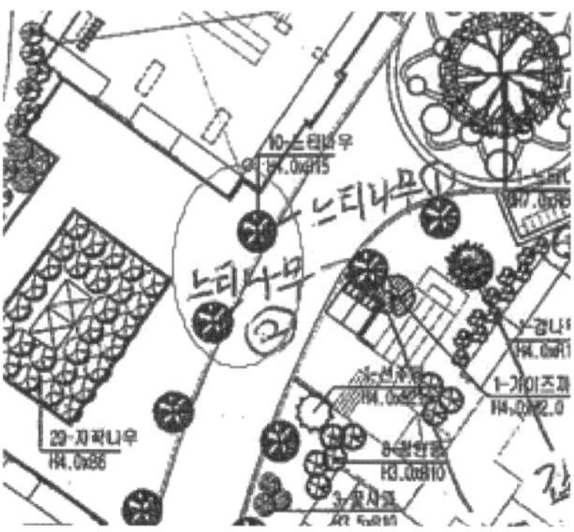	
느티나무 2주 고사(회신서 10면)	느티나무 2주 이상없음

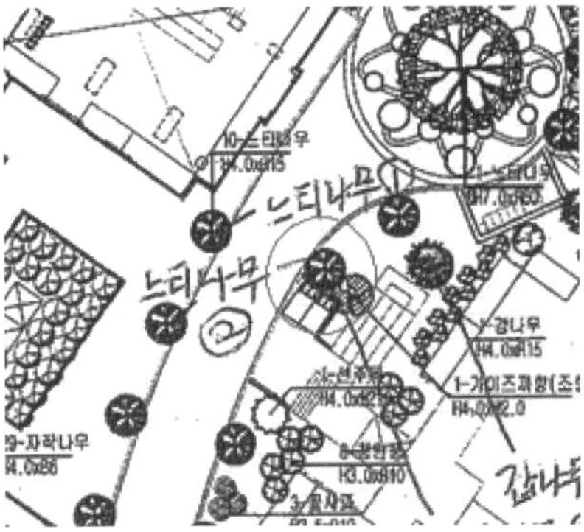	
느티나무 1주 고사(회신서 10면)	느티나무 1주 이상없음
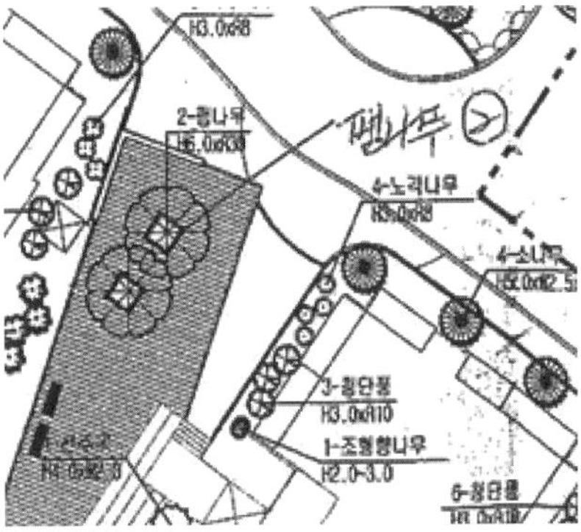	
팽나무 2주 고사(회신서 9면)	팽나무 1주 이상없음, 1주만 고사

[그림2] 감정인이 고사되었다고 밝힌 수목 중 도면 및 실제 현장에 없는 수목

감정인 결함현황도	이사건 아파트 현재 수목 현황
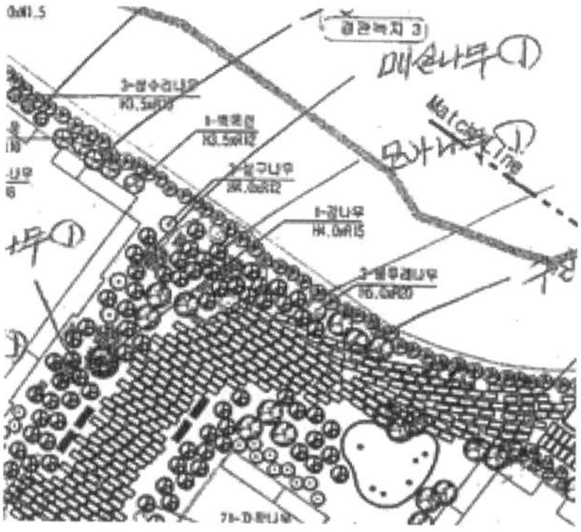	
모과나무 1주 고사(회신서 9면)	고사목 없음
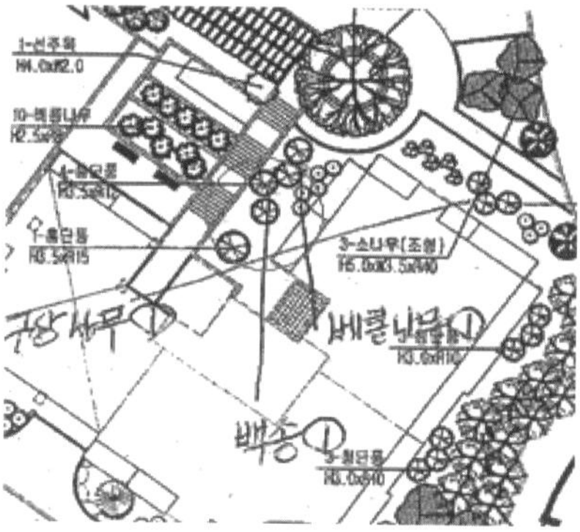	
백송 1주 고사(회신서 10면)	고사목 없음
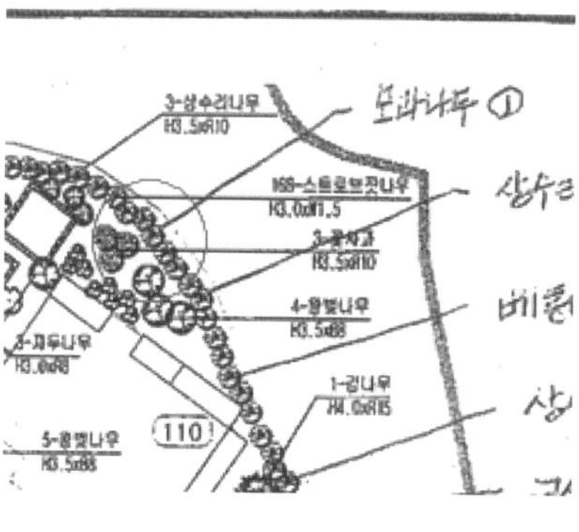	
모과나무 1주 고사(회신서 10면)	고사목 없음

[그림3] 감정인이 고사되었다고 밝힌 수목 중 '하자보수 대상 수목 판정 기준'에 적합하지 않은 수목

<table>
<tr><th>감정인 결함현황도</th><th>이사건 아파트 현재 수목 현황</th></tr>
<tr><td>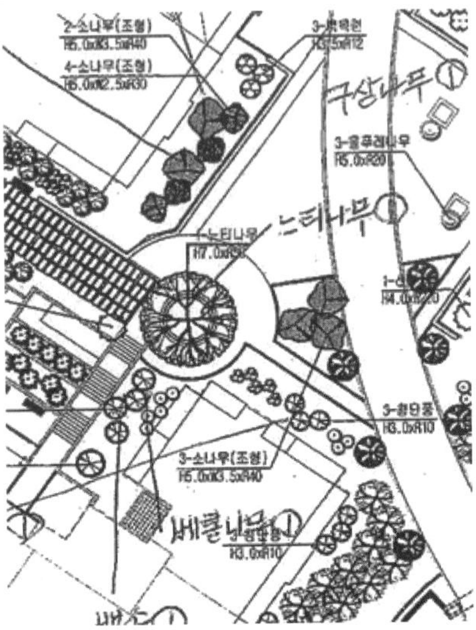
</td><td>
</td></tr>
<tr><td>느티나무 1주 고사(회신서 10면)</td><td>느티나무 2/3 상당 생존</td></tr>
</table>

2) 하자담보책임기간 내 발생한 것으로 추정되는 고사목에 대하여만 책임을 인정한 사건

서울남부지방법원 2012가합7770 사건의 감정인은, 단지 내 조경수 활착불량 및 고사목 그리고 미식재가 조사되어 이를 동일한 사양의 조경수로 식재하는 비용을 산정한다고 밝히며 조경수 활착 불량 및 고사목 발생 항목에 대해 157,690,482원, 단지 내 조경수 부족식재 항목에 대해 13,111,575원을 산정하였다. 이에 대해 시공사측은 사용검사일로부터 2년 5개월 상당 경과한 시점에 요청된 입주자대표회의의 하자보수요구에 따라 그 즈음하여 하자보수를 완료하였음에도 불구하고, 보수 완료 후 5-6개월 상당 경과한 시점에 다시금 하자보수 요청을 하였는 바, 이러한 점에 비추어 감정시점에 조사된 하자의 경우 하자담보책임기간 경과후에 발생된 고사임을 주장하여 원심판결은, 시공사측의 주장을 받아 들여 하자

의 범위에서 제외하였다.

이에 대해 입주자대표회의측은 항소를 하였고(서울고등법원 2014나2005430 사건), 보수 완료 후 5-6 개월 상당 경과한 시점에 요청한 하자보수요청 공문을 토대로 보수가 제대로 이행되지 아니하였음을 주장하였다. 시공사측은 입주자대표회의의 주장에 따르더라도 최초 하자보수 요청서와 2차 하자보수 요청서를 비교하여 중복되는 수목의 경우 하자보수가 제대로 이행되지 않았다고 볼 수 있으나, 중복되지 않는 수목, 그리고 나머지 감정시점에 조사된 수목의 경우 하자담보책임기간 경과후에 발생된 수목으로 추정되어야 한다고 주장하며, 중복되는 수목에 대한 감정보완을 통해 43,540,430원을 산출하였고, 재판부는 위 금원만을 시공사의 책임으로 인정하였던 사안이다.

3) 고사목, 미식재 비용보다 추가식재 비용이 많아 하자에서 제외한 사건

서울남부지방법원 2013가합108656 사건의 감정인은 조경하자에 대한 현장조사 당시 원,피고 합의에 따라 감정인의 현장조사 이전 조경업체에서 조사한 자료(고사로 인해 벌목한 리스트)를 적용하기로 하고, 벌목된 수목을 재식재하는데 소요되는 보수비용 41,309,308원을 하자보수비로 산정하였다.

그런데 해당사건의 시공사는 아파트 사용승인일 이후부터 원고의 하자보수요청에 따라 지속적인 하자보수를 완료해 주었고, 별도로 조경 하자보수의 일환으로 상당한 금원의 추가식재 내지는 변경식재를 하여 주었다. 시공사측은 추가식재 및 변경식재 항목에 대한 감정신청을 통해 그 금액이 89,692,032원 상당에 이른다는 점을 입증하고, 그에 따라 시공사가 위와 같이 하자보수 및 대체식새 등을 하자담보책임기간동안 성실히 이행하였다면 사용검사일로부터 약 6년 상당 경과한 감정시점에 조사된 고사목은 시공상 잘못에 기인한 것이라기 보다는 관리상 부주의에 의해 발생된 것으로 보는 것이 합리적이라 보아야 하고, 사용승인일로부터 약 3년이 경과할 때까지 상당한 금원의 대체식재가 이루어졌던 바, 고사의 원인도 알 수 없는 상황에서 이와 같은 점을 감안할 때, 이 항목의 하자가 시공사의 책임으로 인정되는 것은 부당하고 주장하였다. 해당 재판부는 이와 같은 시공사의 주장을 받아들여 이 항목을 하자에서 제외하였다.

4) 규격미달 수목의 현황조사 착오가 확인되어 감정보완을 통해 보수비가 정정된 사건

수원지방법원 성남지원 2015가합201028 사건 감정인의 경우, 조경 수형 변경 하자와 관련하여, 근원직경(R) 조경수목의 규격을 측정함에 있어 수목의 하단부(지면과 닿는 부위) 둘레를 측정하여 준공도면과 달리 부족시공된 규격만큼의 차액을 하자보수비로 산정하여야 하나, 상단부(지면에서 1.2m쯤 떨어진 높이)에서 흉고직경(B)을 측정하여 보수비 금 196,887,877원을 산정한 착오가 발견되었다.

이에 시공사측은 감정인에게 이와 같은 문제점을 제시하여 재조사를 요청하였으나, 감정인은, "피고측에서 본 항목에 대해 부득이하게 재확인 조사

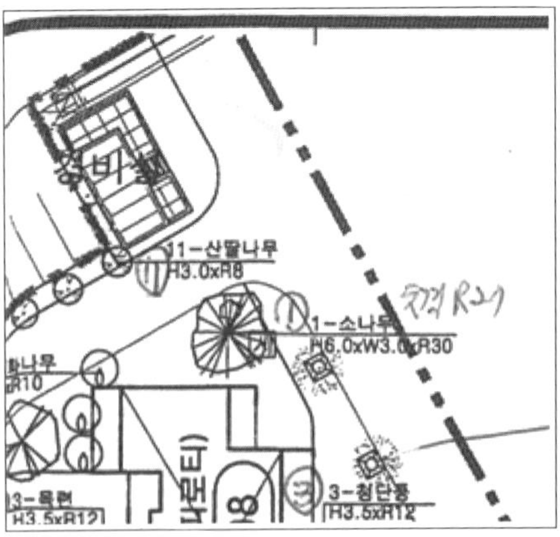

감정서 3권 결함현황도상 소나무(R30)의 조사규격 _R27로 측정

근원직경(R)기준하여 측정결과, R39로 조사

를 시행할 예정임을 통보하였으므로 피고측에서 재확인 조사 실시 후 조사결과를 본 감정인에게 제출하여 주시면 원고측의 입회하에 해당 수목에 대해 추가확인 조사를 시행하여 추가확인 조사결과에 따라 보수비를 재산정하여 제출토록 하겠습니다."라고 의견을 개진하였다. 그에 따라 실제 현장조사를 통해 결함현황도상 규격미달로 조사된 수목들을 확인하였고, [사진]과 같이 상당한 수의 수목들에 대해 감정인이 측정한 조사규격과는 현저하게 달리 측정되었으므로, 결국 감정인이 측정한 규격(흉고직경)과 근원직경의 규격에 차이가 거의 없을 것이라는 감정인의 의견은 부당함을 지적하고, 적어도 보수비가 큰 수목(가령 소나무)들에 대해서는 반드시 현장재조사를 통해 하자보수비의 보완이 이루어져야 할 것이라는 의견을 개진하여 재조사를 통해 120,386,729원을 감액하였다.

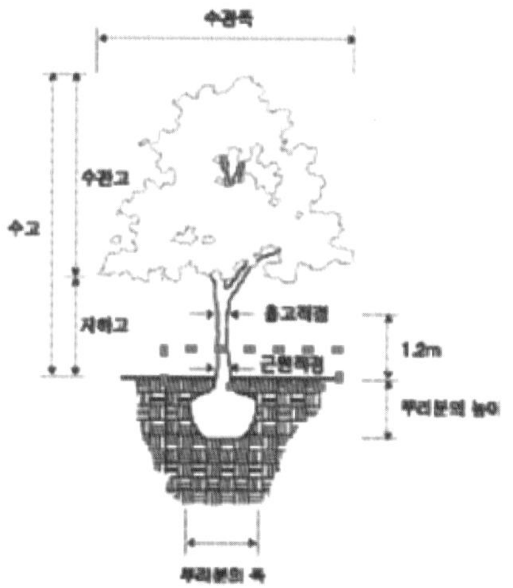

사단법인 한국조경수협회 규격용어정의 발췌

감정서 1권 167면 현황사진 발췌(흉고직경 측정)

바. 소결론

조경하자의 경우 하자발생 원인에 대한 입증이 난해하여 법원도 판단에 어려움을 겪고 있는 항목이다. 감정인들 역시 시공상의 잘못으로 인한 부분과 유지, 관리상의 잘못으로 인한 부분을 구체적으로 확정하지 못하고 있다.

그렇다면 하자소송의 입증책임은 손해배상을 청구하는 원고에게 있다는 원칙에 따라 원고가 입증을 다하지 못한 것에 대한 책임을 부담하여야 함이 타당하다. 객관적인 증거가 없는 경우 사실상의 추정으로 입증을 할 수도 있으나 사실상의 추정 역시 객관적이고 합리적인 간접사실을 토대로 도출해야 하는 것인 바, 일부 판례나 감정인은 하자의 원인을 알 수 없다고 의견을 개진하면서도 이 항목을 하자로 인정하는 모순적인 태도를 보이고 있는 실정이다. 따라서 비록 하자발생 원인에 대한 입증이 어려운 사정이 있다 하더라도, 이러한 항목일수록 더욱 객관적이고 합리적인 기준에 맞게 책임을 지우는 것이 바람직할 것이다.

한편, 법원은 대개 조경관련 하자(고사목, 미식재)를 사업주체의 책임으로 인정하고 있으나 공평의 원칙에 따라 대체식재 또는 추가식재가 있었던 경우 미식재 항목에서 해당 금원 상당을 공제하고 있는 바, 추후 하자보수에 갈음하는 손해배상 소송이 제기될 것을 대비하여 대체 또는 추가식재가 있었다면 수량, 위치, 금원 등을 특정하고 입주자 대표회의나 관리소장으로부터 이에 대한 확인서를 받아두는 것이 용이하다.

9. 조적벽 미장 미시공

가. 문제점

미장공사는 벽 · 천장 · 바닥 등에 몰탈, 석고프라스터 등을 바르는 마무리 공사로서 미장재료는 대개 분말재를 물, 풀, 접착제 등으로 반죽하여 흙손 등으로 발라 건조시켜 표면을 매끈하게 하는 것이다. 대부분 미장공사는 노출되어 있는 부분에 행해지므로 설계도면 상 지시대로 시공을 하면 되지만, PD 및 AD 내부와 같이 은폐되는 부분에는 설계도면에 별도로 시공지시가 있지 않아, 이러한 부분까지 시공을 해야 하는지 여부가 문제된다.

통상적으로 은폐되어 미관상 지장이 없는 부분은 마감이 불필요하고, 입주자가 PD, AD 내부를 열고 들어가지 않는 한 볼 수도 없는 부분임에도, 대다수의 감정인들은 조적벽체의 내구성 함양, 해충의 침입과 서식 등을 이유로 이와 같은 부분에도 미장공사를 시행하여야 한다고 주장하고 있다. 비용산정에 있어서도 일부 감정인들은 초벌(두께 7mm) 바름 비용을 산정하고, 일부는 치장(두께 18mm) 비용을 산정하는 등 확실한 감정기준이 없어 문제가 된다.

나. 판결의 동향

2015년 건설감정실무 추록에는 위 항목과 관련하여 “PD 내벽의 미장 마감 여부는 설계도면의 실내 재료마감표 및 당해 부위 상세도로 판단한다. PD내부의 특성상 실제 시공이 어려운 측면에서 발생하는 하자로서 구조적 내구연한, 또는 안전에 지장을 초래하는 중요한 하자는 아니다”라고 밝히고 있으며, 2016년 개정된 건설감정실무에서는 이에 덧붙여 “PD 내부의 특성상 실제 시공이 어려운 측면도 있다."고 밝히고 있다.

이에 따라 대다수의 판례는 해충의 침입과 서식, 또는 취기의 침투 및 소음 발생 등을 이유로 하자로 인정하는데 비록 설계도면에 시공 지시가 없다 하더라도 건축공사 표준시방서를 근거로 하자로 인정하기도 한다. 반면, 설계도서에 달리 지시사항이 없었고 기능상, 미관상, 안전상 결함이 부존재한다고 인정된 경우 하자에서 제외된 경우도 있어 함께 소개한다.

1) 조적벽 미장 미시공을 하자로 인정한 판례

서울남부지방법원 2016. 5. 26. 선고 2014가합11995 판결[29]은, "① 국토교통부 고시 주택의 설계도서 작성기준이 '설계도서의 내용이 서로 일치하지 아니하는 경우에 있어 계약으로 그 적용의 우선순위를 정하지 아니한 경우에는 그 적용의 우선순위가 1. 특별시방서, 2. 설계도면, 3. 일반시방서, 표준시방서, 4. 수량산출서, 5. 승인된 시공도면'이라고 규정하고 있으나(제10조 제2항) 이 기준에서 정한 우선순위는 설계도면 또는 공사시방서와 표준시방서에 기재된 내용이 서로 일치하지 아니하는 경우에 적용되는 것이므로, 설계도면 또는 공사시방서에 누락되거나 기재되지 않은 사항에 관하여는 반드시 이 기준에서 정한 우선순위가 적용된다고 할 수 없고, 그 경우에는 표준시방서가 시공기준으로 적용된다고 봄이 타당한 점, ② 설계도면에는 이 부분 미장 시공에 관한 기재가 없으나, 건축공사 표준시방서에는 콘크리트, 콘크리트블록 및 벽돌면의 내벽에 초벌, 재벌 및 정벌 순서로 미장공사를 하되 그 바름 두께의 합이 적어도 18mm가 되도록 되어 있으므로, 이를 기준으로 하자 여부를 판정하여야 하는 점, ③ 그런데 감정인의 하자감정 결과 이 부분 미장 공사가 이루어지지 아니

29) 동지 판례 : 수원지방법원 성남지원 2013. 5. 22. 선고 2011가합17324 판결 등

하거나 초벌바르기만을 하는 등 그 바름 두께가 부족한 것으로 밝혀졌고, 감정인은 이러한 미시공이 기능상 하자에 해당한다고 판단한 점, ④ 해충의 침입과 서식, 또는 취기의 침투 및 소음 발생을 방지하기 위한 목적으로 미장 공사를 하는 점에 비추어, 미장 공사를 하지 아니하거나 초벌 바르기만을 하여 두께를 부족하게 시공하는 경우 그로 인한 기능상, 미관상 하자가 발생할 위험이 없다고 단정할 수 없는 점(특히 욕실 천장 상부는 습윤한 환경으로 인해 해충이 서식할 가능성이 높다) 등에 비추어, 이 부분은 하자로 봄이 타당하다. 이 사건 피고들의 이 부분 주장은 이유 없다."고 판시하여 피고의 책임으로 인정하였다.

2) 조적벽 미장 미시공을 하자의 범위에서 제외한 판례

반면, 서울중앙지방법원 2016. 4. 27. 선고 2014가합62737 판결[30]은, "이 사건 아파트의 준공도면 및 기타지시서에는 각동 E/V홀, AD/PD 실내 조적벽체에 일률적으로 미장 시공을 하라고 별도로 지정한 내용이 없는 점, 다만 이 사건 아파트 건축공사시방서에 화장실 시공시 AD/PD 내부의 조적면에 초벌미장 시공을 하라고 되어 있을 뿐인 점, 이 사건 아파트의 각동 E/V홀, AD/PD실 내 조적벽체 상부에 미장 시공이 되어 있지 않았다고 하여 어떠한 미관상, 안전상의 문제가 있는 것은 아닌 점, 한국토지주택공사의 전문시방서에 'PD, EPS, AD 조적벽체 내부면에 별도의 마감이 없는 경우에 시멘트 모르터(MORTAR)로 초벌 바름을 한다'라고 규정되어 있기는 하나, 위 전문시방서가 이 사건 아파트의 설계도서에 해당한다고 볼 만한 자료가 없는 점 등에 비추어 볼 때 이 사건 아파트의 각동 E/V홀, AD/PD실 내 조적벽체 상부에 미장 시공이 되어 있지 않았다고 하여 이를 미시공 하자라고 단정할 수 없고, 달리 이를 인정할 만한 증

30) 동지판례 서울중앙지방법원 2009. 11. 4. 선고 2008가합14737 판결

거가 없다. 따라서 원고의 위 주장은 이유 없다."라고 판시하여 하자의 범위에서 제외하였다.

다. 향후 대책

물론 은폐된 공간 조적벽에 미장을 미시공한 것이 모두 하자라 볼 수 없다고 보기는 어렵다. 예컨대, 일반적인 PD 내부를 살펴보면, 4개의 면 중 한 면은 세대 벽체의 콘크리트 면이고, 나머지 세 면은 조적벽으로, 콘크리트 벽체에 면해 있는 PD 내부는 해충 및 취기의 방지가 가능하므로 별도의 마감이 필요하지 않다 할 것이나, 욕실 천장 AD내부는 욕실의 특성상 물 사용이 많아 습하기 때문에 해충의 방지를 위해서 초벌미장 기준의 마감은 필요할 것으로 사료된다.

따라서, 설계도서 및 관련도서에 은폐된 조적면의 마감에 관하여 명확하게 지시를 하지 않는다면 이와 같은 문제는 향후에도 계속될 것으로 보이는 바, 도면의 수정 작업이 불가피해보이고, 감정인들 역시 이를 무조건 하자라 볼 것이 아니라 PD, AD 조적벽에 미장마감이 꼭 필요한 부분인지 아닌지를 보다 객관적으로 판단하여 감정해야 할 것으로 사료된다.

10. 욕실 문턱 단차 부족

가. 문제점

욕실은 항시 물을 사용하는 공간으로 욕실 문턱은 욕실 바닥과 비교하여 일정 높이 이상으로 시공을 함으로써 물이 실내로 넘치는 등 결함이 발생하지 않도록 하고 있다. 이에 이와 같은 기능을 다하기 위한 적정한 높이에 대한 기준을 마련하기 위해 2015년 건설감정실무 추록, 2016년 개정된 건설감정실무 및 국토교통부 '공동주택 하자의 조사, 보수비용 산정 방법 및 하자 판정 기준'은 비록 설계도면과 두께가 달리 시공되었다 하더라도 설계도면에 표기된 문턱의 단차와 비교해서 배수구에서 문턱까지 직선거리의 물매 1/100을 고려한 값보다 미달한 경우에 한해 하자로 판정하도록 규정하고 있다.

그런데 2015년 건설감정실무 추록이 나오기 전인 2011년 건설감정실무는 위 항목을 "화장실 신발걸림 하자"라 하여 화장실 출입 시 불편을 초래하는 정도는 기능상의 하자로 판단한다고 하면서 타일단차 회복을 위한 보수비용을 산정하게 하여 문제가 많았다. 그러나 이 기준에 따르면, 통상 설계도면에서는 욕실 문턱 높이를 50~60mm로 지시하고 있는데, 시중에서 판매되고 있는 욕실화의 높이는 70~80mm이고, 우리나라 성인 남성의 평균 발등 높이는 61.62mm이다. 설계도면대로 시공을 하더라도 하자라는 결론에 이르게 되고 애초에 욕실 문턱의 기능은 물넘침을 방지하기 위한 것이지 신발이 걸리는 불편함을 방지하기 위한 것이 아닌 바 이 기준은 적절치 아니하였다.

2015년에는 이와 같은 점을 반영하여 "욕실 문턱 단차 불량"으로 항목명을 변경하고 물매를 기준으로 판단하게 하고 있지만 실제 소송에서는 물매에 대한 고려 없이 설계도서와 높이가 달리 시공되었다면 하자로 인정하여 보수비를 산정하는 사례가 많아 여전히 문제가 된다.

또, 2015년 건설감정실무 추록 및 2016년 개정된 건설감정실무에는 욕실 발판 매트 설치 비용을 산정하라고 명시하고 있을 뿐 몇 회의 발판매트 설치 비용을 산정할 것인지 여부는 명시하고 있지 않아 욕실발판 매트 1회 설치 비용 또는 수 회의 설치 비용 중 어느 것이 적정한 하자보수비라 볼 수 있는지 여부도 문제된다.

나. 판례의 동향

1) 욕실발판 매트 1회 설치 비용을 산정한 사례

현재 다수의 판례는 2015년 건설감정실무 추록에 따라 욕실발판 매트 설치 비용을 산정하고 있고 그 회수는 1회로 한정하고 있다. 예컨대, 서울중앙지방법원 2010. 7. 8. 선고 2007가합35898 판결은 "원고는, 욕실 바닥과 문턱의 높이가 70mm이하인 경우에는 욕실 문을 여닫을 때 욕실 슬리퍼가 문에 걸려 불편을 초래하므로 욕실 바닥을 재시공하는 방법으로 보수하여야 한다고 주장하며, 그 재시공 비용인 122,116,596원을 하자보수 비용으로 구한다. 살피건대, 보다 저렴한 보수 비용을 투입하여 동일한 보수 효과를 낼 수 있다면 저렴한 비용의 보수 방법을 사용하는 것이 가능한 바, 이 사건에서도 위 하자의 보수방법으로 욕실 바닥 타일을 철거하고 재시공하는 방법보다 저렴한 보수 비용이 소요되면서 유사한 보수 효과를 낼 수 있을 것으로 보이는 깔판설치 방법을 선택하는 것이 보다 적절한 것으로 보이는 바, 따라서 위 1의 다.항에서 이미 인정한 깔판설치 방법에 따른 보수비만을 위 항목에 대한 보수비로 인정함이 상당하므로, 원고의 위 주장은 이유 없다."고 판시함으로써 깔판설치(욕실발판 매트 설치) 1회 비용을 인정하였다[31].

2) 욕실발판 매트 15회 설치 비용을 인정한 사례

반면, 수원지방법원 성남지원 2013. 3. 29. 선고 2010가합12544 판결은 "피고는 이 부분 하자에 관하여 감정인 김만재는 방수매트를 45년간 3년마다 교체하는 것을 기준으로 보수비를 산정하고 있으나, 손해공평의 견지에서 욕실 신발 걸림해소 방안으로 깔판을 1회 까는 것을 기준으로 보수비를 산정하는 것이 타당하다고 주장한다. 살피건대, 감정인 김만재의 감정결과에 변론 전체의 취지를 종합하여 인정되는 다음과 같은 사정, 즉 ① 감정인 김만재는 욕실 신발 걸림 해소방안으로 욕실의 타일을 철거하고 재시공하는 방법을 택할 경우 하자보수공사비가 다액 소요됨을 감안하여 보다 저렴한 보수비용을 투입하면서 유사한 보수효과를 낼 수 있도록 욕실 바닥에 깔판을 까는 합리적인 보수방법을 채택한 점, ② 깔판을 사용하는 경우 아파트의 총 사용연수 동안 깔판의 노후에 의하여 수회 교체가 필요하게 되는 바, 이에 관하여 감정인 김만재가 교체시기 및 비용 등을 판단하는데 있어 경험칙에 반하거나 합리성이 없는 등 현저한 잘못이 있다고 볼 만한 사정이 없는 점 등에 비추어 보면, 피고의 이 부분 주장도 이유 없다."라고 판시함으로써 욕실발판 매트 15회 설치 비용을 하자보수비로 인정한 사례가 있다.

그러나 중요하지 않은 하자에 대해 향후 45년 동안 3년마다 교체하는 것을 기준으로 보수비를 산정하는 것은 피고에게 지나친 하자담보책임을 지우는 것에 다름 아닌 바 타당하지 않다고 사료된다.

---

31) 동지 판례 : 서울중앙지방법원 2014. 1. 23. 선고 2011가합137555, 같은 법원 2009. 10. 16. 선고 200846598 판결, 부산지방법원 2012. 12. 26. 선고 2011가합6895 판결 등

3) 철거 후 재시공 비용을 인정한 사례

서울중앙지방법원 2013. 2. 7. 선고 2011가합124504 판결에서는 "이 사건 아파트 욕실 및 발코니 단차가 설계도면상 단차에 미치지 못하는 점, 피고들 주장과 같이 욕실 및 발코니 바닥에 구배를 둔다고 해서 설계도면상의 단차를 두는 것이 불가능하다고 단정하기 어려운 점에 비추어 이는 하자이고, 바닥타일을 재시공하지 않고서는 위 하자를 적절히 보수할 수 없는 상황에서 위 보수비용이 과다하다고 볼 수도 없다."고 판시함으로서 이 항목 관련 철거 후 재시공이 적정한 하자보수방법이라 판단하였다.

4) 판결의 검토 및 대응방안

과거에는 2011년 건설감정실무에 따라 이상과 같이 판시한 판결들이 다수 있었으나 실제 소유자가 거주하는 상황에서 타일을 철거 · 재시공까지 하는 것은 상당한 불편을 초래할 뿐만 아니라, 현실적으로 바닥 타일 철거 · 재시공은 방수층 파손으로 인해 하부세대에 누수가 발생할 수 있는 위험이 있어 적합하지 못한 보수로 사료된다. 보수를 할 수밖에 없는 사용상 지대한 지장이 있다 할지라도, 욕실바닥의 단차는 물을 사용하는 공간인 욕실의 특성을 고려하여 배수과정에서의 물 넘침을 방지하기 위해 시공되는 것이라 할 것이므로 현재 다수 판례의 태도와 같이 이 항목이 하자로 인정된다면 그 보수비는 욕실발판 매트 설치 비용 1회로 한함이 타당하다 사료된다.

2015년 건설감정실무 추록 및 2016년 개정된 건설감정실무와 판례의 태도를 검토해보면, 설계도서와 실제 시공된 욕실 단차가 차이가 나는 경우라 하더라도 설계도면에 표기된 문턱의 단차와 비교해서 배수구에서 문턱까지 직선거리의 물매 1/100을 고려한 값보다 미달한 경우에 한해 하자로 인정되는 것이므로 위 물매의 값이 미달하는지 여부를 반드시 확인할 필요가 있다.

또한, 가사 물매의 값이 미달한다 하더라도 그 비용은 욕실발판 매트 설치 비용 1회로 산정됨이 타당하므로 이와 같은 변경시공이 중요하지 않은 하자라는 점을 강조하여야 할 것으로 보인다.

다. 소결론

욕실 문턱 단차는 애초에 욕실의 물이 실내로 유입되는 것을 방지하기 위해 일정 높이의 단차를 두는 것으로 욕실 신발 걸림과는 무관하다. 따라서 이 항목이 하자에 해당하는지를 살펴보기 위해서는 실제로 물넘침이 발생할 수 있는지 여부를 검토해보아야 하며 만약 물넘침이 발생할 가능성이 없다면 하자로 보아서는 안된다.

한편, 2015년 건설감정실무 추록 및 2016년 개정된 건설감정실무는 물매를 고려하여 하자 여부를 판정하도록 기준을 마련하고 있으면서도 그 보수비 산정은 욕실 발판매트 설치 비용으로 정함으로써 여전히 신발 걸림 하자임을 전제로 보수비 산정 기준을 마련하고 있는데, 이는 하자와 이를 치유하는 보수방법 및 보수비 산정이 상응하지 않으므로 적절치 않아 보인다. 따라서 향후에는 욕실 단차 불량과 관련하여 실제로 물매를 고려할 때 욕실 단차의 기능에 맞추어 물넘침 기능을 다하고 있는지 여부를 기준으로 하자판단 및 보수비 산정에 관한 기준이 마련되어야 할 것이다.

11. 지하주차장 안전페인트

가. 문제점

일반 건물을 비롯하여 아파트 지하주차장 내부 벽체 및 기둥에는 안전페인트가 칠해져 있는 것을 쉽게 볼 수 있다. 차이가 있다면, 예전에는 위험예지 효과가 우수하다고 하여 검은색, 노란색을 대각선 방향으로 칠하였으나, 최근에는 주차장의 미적 효과를 극대화시키기 위해 단지의 특성을 살려 다양한 무늬 및 색상으로 시공된다는 점이다.

그런데 문제는 대다수의 감정인들이 이러한 안전페인트 시공에 대한 흐름이나 추세는 전혀 고려하지 않고, 관련 법규도 존재하지 않는 '안전페인트 미시공'이라는 하자 항목을 만들어 검은색, 노란색이 아닌 경우 모두 하자로 판단하고 있다는 점이다. 심지어 아파트 지하주차장과는 아무런 관련이 없는 '도로안전시설 설치 및 관리지침'의 법규를 적용하여 높은 보수비를 산출하는 감정인도 있다.

따라서, 노란색, 검은색의 페인트가 아니라 수성페인트로 그 기능을 다할 정도로 구별되는 칠이 되어 있다면 이 경우에도 안전페인트 미시공이라 볼 수 있는지 여부가 문제된다.

나. 판결의 동향

이와 관련하여 대다수의 판례는 준공도면의 지시사항과 상이함을 이유로 변경시공 하자로 인정하고 있고, 수성페인트로는 안전페인트의 역할을 다하지 못한다고 보아 기능상 결함이 존재한다고 판단하고 있다. 다만, 예외적으로 주차를 할 때 기능상, 안전상 결함을 초래하지 않을 정도로 식별이 가능하다고 판단될 경우 하자에서 제외한다.

1) 안전페인트 변경시공을 하자로 인정한 판례

서울중앙지방법원 2016. 6. 3. 선고 2014가합29334 판결은, "준공도면에 지하주차장 기둥 및 램프벽체에 높이 1.2미터로 안전페인트를 시공하도록 표기하여 별도로 지시하고 있는 점에 비추어 볼 때 이를 하자로 봄이 상당하고, 시공되어 있는 수성 페인트는 안전페인트의 기능을 할 수 없다고 보이므로 안전페인트 시공비 전액을 하자보수비로 인정한다."고 판시하여 시공사의 책임을 인정하였다.

2) 안전페인트 변경시공을 하자의 범위에서 제외한 판례

반면, 수원지방법원 성남지원 2015. 10. 16. 선고 2014가합203577 판결은, "살피건대, 감정인 김종백의 감정결과와 감정보완결과에 의하면, 감정인은 사용승인도면(지하주차장 마감상세도)의 내부 기둥마감도면에 안전표시도장은 색채계획기준에 따르도록 되어 있음에도 이 사건 아파트 지하주차장 내부 기둥에 안전페인트가 시공되어 있지 않은 것을 시공상의 하자로 보아 그 공사비 차액 15,855,590원을 하자보수비용으로 산정한 사실이 인정되나, 위 증거들 및 변론 전체의 취지에 의하여 인정되는 다음과 같은 사정들 즉, ① 이 사건 아파트 사용승인도면에는 '안전표시도장은 색채계획기준에 따를 것'이라고만 기재되어 있을 뿐 안전페인트를 시공하도록 지시하고 있지 않고, 지하주차장의 안전페인트 도색과 관련한 근거 규정 또한 존재하지 않는 점, ② 이 사건 아파트 지하주차장 내부 기둥은 위 사용승인도면에 따라 수성페인트로 마감되었고, 기둥 상, 하부의 색상을 달리하여 안전유도 기능을 하도록 시공된 것으로 보이는 점, ③ 감정인도 현재 시공된 상태만으로도 차량 운행 및 주차에 별다른 어려움이 없을 것으로 판단된다는 의견을 밝히고 있는 점 등을 종합하면, 위에서 인정한 사실만으로, 위 항목이 시공상 하자에 해당한다고 보기 어렵고, 달리 이를 인정할 만한 증거도 없으므로, 피고 측의 위 주장은 이유 있다."고 판시하여 시공사의 책임을 부정하였다.

다. 대응사례

대전지방법원 홍성지원 2011가합1184 사건의 감정인은 준공도면 실내재료마감표(A-111)에 지하주차장 기둥, 벽체에 안전페인트(H=1200)가 표기되어 있으나, 감정 당시 통로측 코너부분에만 안전페인트가 시공되어 미시공된 부분에 대해 안전페인트를 시공하는 비용을 산정하였다.

이에 시공사는, 현재 이 사건 아파트에는 안전유도 역할선에서 통로측 코너부분에 안전페인트가 시공이 되어 있고 그 외의 기둥 및 벽체에도 기둥 상·하부 색(상부-진분홍, 하부-백색)을 구분하여 수성페인트가 시공되어 운전자의 시선 유도에는 지장이 없다는 사실, 근래에는 단지의 특성화 등을 살려 다양한 무늬와 또는 다양한 색상으로 칠하고 있는 바 이 사건 아파트의 안전페인트 미시공은 하자로 볼 수 없음을 주장하였다.

재판부는, "준공도면과 달리 시공된 사실은 인정되나, 이로 인해 지하주차장 사용에 있어서 기능상, 안전상 중대한 문제가 생긴다고 보기 어려우며, 반면 이를 보수하는 데는 과다한 비용(35,944,712원)이 소요되는 점, 현재 수성페인트를 칠함으로써도 자동차 운전자로 하여금 지하주차장 벽면의 위치를 확인시켜 그 충돌을 방지하는 기능을 다하고 있는 점 등에 비추어 보면, 하자로 인정할 수 없다"고 판단하여 하자에서 제외하였다.

라. 건설감정실무지침과 향후 대책

2015년 건설감정실무 추록 및 2016년 개정된 건설감정실무는 안전페인트 미시공, 변경시공은 설계도면, 당해 부위 상세도로 판단하도록 되어 있고, 차량의 유도, 주의 등을 위해 시공하는 것인바 기능상의 하자로 판단하고 있으며, 비용은 설계도서와 일치하도록 시공하는 안전페인트 비용을 산정할 것을 명시하고 있다.

그렇다면 이전과 같이 노란색, 검은색이 아니라 하더라도 해당 아파트 고유의 특성을 살려 미관상 보다 아파트의 가치를 높일 수 있으면서도 운전자가 식별이 가능한 칠을 한다면 기능상 하자라 할 수 없을 것이므로, 감정인들은 최근 안전페인트 시공의 변화 추이를 감안하여 하자 여부를 판단하여야 할 것으로 사료된다.

12. 세대 욕실 천장 내 플렉시블 전선관 미시공

가. 문제점 및 감정현황

감정인들은 내선규정을 적용하여 욕실 천장내 내 조명기구 배관 · 배선 등이 천장 내 슬라브에 매립되어 있는 CD전선관으로 시공되어, 규정과 같은 플렉시블전선관 시공비용을 산정하고 있다. 일부 감정인들은 전 세대 욕실 천장 철거 후 플렉시블 전선관 시공비용을 산정하여, 억대에 이르는 다대한 보수비를 산정하는 감정인들도 있다.

나. 내선규정의 올바른 해석

하지만, 내선규정의 제210절 옥내등 210-2의 '조명기구 등을 직부 또는 매입하는 경우의 시설방법'편에서는 "2중천장 내에서 옥내배선으로부터 분기하여 조명기구에 접속하는 배선은 케이블배선 또는 금속제가요전선관 배선(점검할 수 없는 장소에서는 2종 금속제가요전선관에 한한다.)으로 하는 것을 원칙으로 한다.

다만, 옥내배선과의 분기점 또는 아웃렛박스에서 기구전원 인입부분에 이르는 배선의 길이가 30cm이하이고, 또한 직접 조영재에 접촉될 우려가 없도록 다음 각호에 의하여 시설할 경우에는 그러하지 아니하다." 라고 하고 있다.

이 항목은 권고사항에 불과할 뿐만 아니라, 단서조항에서는 예외 규정을 두고 있다. 따라서 설계도면 및 지시서에도 전선관을 시공하라고 지시된 바 없고, 권고사항을 기준으로 미시공 여부를 판단한다면, 이 항목은 결코 하자라 할 수 없는 것이다.

다. 판례의 태도

이와 관련하여 대전지방법원 홍성지원 2014. 1. 23. 선고 2011가합1184 판결은, "전기내선규정의 해당 규정이 권고사항이기는 하나, 전선관과 등기구의 결속이 불량하여 전선이 노출된 것인 점, 감정인은 위와 같은 불량으로 인하여 20-30cm가량의 전선이 노출되어 안전상의 하자가 있다고 판단한 점 등에 비추어 보면, 하자로 보이는 바, 피고들의 주장은 이유없음"이라고 판시하여 시공사의 책임을 인정한 사례[32)]도 있다.

반면, 서울중앙지방법원 2010. 7. 8. 선고 2007가합35898 판결은, "대한전기협회가 발간한 내선규정에 옥내배선에 전선보호관을 시공하도록 하는 것이 원칙이라고 되어 있기는 하지만, 이는 권고사항일 뿐 강제규정이 아닌 것으로 보이고, 또한 위 각 증거에 의하면, 이 사건 아파트의 설계도면이나 전기시방서에도 전선보호관을 설치하도록 기재되어 있지도 아니한 사실, 일반적인 아파트 시공에서는 천장 높이가 낮아 대체로 전선보호관을 설치하지 않는 사실이 각 인정되는바, 이러한 사정에 비추어 보면, 이 사건 아파트 세대 욕실 상부에 전선보호관이 설치되지 아니한 것으로 인하여 이 사건 아파트에 기능상 또는 미관상의 지장이 초래되었다고 보기는 어렵고, 달리 이를 인정할 만한 증거가 없으므로, 원고의 이 부분 주장은 이유 없다."라고 하여, 플렉시블 전선관 미시공 하자는 공사상의 잘못에 기인한 하자로 볼 수 없다고 판시하고 있다[33)].

---

32) 동지판례 : 서울남부지방법원 2014. 5. 23. 선고 2012가합8889 판결
33) 동지판례 : 서울중앙지방법원 2009. 1. 9. 선고 2006가합97171 판결

라. 소결론

이상에서 본 바와 같이 판례의 태도는 상반되고 있고 이에 대한 정리가 되지 않은 것이 현실이나, 내선규정의 해석에 비추어보면 이 항목을 하자로 인정하는 것은 부당하다고 할 것이다. 감정인 역시 내선규정의 훈시성을 감안하여 하자 인정 여부를 판단하여야 할 것이다.

13. 세대 온돌마루판 두께 부족

가. 문제점

최근 하자감정 항목들 중에는 준공도면에 표기된 세대 온돌마루판 두께가 부족하게 시공되어 온돌마루 자재비 차액 비용을 산정하고 있는 경우가 있다. 그러나 이 항목은 중요하지 않은 하자이지만, 세대수에 따라 많게는 억대에 이르는 상당한 보수비가 도출되는 경우도 허다하다.

나. 감정현황 및 감정의 문제점

감정인들은 준공도면에 온돌마루판 두께는 10mm로 표기되어 있으나 실측결과 7.5mm에 불과하다고 하여 10mm온돌마루판 재료비와 7.5mm온돌마루판 차액을 산정하고 있다. 그러나 기성제품 온돌마루 두께는 7.5mm상당이 대부분이고, 온돌마루로 지칭된 마루판 10mm두께는 생산조차 되지 아니하고, 다만 난방이 불가능한 비온돌용 원목마루만 10mm두께가 생산되고 있다. 원목마루는 일반적으로 두께가 두꺼워 바닥 난방이 불가능하므로 가정용으로는 적합하지 않으며, 충격 흡수성이 우수하여 스포츠센터나 교실 등에 바닥재로 많이 쓰인다.

[표] 원목마루와 온돌마루 특성 비교표

구분	원목마루(플로어링)	온돌마루(합성마루)
재료	원목 15㎜ 내지 22㎜	4㎜원목 +합성목제
가격(3.3㎡)당	15만원 상당(종류 별 차등)	6만원 상당(종류별 차등)
용도	전시실, 체육관, 강당 등	공동주택 바낙
변형 및 습기	온돌마루에 비해 강함	합판에 비해서는 조금 강함
바닥 난방	부적합	적합(공동주택 거실 침실)
시공	합판 설치 후 시공 또는 접착제 시공	접착제 도포 후 부착

열전도율	열전도율 낮음	열전도율이 높음(난방비 절감)
충격 흡수성	아주 좋음	비교적 좋음
흠집	민감함, 내마모성 약함	민감함
습기	원목 건조 수축과장에서 일부	들뜸 비틀림 발생, 습기에 취약
유지보수	철거 후 재시공	드릴 천공 후 접착제 주입
제질	은행나무, 단풍나무, 자작나무 등	일부 은행나무 + 톱밥 합성목제
※원목마루란 천연원목을 가공한 것으로서 두께 3㎜이상인 것을 총칭함		

다. 판례의 태도

서울중앙지방법원 2011. 1. 12. 선고 2009가합 31609 판결은 "원고는 세대 바닥 마루판 두께가 설계도면과 상이하게 변경시공되었다고 주장하나 온돌마루를 납품한 업체는 납품당시 10mm온돌마루를 생산한 사실이 없으며 국내 마루업체는 2006년경 두께 7.5mm의 온돌마루만을 생산하고 있었던 사실을 인정할 수 있는 바, 위 인정 사실을 종합하여 보면 이 사건 아파트 설계도면을 두께 10mm인 온돌마루를 시공하도록 하는 내용인 것으로 볼 수는 없으므로, 원고의 이 부분 주장은 이유 없다."라고 판시한 바 있다.

반면, 서울중앙지방법원 2012. 2. 2. 선고 2010가합29220 판결은, "10mm 온돌마루 제품이 시공 당시 생산되지 않았다면 적법한 절차를 거쳐 설계변경을 하거나 온돌마루 생산회사에 특별주문을 하였어야 할 사정이고, 10mm 온돌마루가 생산되지 아니하였다는 사정만으로 설계도면과 상이하게 시공된 것을 하자가 아니라고 할 수 없다. 온돌마루 시공 후 최종 높이가 10mm임을 전제로 설계도면을 작성하였다는 것은 피고들의 주장에 불과하다. 10mm 두께 마루판은 일반적으로 아파트에 적용하지 않는 고가의 원목마루 제품만이 조사되어 부득이 7.5mm 온돌마루를

10mm 온돌마루로 환산하여 보수비를 산정하였다"라고 판시하여 피고의 책임으로 인정한 사례도 있다.

라. 대응사례

서울중앙지방법원 2014가합33159 사건의 감정인은, 사용승인도면(A1-096)상 세대 바닥의 온돌마루를 T10두께로 시공하도록 지시되어 있으나, 현장조사 결과 온돌마루 두께가 T7.5로 변경시공된 것으로 확인되어 온돌마루 재료비 차액을 산정하였다. 그러나 아파트 사업승인당시 시중의 기성제품 온돌마루 두께는 7.5mm만 유통되었고, 준공도면상의 온돌마루로 지칭된 마루판 10mm두께는 아예 생산조차 되지 아니하고, 다만 난방이 불가능한 비온돌용 '**원목마루**'만 10mm두께가 생산되었을 뿐이다. 모델하우스에서 7.5mm 두께의 온돌마루를 시공하였음에 기초하여 시공사측은, 온돌마루 납품업체 및 설계사무소에 대한 사실조회를 신청하였다. 이에 대해 온돌마루 납품업체는 "두께 10mm의 온돌마루 제품은 열전도율이 떨어지고 변형에 의한 하자의 위험성이 높아 대량물량이 납품되는 아파트 특판현장에는 적합하지 않아 당사가 거래하는 건설사에서는 7.5mm 제품만을 적용하고 있다"는 취지로 회신하였다. 설계사무소로부터는 "주택건설 기준 등에 관한 규칙에 따르면, 모든 공동주택의 설계는 안목치수를 적용해야 하는 바, 법에 규정된 내부 치수를 지키게 하기 위하여 공동주택 설계시 시공 오차 등을 감안한 설계 치수의 표현을 하고, 이 사건 아파트 설계에서 온돌 바닥에 10T 온돌마루로 표현한 것은 전체 마감두께 10mm 이내에서 바닥 미장의 평활도, 온돌마루를 붙이기 위한 접착제의 두께 등을 감안하여 시공하라는 의미로 위 설계자가 설계하는 모든 공동주택의 설계시 표현하는 방법"이라는 회신을 받아 이를 근거로 위 항목은 시공사의 책임범위에서 제외되어야 함을 주장하였다.

그에 따라 서울중앙지방법원 2016. 8. 19. 선고 2014가합33159 판결은, "공동주택의 설계에는 안목치수(아파트 면적 산정 때 눈으로 보이는 벽체 사이의 거리를 기준으로 삼는 것을 말한다)가 적용되고, 공동주택을 설계할 때에는 시공 오차 등을 감안하여 치수를 표기하는 사실, 이 사건 아파트를 설계할 때 온돌마루 두께를 10mm로 표기한 것은 전체 마감 두께 10mm 이내에서 바닥 미장의 평활도, 온돌마루를 붙이기 위한 접착제의 두께 등을 감안하여 시공하라는 의미인 사실, 두께 7.5mm로 시공된 온돌마루로 인해 이 사건 아파트에 기능상, 미관상, 안전상 지장을 초래하지는 않고, 통상 세대 온돌마루는 두께 7.5mm로 시공되고 사용승인도면에 표기된 "T10 온돌마루"에는 접착제 등의 두께가 포함된 사실, 이 사건 아파트 사업승인 당시 두께 10mm의 온돌마루는 생산 · 유통되지 않았던 사실, 이 사건 아파트의 분양카다로그에는 "각종 인쇄물 및 홍보물상의 조감도 및 이미지는 소비자의 이해를 돕기 위한 것으로 실제와 다를 수 있으니, 반드시 현장 및 견본주택을 방문하시어 확인한 후 계약을 체결하시기 바랍니다"라고 기재되어 있고, 모델하우스에도 두께 7.5mm의 온돌마루가 시공된 사실을 인정할 수 있다. 이러한 사실에 비추어 보면, 세대 온돌마루가 7.5mm 두께로 시공되었다는 사실만으로 이를 하자라고 볼 수 없다."고 판시하고 있다.

마. 대응방안

대체적으로 온돌마루 두께에 대해 설계도면상 실제 시공되는 7.5T를 지시하고 있으나, 일부 사례에서 위와 같이 10T로 명기함으로써 하자로 인정된 사례도 존재한다. 그러나, 실제 생산되지 않는 두께의 온돌마루를 시공하지 않았다고 하여 이를 하자로 인정하는 것은 부당하다 할 것이고, 대응사례에서 본 설계사무소의 의견과 같이 바닥 미장의 평활도, 접착제의 두께를 감안한 것이라고 보아야 할 것이다.그럼에도 불구하고 일부 판례는 이를 하자로 보고 있는 바, 이와 같은 위험 부담에서 벗어나기 위해서는 설계도면을 실제 시공된 현황에 맞게 준공도서 검토를 통해 수정하는 것이 바람직할 것으로 보인다.

14. 미시공, 변경시공 하자에 대한 대응

가. 하자소송의 변화

이상에서 본 바와 같이, 균열, 고사목 등 일부 사용검사후 하자를 제외하고 대다수 사용검사전 하자에서 비용이 많이 산정되고, 하자소송에서 미시공, 변경시공이 차지하는 비중이 점점 커지고 있다. 초기에는 감정서에서 균열보수비용이 대부분을 차지하다가 균열보수비용이 상당부분 과장되어 있음이 하나씩 밝혀지면서 근래에는 미시공, 변경시공 쪽으로 옮겨가고 있고 원고편에서 하자소송을 주도하고 있는 변호사들 중 미시공, 변경시공을 중점적으로 찾아서 소를 제기하는 변호사들이 점점 늘어나고 있는 상황이다.

이와 같은 사용검사후 하자의 경우 건설사들이 사실상 미시공하였거나 저급으로 변경시공한 경우도 있으나 상당부분 설계도면 관리에 부주의하거나 사후관리에 부주의한 결과로 실제적으로는 미시공, 변경시공이 아님에도 불구하고 감정서에 미시공, 변경시공으로 평가되어 상당한 액수의 배상을 해야 하는 경우도 빈발하고 있으므로 건설사들이 앞으로 각별히 주의를 기울여야 할 부분으로 사료된다.

나. 미시공, 변경시공과 문제점

미시공, 변경시공이란 말 그대로 설계도면에 시공하도록 되어 있음에도 시공하지 않았거나 시공하기는 하였으나 저급자재를 사용하거나 저급시공한 경우를 지칭하는 것으로 이에 대한 배상은 당연한 것이다. 사람이 하는 일이고 수많은 공종에 대해 수많은 전문건설업체들이 시공에 참여하여 공사하는 관계로 관리감독상 어느 정도까지는 불가피하게 수반되는 문제로 보여지는 부분이다. 그런데 실제적으로 미시공, 변경시공이 아님에도 불구하고 설계도면의 관리부실이나 불명료, 불명확 등으로 인해 미시공, 변경시공으로 인정되고 평가되어 상당한 금원의 배상금이 지급되고 있는 것이 문제다.

다. 사용검사전 하자에 대한 사전 대응의 필요성

이와 같은 사용검사전 하자는 ① 실제 공사 현황 및 도면의 불일치 ② 도면 상호간의 불일치 ③ 세부 규격 및 치수 기입(액체방수 1종, 욕실 단차 치수 등) ④ 시방서/시공상세도/자재승인서/수량산출서 등의 부실 등에 기인한 것이고, 결과적으로 미시공, 변경시공에 따른 막대한 손해배상금 지급으로 확대되는 악순환을 초래하게 된다.

따라서 사업승인단계에서는 ① 사업승인에 필요한 도면(관할청 요구 도면)만 제출하고 ② 공사시방서를 간소화하며 ③ 분양계약 제반사항(계약서/분양광고/모델하우스/분양카다로그 등)은 실시도면과 동일한 표현을 반드시 준수할 필요가 있다.

또한 사용승인단계에서는 사용승인도면 작성시에 ① 세부공법 및 규격, 특정자재, 세부치수를 최소한으로 하고 ② 실제 시공된 자재를 명기하며 ③ 마감재 미시공의 경우 주기란에 내용을 명시하고 ④ 도면 상호간 및 공사시방서간 내용을 일치시키는 작업이 필요하다.

그러나 실제에 있어서 공사비 절감을 위해 공기를 최소한으로 운용하는 건설사 입장에서 건물완공 후 설계도면과 실제 시공현황을 일치시키는 작업을 하는 것은 인력 운용상 어려운 것이 현실이다. 따라서 대형건설사 및 중

견건설사 대부분이 외부 전문 업체에 준공도면 사전점검 또는 건설사업관리(CM) 형태로 용역을 발주하여 사전 대응을 하고 있는 바, 사용검사전 하자에 대한 위험성을 사전에 방지하기 위하여는 이러한 용역 발주를 검토해 볼 필요가 크다고 할 것이다.

제3절 최근 문제되고 있는 항목에 대한 고찰

1. 방화문 성능 불량

가. 쟁점

공동주택의 경우 화재를 대비하여 세대 현관 출입문, 대피공간 출입문, 공용부분 등에 방화문을 시공하고 있다. 이와 같은 방화문은 「건축물의 피난 · 방화구조 등의 기준에 관한 규칙」에 따라 일정 성능을 충족하여야 하는데, 최근 하자소송을 제기함에 있어서 방화문 성능불량을 문제삼고 있는 경우가 많다.

그런데, 방화문의 경우 성능시험을 만족한 제품을 시공하였다 하더라도 기간의 경과 및 사용자의 사용 빈도 등에 비추어 상당 기간 경과한 후에 관련 규정에서 요구하는 방화문 성능을 충족하지 못하였다고 하여 이를 하자로 볼 수 있는지 여부가 문제된다.

나. 관련 판례의 태도

현재 진행되고 있는 소송 중 다수의 소송에 방화문 성능 불량 항목이 포함되어 있고, 최근 이에 대한 판결에서 대체적으로 하자로 인정하는 태도를 취하면서도, 문짝 및 문틀 전체 철거후 재시공을 인정한 판례, 문짝 교체비용만을 인정한 판례 등 보수비용 인정에 있어 차이를 보이고 있다.

이책에서는 방화문 성능불량 항목이 최초로 다투어져 첨예한 대립이 있었던 항소심 판결을 소개한다. 이 사건에서 방화문 성능불량 항목에 관해 약 164억원 상당의 하자보수비[34)]가 인정되었던 바, 단일항목에 대한 보수비로는 상당한 금액이다. 현재 진행되고 있는 소송의 시초도 이 판결이라 해도 과언이 아니다.

서울고등법원 2016. 7. 12. 선고 2014나3551 판결

"이 사건 아파트의 갑종방화문에는 KS 표시가 되어있지 않으며, 앞서 든 각 증거, 갑 제31, 33, 38, 39호증, 을다 제1, 3호증의 각 기재에 의하여 인정할 수 있는 다음과 같은 사정 등에 비추어 피고들 또는 방화문 납품업체가 방재시험연구원에서 받은 시험결과보다는 이 사건 감정결과 등에 따라 이 사건 도급계약을 체결할 당시 또는 피고들이 이 사건 아파트에 갑종방화문을 설치할 당시 갑종방화문에 대한 KS 성능 기준은 당시 시행되고 있던 KS F 2268(1996. 8. 2. 시행, 2006. 12. 18. 폐지) 또는 KS F 2268-1(2001. 7. 4. 시행)에 따른 내화시험결과 구 방화문의 인정 및 관리기준에서 정한 가열시험 1시간을 통과하고, KS F 2846(2003. 4. 28. 시행)에 따른 차연시험결과 KS F 3109(2004. 8. 27. 시행)에서 정한 차압 25Pa일 때 공기 누설량

34) 책임제한 비율 반영 이전 인정금액

0.9m^3/min · m^2를 초과하지 않아야 하는 기준에 미치지 못하고 있는 사실을 인정할 수 있다.

① 감정인은 한국건설기술연구원에 방화문 시험을 의뢰하여 방화문 시험 성적서를 받아 이를 감정결과에 반영하였고, 방화문 시험을 위하여 방화문을 철거하여 시험소로 운반하여, 시험소에서 시험체를 설치하고 시험을 실시하는 전 과정을 감정인이 감독하였으며, 철거대상인 방화문을 확인하고 시험을 실시하는 과정에 원고, 피고들이 참관하도록 하였다.

② 피고 A건설에 방화문을 납품한 주식회사 B는 2004. 8. 6. 한국생활환경시험연구원으로부터 문세트(철제문)에 관하여 KS F 3109-01 시험결과 적합 판정을 받았는데, 이는 방화문과 관련한 차연성, 방화성 시험 결과가 아니며, 시험성적서 표지와 함께 2005. 1.경 실시된 방화문 내화시험(차연성, 비차열성)에서 적합판정을 받은 결과지가 제출되어 있으나, 첨부된 시험 내용이 달라 보인다.

③ 피고 A건설에 방화문을 납품한 C주식회사는 방재시험연구원으로부터 2004. 11. 차연성 시험 결과를, 2005. 4. 비차열 적합판정을 받았는데, 시료를 동시에 제출하여 적합판정을 받은 것이 아니므로, 위 시험결과로 차연성과 비차열성을 동시에 충족하고 있음을 충분히 증명하고 있다고 보기 어렵다.

④ 피고 A에 방화문을 납품한 유한회사 D는 방재시험연구원에서 2005. 1. 차연성 적합판정을 받았고, 2005. 6.경 방화성 시험 적합판정을 받았는데, 유한회사 에스와이스틸의 시험성적서에 의하면, 차연성 시험은 에스와이스틸이 의뢰하여 2004. 12. 30. 이루어졌고, 방화성 시험은 피고 A건설이 접수하여 2005. 5. 16.부터 같은 달 25.까지 이루어졌으며, 위 시험 또한 같은 시료에 대하여 실시한 것이 아니라 별개로 실시되었으므로 각 시험에서 요구하는 성능이 동시에 갖추어졌는지에 관하여 의문이 있다. 또한 방화성 시험은 피고 A건설의 북한산 A홈시티 신축공사에 관하여 이루어진 것으로 이 사건 방화문과 관련하여 실시된 것으로 보기 어렵다. 유한회사 C는

2007. 4. 5. 한국건설기술연구원 품질시험에서 비차열 60분, 차연성 0.9 이하 판정을 받고, 2007. 6. 20. 방화문에 관하여 KS 인증(최초인증)을 받았으나, 갑 제32호증의 1 분기감리보고서에 따르면 피고 A건설이 시공한 1단지 방화문 공사는 2007. 4. 이전 완료되었으므로, 시공 당시에 KS 인증을 받은 것으로 보기 어렵다.

⑤ 피고들이 제출한 위 각 방화문 업체의 방재시험연구원 시험성적서의 각 기재에 따르면 방재시험연구원은 각 방화문 업체로부터 시료를 제출받아 검사를 시행하였는 바, 위와 같이 제출된 방화문 시료와 이 사건 아파트의 방화문이 동일함을 인정할 수 있는 자료는 없는 반면, 감정인은 이 사건 아파트에 실제로 설치되어 있는 방화문을 철거하여 한국건설기술연구원장에게 시료로 제출하였으므로 시험체가 동일함에는 틀림없다.

⑥ 동일한 제품이라고 하더라도 각 제품의 성능이 완전히 동일하다고 볼 수 없으므로, 시료를 다양하게 채취하여 여러 차례 시험한 결과가 더 신뢰할 수 있다고 할 것인데, 방재시험연구원은 시험을 실시한 각 방화문 업체당 1회, 시료 2개씩을 제출 받아 시험(방재시험연구원의 시험성적서 표지에도 '본 시험결과는 전체 제품의 품질을 대표하지 않습니다'라고 기재되어 있다) 한 것인 반면, 감정인은 방화문의 설치장소와 설치업체를 고려하여 시료를 선정하여 48세트 96개를 시험하였다.

⑦ 구 방화기준규칙 제26조 제3호에서 방화문의 성능기준으로 '건설교통부장관이 정하여 고시하는 기준에 따라 건설교통부장관이 지정하는 자 또는 한국건설기술연구원장이 실시하는 품질시험에서 그 성능이 확인된 것'으로 규정하고 있는 점, 이 사건에 적용되는 구 방화기준규칙 제2조 (정의)에서 '방화문이라 함은 한국건설기술연구원장이 그 성능을 확인하여 인정한 것을 말한다'라고 규정하고 있는 점, KS품질시험은 국토교통부 시험규격에 의하여 방화성과 차연성 시험항목에 관하여 정형화된 시험을 실시하는 것으로 보이는 점에 비추어 보면, 품질시험의 실시자로 관계법령에 명시되어 있

고 감정인이 시험을 거친 한국건설기술연구원장의 검사가 피고들 또는 방화문 업체가 시험을 거친 한국화재보험협회 부설 방재시험연구원의 검사에 비하여 전문적이지 못하다고 볼 것도 아니다.

⑧ 사단법인 한국화재소방학회의 사실조회회신에 따르더라도 변형이나 그로 인한 영향의 정도는 정량적으로 판단할 수 없다는 것이고, 이 사건 감정인은 철거대상 방화문에 대하여 사전에 상태를 확인하여 정상적인 문만을 대상으로 변형없이 원상태로 철거하여 시험을 실시하였으며, 한국건설기술연구원장의 사실조회회신에서도 갑종방화문 성능기준 미달의 원인은 '방화문을 구성하고 있는 가연성 재료 때문인 것으로 판단된다'는 의견이다.

따라서 피고들은 원고에게 이 사건 아파트의 갑종방화문에 대하여 KS 표시 제품으로서 그 성능 기준을 갖춘 제품을 시공할 의무가 있음에도 이를 이행하지 않았으므로 이에 대하여 손해를 배상할 책임이 있다."

다. 대응방법

위 판례의 태도에 비추어 보더라도 시험성적서 상 관련 법령에서 기준하고 있는 비차열, 차연 기능을 모두 충족함이 증명되고 시험성적을 받았던 시료가 해당 아파트에 시공되었다는 사실이 입증되면 재판부에서 감정 당시부터 원고의 방화문 성능 불량 항목에 대한 채택 여부에 관해 고민이 있을 것으로 보인다. 왜냐하면 하자담보책임기간 내 달리 방화문에서 결함이 발생한 바 없고 해당 아파트에 시공된 방화문이 품질 적합성을 득한 것이라면 감정시점에서 가사 하자가 존재함이 밝혀졌다 하더라도 시공 당시부터 부적합한 것이었다고 단정할 수 없는 것이기 때문이다.

따라서 사업주체로서는 방화문 시험성적서, 하수급업체로부터 자재를 납품받아 시공할 때 자재납품에 대한 감리의 승인 자료 등 적절한 입증방법을 제출함으로서 해당 아파트에 시공된 방화문 성능에 문제가 없음을 주장하여야 할 필요가 있다.

라. 소결론

소개한 판결은 하자담보책임기간 내에 방화문이 탈락하는 등 하자가 발생하여 자체 조사 결과 방화문 성능의 이상을 발견한 뒤 소를 제기하였고, 소송 진행 과정에서 감정을 통해 방화문 성능 불량이 확인된 사건이었다.

그런데 현재 방화문 성능 불량 항목에 대한 감정을 신청하는 사건들을 보면 하자담보책임기간 내외를 불문하고 하자가 발생하였다는 사실조차 입증하지 못한 채 무조건 감정부터 신청해보는 경우가 많다. 그런데 이러한 감정신청은 민사소송법에서 금지하고 있는 모색적 증거신청 방법으로서 부적절한 것이다. 하자소송에서 입증책임을 부담하는 원고로서는 적어도 하자의 존재 사실에 대한 기본적인 입증은 한 뒤 하자의 범위, 보수비 등 감정인의 전문성을 요하는 부분에 대하여는 감정을 신청하여 주장을 보완해야 함이 타당하다.

법원에서도 일부 이와 같은 점을 지적하여 원고의 감정신청을 채택하지 않는 경우가 있는 바, 방화문의 감정료가 매우 비싸고 소송비용의 부담은 종국적으로 피고 역시 하게 된다는 점을 고려하여 원칙에 입각하여 감정 채부를 결정함이 타당하다고 사료된다.

2. 스프링클러 배관 누수

가. 문제점

스프링클러 배관에서 부식이 발생하여 이로 인해 누수 하자가 발생한 경우, 누수가 발생한 세대에 한해 스프링클러 배관 교체 비용이 인정될 것인지 전체 세대의 배관에 동일한 하자가 있다고 보아 전체 배관의 철거 후 재시공 비용이 인정될 것인지가 문제된다.

또, 배관의 누수 하자의 원인과 관련하여 배관 누수의 원인이 무엇인지 명확하게 규명되지 않고 각 시험기관마다 다른 결론을 내고 있어 이에 관하여도 문제가 있다. 배관 누수 하자의 원인에 따라 배관 자체의 문제 즉 설계상 하자에 해당하는지 아니면 공사상의 잘못이 개입된 시공상 하자에 해당하는지 여부가 문제되기 때문이다. 이와 관련하여 배관 자재로 흔히 사용되었던 동관 자체가 가지고 있는 문제라는 입장, 플럭스 잔재, 용수 내에 존재하는 황성분 등 불순물이 부식을 일으킨다는 입장, 용수를 투입하는 과정에서 산소 용존율이 문제가 된다는 입장 등의 견해가 있다.

한편, 만약 전체 세대의 배관에 하자가 있다고 인정된다 하더라도 그 보수비 산정에 있어 전체 철거 후 동관으로 재시공하는 비용을 산정할지, 백금 배관으로 비용을 산정할지 또는 새로운 공법으로 보수비를 인정할지 여부가 문제된다.

나. 관련 판례의 태도

현재 다수의 판례는 대체적으로 전체 세대에 대한 철거후 재시공 비용을 인정하고 있다. 물론 이에 대한 예외적인 판례들도 있긴 하나 스프링클러 배관 누수 하자가 인정된 대표적인 판례를 소개한다.

수원지방법원 성남지원 2014. 5. 14. 선고 2012가합2503 판결

피고는, 스프링클러의 배관은 정상적인 자재로 시공된 것으로 누수의 직접적인 원인이라고 볼 수 없고, 실제 누수가 발생한 세대도 극히 일부인 13세대 31곳에 불과하므로, 위 항목은 이 사건 아파트의 하자라고 볼 수 없고, 하자라고 하더라도 그 보수비는 위 13세대 31곳의 누수부위에 대한 보수비인 5,943,173원으로 제한되어야 한다고 주장한다. 살피건대, 갑 제153호증 내지 갑 제159호증의 각 기재, 감정인 주식회사 APRO R&D의 감정결과 및 변론 전체의 취지를 종합하면 ① 위 감정시점을 기준으로 13세대 31개소에서 누수로 인한 천장 및 벽지, 가구 등의 오염이 육안으로 관찰된 사실, ② 스프링클러 배관의 부식은 청녹 현상이 관찰되는 영역에서 내부에서 외부로 수직방향으로 진행되어 균열이나 천공을 발생시킨 사실, ③ 누수가 육안으로 관찰되지 않은 세대들 중 임의적으로 시료를 채취한 7세대 중 5세대에서는 스프링클러 동관의 내부에서 청녹 및 누수현상이 모두 발견되었고, 나머지 2세대 중 1세대에서도 누수현상이 발견된 사실, ④ 이 사건 아파트의 스프링클러 배관은 대부분 구리 성분으로 구성되어 있고, 구리 성분은 암모니아 성분에 약하여 배관 속 물의 암모니아성 질소 농도 및 pH 농도(수소이온농도)가 일정 수준 이상으로 높아지면 부식현상(이른바 '암모니아 부식')이 발생하는 사실, ⑤ 누수가 육안으로 관찰되지 않은 각 세대의 물을 임의로 채취하여 관찰한 결과 수소이온농도는 최대 pH10에 이르고, 암모니아성 질소의 농도는 최대 0.75(mg/L)에 이르며, 위와 같은 수소이온농도 및 암모니아성 질소 농도는 부식이 발생하지 않은 물탱크실의 수소이온농도 및 암모니아성 질소의 농도에 비하여 현저히 높은 사실, ⑥ 스프링클러 동관 표면에서 동관을 부식시키는 원소인 황이 검출된 사실을

인정할 수 있고, 위 인정사실에 앞서 든 증거 및 변론 전체의 취지를 통하여 알 수 있는 다음과 같은 사정 즉, ① 스프링클러 배관은 각 세대 천장 내부에 설치되어 원고나 입주민들의 지배·관리가 미치지 않는 점, ② 스프링클러 배관 안에 채워진 물은 특별한 사정이 없는 이상 피고가 이 사건 아파트의 건축시에 제공한 그대로의 상태라고 할 수 있는 점, ③ 스프링클러 배관 자체가 부식의 직접적인 원인은 아니라고 하더라도 스프링클러를 구성하는 스프링클러 내부 물로 인하여 배관에 부식이 발생하였다면 전체적으로 아파트의 하자라고 봄이 상당한 점, ④ 스프링클러 배관 부식은 이 사건 아파트 중 거의 전세대에 걸쳐 진행되고 있다고 추인할 수 있는 점, ⑤ 배관 표면의 황성분으로 인하여 스프링클러 배관 부식의 진행이 심화될 수 있는 개연성이 있는 점 등을 고려하여 보면, 위 항목은 아파트로서 통상 갖추어야 할 품질이나 성질을 갖추지 못하여 이용상·안전상 지장을 초래하였다고 봄이 상당하므로, 이 사건 아파트의 하자라고 보아야 할 것이다. 다음으로 위 항목의 하자로 인한 손해배상의 액수에 관하여 살피건대, 앞서 본 바와 같이 ① 스프링클러 동관의 부식은 육안으로 누수를 발견하지 못한 세대에서도 진행되어 물자국 및 Pin Hole이 관찰되고 있는 점, ② 스프링클러의 배관의 부식은 화재시 기대되는 스프링클러의 기능에 비추어 기능상·안전상 중대한 지장을 초래할 뿐 아니라, 누수로 인한 누전의 위험도 배제할 수 없는 점 등을 고려하면 전세대의 스프링클러를 철거한 후 재시공하는 보수비를 산정한 방식이 합리적이라고 할 것이고, 위 감정인의 감정결과에 의하면 위와 같은 철거 및 재시공의 비용은 1,040,974,891원임을 인정할 수 있다.

다. 대응방안

수원지방법원 성남지원 2016. 6. 8. 선고 2014가합203140 판결의 감정인은 스프링클러 배관이 부식되어 누수 등 하자가 발생하므로 이에 대한 보수비로 스프링클러 배관을 철거한 뒤 재시공하는 비용 약 5억 5천만 원의 보수비를 산정하였다.

이에 피고는 배관을 굳이 철거하지 않아도 배관 내 이물질을 제거하고 피막을 형성하는 에어샌딩 공법과 에폭시 코팅 방법으로도 충분히 보수가 가능함을 주장하였고, 한국과학기술연구원에 대한 사실조회를 통해 누수하자의 원인이 고압공기층을 원인으로 한 고농도의 용존산소발생에 따른 환원작용과 틈부식이라는 사실을 밝혀냈다. 누수의 원인이 이와 같다면 물이나 공기와 직접 접촉하지 않으면 산화현상을 방지할 수 있을 것인 바 에어샌딩, 에폭시 코팅 방법으로 인정되어야 함을 주장하였던 것이다. 해당 재판부는 이와 같은 주장을 인정하여 에어샌딩, 에폭시 코팅 방법으로 보수비를 산정함으로써 약 1억 원 상당을 감액하였다.

라. 소결론

스프링클러 배관에서 누수가 발생한다면 이는 소위 객관적 하자로 보아 보수를 해야 함이 당연하지만 누수가 발생하지 않은 배관까지 '언젠가는 발생할 것'이라는 추측으로 전체 배관의 철거 및 재시공을 명하는 것은 구체적 타당성이 결여된 판단으로서 적절하지 않은 것으로 보인다.

실제로 일부 사건에서는 누수가 발생하지 않은 배관을 조사하여 본 결과 부식이 진행되지 않은 상태였음이 밝혀진 사안도 있었고, 배관하자의 원인을 시험하는 시험기관의 분석이 각기 상이하여 신뢰하기 어려우며, 일부 사감정기관에서는 과학법칙에 어긋나는 분석 결과를 내놓았던 사례도 있었다. 뿐만아니라, 산화현상에 강한 동관이라 하더라도 주기적인 용수 교체로 관리가 이루어지지 않으면 부식 등 결함이 발생할 수 있다. 따라서 스프링클러 배관 하자를 사업주체의 책임으로 단정하고 다대한 금액의 보수비를 산정하는 것은 매우 불합리한 것으로 보인다.

3. 층간소음

가. 문제점

층간소음과 관련하여 관련 법률에 구체적인 기준이 생긴 것은 2004. 4. 22. 무렵이므로 그 이전에 사업승인을 받고 시공에 착수한 아파트에도 관련 법률상 규정을 기준으로 하여 층간소음 하자를 인정할 수 있는지, 2005. 7. 1. 중량충격음 관련 기준이 시행되었는데 그 이전에 사업승인을 받고 시공에 착수한 아파트의 경우 중량충격음을 측정하여 하자로 인정할 수 있는지 여부가 문제된다.

나. 관련 기준

1991. 1. 15. 제정된 주택건설기준 등에 관한 규정 제14조 제3항은 "공동주택의 바닥은 각 층간의 바닥충격음을 충분히 차단할 수 있는 구조로 하여야 한다"라고만 규정되었을 뿐, 구체적인 흡음재의 재질이나 차음 방법, 소음기준 등은 마련되어 있지 아니하였다, 2003. 4. 22.에 와서야 비로소 경량충격음 및 중량충격음에 대한 구체적인 기준이 마련되면서(경량충격음은 58dB 이하, 중량충격음은 50dB 이하) 부칙 제1조 및 제2조에 따라 이 규정을 1년 후인 2004. 4. 22.부터 시행하고 해당 법령이 시행된 이후에 사업계획승인을 신청하는 사업장부터 적용하도록 규정되었다. 그러나 개정된 규정이 시행되기 직전에 부칙 제2조가 개정되면서 중량충격음에 관한 규정(중량충격음 50dB 또는 표준바닥구조)은 시행시기를 유예하여 2005. 7. 1.부터 시행하도록 규정되었다.

한편, 현재의 주택건설기준 등에 관한 규정 제14조의2(바닥구조)는, 공동주택의 세대 내의 층간바닥(화장실의 바닥은 제외)은 콘크리트 슬래브 두께 210밀리미터[라멘구조의 공동주택은 150밀리미터] 이상(제1호), 각 층간 바닥충격음이 경량충격음은 58데시벨 이하, 중량충격음은 50데시벨 이하의 구조(다만, 라멘구조의 공동주택과 그 외 공동주택 중 발코니, 현관 등 일부 제외)(제2호)를 모두 충족하도록 규정하고 있다.

다. 판결의 동향 및 유의점

층간소음의 경우 공동주택의 일반하자소송과 더불어 제기되는 경우는 흔치 아니하고 개별 항목으로 소송이 제기되는 경우가 많은 바, 이에 대해 하자에서 제외한 판례도 있으나 다수의 판례가 하자로 인정하고 있어 이를 일반화하기는 어렵고 사안에 따라서 적절한 대응이 필요할 것으로 보인다.

문제는 층간소음을 하자로 인정할 경우에 그 인정금액이 어느 정도인지가 관건인데, 인정금액을 살펴보면, 서울고등법원 2004나77034, 2004나77041 판결은 3.8mm 륨류마감재를 적용하는 것으로 보수비용을 산정하였으나, 이는 규정 개정 전의 판결이라 할 것이어서 일응의 기준이 된다고 보기 부족하다. 서울고등법원 2006나93603(본소), 2007나25386(반소) 판결, 서울중앙지방법원 2007가합52367(본소), 2008가합126289(반소) 판결은 ㎡당 48,000원의 보수비용이 소요되는 것을 기준으로 판시하였으며, 서울중앙지방법원 2009가합53944 판결, 서울중앙지방법원 2009가합5013 판결은 ㎡당 44,000원의 보수비용이 소요되는 것을 기준으로 판시하였는 바 그 금액이 적지 않음을 알 수 있다.

따라서 주택건설기준 등에 관한 규정 제14조의2(바닥구조)의 규정에 따라, 공동주택의 세대 내의 층간바닥(화장실의 바닥은 제외)은 콘크리트 슬래브 두께 210밀리미터[라멘구조의 공동주택은 150밀리미터] 이상, 각 층간 바닥충격음이 경량충격음은 58데시벨 이하, 중량충격음은 50데시벨 이하의 구조(다만, 라멘구조의 공동주택과 그 외 공동주택 중 발코니, 현관 등 일부 제외)를 모두 충족하도록 시공에 있어 유의를 요한다 할 것이다.

4. 인접 세대 간 소음전달

가. 현황

최근 하자감정 항목들 중에 인접세대간 방 부분에서 발생되는 소음 · 진동 등이 전달되어 거주자의 주거 · 휴식공간을 저해하고 있다고 하여 해당 벽체에 차 · 흡음 시설의 설치에 소요되는 비용을 산정하고 있다. 그러나 이 항목은 중요하지 않은 하자이지만, 세대수에 따라 많게는 억대에 이르는 상당한 보수비가 도출되는 경우도 허다하다.

나. 관련 법규 검토

공동주택에서 각 세대간의 발생 소음에 대한 기준은 층간 소음에 대해서만 법규에서 규정하고 있고, 세대간 경계벽에 대해서는 규정된 바가 없으며, 인접세대간 경계벽 구조에 대하여는 「주택건설기준 등에 관한 규정」제14조(세대간의 경계벽등)에서 아래 표와 같이 규정하고 있다.

[표] 세대간 경계벽 등의 구조기준 _주택건설기준 등에 관한 규정 제14조

구 분 \ 벽체구조	공동주택의 세대간의 경계벽	기 타 기 준
① 철근콘크리트, 철골 콘크리트조	두께 15cm이상 (바름두께포함)	경계벽은 지붕 밑 또는 바로 윗층 바닥판까지닿게하여야하며, 소리를 차단하는데 장애가 되는 부분이 없도록 설치
② 무근콘크리트조, 콘크리트 블록조, 벽돌조,	두께 20cm이상	
③ P.C판	두께 12cm 이상	
④ 기타구조(건설교통부 장관이 정하여 고시하는 기준에 따라 한국건설기술연 구원장이 인정하는구조)		

또한 생활소음에 대해서는, 「주택법 제44조(공동주택관리규약)[35)]」에 의한 「공동주택 관리규약 준칙」에서와 같이, 입주자 스스로 생활소음에 주의하여

이웃한 세대에 피해를 주어서는 안된다고 명시하고 있다.

다. 결론

이와 같이, 공동주택에서 각 세대간 경계벽에 대한 소음 기준은 국내에서 규정된 바가 없고, 통상적으로 아파트 해당 벽체는 법규에서 규정하는 구조 및 차음성능에 준하여 시공되며, 법규상 성능을 초과하는 생활소음은 주택법에 명시된 공동주택관리규약에서 입주자들의 생활소음으로 이웃한 세대에 피해를 주어서는 안된다고 명시하고 있다. 이로 미루어 보더라도, 해당 항목은 공사상 하자로 보기보다는 입주자 및 관리주체의 관리사항으로 보는 것이 타당할 것이다.

---

35) 주택법[제10764호, 2011. 5.30]
제44조(공동주택관리규약) ① 시 · 도지사는 공동주택의 입주자 및 사용자를 보호하고 주거생활의 질서를 유지하기 위하여 대통령령으로 정하는 바에 따라 공동주택의 관리 또는 사용에 관하여 준거가 되는 공동주택관리규약(이하 "관리규약"이라 한다)의 준칙을 정하여야 한다.

제4장

하자분쟁 관련 조정 사례

●●●

제1절 하자분쟁조정의 의미와 장단점

제2절 최근의 하자분쟁조정 사례

제1절 하자분쟁조정의 의미와 장단점

1. 하자분쟁조정의 개념과 의미

하자분쟁조정이란 말 그대로 하자와 관련된 분쟁을 조정하는 것을 일컫는다. 즉 주택의 하자문제를 제기하는 입주자들과 하자보수를 책임지고 있는 건설업체 사이에 원만한 합의가 이루어지지 않아 분쟁이 발생할 경우 양측의 입장을 모두 살펴 공정하고 원만하게 합의를 이끌어낼 수 있도록 하는 것을 말한다.

앞에서도 언급한 바 있지만, 공동주택이 늘어나고 주거의 질에 대한 인식이 높아지면서 하자와 관련된 분쟁도 늘어나고 있다. 과거에는 건설업체와 입주자간에 원만한 합의가 이루어지지 못할 경우 바로 소송으로 이어지는 예가 많았다. 또한 변호사 수가 늘어나면서 이른바 기획에 의한 하자관련 소송도 크게 늘면서 건설업체와 입주자 모두에게 피해가 돌아가는 예도 늘어났다.

이와 같은 상황을 감안하여 2008년 국토교통부에서는 하자심사 · 분쟁조정위원회 제도를 도입하고, 이듬해인 2009년 국토교통부 산하에 '하자심사 · 분쟁조정위원회'를 구성하기에 이른 것이다. 2010년에는 사무국 설치 근거를 마련하여 사무국을 개소하는 등 제대로 된 위원회의 모습을 갖추었다. 이 위원회는 '전 국민의 70% 이상이 거주하는 공동주택의 내력구조부와 시설공사별로 발생하는 하자로 인한 입주자의 피해를 하자심사 및 분쟁조정을 통해 신속 · 공정하게 해결하고, 사업주체가 하자소송 등 분쟁으로 입는 경영손실을 최소화하는 등 국민의 쾌적한 주거생활 환경조성과 국가경제발전에 기여하기 위해 공동주택관리법 제39조에 따라 설치했다'고 설립목적을 밝히고 있다.

위원회는 위원장을 비롯하여 분과위원회와 소위원회를 두고 있으며, 분과위원회는 위원장이 지정하는 9~15명의 위원으로 구성된다. 위원장은 임기 2년으로 한번 연임할 수 있다. 소위원회는 전문분야 및 시설공사별로 3~5명의 위원으로 구성된다. 위원회의 주요 역할은 하자분쟁의 조정을 신청한 사건을 심의, 의결하는 일이다. 현재 하자심사를 담당하는 심사1분과와 심사2분과, 그리고 재심분과위원회가 있고, 조정을 담당하는 조정1분과와 조정2분과위원회가 있다. 분과위원회 산하에는 각 3개씩의 소위원회를 두고 있다. 그리고 이들 위원회를 뒷받침하는 사무국이 설치되어 있다.

위원회의 역할은 크게 하자심사와 분쟁조정으로 나눌 수 있다. 하자심사란 곧 하자여부를 판정하는 일을 말한다. 이는 입주자들이나 건설업체 모두 신청할 수 있다. 입주자들의 경우 자신들은 하자라고 생각하지만 건설업체에서 하자라고 인정하지 않거나 하자보수를 기피하거나 회피하는 경우 신청할 수 있다. 건설업체의 입장에서는 입주자들이 건설업체의 책임범위를 초과하여 하자보수를 청구하는 경우 등에 신청할 수 있다.

분쟁조정은 하자보수와 관련하여 입주자들과 건설업체간에 다툼이 일어나는 경우에 어느 한쪽이 신청할 수 있다. 입주자들이 건설업체에서 하자보수를 하는 것을 방해하거나 과다한 손해배상 등으로 보수에 갈음하고자 하는 경우 등에 조정신청을 하게 된다. 또 하자여부를 놓고 설계자와 감리자, 건설업체간 다툼이 생기는 경우에도 분쟁조정을 신청할 수 있다.

위원회에 하자심사 · 분쟁조정을 신청할 수 있는 건물은 아파트를 비롯하여 연립주택과 다세대주택 등 공동주택이 해당된다. 또한 분양된 오피스텔이나 콘도미니엄, 상가건물 등은 하자심사 대상건축물이다.

위원회가 설립된 이후 그간 위원회에 하자심사 · 분쟁조정을 신청한 건수는 2010년 69건에서 2011년 327건, 2012년 836건 등 크게 늘기 시작하였으며, 2013년 1953건으로 1000건을 넘어선 이후 2015년 4224건, 2016년 3880건 등을 기록하였다. 이는 하자와 관련된 분쟁이 그만큼 늘어났음을 의미하는 것과 함께 위원회의 역할도 그만큼 커지고 있음을 보여주는 것이기도 하다(그림 참조).

<그림> 연도별 하자분쟁건수

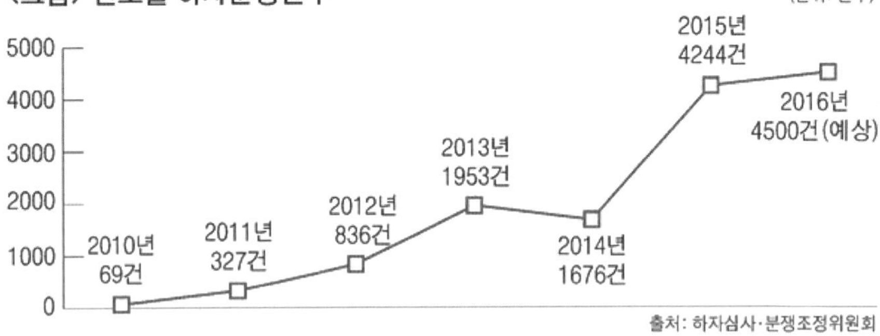

• 분쟁조정 절차도

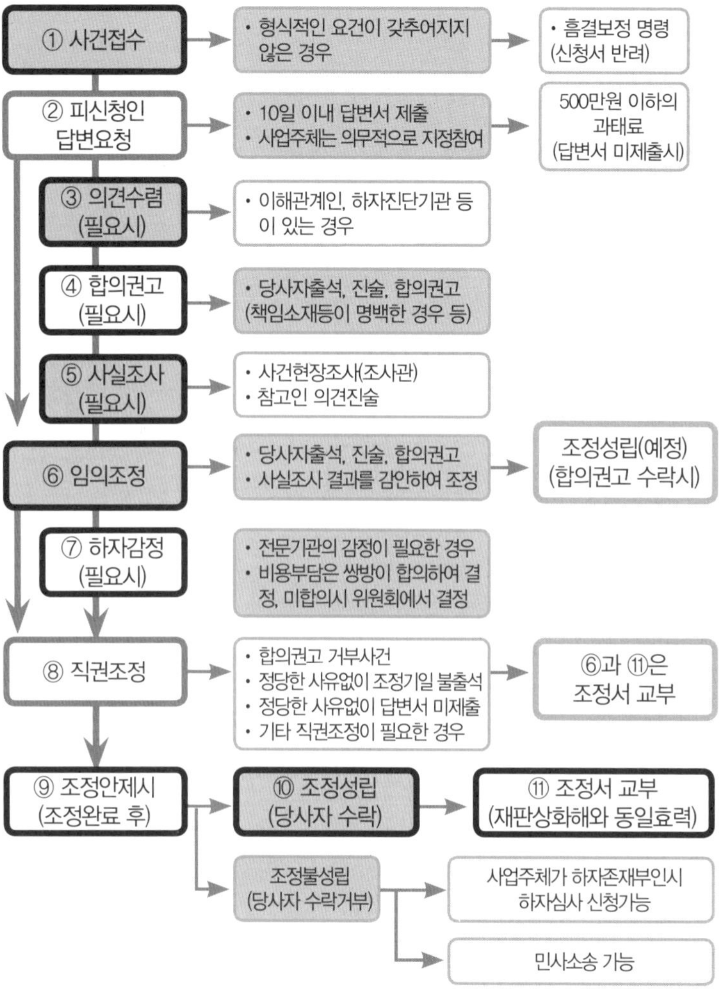

※ 분쟁조정기간: 전용부분 –60일 (30일 연장가능), 공용부분 –90일(30일 연장가능)
(흠결보정기간 및 하자감정기간은 불산입)

당사자(신청인, 피신청인)가 작성 또는 참여해야하는 부분

하자심사 · 분쟁조정위원회에서는 하자와 관련하여 심사 및 분쟁조정을 신청하는 사건에 대해 하자 여부에 대한 심사를 해주고, 분쟁이 일어날 경우 이를 조정하는 역할을 한다. 특히 이 위원회에서는 학계 및 법조계, 건설업계, 주택관리사, 건축사 및 기술사, 공무원 등 관련분야의 전문가들로 구성된 분과위원회를 통해 하자를 심사 또는 분쟁을 조정함으로써 비교적 합리적으로 문제를 처리할 수 있다.

2. 하자분쟁조정의 효력 및 장단점

하자분쟁조정의 경우 법의 개정으로 재판상 화해의 효력을 부여하고 있으며, 불이행시에는 강제집행이 가능하다. 따라서 조정의 결과에 불응하는 측은 그만큼 불이익을 당할 수 있어 분쟁의 조정기능이 과거에 비해 확대되었다. 또 어느 한쪽이 조정에 불복하면 하자심사를 신청할 수 있다. 이는 하자심사를 통해 하자로 판정되거나 또는 그렇지 않을 경우 조정에 응하는 것보다 더 큰 보상을 해야 할 경우도 있어 되도록 조정에 응하도록 하기 위한 것이다. 또 조정이 성립하지 않을 경우 어느 쪽이든 소송을 제기할 수 있다.

하자심사 · 분쟁조정위원회를 통해 문제를 해결하는 경우 여러 가지 이점이 있다. 비교적 짧은 기간에 문제를 해결할 수 있다는 점과 비용부담이 적다는 점, 그리고 하자보수가 신속하게 이루어질 수 있다는 점 등을 들 수 있다. 하자보수와 관련하여 소송이 제기되는 경우 짧아도 1년 이상이 걸리는 경우가 다반사이고, 길면 5년 이상을 끄는 예도 적지 않다. 그러나 위원회에 조정을 신청하는 경우 60~90일의 짧은 기간에 문제를 해결할 수 있다.

또 소송의 경우 변호사 수임료와 소송에 따른 인지대, 여기에 승소할 경우 성공보수사례까지 적지 않은 비용부담이 발생하고, 이 때문에 소송가액이 부풀려지기도 한다. 이에 비해 분쟁조정의 경우 불과 수수료 1만원만 있으면 신청할 수 있다. 비용면에서는 소송의 경우와 아예 비교가 되지 않는 셈이다.

하자보수가 신속하게 이루어지는 점도 입주자들이나 건설업체 모두에게 이득이 된다. 소송의 경우 소송이 끝날 때까지 하자보수를 할 수가 없어 입주자들은 불편을 겪으며 살아야 한다. 1차 하자로 인해 2차 하자의 우려도 생길 수 있다. 간단히 보수만 하면 끝날 일을 보수를 하지 않고 그대로 둠으로써 또다른 하자로 이어질 수도 있기 때문이다. 이 경우 입주자들이나 건설업체나 모두에게 손해가 된다.

결국 하자분쟁의 조정을 통해 불필요한 사회적 비용을 줄이는 것은 물론 하자보수도 신속하게 처리함으로써 입주자들의 불편도 최소화할 수 있다. 여기에 입주자들과 건설업체간 하자보수 처리문제를 원만하게 합의함으로써 신뢰관계를 구축할 수 있다는 점도 긍정적 요인으로 꼽을 수 있다.

그러나 분쟁조정에도 불구하고 어느 한쪽이 이를 받아들이지 않으면 결국 소송으로 가는 수밖에 없다. 이 경우 하자분쟁 조정에 그만큼 시간을 뺏긴다는 점은 마이너스 요인으로 꼽힌다. 또 분쟁조정 불복과정을 거치면서 입주자들과 건설업체간 관계가 더욱 악화되어 소송에 이르게 되면 결국 감정싸움으로 치닫는 경우로 발전할 수도 있다.

그러나 최근의 사례를 보면 위원회의 결정에 재판상 화해의 효력이 부여되면서 입주자들이나 건설업체나 위원회의 분쟁조정을 받아들이는 경우가 많은 것으로 집계되고 있다. 위원회에 분쟁조정에 관한 신청건수가 크게 늘어나고 있는 것도 그만큼 위원회의 결정에 대한 신뢰가 높아지고 있음을 보여주는 것이라 할 수 있다.

제2절 최근의 하자분쟁 조정 사례

1. 분쟁조정 사례

● 공용 욕실 변기 기능 불량(배출불량)

▣ 당사자 주장

· 신청인(소유자)

입주 초기부터 막힘 현상이 많았고, 입주자 카페에 부부욕실과 동일한 절수형 변기가 공용욕실에서 막힘 현상이 발생된다는 민원이 많았으며, 매번 변기레버를 붙잡고 사용하는 등 기능상 문제로 사용상 불편을 초래하고, 절수형 변기라도 매번 두 번씩 물을 내려서 사용한다면 의미가 없으며, 같은 절수형 변기임에도 부부욕실 변기는 아무런 문제점이 없는 점을 고려할 때, 부부욕실과 동일한 변기로 교체 요구

· 피신청인(시공자)

KS제품이고 기능불량이라고 볼 수 없어 하자 불인정

▣ 조사내용

· 하자담보책임기간 여부

위생기구 설비공사에 대한 하자담보책임기간은 「주택법 시행령」 별표 6(이하 동일 법령 적용)에 따라 사용검사일로부터 2년이고, 하자보수 책임기간 이내에 하자보수 청구

· 진행상황

공용욕실 변기 기능불량(배출) 등에 대한 신청인의 보수 요청에 대해 피신청인은 저수용량이 작아서 막히는 것이니 신청인의 비용 부담으로 교체할 수 있을 것이라고 회신

· 설계도서 및 관련자료

해당 변기 관련 설계도면은 없으며, 설비 생산업체 대변기 시험성적서의 시험방법(KSL15518.2 대변기 성능시험) 내용 중 '대변기용 오물을 확인하는 방법중에 길이 약 760mm로 잘라낸 시험용지를 지름 약 50~75mm의 구형으로 둥글게 한 것(이하 '시험용지구"라고 한다)을 7개 사용한다. 또는 이것과 동등 이상의 것을 사용해도 좋다'고 표기

· 시공상태

- 현장실사 결과, 공용욕실 및 부부욕실 변기는 절수형(6L이하) 원피스(로우탱크일체형)로 시공된 것으로 확인
- 해당변기(공용욕실)에 휴지를(30~70cm 7매) 넣어 배출성능 확인결과, 배출되지 않음. 또한, 공용욕실 변기는 배출손잡이를 잡고 있어야 배출이 되는 것 확인
- 공용욕실과 부부욕실에 로우탱크 사이즈 및 담수된 물의 용량 확인 결과, 부부욕실의 변기가 용수의 담수량 및 배출량이 많은 것으로 조사

▣ 조정결정사항

현장실사 결과, 공용욕실과 부부욕실이 동일한 절수형 변기로 시공되었으나, 공용욕실 로우탱크의 용수 담수량이 부부욕실에 비해 작고, 용수배출시 레버를 붙잡고 배출하는 등 부부욕실 변기에 비해 현저하게 차이나는 점을 고려할 때, 이는 기능상 지장을 초래하고 있으므로 피신청인이 공용욕실 변기를 부부욕실 변기와 동등 또는 그 이상의 제품으로 교체하여 보수하도록 조정

● '조경토양 불량' 하자판정에 대한 보수방법 및 보수 범위 조정

▣ 당사자 주장

· **신청인(시공자)**

하자담보책임기간 내에 발생한 조경수 고사목에 대해서는 2차례에 걸쳐 하자보수를 완료한 상태이므로, 단지내 교목 및 관목을 대상으로 관수차량(15t)에 중화제(염분제거제)를 희석하여 총 3회 가량 중화제를 살포하는 보수방안 제시

· **피신청인(입주자대표회의)**

신청인이 제시한 보수안은 조경토양 불량에 대한 근본적인 보수방법이 아닌 바, 원칙적으로 불량한 조경토양 제거 후 양질의 토양으로 전면 교체 요청. 다만 신청인과 원만한 해결 원함

▣ 조사내용

· **하자담보책임기간 여부**

식재공사에 대한 하자담보책임기간은 사용검사일로부터 2년이고, '변경시공 하자' 판정사안에 대해 양 당사자간 보수방법 및 보수범위의 이

견으로 신청

· 진행상황

하자판정 후 시공자 측이 입주자대표회의에 조경토양 불량에 대한 하자보수 방법으로 교목 및 관목에 대해 생육개선제를 물에 희석하여 교목에 약 2~3회 가량 살포하는 보수안을 제시하였으나, 입주자대표회의는 시공사가 제시한 보수(안)은 근본적인 보수 방법이 아닌 바, 원칙적으로 불량한 조경토양을 제거한 후 양질의 토양으로 전면교체 요청

· 양측 보수방안 검토

- 신청인이 제시하는 보수방법은 불량한 조경토양에 중화제(염분제거제)를 15일 간격으로 총 3회 가량 살포하여 적정 토양산도(pH5.5~6.5) 이내로 낮추는 보수방법으로 보수 후 토양산도가 개선되는 것이 자체 시험 결과(2회 실시) 확인되고, 보수로 인한 기존 조경수의 이식이 필요없는 점, 입주민의 생활불편을 최소화할 수 있는 장점이 있으나, 교목, 관목 주변의 잔디를 제거하고 관수하여야 하는점, 관수 차량 운행에 따른 입주민의 생활 불편 초래, 보수기간 중 기상 조건에 따라 보수효과에 악영향을 미칠 수 있는 등의 단점이 있음.
- 조경토양 불량의 보수방법 및 보수범위에 대해 당사자간에 원만한 협의가 이뤄지지 않았고 해당 단지가 사용검사 후 4년이 경과된 시점으로, 피신청인이 요구하는 보수방안인 '불량한 조경토양을 양질의 토양으로 전면교체'하는 보수방법 검토결과, 불량한 조경토양을 근본적으로 해결할 수 있는 보수방법이기는 하나 해당 단지내 70% 이상의 조경수와 지피, 잔디가 사용검사일로부터 정상적으로 생육중에 있는 점, 고사한 조경수는 하자보수를 완료한 점, 기존 생육중인 조경수를 이설 및 재식재 시 조경수 고사로 인한 분쟁발생 가능성, 조경토양을 전면 교체할 경우 입주민의 생활불편(장비의 소음,

비산먼지 우려 등) 초래 등의 단점이 있음.

- 양 당사자의 보수방법을 고려할 때, 해당 단지의 전체 조경토양에 대해 중화제(염분제거제)를 총3회 살포하는 방법으로 불량한 조경토양의 문제점을 해소할 수 있는 바, 중화제 살포시 보수비용 검토 산출

▣ 조정결정사항

하자심사 · 분쟁조정위원회의 하자판정 결과, 하자로 판정되어 신청인(시공사)이 하자보수를 실시하여야 하며, 하자보수 방법 및 보수범위에 대해서는 전체 조경토양면적에 대해 중화제(염분제거제) 3회 살포시 발생되는 보수비용인 하자보수에 갈음한 손해배상금을 신청인이 피신청인에게 지급하는 것으로 조정

● 부부욕실 수도배관의 외벽 단열재 위치가 반대로 시공되어 동결, 동파 발생

▣ 당사자 주장

· 신청인(입주자대표회의)

- 부부욕실의 매립배관이 도면과 상이하게 시공되어 겨울철 측벽세대의 부부욕실 매립배관이 동결, 동파하는 하자가 발생하며, 생활 불편 초래
- 하자보수보증금 청구 당시 부부욕실의 배관 하자에 대해 피신청인에게 청구했으나, 피신청인으로부터 사용검사전 하자는 보증범위에 해당되지 않음을 통보받고 더 이상 청구하지 않음

· 피신청인(보증사)

- 부부욕실의 매립배관이 설계도서와 상이하게 시공된 점은 인정하나

보증약관에 따라 사용검사전 하자는 피신청인의 보증범위에 해당되지 않으며, 신청인에게 사실 고지

– 1,2년차 하자보수보증금 청구 당시 해당부위에 대한 하자를 신청인이 청구하였으나, 보증약관에 따라 산정 내역에서 제외되었으며, 신청인이 추가로 청구한 하자보수청구 내역에 부부욕실 매립배관 동결, 동파 부분은 없음.

▣ 조사내용

· 하자담보책임기간 여부

배관설비공사에 대한 하자담보책임기간은 사용검사일로부터 2년까지이고, 하자담보책임기간 이내에 하자보수 청구

· 진행상황

– 신청인은 부부욕실 배관 하자발생 내역 및 사진을 제출하여, 1,2,3년차 하자에 대해 하자보수보증금 청구 요청

– 피신청인은 신청인과 공동으로 실시한 현장조사 결과를 서면으로 회신

– 신청인은 공동 현장조사 실시 결과 누락 부분에 대해 재조사 요청

– 피신청인은 1차 현장조사 산정 금액 및 추가 인정금액 결과를 신청인에게 서면회신

– 신청인과 피신청인은 하자보증책임의 인정범위를 위해 공동으로 현장조사를 실시하여 피신청인측에서 하자 실보수비를 산출, 신청인측에 통보하였으나, 신청인은 하자 실보수비 중 누락부분에 대해 추가 청구

– 신청인의 누락부분 추가 청구에 대해 피신청인은 조사를 통해 보증책임이 인정되는 추가 보수비용을 산정, 신청인에게 최종 통보

– 신청인은 전용부 및 공용부분의 1,2년차 하자에 대해 하자보수보증금 청구 및 수령동의서를 작성, 피신청인에게 1,2년차의 하자보수보

증금을 청구하였으며, 피신청인은 보증책임이 인정되는 하자 실보수비를 지급하였고, 해당 아파트의 1,2년차 하자보수보증 종료 확인

· 시공상태

- 현장실사 당시 부부욕실 마감재 해체가 불가하여 신청인이 제출한 사진 및 당사자 진술에 의해 확인한 결과, 부부욕실의 급수 및 급탕 배관은 세대 단열재안쪽 조적부위에 설치되도록 설계되어 있으나, 설계도서와 상이하게 단열재밖 벽면에 직접 닿은 채로 시공되어 겨울철 냉기에 취약한 것으로 판단
- 세대 중 일부는 자비를 들여 보수한 것으로 조사되며, 보수 후 부부욕실 의 동결, 동파는 없는 것으로 조사

▣ 조정결정사항

하자담보책임기간(2년) 이내에 배관의 동결, 동파의 하자가 발생하여 보증대상이 되는 하자에 해당되나, 신청인과 피신청인은 하자보수보증금을 지급하고 해당 단지의 1, 2년차 하자에 대한 하자보수보증을 종결한 상태로서, 피신청인의 보증책임이 종결되었으므로 신청인이 유지관리함이 타당하며, 따라서 이 사건은 하자심사 · 분쟁조정위원회에서 조정을 하는 것이 맞지 아니한 것으로 판단되어 각하

● 안방 및 침실3 발코니 창틀주위 누수 발생

▣ 당사자 주장

· 신청인(소유자)

안방 및 침실3 발코니 창틀주위에 누수가 발생하여 발코니 창틀 좌측 상부 모서리내 · 외부에 실란트 보수를 받았으나, 창틀 상단부에 물방

울이 맺히고 있으며 피신청인이 하자보수 거부

· **피신청인(시공자)**

대상부위 창틀 물방울 맺힘은 실란트 노후화에 따른 누수이고, 대상단지는 1~3년차 하자보수 합의 및 종결이 완료되어 신청인의 유지보수 사항임

▣ 조사내용

· **하자담보책임기간 여부**

창문틀 및 문짝공사에 대한 하자담보책임기간은 사용검사일로부터 2년까지이나, 하자담보책임기간내에 발생한 하자(일반하자) 여부에 대한 조정사건으로, 피신청인이 제출한 1~3년차 하자보수종료 관련서류(보수 완료확인서, 하자보증책임완료확인, 하자보수보증해지 공문, 하자종결 합의서 등) 검토 결과, 신청인은 하자보수청구권 등 일체의 권리를 입주자대표회의에게 위임하였으며, 입주자대표회의는 1~3년차 하자종결에 대해 합의한 것으로 확인

· **진행상황**

– 안방발코니 창틀주위 누수 발생

– 피신청인이 안방발코니 창틀주위 누수에 대해 보수(창틀 좌측 상부 내외부 모서리 실란트 주입)

– 피신청인이 세대방문확인 결과 창틀 상부 실란트에 일부 들뜸 및 갈라짐 현상이 있으나, 창틀 물방울 맺힘은 신청인 생활환경에 따른 결로 현상으로, 1~3년차 하자보수 합의 및 종결로 보수의무 없음 주장

· **설계도서 및 시공상태**

– 사용검사도면 검토결과, 안방 및 침실3의 발코니 창호는 플라스틱 미서기창(3m×2.2m)으로 표기

– 현장실사 결과, 대상부위는 사용검사도면에 준하여 시공되었고, 창

틀 상부에 누수가 있는 것으로 확인되었으며, 외부 창호 실란트에 우수가 스며들어 누수 발생

▣ 조정결정사항

창틀주위의 실란트 일부 들뜸 및 갈라짐으로 인해 누수가 발생되었으나, 신청인으로부터 하자보수청구권 등 일체의 권리를 위임받은 입주자대표회의와 피신청인이 1~3년차 하자보수 종료에 합의하여 종결된 사항으로 사건의 성질상 하자심사 · 분쟁조정위원회에서 조정하는 것이 맞지 않다고 판단하여 각하

● 지하주차장 바닥 무근콘크리트 균열

▣ 당사자 주장

· 신청인(입주자대표회의)

지하주차장 바닥 균열에 대해 하자보수에 갈음하는 손해배상금 조정신청

· 피신청인(보증사)

– 지하주차장 바닥 균열 관련, 미장공사의 하자담보책임기간(1년) 적용

– 동 아파트에 대한 1~2년차 전부 및 3년차 일부에 대한 하자보증은 입주자대표회의와 합의하여 현금변제를 이행했으므로 하자보증 책임 종료

▣ 조사내용

· 하자담보책임기간 여부

특수콘크리트공사에 대한 하자담보책임기간은 사용검사일로부터 3년

까지이고, 하자담보책임기간 이내에 하자보수 청구

· 진행상황

- 지하주차장 전유, 공용부분 3년차 하자보수 촉구 서면으로 요청
- 지하주차장(지하 1~2층) 바닥의 3년차 추가 하자 보증이행 기초금액 산정결과에 대해 이의신청 서면 요청
- 3년차 하자보증이행 관련 현장조사 결과서(전유 및 공용부분 하자요청 내용별 검토의견 및 보증대상 여부) 통보
- 기초금액 산정결과 이의 제기에 대해서는 지하주차장 바닥 하자를 현금변제하기로 입주자대표회의와 합의하였기에 하자보증책임은 소멸되었다고 서면 회신

· 설계도서 및 시공상태

- 사용검사도면(지하주차장 단면도) 확인결과, 지하주차장 바닥은 THK100 무근 콘크리트(섬유보강) 위 쇠흙손 마감 / 에폭시페인트로 표기
- 현장실사 결과, 지하주차장에서 다수의 바닥 균열이 확인되었고, 대상 부위를 해체(공시체 채취)하여 층별 1개소씩 확인한 결과, 섬유보강 콘크리트가 아닌 무근 콘크리트로 변경시공되어 인장응력에 대한 보강 미흡으로 인해 균열 발생
- 지하주차장 바닥에 시공되지 않은 섬유보강 콘크리트에 대해 무근콘크리트로 변경시공시 공사비에 대한 차액으로 손해배상비용 검토

▣ 조정결정사항

- 지하주차장에서 다수의 바닥 균열이 확인되어 균열 부위를 해체(공시체 채취)하여 층별 1개소씩 확인한 결과, 사용검사 도면과 달리 섬유보강 콘크리트가 아닌 무근콘크리트로 변경시공되어 인장응력에 대한 보강 미흡으로 인해 균열이 발생된 것으로, 기능상 미관상 지

장 초래

- 민법 제667조제1항 단서에 따르면 하자가 중요하지 않은 경우 그 보수에 과다한 비용을 요할 때에는 신청인이 하자보수를 청구할 수 없고, 다만 하자없이 시공하였을 때의 시공비용에서 하자 있는 상태로 시공하였을 때의 시공비용의 차액만을 청구할 수 있음(대법원 1998. 3. 13. 선고 97다54376 판결)
- 이 사건의 경우 무근콘크리트에 섬유보강이 되어 있지 않은 점은 인정되나, 무근콘크리트를 모두 해체하여 섬유보강된 무근콘크리트로 재시공함으로써 발생되는 보수비용은 과다한 데 비해, 신청인이 얻는 이익은 미미
- 따라서, 피신청인은 지하주차장 바닥에 시공되지 않은 섬유보강 콘크리트에 대한 차액을 신청인에게 지급하는 것으로 조정

● 안방 외벽 곰팡이 발생으로 3개월 이상 사용하지 못함

▣ 당사자 주장

· 신청인(소유자)

안방 외벽을 설계도서 기준대로 시공하지 않아 곰팡이가 발생하여 3개월 이상 사용하지 못했고, 이로 인해 보관했던 옷이 곰팡이 등으로 폐기 및 세탁비용이 발생되어 피해보상금 청구

· 피신청인(시공자)

- 단열재 두께 및 종류는 설계기준 등에 적합하게 시공되었으며, 신청인이 주장하는 단열재와 석고보드 이격거리의 차이로 인한 사항은 설계도서대로 보수공사 완료
- 이로 인해 결로 및 곰팡이가 발생되어 가구 및 옷 등에 곰팡이가 발

생된 것이라는 신청인의 주장은 인정할 수 없으며, 신청인이 주장하는 결로 및 곰팡이는 입주민의 생활환경에 따라 발생된 것으로 피해보상금 지급 의무 없음

▣ 조사내용

· 하자담보책임기간 여부

단열공사에 대한 하자담보책임기간은 인도일로부터 2년까지이고, 하자담보책임기간 이내에 하자보수 청구

· 진행상황

- 코너 단열 보강 작업을 신청인이 거부
- 외벽 단열공사를 설계도서대로 단열재와 석고보드 이격거리 70mm확보
- 장롱 곰팡이를 제거하기 위해 작업자 투입하였으나 신청인이 거부
- 기 시행된 공간확보 작업에 대한 후속작업인 도배관련 일정 예약통화 시도
- 신청인 요구사항에 대해 불가입장 구두(전화) 전달

· 설계도서 및 시공상태

- 사용검사도면 확인결과(단위세대 평면도), THK200 콘크리트 + THK90 압출법단열재 + THK70 공간 + THK9.5 석고보드위 벽지마감으로 표기
- 해당부위 확인 결과, 피신청인의 설계도서대로 보수공사를 완료한 상태이며, 도배공사만 미시공
- 장롱은 보수공사로 분리된 상태이며, 옷장과 의류에서 다량의 곰팡이 확인
- 보수가 완료된 단열재를 해체하여 확인한 결과(상, 하), 단열재와 콘크리트(천장,벽체)의 접촉부에 틈새가 발생되어 우레탄폼으로 충전한 것으로 조사

- 관련자료 등을 검토한 결과(열관류율 등), 신청인이 주장하는 이격거리 미확보로 인해 곰팡이가 발생된 것이라고 볼 수 없으며, 이는 단열재와 콘크리트의 접촉부(벽체, 천장)에 틈새가 발생, 이 부위로 냉기가 유입되어 곰팡이 발생

▣ 조정결정사항

단열재와 콘크리트 벽체 및 천장의 접촉부에 틈새가 있어 이 부위로 냉기가 유입되어 곰팡이가 발생된 것으로 판단되며, 피신청인이 손해배상금(장농교체비 + 의류세탁비)과 안방 천장 전체 및 장롱주위 벽체 도배를 보수하는 것으로 분쟁을 조정

● 거실과 작은방(침실2) 누수에 따른 하자보수 및 손해배상 (마루, 도배, 붙박이장 젖음, 세입자 관련 배상)

▣ 당사자 주장

· 신청인(소유자)

이 사건 하자를 모두 보수하고, 신청인에게 보상금 지급 요구

· 피신청인(시공자)

현장실사 후 신청인과 협의 처리 예정

▣ 조사내용

· 하자담보책임기간 여부

보 · 바닥 및 지붕에 대한 하자담보책임기간은 사용검사일로부터 5년까지이고, 신청인이 하자담보책임기간 이내에 하자보수 청구

· 진행상황

– 신청인의 상부층은 하자심사 · 분쟁조정위원회에 분쟁조정을 신청하여 당사자간 합의에 따라 사건 종결

– 신청인 주택에 세입자 입주(계약기간 2년)

– 신청인 주택 상부층의 발코니 우수드레인 막힘으로 인한 침수로, 신청인 주택 거실과 침실 천장 슬래브에 누수가 약 4일간 지속

– 일부 보수공사 실시

– 하자심사 · 분쟁조정위원회에 분쟁조정 신청

– 신청인 주택에는 임차인이 거주하고 있으며, 임차인이 천장 누수로 인해 발생된 피해에 대한 비용(청소비, 숙박비 등)을 청구하여 신청인이 임차인에게 이미 지급하였으며, 임차인은 임대인인 신청인에게 신청인 주택에 거주할 수 없음을 이유로 임대차계약 해지 및 이에 따른 비용과 이사비용 등 손해배상 요구

· 시공상태

– 현장실사 결과, 거실은 천장 석고보드 교체 및 도배공사가 완료되었으며, 주방부근 천장 도배지에 곰팡이와 들뜸 발생하였고, 벽체는 도배를 하여 임시 보수

– 침실2 천장은 석고보드 교체 및 도배공사가 완료된 상태이며, 벽체는 도배가 임시로 보수된 상태임. 또한, 붙박이장 문짝이 일부 파손되었고, 붙박이장 전면마루는 약 1㎡가 들뜬 상태임

– 신청인 주택은 누수로 인해 일부 피해가 발생하였으나, 피신청인이 일부 하자보수를 완료하여 현재 누수 등이 없고, 임차인의 거주가 불가능한 정도는 아님

· 손해배상비용 검토

누수에 대한 하자보수가 완료되어 누수 현상이 더 이상 발생하지 않

고, 그 밖에 임차인이 계약의 목적을 달성할 수 없을 만큼 하자가 중대하다는 특별한 사정을 인정할 만한 자료가 없으므로 피신청인은 신청인에게 신청인이 임차인에게 보수공사를 위해 지출한 △ 거실 및 작은방 천장 도배공사비용, △ 하자보수 후 청소비용, △ 하자보수로 인한 숙박비, △ 소파, 붙박이장 의류 등의 수선비용 등 손해배상금 지급 필요

▣ 조정결정사항

시공불량에 의한 신청인의 상부층 발코니 배수관 막힘으로 인해 신청인 주택에 발생한 누수가 기능상, 미관상 지장을 초래하므로 피신청인이 하자발생 부위에 대한 보수 및 하자로 발생한 손해배상금을 지급하는 것으로 조정

● 최상층 세대에서 발생한 세대 내 천장 누수

▣ 당사자 주장

· 신청인(소유자)

피신청인이 옥상부분(평지붕 부위)에 우레탄 도장 보수공사를 시행한 후 세대로 누수 발생

· 피신청인(시공자)

최상층 세대의 천장누수건은 점검을 통해 보수 예정이며, 보수작업 후 동일구간에 대해 1년의 하자보증 이행 예정

▣ 조사내용

· 하자담보책임기간 여부

방수공사에 대한 하자담보책임기간은 사용검사일로부터 3년까지이

나, 피신청인이 3년차 하자보수를 시행하는 과정에서 재하자가 발생하여 하자보수 청구

· 진행상황

우기시 세대 천장에서 누수 확인하고 하자보수 신청

· 설계도서 및 시공상태

- 사용검사도면 검토결과, 옥상부분의 마감은 ① 경사지붕 : 콘크리트위 액체방수 + 시멘트 몰탈 40T + 쇠흙손마감 + 지붕보호재, ② 평지붕 : 도막방수 + THK 10방수보호재 + THK 60 단열재 + THK 0.03 P.E 필름2겹 + 최소 THK 70 무근콘크리트(#8 W/M-150X150) + 쇠흙손마감 + 우레탄도장으로 표기
- 침실2(침실4) 천장 좌측 모서리 부분에 누수의 영향으로 보이는 얼룩 확인, 부부욕실 부분은 단열재 이음부위가 밀실하지 못한 상태이며, 단열재 이음부에 물흐름 흔적 확인
- 세대의 옥상 부분(평지붕 부위) 확인 결과, 부부욕실 옥상 부분에 노출 우레탄도장 부분이 일부 찢어지고, 들떠 있는 상태인 것으로 확인, 이는 노출 우레탄도장 공사 시 작업자의 작업 부주의 등 품질관리 미흡에 의해 발생

▣ 조정결정사항

- ① 세대 천장에 누수의 흔적으로 보이는 얼룩이 확인되는 점, ② 피신청인이 보수공사를 시행한 부위(평지붕 부위)에 노출 우레탄도장이 일부 찢어지고 들떠 있는 현상이 확인되는 점으로 볼 때 피신청인이 보수를 실시한 평지붕 옥상부분이 불완전하게 보수된 것으로 판단되므로 피신청인이 보수함이 타당함.
- 공용부분(옥상)에 발생한 하자가 전용부에 피해를 주는 사건이며, 하자보수를 위해 관리책임이 있는 입주자대표회의 또는 관리사무

소장의 동의를 받아 진행

● 싱크대 하부 정수기 퇴수관이 배수관에서 빠져 발생한 세대내 바닥마감재 변색

▣ 당사자 주장

· 신청인(소유자)

난방구동기 점검시 피신청인 작업자(난방설비업체 직원) 부주의로 인해 주방 싱크대 하부 배수관에 연결되어 있던 정수기 퇴수관이 배수관에서 빠지면서 정수기 퇴수물이 바닥에 흘러 온돌마루의 변색, 들뜸이 발생된 하자 신청

· 피신청인(시공자)

설비업체 직원이 신청세대의 난방구동기를 점검한 사실은 인정하나, 당일 작업자에게 직접 확인 결과 정수기 퇴수관을 만지거나 조작한 사실이 없으며, 따라서 정수기 퇴수관이 빠진 것이 피신청인의 작업자 잘못이라고 볼 수 없고, 그로 인한 바닥마감재(온돌마루) 변색에 대한 보수책임 없음

▣ 조사내용

· 하자담보책임기간 여부

수장공사에 대한 하자담보책임기간은 사용검사일로부터 1년까지이며, 하자담보책임기간 내에 발생한 하자(일반하자) 여부의 조정

· 진행상황

– 피신청인 협력업체 직원이 난방구동기를 점검한 다음날 오전 거실 청소중 싱크대 바닥부근이 젖음 발견

- 당일 관리사무소 직원이 세대를 방문하여 싱크대 하부에 설치된 정수기 퇴수관이 배수관에서 빠진 것을 발견하고 보수조치
- 피신청인 하자접수부서와 통화시 누수부분은 하자보수하여 주기로 협의
- 세대를 방문하여 피해범위를 육안으로 살피고 피해발생 부위에 국한하여 부분교체만 가능하다고 답변
- 당사자간 원만한 협의가 이뤄지지 않아 위원회에 분쟁조정 신청
- 신청인은 피신청인의 협력업체가 난방구동기 점검 다음날 정수기 퇴수관이 빠져서 바닥 누수가 발생된 사실, 피신청인 A/S센터 직원이 누수부위를 보수하여 주기로 한 사실 등 온돌마루 변색에 대해 피신청인의 하자보수 주장
- 피신청인은 설비업체 직원이 싱크대 하부에 설치된 난방구동기를 점검한 사실은 인정하나, 설비업체 담당직원에게 확인한 결과, 난방구동기 점검 이외에 싱크대 배수관 또는 정수기 퇴수관을 만지거나 조작하지 않았다고 진술하였으며, 민원해결 차원에서 싱크대 주변에 국한하여 변색부위는 보수해 주겠다고 했으나,보수범위 등에 대해 신청인과 이견이 있음을 주장

· 설계도서 및 시공상태

- 사용검사도면(위생배관 평면도, 실내재료 마감표) 확인 결과, 주방 싱크대 하부에 배수관이 설치되어 있으며, 세대내 바닥마감은 판넬히팅위 시멘트 모르타르/온돌마루/강마루로 표기
- 현장실사 시 온돌1마루 마감상태 확인 결과, 온돌마루 바닥마감재 하부에 누수가 발생되면 습기로 인한 온돌마루의 변색, 얼룩, 마루널 단변 접합부 들뜸 등이 거실, 주방, 안방 바닥마감재 일부에 불규칙적으로 나타남
- 난방구동기, 싱크대 배수관 상태 확인 결과, 특이한 누수현상은 나

타나지 않음

- 현장실사 확인 결과, 바닥 누수의 원인으로 확인된 정수기 퇴수관이 싱크대 주름관과 함께 배수관에 직결되어 있으며, 주름관과 정수기 퇴수관이 배수관 속으로 약 20cm정도 매립되고 상부에는 뚜껑이 설치되어 있어 정수기 퇴수관이 자연적으로 빠질 우려는 없는 것으로 확인
- 따라서, 세대내 바닥마감재 변색원인은 정수기 퇴수관이 싱크대 배수관에서 빠져 누수된 물로 인해 바닥마감재에 변색이 발생된 것으로 판단되나, 정수기 퇴수관을 뺀 주체가 누구인지 명확한 규명 곤란

▣ 조정결정사항

신청인이 공사업자를 선정하여 거실, 주방, 침실1 일부 바닥마감재 철거 및 재시공보수공사를 실시하되 피신청인은 신청인으로부터 공사완료 통지를 받은 날부터 7일 이내에 신청인에게 총 공사금액의 1/2을 지급하는 것으로 조정

● 침실1, 침실3의 벽면 결로 및 곰팡이로 인한 붙박이장 및 책장오염(곰팡이 번식)에 따른 손해배상 요구

▣ 당사자 주장

· 신청인(소유자)

침실1과 침실3의 벽면 결로로 인해 보수 진행시 붙박이장과 책장에 곰팡이를 발견하여 이에 대한 손해배상을 피신청인에게 요구하였으나, 배상하여 줄 수 없다고 하여 분쟁조정 신청

· 피신청인(시공자)

입주자가 설치한 붙박이장 안쪽에 생긴 결로로 인해 곰팡이가 발생하였고,

국토부하자판정기준 제6조(결로)에 의거, 하자에서 제외되는 사항이나 고객만족도 차원에서 단열보강을 하였고, 당시 확인결과 단열공사의 문제점은 발견하지 못하였으므로, 입주자가 주장하는 피해물품은 하자로 인해 발생한 사항이라 보기 어려우며 입주자의 일방적인 주장은 수용불가

▣ 조사내용

· 하자담보책임기간 여부

단열공사에 대한 하자담보책임기간은 인도일로부터 2년까지이고, 하자담보책임기간 이내에 하자보수 청구

· 진행상황

– 피신청인이 침실1 및 침실3 벽면 결로에 대해 보수

– 보수 진행시 붙박이장과 책장에 곰팡이가 발생하여 이에 대한 피해보상 요구

· 설계도서 및 시공상태

– 사용검사도면 검토결과, 침실1 및 침실3의 측벽은 외부마감/외단열(THK140 비드법발포폴리스티렌 2종2호)/THK200 콘크리트 벽체/THK12.5 석고보드/실크도배지 마감으로 표기

– 현장실사 결과, 침실1, 침실3의 벽면 결로 및 곰팡이에 대해 이미 보수가 완료되었으나, 침실3의 벽지에 일부 곰팡이가 있음을 확인하였고, 오염된 붙박이장과 책장은 폐기처분 확인

– 곰팡이가 발생한 측벽의 시공상태 확인 결과, 콘크리트와 외벽마감재가 접하는 부위(이질재 접합부) 등에 균열(폭 5mm 이상)이 있는 것으로 확인

▣ 조정결정사항

측벽 마감재(단열재+드라이비트)와 구조체의 접촉부위에서 균열(이격)이

발생되어 이 부위로 겨울철의 냉기유입에 의한 단열성능 저하로 내측 벽체에 결로를 유발하여 벽지와 붙박이장 등에 곰팡이가 발생된 것으로, 피신청인이 신청인의 기 지출한 가구 구입비용 및 처리비용을 지급함이 타당하며, 다만 신청인이 입주시 구입한 가구의 사용연수(약 2년)에 따른 감가상각을 고려하여 구입금액의 60%를 지급하는 것으로 분쟁을 조정

● 상층세대 주방 천장 누수로 인하여 발생한 공사비용 (대상세대 및 상층세대) 보상

▣ 당사자 주장

· 신청인(소유자)

하자보수 요청에도 피신청인이 하자담보책임기간 경과를 이유로 보수하지 않아 누수 피해가 점차 증대되어 자체 보수. 상층세대 누수발생 부위를 찾기 위해 주방 바닥 해체 및 누수탐지를 실시한 결과, 침실1 발코니 출입문틀 하부(SILL)의 타일 접촉면 및 에어컨 배수구 틈새로 용수가 거실 및 주방으로 유입되어 누수가 발생됨을 확인, 이로 인한 보수공사비용의 보상을 받고자 분쟁조정 신청

· 피신청인(시공자)

대상세대 주방 천장 누수를 보수하려고 하였으나, 상층세대의 비협조로 이루어지지 않았으며, 최소공사비용(주방 천장지 및 실란트 보수) 및 피해보상비용을 지급할 의향 있음

▣ 조사내용

· 하자담보책임기간 여부

방수공사에 대한 하자담보책임기간은 사용검사일로부터 3년까지이며,

하자담보책임기간 내에 발생한 하자(일반하자) 여부에 대한 조정사건임

· 진행상황

 – 대상세대 주방천장에서 누수 발생
 – 피신청인은 상층세대의 비협조로 하자보수 지연 주장
 – 누수피해가 증대되어 신청인이 자체 보수
 – 신청인이 제출한 견적서(대상세대 천장 마감재 및 상층세대 누수탐지 보수공사견적서) 및 통장거래내역 검토 결과, 대상세대 및 상층세대 보수공사비용으로 ×××원 지급 확인
 – 신청인이 제출한 사진자료 검토결과, 대상세대 주방 천장 일부가 누수로 인해 천장 마감재 손상이 있고, 상층세대의 누수탐지를 위해 주방 바닥 일부를 해체하였으나, 배관에 결함은 없었으며, 바닥 마루 변색(발코니 출입문→거실→주방)의 범위 등을 고려할 때, 침실1 발코니 출입문틀 하부(SILL)의 타일 접촉면 및 에어컨 배수구 틈새로 용수의 거실 및 주방 유입으로 누수 발생 확인

· 설계도서 및 시공상태

 – 사용검사도면 검토결과, 침실1 발코니 바닥은 액체방수 2차 위 시멘트모르타르/바닥용 타일로 표기
 – 현장실사 결과, 대상세대 주방 천장 누수부위의 마감재와 상층세대 침실1 발코니 출입문틀 하부(SILL)의 타일 접촉면 및 에어컨 배수구 틈새에 신청인이 실란트 보수를 완료하여, 현재는 누수가 없는 것으로 확인

· 손해배상비용 검토

 – 손해배상의 범위는 누수로 인하여 발생한 하자이므로, 신청인이 제출한 견적서 및 통장거래 내역중 하자보수에 상당하다고 인정되는 ×××원을 피신청인이 신청인에게 지급하는 것이 타당

▣ 조정결정사항

대상세대 주방 천장 누수에 대한 보수요청에 피신청인의 하자보수가 지연되었고, 이로 인한 확대손해가 우려되어 신청인이 자신의 비용으로 선보수 후 그 비용을 손해배상으로 청구한 사건으로, 상층세대 침실1 발코니 누수로 대상세대 주방 천장에 누수 피해가 발생하였으므로, 피신청인이 기보수공사비용을 신청인에게 지급하는 것으로 분쟁을 조정

2. 하자심사 사례

● 천장 및 내력벽 부위 균열

▣ 신청개요

· 신청취지

계단실 1~5층 부위에 발생한 균열에 대해 하자라는 판정을 구함

· 피신청인 답변

하자 발생 부분을 인정하고, 하자보수 보증금으로 신청인이 보수하는 것에 대해 이의가 없음

▣ 조사내용

· 하자담보책임기간

보 · 바닥 · 지붕 및 기둥 · 내력벽에 대한 하자담보책임기간은 「주택법 시행령」 별표7(이하 같은 법령 적용)에 따라 사용승인일로부터 5년 및 10년까지이고, 신청인이 하자담보책임기간 이내에 하자보수 청구

· 설계도서 및 시공상태

– 설계도서에 계단실 내부 벽체마감은 노출콘크리트/수성페인트, 천장마감은 노출콘크리트/지정 무늬코트로 표기

– 현장실사 결과, 대상부위는 계단실 내부로서 건조환경에 있으며, 계단실 1~5층 벽체와 천장 슬래브에 표와 같은 건조수축 및 대각선 방향(사인장) 균열(폭:0.4~0.5mm)이 발생되어 있으며, 발생 형태로 보아 시공 시 콘크리트의 다짐 부족 및 건조수축에 의한 균열로 판단되며, 건조환경하에 있는 벽체의 허용균열폭(0.4mm) 이상인 것으로 확인

▣ 판정결과

대상부위 콘크리트의 다짐 부족 및 건조수축에 의해 허용균열폭(0.4mm) 이상의 균열(0.4~0.5mm)이 발생하여, 이로 인해 기능상, 미관상 지장을 초래하므로 일반하자로 판단

● 지하주차장 천장 누수

▣ 신청개요

· **신청취지**

지하주차장 천장의 누수에 대해 하자 판정 요청

· **피신청인 답변**

본 단지의 지하주차장은 복층구조로 여타의 건축물처럼 지하1층 슬래브에는 방수층이 없어 겨울철 차량에 묻어 들어오는 눈이 녹으면서 슬래브 균열 부위로 물이 떨어지는 것이므로 외부 온도를 감안하여 관리사무소와 협의 후 선조치 부위부터 보수 진행 예정

▣ 조사내용

· **하자담보책임기간**

보 · 바닥 및 지붕에 대한 하자담보책임기간은 사용승인일로부터 5년까지이고, 신청인이 하자담보책임기간 내에 하자보수 청구

· **관련자료**

'공동주택 하자의 조사, 보수비용 산정 방법 및 하자판정기준' 제5조(누수)에는 "①건축물 및 시설물에서 발생하는 누수는 방수공사 부위, 비방수공사 부위, 외부창호 부위로 구분한다. ②제1항에 따른 누수하자 판단의 세부기준은 별표2와 같다." 로 규정

· 양측 주장

- 신청인은 매년 동절기에 지하1층 주차장에 주차된 차량에서 떨어진 물이 지하2층 천장으로 스며나온 후 떨어져, 지하2층에 주차된 차량의 오염 민원 지속적 발생 주장
- 피신청인은 지하1층 바닥은 비방수 부위이며, 누수를 최소화하기 위해 지하2층 천장 마감을 스톤코트로 하였으며, 집중적으로 누수가 발생하는 부위에 한해 보수 실시 주장

· 설계도서 및 시공상태

- 사용검사도면(실내재료 마감표(부대복리시설)) 확인결과, 지하주차장 바닥은 콘크리트 바탕에 에폭시 페인트 마감으로 표기
- 사용검사도면과 현재 시공 상태를 비교하여 검토한 결과, 지하주차장 바닥과 천장은 사용검사도면에 준해 시공
- 현장실사 결과, 조사 당시 해당 부위 천장에 누수 현상을 확인할 수 없었으나,누수 흔적 및 도장 오염 등이 있고, 천장 마감재를 해체한 콘크리트면에 균열이 확인되며, 발생 형태 및 위치로 보아 콘크리트의 건조수축에 의해 발생한 것으로 판단

▣ 판정결과

지하1층에 주차된 차량에서 떨어진 물이 지하주차장 지하1층 바닥 슬래브의 건조수축에 의해 발생한 균열(폭 0.2~0.5mm)부위를 통해 지하2층 천장 슬래브로 스며나와 해당 부위에 누수 흔적 및 도장 오염 등이 발생하였고, 이로 인해 기능상, 미관상 지장을 초래하므로 일반하자로 판단

● 대피실 그릴창 좌측 벽체 균열 및 누수

▣ 신청취지 및 피신청인 답변

· 신청취지

대피실 벽체에 누수가 발생하여 하자 여부 심사요청

· 피신청인 답변

대상부위는 설계도면에 따라 정상적으로 시공되어 문제가 없고, 벽체 균열부위에 누수가 있을 경우 확인 후 보수 예정

▣ 조사내용

· 하자담보책임기간 여부

기둥 · 내력벽에 대한 하자담보책임기간은 사용승인일로부터 10년까지이고, 신청인이 하자담보책임기간 이내에 하자보수 청구

· 관련 법규 및 기준

- '공동주택 하자의 조사, 보수비용 산정 방법 및 하자판정기준' 검토결과, 제4조(균열)에 "① 콘크리트 허용균열폭 이상일 경우 하자로 판정한다. ②다만, 허용균열폭 미만인 경우에도 누수가 있거나 철근이 배근된 위치에서 발견된 경우 하자로 판정한다."고 명시

· 설계도서 및 시공상태

- 사용검사도면 검토결과, 대피실 벽체는 철근콘크리트 벽체/수성페인트로 표기
- 현장실사 결과, 대피실의 외기에 면한 벽체 상부에 누수 흔적이 있고, 수평 방향의 균열(폭: 0.2mm, 길이: 220cm 정도)이 발생
- 대상부위의 균열이 수평방향으로 일정하고 길이가 과다한 점 등을 고려할 때, 시공 당시의 콘크리트 시공이음(Cold joint) 위치에 발생

▣ 판정결과

시공 당시의 콘크리트 시공이음 위치에 발생한 균열(폭: 0.2mm, 길이: 220cm 정도) 부위로 누수가 되는 것으로 판단되며, 이로 인해 기능상, 미관상 지장을 초래하고 있으므로 일반하자로 판단

● 안방 벽부분 곰팡이 발생

▣ 신청취지 및 피신청인 답변

· **신청취지**

벽지에 곰팡이가 발생하여 하자 여부 심사요청

· **피신청인 답변**

하자담보책임기간이 경과한 사건으로 유지관리 사항이며, 해당 부위에 오수 드레인(Ø50)이 설치되어 있으나, 보온재 시공

▣ 조사내용

· **하자담보책임기간 여부**

단열공사에 대한 하자담보책임기간은 사용검사일로부터 2년까지이나, 하자담보책임기간 내에 발생된 하자(일반하자) 여부 심사사건

· **관련 법규 및 기준**

– 사업계획승인당시의 법적기준인 '건축물의 설비기준 등에 관한 규칙' 별표4 에 명시된 외기에 직접 면하는 외벽의 열관류율은 0.36W/㎡ · K 이하, 측벽의 열관류율은 0.27W/㎡ · K 이하

– '건축물의 에너지 절약설계기준' 제4조 제1호 다목에서 "단열조치를 하여야 하는 부위에 대하여는 다음 각 호에서 정하는 방법에 따라 단열기준에 적합한지를 판단할 수 있다. 1) 이 기준 별표 2의 지역

별 · 부위별 · 단열재 등급별 허용두께 이상으로 설치하는 경우(단열재의 등급 분류는 별표 1에 따름) 적합한 것으로 본다."라고 규정

- '건축물의 에너지 절약설계기준 '제4조(건축부문의 의무사항) 제3호 나목에 "3)단열부위가 만나는 모서리 부위는 방습층 및 단열재가 이어짐이 없이 시공하거나 이어질 경우 이음부를 통한 단열성능 저하가 최소화되도록 하며, 알루미늄박 또는 플라스틱계 필름 등을 사용할 경우의 모서리 이음부는 150mm이상 중첩되게 시공하고 내습성 테이프, 접착제 등으로 기밀하게 마감할 것' 규정

· 양측 주장

- 신청인은 해당 세대에 다른 실의 경우 결로로 인해 여러 차례 보수를 받았으며 해당 부위는 가구가 배치되어 있어 20××. ×. 경에 결로 및 곰팡이를 확인한 것이며, 이 부위는 옥상과 연결된 배관이 설치되어 있어 외기가 유입되어 결로 및 곰팡이가 발생한 것이라고 주장
- 피신청인은 접수 당시 해당 실의 난방이 가동되고 있지 않았으며, 하자담보책임기간이 경과한 사건으로 유지관리 사항이며, 해당 부위에 오수 드레인(Ø50)이 설치되어 있으나, 보온재를 시공하였고 다른 세대와 동일하게 시공된 사항이라고 주장

· 설계도서 및 시공상태

- 사용검사도면 확인결과, 외벽의 경우 THK67 압출법보온판/THK9.5 석고보드, 측벽의 경우 THK92 압출법보온판/THK9.5 석고보드 마감이며, 측벽과 외벽의 단열재가 연속적으로 표기
- 발코니 확장부위의 측벽단열재와 외벽 단열재가 만나는 모서리 부위에는 오수드레인(배수관) 표기
- 현장실사 결과, 해당 부위는 측벽과 외벽이 만나는 좌측 모서리 부위이며, 우수유입의 흔적이 없음에도, 하부 벽면이 젖어 있고, 상 · 하

부 도배지 및 마루, 걸레받이에 곰팡이 확인
- 20××. ○. ○.부터 20××. ○. ○.까지의 ○○시의 실외 최저온도범위는 -3.8℃에서 5.6℃ 범위이고, 현장실사 당시 실외온도는 2.0℃이므로 현장실사 시점은 결로 및 결로에 따른 피해 등을 조사할 수 있는 시점임
- 벽체 하부의 석고보드 마감재를 해체한 결과, 측벽 및 외벽의 단열재 종류와 두께는 설계도서에 준해 시공
- 측벽과 외벽 단열재가 만나는 모서리 부위에 드레인이 설치되어 있고, 해당 드레인은 보온재로 마감되어 있으나, 드레인과 콘크리트 벽면(측벽) 사이에는 단열재가 없어, 해당 부위의 단열재가 연속적으로 시공되지 않음

▣ 판정결과

측벽과 외벽 단열재가 만나는 모서리의 드레인 설치부위에 사용검사도면과 상이하게 단열재가 연속적으로 시공되지 않아 결로 및 곰팡이 등 결함이 발생하여 기능상, 미관상 지장을 초래하고 있으므로 일반하자로 판단

● 지하저수조 이격거리 오시공

▣ 신청취지 및 피신청인 답변

· **신청취지**

지하저수조 물탱크와 저수조실 마감까지의 거리가 표준시방서와 상이하므로 하자여부 심사 요청

· **피신청인 답변**

지하저수조 바닥마감에 의한 PAD높이 부족시공

▣ 조사내용

· 하자담보책임기간 여부

지하저수조공사에 대한 하자담보책임기간은 사용검사일로부터 2년까지이고, 하자담보책임기간 이내에 하자보수 청구

· 설계도서 및 시공상태

– 현장실사 시 지하저수조와 바닥, 벽체, 천장까지의 이격거리를 실측한 결과, 설계도면과 상이하게 시공

– 바닥 마감면까지 이격거리 : 380~500mm(THK100 무근콘크리트 제외),

– 벽체까지 이격거리 : 870~915mm(벽체), 550~600mm(외벽 기둥)

– 천장(보하부)까지 이격거리 : 740~745mm

▣ 판정결과

시공상태 치수, 피신청인으로부터 제출받은 사용검사도면, 건축기계설비 표준시방서 확인결과, 설계도면치수에 미달하게 시공되어 배관 및 물탱크 보수 등 향후 유지관리시 기능수행에 지장을 초래할 수 있으므로 변경시공 하자로 판단

● 놀이터 바닥포장 고무칩 균열

▣ 신청취지 및 피신청인 답변

· 신청취지

어린이놀이터1, 어린이놀이터2, 유아놀이터의 바닥포장 고무칩 균열이 발생되어 보수를 받았으나 재하자가 발생하여 하자 여부 판정 요청

· 피신청인 답변

놀이터 바닥포장 고무칩 균열 건은 어린이놀이터 고무칩 균열 하자보수공사를 완료하여 완료확인서를 득하였으며, 이후 발생 하자건에 대해서는 하자처리 불가

▣ 조사내용

· 하자담보책임기간 여부

조경포장공사에 대한 하자담보책임기간은 사용검사일로부터 2년이고, 하자담보책임기간 이내에 하자보수 청구

· 관련법규 및 기준

– '전문시방서/2008' 1.5 설계요구사항

1.5.4 표면배수

포장 표면배수를 위해 배수구나 배수로 또는 놀이 · 운동공간 외곽으로 최소 0.5% 이상의 기울기가 되게 한다.

1.8 환경조건

가. 얼음이나 서리를 맞은 재료나 혼합물 또는 동결된 재료를 사용하여서는 안되며, 언 땅위에서 시공하거나 바탕을 형성하여서는 안된다. 서리 또는 결빙으로 손상된 포장은 제거하고 재시공하여야 한다.

나. 기온이 내려가는 시점에서 3℃ 미만, 기온이 올라가는 시점에서 1℃ 미 만인 경우에는 원칙적으로 시멘트혼합물을 이용한 포장공사를 시행할 수 없다. 다만, 입주 등 불가피한 경우에는 감독자의 승인을 받아 보온조치 등을 철저히 한 뒤에 시공하여야 하며, 보온조치 등을 소홀히 하여 발생하는 결함 에 대해서는 수급인 부담으로 재시공하여야 한다.

2.3 고무바닥재

2.3.2 직시공용 고무바닥재

나. 어린이놀이터용(T50이상) 시공용 고무입자는 합성고무

EPDM(에틸렌, 프로필렌, 디엔계 합성고무)입자와 폐타이어 고무 입자를 폴리우레탄 바인더로 접착시켜 과산화수소나 유황으로 경화한 것으로, 합성고무 EPDM 입자는 2~3mm, 폐타이어 고무입자는 2~7mm로 하고, 바인더는 고무중량의 16~20% 로 하여 입자 전체를 코팅하여야 한다.

3. 시공

3.1 인조고무 바닥재 깔기

3.1.1 준비 콘크리트 바닥을 충분히 양생하고, 그 위에 있는 양생제나 기타 접착에 영향을 주는 잡물을 제거하여 표면을 깨끗하고 건조한 상태로 유지한다.

3.1.2 고무바닥 현장타설

가. 표층재는 보조재와 완전히 접착하여야 하며, 접착제가 마르기 전에 표층재를 포설하여 평탄하게 마감한다. 이때 기초부위가 노출되어서는 안되며 바닥과 시설물이 접하는 부위에 틈새가 있어서도 안된다.

나. 칼라 패턴이 달리 구분되지 않는 경우를 제외하고는 이음매 없이 연속해서 작업하고, 색상변화가 이루어지는 경우라도 연속해서 타설할 수 있도록 사전에 준비한다.

– '전문시방서/2012' 8. 조경공사

835 조경포장공사

83550 조경일체형포장

3.5 보수 및 재시공 허용오차 범위를 벗어났거나 손상된 포장은 덧씌우기를 해서는 안되며 시방 요구조건에 맞도록 재시공하여야 한다.

· 설계도서 및 시공상태

– 사용검사도면 검토결과, 어린이 놀이터1의 고무칩포장 면적은

280.05㎡이며, PE(폴리에틸렌)빗물받이가 1개소에 표기

- 어린이놀이터2의 고무칩포장 면적은 265.12㎡이며, PE(폴리에틸렌) 빗물받이가 2개소에 표기
- 유아용놀이터의 고무칩포장 면적은 128.38㎡이며, PE(폴리에틸렌) 빗물받이가 없음
- 현지조사 결과, 아래와 같은 사항이 발생된 상태이며 이에 대해 신청인은 8차에 걸쳐 피신청인에게 지속적으로 하자보수 요청
  ① 어린이 놀이터 고무칩포장 전체에 광범위하게 균열 발생
  ② 표층재와 보조재가 완전히 접착되지 않고 박리 및 탈락된 부분 관찰
  ③ 보수공사 시 기존 표층재 위에 표층재를 덧씌워 하자보수한 부분 관찰
  ④ 현장에서 고무칩 포장의 샘플을 채취하여 확인한 결과 표층재의 평균두께는 10mm 미만, 보조재의 평균두께는 50mm 이상으로 측정
- 발생된 결함에 대한 검토결과, 고무칩 포장의 최초 시공시(일평균 기온 2.8℃) 기준으로 환경조건을 고려한 충분한 보온조치가 미흡한 것으로 판단
- 놀이터에 PE(폴리에틸렌)빗물받이가 없거나 편중된 시공에 의한 배수불량으로 우기철 물고임이 고무칩 포장에 침투하여 강한 일사에 의한 건조-수축과 동절기의 동결-융해의 반복에 따른 폴리우레탄 바인더의 열화로 표층재의 균열 · 탈락및 표층재와 보조재의 박리 등이 발생된 것으로 판단
- 또한 보수공사 시 손상된 포장은 덧씌우기를 해서는 안되는 전문시방서에 준해 시공하지 않은 것으로 판단

▣ 판정결과

시공시 품질관리 미흡(보온조치 미흡, 배수불량에 의한 건조-수축 및 동결-융해 등)에 의한 폴리우레탄 바인더의 열화로 표층재의 균열 · 탈락 및 표층재와 보조재의 박리 등이 발생된 것으로 판단되며, 보수공사시 손상된 고무칩 포장의 재보수를 시방서에 준해 시공하지 않은 것으로 이는 기능상, 미관상 지장을 초래하므로 일반하자로 판단

● 조경수 고사

▣ 신청취지 및 피신청인 답변

· **신청취지**

단지 내 조경수가 고사하여, 이에 대해 하자 여부 판정 요청

· **피신청인 답변**

이미 조경하자보수를 성실히 진행하였으며, 재식재 이후 관리(병충해 및 고갈) 미흡으로 고사가 발생한 것으로 생각되며, 보증기간이 경과된 이후 하자보수를 지속해서 신청하는 것을 당사로서는 수용하기 어려움.

▣ 조사내용

· 하자담보책임기간

식재공사에 대한 하자담보책임기간은 사용검사일로부터 2년까지이고, 신청인이 하자담보책임기간 이내에 하자보수를 청구하여 피신청인이 보수를 하였으나, 하자가 재발생하여 하자보수를 재청구

· **관련법규 및 기준**

'공동주택 하자의 조사, 보수비용 산정 방법 및 하자판정기준' 제9조(조경수 고사)에 "수관부분 가지가 2/3 이상 고사된 조경수는 하자로 판정

한다. 다만, 유지관리 소홀로 인한 고사 및 인위적으로 훼손된 조경수라는 점이 입증되는 경우 하자에서 제외한다."로 규정

· 관련자료

- 신청인과 피신청인 사이에 조경공사와 관련해 종결합의서 작성은 없는 것으로 확인
- 하자보수확인서 검토 결과, 해당 수목은 재식재를 하였으며, 식재 후 3개월 이내에 고사한 것으로 확인
- 신청인은 수목의 유지관리를 위해 별도의 전문업체를 선정하여 소독 등을 실시하였으며, 신청인이 관수작업을 하는 등 수목에 대한 유지관리를 지속하였다고 진술

· 관련판례 검토

하자담보책임기간 내에 하자보수가 이루어졌으나 하자담보책임기간 경과 이후 재하자가 발생한 경우에 관한 법령 등 규정은 없으나, 부적절한 방법으로 하자보수가 이루어진 경우까지도 하자보수가 이루어졌다고 보는 것은 주택법이 하자담보책임을 규정한 취지에 맞지 않고, 법원의 태도 또한 역시 하자보수를 하였어도 부적절한 방법으로 보수를 하여 하자담보책임기간 이후 재하자가 발생한 것으로 인정되는 경우에는 하자보수책임을 인정하는 입장으로 판단(수원지방법원 2008가 합20600판결 등 참조)

· 설계도서 및 시공상태

- 사용검사도면(식재평면도-1) 확인결과, 선큰 및 카페테리아 주변에 자작나무 (H4.0×B10) 89주 표기
- 현장실사 결과, 해당 수목은 수관부 가지의 2/3이상 고사

▣ 판정결과

신청인의 유지관리 소홀로 인해 발생하였다고 인정할 자료가 없고, 해

당 수목들은 재식재를 하였으나, 모두 3개월 이내에 수관부 가지의 2/3 이상이 고사되었다는 점에서 식재 수목의 불량 등 피신청인의 불완전한 보수에 기인한 것으로 판단되며,조경수의 고사로 인해 기능상, 미관상 지장을 초래하므로 일반하자로 판단

● 1, 2층 옥외주차장 및 차량진입로 바닥 균열

▣ 신청취지 및 피신청인 답변

· **신청취지**

주차장 바닥면에 균열이 다수 발생하여 피신청인에게 보수를 요청하였으나 보수하여 주지 않아 하자 판정 요청

· **피신청인 답변**

답변 없음

▣ 조사내용

· **하자담보책임기간**

포장공사에 대한 하자담보책임기간은 사용승인일로부터 3년까지이고, 하자담보책임기간 이내에 하자보수 청구

· **양측 주장**

신청인은 대상위치 바닥에 균열이 다수 발생하여 피신청인에게 요청하였으나, 보수를 해주지 않고 하자보수보증금을 받아 직접 보수하라고 답변하였음을 주장

· **설계도서 및 시공상태**

– 사용승인도면 검토 결과, 대상위치 바닥 포장은 지반 진동다짐, #8 와이어메쉬2겹, THK200 콘크리트로 표기

– 현장실사 결과, 1, 2층 옥외주차장과 차량진입로의 바닥 콘크리트 포장면에 균열(11개소, 폭 0.4~1.5mm)과 박리 및 박락(6개소) 확인
– 균열과 박리 및 박락의 폭, 크기 등 규모와 발생 시점 등을 고려할 때, 콘크리트 포장을 위한 기층 지반의 다짐 미흡 등에 의한 침하로 인해 결함이 발생된 것으로 판단

▣ 판정결과

시공 당시 콘크리트 포장을 위한 기층 지반의 다짐이 미흡하여, 침하로 인해 균열과 박리 및 박락이 발생된 것으로서, 이로 인해 기능상, 미관상 지장을 초래하고 있으므로 일반하자로 판단

● 옹벽 균열

▣ 신청취지 및 피신청인 답변

· 신청취지

지하주차장 입구 옆 옹벽의 균열 및 침하로 흙의 유실, 지중 하수관의 파손에 대해 하자 판정 요청

· 피신청인 답변

지하주차장 옹벽의 균열은 보수할 예정이나, 하수관 파손은 하자담보책임기간이 경과되어 보수할 수 없음

▣ 조사내용

· 하자담보책임기간

옹벽공사에 대한 하자담보책임기간은 사용검사일로부터 2년까지이고, 하자담보책임기간 이내에 하자보수 청구

· 양측 주장

- 신청인은 옹벽의 균열 및 지반 침하의 심각성 주장
- 피신청인은 대상부위 옹벽(길이 : 3m 구간)에 대한 설계도면은 없고, 어린이 놀이터 옹벽(벽체)과 지하주차장 벽체 사이에 위치하여 시공 중에 단지내 지반의 단차(5m)로 인해 시공된 것으로 보이며, 옹벽의 균열 및 침하에 대한 하자를 인정하여 보수예정임을 진술

· 설계도서 및 시공상태

- 사용검사도면 검토결과, 대상부위 옹벽에 대한 상세 표기 없음
- 현장실사 결과, 대상부위는 어린이놀이터 옹벽과 지하1층 주차장 벽체와의 연결 없이 별도로 시공된 옹벽(길이 : 3m, 높이 : 5m 정도)으로서, 양 측면 접합부 전체에 균열(폭 : 10~20mm)과 콘크리트 표면 박리, 누수가 있음
- 침하된 옹벽 상단 배면의 지반 상태 등을 조사한 결과, 옹벽 균열부를 중심으로 10~20cm 정도 지반이 침하되어 있으며, 옹벽 자체도 주위 벽체에 비해 7~8cm의 처짐이 발생하여 기초 및 지반 침하가 심각

▣ 판정결과

피신청인이 하자임을 인정하고 있고, 옹벽 기초 하부의 지반 침하 및 접합부 벽체 균열부를 통한 토사 유실에 의해 발생된 것으로 판단되며, 이로 인해 안전상,기능상, 미관상 지장을 초래하고 있으므로 일반하자로 판단

● 홈네트워크 시스템 오작동

▣ 신청취지 및 피신청인 답변

· 신청취지

홈네트워크 시스템 오작동에 대해 하자 판정 요청

· 피신청인 답변

동절기의 내 · 외부 온도차 및 입주자의 환기부족으로 발생

▣ 조사내용

· 하자담보책임기간

홈네트워크기기 공사에 대한 하자담보책임기간은 사용검사일로부터 2년까지로, 하자담보책임기간내에 발생한 하자(일반하자) 여부에 대한 심사사건

· 관련자료

– 건설기술지침 전기(대한건축학회, 2010) 검토결과, 제1장 개요/인입, 배관, 배선공사 공종별 개요편(p.15)에서 비디오폰 함에서 카메라박스 사이 배관은 결로방지가 필요한 배관(코킹)으로 기술

– 관리사무소 관리일지 확인결과, 해당 세대의 홈네트워크 시스템 방범기능의 오작동 확인

· 양측 주장

신청인은 동절기에 현관벨의 비정상적 울림이 3회 정도 발생하여 외부 현관벨을 교체 보수받았으나, 다음 해 동절기에 비정상적 울림이 재발생하였다고 진술

· 설계도서 및 시공상태

– 사용검사도면 검토결과, 욕실벽체에 'HOME AUTOMATION기기' 표기

- 현장실사결과, 해당 세대 홈네트워크 시스템의 현관문과의 연동 등 오작동은 확인되지 않음.
- 홈네트워크 시스템 외부덮개 해체후 내부상태 확인 결과, 피신청인이 외부와 연결되는 배관 인입부위에 난연 폼으로 보수한 흔적은 있으나, 상부배관 인입부 위의 경우 배관과 인입구 사이에 틈이 있고, 결로발생이 원인으로 판단되는 회로기판의 물흐름 흔적 및 녹 등 확인

▣ 판정결과

홈네트워크 시스템의 외부와 연결되는 배관 인입부위의 틈으로 외기가 유입되어 결로현상이 발생하였고, 이로 인해 회로기판 오염 및 녹 등의 결함으로 기능상 지장을 초래하고 있으므로 일반하자로 판단

● 주방 천장 스프링클러 배관 누수로 인한 2차 피해

▣ 신청취지 및 피신청인 답변

· 신청취지

주방 천장의 스프링클러 배관이 누수되어 피신청인이 천장 마감재를 해체하여 배관을 보수하였으며, 마감재 해체부위 및 누수로 인한 마감재 손상부위는 보수되지 않아 하자 판정 요청

· 피신청인 답변

해당 아파트는 소화설비공사의 하자담보책임기간이 경과되어 보수의 책임이 없으나, 신청인의 편의를 위해 스프링클러 배관은 보수하였고, 마감재는 신청인이 직접 보수하기로 구두 협의

▣ 조사내용

· 하자담보책임기간

소화설비공사에 대한 하자담보책임기간은 사용검사일로부터 3년까지이며, 하자담보책임기간 내에 발생된 하자(일반하자) 여부 심사요청

· 관련자료

– 신청인이 제출한 사진자료 검토결과, 스프링클러 배관의 누수는 배관의 국부적인 부식(공식)에 의한 것으로 확인되고 피신청인도 이를 인정

– 스프링클러 배관의 내구연한이 10년 이상이고 부식 부위가 천장 내부에 있어 신청인이 손상을 줄 수 없는 부위라는 점에서 부식의 발생이 정상적인 노후화 또는 사용자의 과실에 의해 발생하였다고 보기는 어려움.

– 동관의 국부적인 부식(공식)의 주된 발생 원인은 대상 부위 스프링클러 배관의 제작 당시 이물질이 포함되었거나, 시공 당시 배관 내로 유입된 금속산화물 및 소방용수의 수질불량 등에 의한 영향으로 판단

· 양측 주장

– 신청인은 평소 사용하지 않고 손댈 수 없는 스프링클러 배관에서 누수가 발생되었고, 마감재를 직접 보수하기로 협의한 사항이 없음을 주장

– 피신청인은 신청인의 편의를 위해 스프링클러 배관은 보수하였으나, 마감재는 신청인이 직접 보수하기로 구두 협의 주장

– 관련 협의에 대한 동의서 등 이를 인정할 만한 자료는 없는 것으로 확인

· 설계도서 및 시공상태

– 사용검사도면 검토결과, 주방 천장 내부에 스프링클러 배관이 설치

되어 있으며,마감재는 THK9.5 석고보드/도배지(실크)로 표기

- 현장실사 결과, 스프링클러 배관은 보수하였으나, 주방 천장은 보수 후 마감처리(4개소)가 되지 않은 상태이며, 발코니1 창측 부위의 커튼박스는 기존의 스프 링클러 배관 누수 당시의 흔적 확인

▣ 판정결과

스프링클러 배관의 제작 당시 이물질이 포함되었거나, 시공 당시 배관 내로 유입된 금속산화물 및 소방용수의 수질불량 등에 의한 영향으로 스프링클러 배관의 국부적인 부식(공식)이 발생된 것으로 판단되며, 발코니1 창측 부위의 커튼박스는 기존의 스프링클러 배관 누수 당시의 흔적이 있고, 피신청인이 스프링클러 배관의 보수 후 마감처리(4개소)가 되어 있지 않은 상태로서, 이는 기능상, 미관상 지장을 초래하고 있으므로 일반하자로 판단

● 드레스룸 스프링클러 헤드 설치 불량

▣ 신청취지 및 피신청인 답변

· **신청취지**

드레스룸 스프링클러 헤드와 조명등 사이의 이격거리가 부족(살수 반경 위반)해 관련법규에 위배되고 살수에 방해가 되므로 하자 판정 요청

· **피신청인 답변**

스프링클러 설비의 화재안전기준(NFSC 103) 해설서에 스프링클러 헤드와 조명등(장애물) 사이의 이격거리는 조명등 높이의 3배 이상을 만족하면 이상이 없는 것으로 표기되어 있어 하자가 아님을 주장

▣ 조사내용

· 하자담보책임기간

소화설비공사에 대한 하자담보책임기간은 사용검사일로부터 3년까지이며, 하자담보책임기간 내에 발생된 하자(변경시공 하자) 여부 심사사건

· 관련법규 및 기준

- 스프링클러 설비의 화재안전기준(NFSC 103) 제10조(헤드) 제7항 제1호에는 "살수가 방해되지 아니하도록 스프링클러 헤드로부터 반경 60cm 이상의 공간을 보유할 것" 이라고 명기
- 동 기준 제10조(헤드) 제7항 제3호에는 "스프링클러 헤드와 장애물과의 이격거리를 장애물 폭의 3배 이상 확보한 경우에는 그렇지 않다."고 명기
- 피신청인이 제출한 스프링클러 설비의 화재안전기준(NFSC 103) 해설서에는 스프링클러 헤드와 장애물 사이의 이격거리가 장애물 높이의 3배 이상을 만족하면 이상이 없다는 내용은 확인되지 않음.

· 설계도서 및 시공상태

- 사용검사도면 검토결과, 스프링클러 헤드와 조명등간의 이격거리가 표기된 내용은 확인되지 않음
- 현장실사 결과, 스프링클러 헤드와 조명등 간의 이격거리는 약 22cm이고, 조명등 폭은 약 30cm인 것으로 확인되어, 화재안전기준상의 이격(60cm)거리보다 약38cm가 부족한 것으로 확인

▣ 판정결과

스프링클러 헤드와 조명등 간의 이격거리(약 22cm)가 스프링클러 설비의 화재안전기준상의 이격거리(60cm)보다 부족하게 시공되어 있어 변경시공 하자로 판단

● 급수배관 누수

▣ 신청취지 및 피신청인 답변

· 신청취지

계량기함 및 화장실 급수관 부속의 누수로 인해 하층부세대 피해 및 현관바닥 백화현상 등의 문제가 발생하여 하자 판정 요청

· 피신청인 답변

대상부위 누수는 하자담보책임기간이 경과된 사건이므로 보수의 책임이 없음

▣ 조사내용

· 하자담보책임기간

급수설비공사에 대한 하자담보책임기간은 사용검사일로부터 2년까지로, 하자담보책임기간 내에 발생된 하자(일반하자) 여부 심사사건

· 양측 주장

- 신청인은 수도계량기 주위배관 누수로 인해 하층세대에 누수피해와 현관바닥의 오염 및 백화현상 발생 주장
- 피신청인은 신청인의 화장실 보수공사 후 하층세대에 누수피해가 발생하였으므 로 신청인의 과실책임 주장

· 설계도서 및 시공상태

- 사용검사도면 검토결과, 급수관은 동관으로 표기
- 현장실사 결과, 신청인 세대의 수도 계량기함에 물고임이 있고, 주위의 현관 타일바닥에 오염 및 백화현상이 있는 것으로 확인
- 하층세대 누수피해 확인결과, 급수관을 따라 누수피해가 진행되는 것으로 확인되어, 당사자에게 급수관 기압시험 제안

- 피신청인이 급수관 기압시험을 실시한 결과, 주방 급수관에 누수가 있었으며, 누수발생 부위를 해체한 결과, 주방 급수관에 국부적인 부식(공식현상)으로 인한 Ø 0.1 정도의 천공이 있는 것으로 확인
- 급수관(동관)의 내구연한이 10년 이상이고 부식부위가 바닥에 매립되어 있어 신청인이 손상을 줄 수 없는 부위라는 점에서 부식의 발생이 정상적인 노후화 또는 사용자의 과실에 의해 발생하였다고 보기는 어려움.
- 국부적인 부식(공식현상)의 주된 발생원인은 배관제작 시 이물질이 포함되었거나, 시공당시 배관내로 유입된 금속산화물 등에 의한 영향으로 판단

▣ 판정결과

주방 급수관(동관)의 품질미달 또는 시공 당시 공사상의 잘못으로 인해 기능상, 미관상 지장을 초래하고 있으므로 일반하자로 판단

● 급수전 이음부위 누수 및 배관 부속 패킹 파손

▣ 신청취지 및 피신청인 답변

· **신청취지**

감압밸브 미설치로 급수전 이음부위 누수 및 배관 부속 패킹 등이 발생하여 하자 판정 요청

· **피신청인 답변**

대상부위의 급수전 감압밸브는 사용검사도면에 없어 설치의무가 없음

▣ 조사내용

· 하자담보책임기간

급수설비공사에 대한 하자담보책임기간은 사용검사일로부터 2년까지이고, 하자담보책임기간 내에 하자보수 청구

· 관련기준

– 건축기계설비 설계기준[2005년] 제2편 위생설비 2.2 급수 방식 (5) 고층건물에 대한 급수방식 "고층건물의 급수시스템을 중층이나 저층 건물과 같이 단일 계통으로 하면 저층에서는 수압이 과대하게 작용하여 소음, 진동, 워터해머(수격현상) 등이 심하게 발생된다."고 규정

– 건축기계설비 표준시방서[2005년] 01020 배관공사 2.1 배관재료에 "급수 및 온수 공급용 배관류는 수압 0.75MPa(약 7.5kg/㎠)에 견딜 수 있는 것"으로 규정

· 양측 주장

– 대상부위 급수배관의 감압밸브 미설치로 배관내부의 급수압력이 과도하여 배관 부속의 파손 및 누수가 발생하였고, 누수된 상태로 급수배관을 유지할 수 없어 자체 보수

– 또한, 급수배관 내부의 과도한 압력문제가 해소되지 않을 경우 동일한 하자의 재발생 우려

· 설계도서 및 시공상태

– 사용검사도면 검토결과, 급수방식은 펌프직송방식으로 대상부위에 감압밸브의 표기는 없으나, 장비용량 계산서에는 사용 급수압력(샤워기 기준)이 20mAq (2kg/㎠)로 표기

– 현장실사 결과, 대상부위 급수배관 및 배관부속 패킹 등은 신청인이 보수하여 누수 및 파손이 없는 것으로 확인

– 압력계로 급수압력을 측정한 결과, 약 8.9kg/㎠로 측정되었으며, 이

와 같은 과도한 급수압력은 급수 배관류(배관부속 및 패킹재 등)의 누수 및 파손에 영향을 주었을 것으로 판단

▣ 판정결과

대상부위의 급수압력(약 8.9kg/㎠)이 배관류가 견딜 수 있는 급수압력(건축기계설비 표준시방서 기준 : 약 7.5kg/㎠) 및 장비용량 계산서에 명기된 급수압력(약 2kg/㎠) 보다도 높아 급수압력이 과도한 것으로 판단되며, 이로 인해 배관류 파손및 누수 발생 등 기능상 지장을 초래하고 있으므로 일반하자로 판단

● 층간 소음(위층과 아래층에서 소음이 유입)

▣ 신청취지 및 피신청인 답변

· **신청취지**

위층과 아래층, 옆집 등 사방의 소음으로 피해가 심각하여 하자판정 요청

· **피신청인 답변**

적법한 절차에 따라 시공하였으므로 보수 불가

▣ 조사내용

· **하자담보책임기간**

온돌공사에 대한 하자담보책임기간은 사용승인일로부터 3년까지이고, 하자담보책임기간 이내에 하자보수 청구

· **양측 주장**

– 신청인은 위층과 아래층에서 생활하는 소음이 여과되지 않고 유입되

는 것으로 보아 단열재가 없다고 주장

- 단열재를 시공하지 않고, 슬래브 위에 경량기포 콘크리트 시공 진술

· **설계도서 및 시공상태**

- 사용승인도면 검토결과, 거실의 바닥은 슬래브(180mm)/단열재(가등급)(30mm) /판넬히팅(70mm)/모르타르위 비닐계 시트로 표기
- 현장실사 시 대상세대 바닥의 단열재 설치 여부를 확인하기 위해 일부를 해체한 결과, 사용승인도면과 상이하게 단열재가 없는 것으로 확인

▣ 판정결과

피신청인이 사용승인도면과 상이하게 단열재를 미시공하여 소음이 슬래브를 통해 여과되지 않고 전달되어 심각한 피해를 받고 있는 것으로 판단되며, 이로 인해 기능상 지장을 초래하므로 미시공하자로 판단

● 앞마당 데크 변형 및 들뜸 발생

▣ 신청취지 및 피신청인 답변

· **신청취지**

앞마당 계단데크를 고정시킨 합판 및 지지역할을 하는 재료를 목재로 시공한 것은 부실시공이므로 하자 판정 요청

· **피신청인 답변**

하자여부를 판단하기 위해 시공상세도를 확인, 동 도면을 송부

▣ 조사내용

· **하자담보책임기간**

수장목공사에 대한 하자담보책임기간은 사용검사일로부터 1년까지이

며, 하자담보책임기간 이내에 발생된 하자(일반하자) 여부 심사사건

· 양측 주장

신청인은 데크의 변형 및 들뜸으로 인해 보행이 불가하여 데크를 해체해 본 결과, 데크를 고정하기 위해 목재(합판, 각재)를 외부에 시공하여 지지역할을 하도록 한 것 자체가 부실시공임을 주장

· 설계도서 및 시공상태

- 사용검사도면 검토결과, 콘크리트 계단 위 + 목재40 × 40@450 + 친환경합성목재 t24 × w120로 표기
- 현장실사 시, 입주자가 해체한 부분을 확인한 결과, 콘크리트 계단 위 각재 및 합판으로 시공 후 데크목을 고정시킨 것으로 확인
- 데크를 고정하기 위해 사용된 합판과 각재가 수분의 흡수 및 건조가 반복됨에 따라 변형되어, 데크가 처지고 들뜸이 발생한 것으로 판단
- 피신청인은 시공과정에서 품질관리 미흡에 의한 하자임을 인정

▣ 판정결과

데크를 고정하기 위해 사용된 합판과 각재가 변형되어 테크의 일부는 처지고 또다른 일부는 들떠서 기능상 지장을 초래하므로 일반하자로 판단

● 주차장 외벽 마감 변경시공

▣ 신청취지 및 피신청인 답변

· 신청취지

지하2층 주차장 외벽 마감이 설계도면(치장블럭쌓기)과 상이하게 멀티판넬로 시공하여 하자 판정 요청

· 피신청인 답변

세부신청내역의 해당부위를 현재 하자여부 조사 중이며, 하자로 판명될 경우 시공자를 통해 보수완료 예정

■ 조사내용

· 하자담보책임기간

블럭공사에 대한 하자담보책임기간은 사용검사일로부터 2년까지이며, 하자담보책임기간 내에 발생한 하자(변경시공 하자) 여부 심사

· 설계도서 및 시공상태

- 사용검사도면(실내재료 마감표) 검토결과, 지하주차장 지하2층 벽은 '바탕(콘크리트) + 마감(내부용 수성페인트)'으로 표기, 피신청인이 주장하는 사항은 비고란에 '멀티판넬은 흙에 접한 외벽부위만 해당'이라고 표기
- 사용검사도면(지하주차장 평면도, 301동 지하2층 전체평면도, 302동 지하2층 전체평면도, 305동 지하2층 전체평면도) 검토결과, 지하2층 지하주차장의 흙과 접하는 외벽은 연속되어 콘크리트+블럭재질의 패턴으로 표기
- 사용검사도면(지하주차장 휀룸#1 상세도, 지하주차장 휀룸#3 상세도) 검토결과, 지하2층 지하주차장의 흙과 접하는 외벽은 '4" 치장블럭쌓기 + 내부용 수성페인트'로 표기
- 따라서 위의 사용검사도면을 종합하여 판단할 때, 지하2층 지하주차장의 외벽마감은 연속된 벽체에 대한 마감으로서 '4" 치장블럭쌓기 + 내부용 수성페인트'로 판단
- 현장실사 시 피신청인은 휀룸구간에 설치된 멀티판넬의 변경시공 하자에 대해서 인정을 하였으나, 주차구간에 설치된 멀티판넬 시공에 대해서는 하자가 아니라고 주장하였으며 관련자료(사업계획승인도면, 착공도면, 수량산출서, 감리검측자료, 설계변경자료 등)의 제출

을 요구하였으나 제출하지 않음.

▣ 판정결과

지하2층 지하주차장의 외벽 마감이 '4 치장블럭쌓기 + 내부용 수성페인트'로 시공되어야 하나, 멀티판넬 + 내부용 수성페인트로 시공되어 동등 미만의 성능에 그친 것으로 이는 기능상, 미관상 지장을 초래하고 있으므로 변경시공하자로 판단

● 거실 벽체(안방문 옆) 누수

▣ 신청취지 및 피신청인 답변

· **신청취지**

부부욕실과 인접한 거실 벽체에 누수가 발생하여 수차례 보수를 받았으나, 지속적으로 누수가 발생하여 하자 판정 요청

· **피신청인 답변**

해당 부위는 누수가 아닌 결로로 인한 것으로, 설계 및 시공상 잘못이 없을 경우, 결로 발생 사실만으로는 하자 판정 불가

▣ 조사내용

· **하자담보책임기간**

일반벽돌공사에 대한 하자담보책임기간은 사용검사일로부터 2년까지이고, 하자담보책임기간 이내에 피신청인이 보수하였으나, 하자가 재발생하여 하자보수 재청구

· **양측 주장**

신청인은 입주 초기부터 해당 벽체에 곰팡이 등이 발생하여 4차례 보

수를 받았으며, 보수 한 달 후부터 곰팡이가 상부에서부터 재발생한 것으로 진술

· 설계도서 및 시공상태

- 사용검사도면 검토결과, 해당 부위는 콘크리트 기둥(C2)과 조적벽(시멘트 벽돌)이 서로 접하는 부위로 "콘크리트, 시멘트모르타르 + THK12.5 석고보드 + 고급실크벽지" 마감으로 표기
- 해당 단지의 건축공사 시방서 확인결과, 311 조적공사, 31110 벽돌공사, 3.2.1 쌓기 일반조건에 아래와 같이 표기되어 있음.
  → 차. 수평, 수직 줄눈 및 기둥, 보 또는 슬래브와 접하는 부위는 줄눈 모르타르를 빈틈없이 충전시킨다 … 중략 …
  → 거. 평면상 조적벽체가 콘크리트 벽체에 맞닿는 접합키 부위는 사춤 모르타르를 잘 채워 쌓는다.
- 현장실사 결과, 해당 부위는 부부욕실과의 경계벽이며, 콘크리트 기둥과 조적벽체(시멘트 벽돌)가 접하는 부위로서 벽면 젖음 및 곰팡이 확인
- 부부욕실 천장 내부 확인 결과, 해당 부위는 시멘트 모르타르로 마감
- 거실 측 천장 및 벽면 마감재(석고보드) 해체결과, 천장 마감재 및 콘크리트 슬래브는 곰팡이 등 누수 흔적 없으나, 벽면 마감재(석고보드) 배면에는 곰팡이가 있고, 콘크리트 기둥 및 슬래브와 조적벽체 접합부에 틈(15mm 정도) 확인

▣ 판정결과

기존에 보수를 실시한 바 있으나, 하자에 대한 근본적인 치유가 되지 않았고, 시공 당시 이질재(콘크리트 기둥 및 슬래브와 조적벽체) 접합부위의 모르타르 충전미흡 등 품질관리 미흡으로 발생한 접합부 틈새(15mm 정도)로 욕실에서 사용하는 습기 등이 유입되어 벽면 젖음 및

곰팡이 등이 발생하였으며, 이로 인해 기능상,미관상 지장을 초래하고 있으므로 일반하자로 판단

● 부부욕실 타일 저절로 깨짐

▣ 신청취지 및 피신청인 답변

· **신청취지**

부부욕실 벽체 타일이 입주 초기부터 저절로 균열이 발생, 확장되어 하자 판정 요청

· **피신청인 답변**

하자판정 결과에 따라 신청인과 협의하여 보수 계획

▣ 조사내용

· **하자담보책임기간**

타일공사에 대한 하자담보책임기간은 사용검사일로부터 2년까지이고, 하자담보책임기간 이내에 하자보수 청구

· **관련법규 및 기준**

'공동주택 하자의 조사, 보수비용 산정 방법 및 하자판정기준'에 벽체 타일 결함에 대한 판정 근거가 다음과 같이 명시되어 있음.

제20조(벽체타일의 들뜸 및 균열)

① 타일이 들뜨거나 균열이 발생된 경우는 하자로 판정한다.

② 타일 뒷 채움이 부족할 경우 타일의 접착강도 시험을 실시하여 하자 여부를 판단하며 접착강도가 4kgf/㎠(39.2N/㎠) 미만인 경우 하자로 판정한다.

· **양측 주장**

- 신청인은 입주 후 1년 정도 경과된 시점부터 욕실2(부부욕실) 벽체 타일에 균열이 발생되기 시작하였으며, 점점 여러 장의 타일에 균열이 발생하고 균열 폭도 커짐을 주장
- 피신청인은 연차별 하자보수요청 및 보수종결확인서에는 요청 기록이 남아 있지 않으나, 하자심사 판정 결과에 따라 신청인과 협의하여 보수 계획 주장

· 설계도서 및 시공상태

- 사용검사도면 검토결과, 실내재료 마감표에 욕실 벽체는 액체방수(H=1200) 후 벽체용 타일 마감으로 표기
- 대상단지 건축공사 일반시방서 확인결과, 7장 타일 및 석공사에 시공 방법에 대해 다음과 같이 명기

  7-2-3 벽붙이기

  1) 떠붙이기

  1. 타일 뒷면에 붙임 모르타르를 바르고 빈틈이 생기지 않도록 바탕에 눌러 붙인다.

- 건축공사 표준시방서의 09000 타일 및 테라코타공사에 시공 방법에 대해 다음과 같이 명기

  3.2.1 떠붙이기

  타일 뒷면에 붙임 모르타르를 바르고 빈틈이 생기지 않게 바탕에 눌러 붙인다. 붙임 모르타르의 두께는 12~24mm를 표준으로 한다.

- 현장실사 결과, 욕실2 벽체 타일 12장에 균열 및 깨짐 등의 발생 확인
- 타일의 뒷채움 상태를 확인하기 위해 타일면을 타격하여 청음한 결과, 균열 및 깨짐 등의 결함이 발생된 타일은 붙임 모르타르 뒷채움량이 타일면적의 50% 정도인 것으로 나타남.
- 대부분의 균열이 붙임 모르타르가 있는 부분과 없는 부분의 경계에

서 발생된 것으로 보아, 온도 변화 등에 의한 타일의 수축팽창 및 부착조건 차이로 인해 균열이 유발된 것으로 판단

▣ 판정결과

대상위치 벽체 타일 시공 당시 붙임 모르타르가 밀실하게 시공되지 않는 등 품질관리 미흡으로 인해 타일에 균열이 발생된 것으로 판단되며, 이로 인해 기능상, 미관상 지장을 초래하고 있으므로 일반하자로 판단

● 욕실 방수 미흡에 따른 파우더룸 누수피해

▣신청취지 및 피신청인 답변

· 신청취지

부부욕실 방수 미흡 문제로 욕실 출입문 측(파우더룸) 벽체 및 바닥에 누수피해가 있어 하자 판정 요청

· 피신청인 답변

신청사건에 대해 종합적으로 분석 후 세부사항에 답변

▣ 조사내용

· 하자담보책임기간

방수공사에 대한 하자담보책임기간은 사용검사일로부터 4년까지이고, 하자담보책임기간 이내에 하자보수 청구

· 설계도서 및 시공상태

– 사용검사도면 검토결과, 부부욕실과 파우더룸 간 벽체는 건식벽체(경량칸막이)로서, (부부욕실 측)지정타일/T-6 CRC보드/T-12 내

수합판/T-12.5 방수석고보드/T-50 유리면/T-12.5 차음 석고보드(파우더룸 측)로 표기

- 부부욕실의 바닥은 도막방수/구배 모르타르/지정타일로 나타나 있으며, 벽체의 도막방수의 시공 높이는 1200mm 및 1800mm로 나타나 있음
- 현장실사 결과, 부부욕실 입구(파우더룸 측) 바닥마루에 습기에 의한 변색이 있고, 출입문 좌 · 우측 벽체(경량칸막이) 하부의 벽지에도 습기 확인
- 벽체(경량칸막이) 마감재를 제거하여 내부 상태를 확인한 결과, 벽체 하부의 석고보드(부부욕실 및 파우더룸 측)에 습기가 있고, 금속재인 스터드(경량칸막이 내부 수직재) 및 러너(경량칸막이 하부 수평재)에 녹이 있으며, 파우더룸과 면한 욕실 벽체의 타일줄눈 및 벽과 바닥타일 접합부에 미세한 틈새가 있는 것으로 나타남.
- 경량칸막이 벽체의 석고보드 습기 및 철재 수직 · 수평재의 녹 발생 부위가 출입문 좌 · 우측 벽체 하부(바닥에서 부터 500mm 정도)인 점과 그 외의 부위에는 습기가 없는 점을 고려할 때, 욕실용수가 출입문 문턱 주위의 방수층 시공미흡 부위(벽 · 바닥 접합부, 문턱 접합부 등)로 스며들어 벽체 및 바닥마루에 습기 피해가 발생된 것으로 판단

▣ 판정결과

욕실용수가 방수층 시공 미흡 부위 등(벽 · 바닥 접합부, 문턱 접합부 등)으로 스며들어 습기 피해가 발생된 것으로 판단되며, 이로 인해 기능상, 미관상 지장을 초래하고 있으므로 일반하자로 판단

● 지붕 방수 미흡에 따른 세대 누수 피해

▣ 신청취지 및 피신청인 답변

· **신청취지**

지붕 방수 미흡에 따른 세대 누수 피해가 있어 하자 판정 요청

· **피신청인 답변**

대상 세대의 하자여부 확인 후 조치 예정

▣ 조사내용

· **하자담보책임기간**

방수공사에 대한 하자담보책임기간은 사용승인일로부터 4년까지이고, 하자담보책임기간 이내에 하자보수 청구

· **양측 주장 및 참고사항**

– 신청인은 지붕층 누수로 지붕층 하부 세대의 천장 누수 주장

– 지붕층 하부세대인 입주자(×02호)는 20××. ×.~ ×. 사이에 욕실 천장 누수를 최초 발견하였으며, 촬영한 누수사진 자료 제출

– 입주자의 제출자료 검토결과, 욕실 천장 단열재 틈새를 중심으로 물방울 맺힘이 있는 것으로 확인

– 또한, ×03호의 입주자도 침실1 천장에 누수 계속 주장

· **설계도서 및 시공상태**

– 건축허가도면 및 사용승인도면 검토결과, 지붕의 방수는 구배모르타르/우레탄 노출방수로 표기

– 현장실사 당시, 대상세대 욕실1 천장 단열재 표면에 누수흔적(물방울 맺힘)이 있고, 욕실1 상부 지붕층(환풍구 주위) 바닥 방수층의 균열(폭 : 약0.2mm)과 지붕환풍구 실란트에도 균열(폭 : 2mm 정도)이 있는 것으로 조사

– 또한, ×03호 침실1의 천장 슬래브 단열재에 노출된 철근 부식(녹)이 있고, 이전 하자심사 현장실사 이후 발생된 단열재 표면의 누수 흔적(흙이 섞인 물)이 있으며, 침실1 상부 지붕 화단 벽체 등에 이전 현장실사 이후 방수 보수를 한 흔적이 있는 것으로 나타남

▣ 판정결과

지붕층 방수층(노출 우레탄) 및 욕실 상부 환풍구 주위 실란트의 균열 부위로 우수가 스며들어 발생된 것으로, 기능상 지장을 초래하고 있어 일반하자로 판단

● 세대 창문 결로

▣ 신청취지 및 피신청인 답변

· **신청취지**

세대 창문에 결로가 있어 보수를 요청하였으나, 보수하여 주지 않아 하자 판정 요청

· **피신청인 답변**

대상 세대의 하자여부 확인 후 조치 예정

▣ 조사내용

· **하자담보책임기간**

창문틀 및 문짝공사에 대한 하자담보책임기간은 인도일로부터 2년까지이고, 하자담보책임기간 내에 하자보수 청구

· **관련법규 및 기준**

– '공동주택 하자의 조사, 보수비용 산정 방법 및 하자판정기준' "제10

조(미시공, 변경시공)"에 적법한 설계변경 절차를 마친 사용검사도면(준공도면)을 기준으로 판정하도록 명시

- 사업계획승인 당시의 '건축물의 설비기준 등에 관한 규칙' "별표4"의 외기에 직접 면하는 "창 및 문"의 열관류율은 3.10 (단위:W/㎡ · K) 이하로 나타나 있고, 대상단지의 "효율관리기자재 신고 확인서"에는 대상 창호(창세트)의 열관류율은 1.229 (단위:W/㎡ · K)로 명시되어 있어 관련 법적기준에 적합

· 관련자료

신청인 측이 제출한 대상 단지 창호(창 세트)의 "효율관리기자재 신고 확인서"에는 복층유리 두께 22mm로 명시

· 양측 주장

신청인은 동절기 시 안방 및 침실1,2의 창문에 결로 발생 주장

· 설계도서 및 시공상태

- 사용검사도면 검토결과, 안방 및 침실1, 2의 창호는 이중창으로서, 내창 및 외창 유리는 22mm 복층유리로 표기
- 현장실사 결과, 안방 및 침실1의 외창에 결로가 있고, 침실2의 창틀 하부에 물고임 흔적이 있는 것으로 조사
- 또한, 대상부위 창호의 복층유리 두께는 16mm로 나타나고, 내창 유리는 에칭 (Etching,반투명)유리로 시공
- 따라서, 대상부위 창문의 복층유리는 사용검사도면보다 부족(약 6mm)하게 시공

▣ 판정결과

창문의 복층유리 두께(16mm)가 사용검사도면(22mm)보다 부족(약 6mm)하게 시공되어 단열성능 미흡에 따른 영향으로 판단되며, 이로 인해 기능상 지장을 초래하고 있으므로 변경시공 하자로 판단

● 발코니 창문의 단창 시공

▣ 신청취지 및 피신청인 답변

· **신청취지**

침실1 발코니 창문이 사용승인도면과 달리 단창으로 시공되어 하자 판정 요청

· **피신청인 답변**

대상 세대의 하자여부 확인 후 조치 예정

▣ 조사내용

· **하자담보책임기간**

창문틀 및 문짝공사에 대한 하자담보책임기간은 사용승인일로부터 2년까지이고,하자담보책임기간 이내에 하자보수 청구

· **양측 주장**

신청인은 사용승인도면의 단위세대 평면도에 침실1 발코니 창문이 이중창으로 표기되어 있으나, 실제는 단창으로 시공되어 침실1 또는 침실1 발코니의 창문 중 하나는 이중창으로 시공되어야 함을 주장

· **설계도서 및 시공상태**

- 건축허가도면 및 사용승인도면 검토결과, 확장형 평면이 추가되어 적법한 절차에 따라 설계변경된 것으로 나타나고, 침실1의 창문은 단창, 침실1 발코니 창문은 이중창으로 표기
- 또한, 확장형 평면에 해당하는 창호상세도면(창호평면도 및 입면도 등)은 없는 것으로 확인
- 당사자에게 확장형 평면에 해당하는 창호상세도면 제출을 요구하였으나, 당사자 모두 미제출

- 피신청인이 제출한 고효율 에너지기자재 인증서의 창호(재질 : 알루미늄, 복층유리 두께 : 24mm)는 대상부위 창호(재질 : 플래스틱, 복층유리 두께 : 22mm)와 일치하지 않는 것으로 확인
- 현장실사 결과, 대상세대는 확장형 평면에 해당되고 침실1 발코니 창문은 플래스틱 단창(복층유리)으로 설치되어, 사용승인도면의 단위세대 평면도(이중창)와 상이
- 침실1 발코니 외벽은 THK90 치장벽돌 + THK150 철근콘크리트 벽체로, 일반적인 이중창을 시공할 수 있는 부위로 확인
- 당사자 청문 결과, 대상세대의 매매계약서는 있으나 대상단지 분양 당시의 견본주택, 카다로그 등은 없음을 진술, 매매계약서에 대상부위에 대한 내용은 없는 것으로 확인

▣ 판정결과

사용승인도면(확장형 평면도)의 이중창과 달리 단창으로 시공되었으므로 변경시공하자로 판단

● 옥상 구조체 결함으로 인한 하부 세대 누수 및 오염

▣ 신청취지 및 피신청인 답변

· **신청취지**

옥상 부위 결함으로 인해 하부 세대에 누수가 발생, 하자 판정 요청

· **피신청인 답변**

신청인이 요청한 하자 중 일부는 보수하였으나, 신청인과 협의가 원만하지 않아 보수를 할 수 없는 상황임

▣ 조사내용

· 하자담보책임기간

보 · 바닥 · 지붕 및 기둥 · 내력벽에 대한 하자담보책임기간은 사용승인일로부터 5년 및 10년까지이고, 하자담보책임기간내에 하자보수 청구

· 양측 주장

– 신청인은 옥상의 결함부위로 우수가 침투하여 최상층 세대로 누수 발생 주장

– 피신청인은 사용승인 후 보수를 진행하고자 하였으나, 신청인과 협의가 원만하지 않아 보수가 완료되지 않은 것이며, 누수는 주요 하자이므로 판정결과 검토 후 처리 예정

· 설계도서 및 시공상태

– 사용승인도면 검토결과, 평면도에 누수가 발생된 부분의 벽체는 옆 건물과 맞붙는 벽체(맞벽)이고, 실내재료 마감표에 최상층(5층) 세대 발코니의 벽체 마감은 모르타르 위 수성페인트로 표기

– 현장실사 결과, 최상층 세대의 작은방 발코니 천장 및 벽체에 균열과 균열 부위로 스며나온 누수 흔적(오염, 백화 등) 확인

– 대상 건물의 옥상 파라펫은 옆 건물과 맞붙어 있으며, 맞붙은 접합면을 따라 실링재 파손이 발생된 것으로 확인

– 옥상 바닥의 무근 콘크리트 및 우수 배수구 시공 상태 확인 결과, 피신청인이 우수 배수구에 실링보수 한 것으로 확인

▣ 판정결과

대상건물과 옆 건물이 맞붙은 옥상 파라펫 접합면의 실링재 파손부위를 통해 유입된 우수가 최상층(5층) 천장 슬래브 및 벽체의 결함(균열, 공극 등)을 관통하여 세대 내부로 스며나온 것으로 판단되며,

이로 인해 안전상, 기능상, 미관상 지장을 초래하고 있으므로 일반하자로 판단

● 지하주차장 바닥 시공불량으로 소음, 균열, 들뜸 발생

▣ 신청취지 및 피신청인 답변

· 신청취지

지하주차장 바닥 시공불량으로 소음, 균열, 들뜸이 발생하여 사용상 지장을 초래하고, 입주민들의 민원이 많아 하자 판정 요청

· 피신청인 답변

– 자체 구조팀의 현장점검 결과 최하층 바닥 마감재인 무근콘크리트판이 줄눈을 경계로 부분적으로 분리되어 차량 이동에 따라 분리된 무근콘크리트판을 통해 소음 발생 확인

– 지하주차장 바닥재인 무근콘크리트는 건물구조와는 전혀 무관한 마감재로써 분리 거동하는 무근콘크리트 부위에 발포우레탄 소재를 일정 간격으로 적절히 주입하여 양생 및 고정하면 상기 하자사항은 해결될 수 있을 것으로 판단하여 보수공사 착수 준비

▣ 조사내용

· 하자담보책임기간

일반 철근콘크리트 공사에 대한 하자담보책임기간은 사용검사일로부터 4년이고,하자담보책임기간 이내에 하자보수 청구

· 설계도서 및 시공상태

– 사용검사도면 검토결과, 지하1층 주차장은 THK100 무근콘크리트(슈퍼콘셀), 지하2층 주차장은 THK100 무근콘크리트(슈퍼콘

셀)+THK100 무근콘크리트(슈퍼콘셀)(배수판 포함), 지하3층 주차장은 THK100 무근콘크리트(슈퍼콘셀)(배수판 포함)로 표기, 지면에 접하는 부위는 배수판이 포함되어 설계

- 현장실사 결과 아래 사항 확인
  1. 바닥 무근콘크리트판의 크기는 가로 · 세로 4m×4m 이하이며, 수축줄눈(Contraction Joint)의 줄눈폭은 6.5mm로 시공. 줄눈깊이는 확인이 불가능하여 피 신청인에게 청문결과 줄눈깊이 45~55mm로 시공 주장
  2. 차량진입시 무근콘크리트 바닥의 "텅,텅,텅" 울림음이 차량의 이동에 따라 주기적으로 반복되었으며, 차량에 탑승하여 소음을 측정한 결과 차량 자체 소음은 55~60dB, 바닥 소음(울림음) 발생시에는 70~80dB로 측정
  3. 지하주차장 바닥의 무근콘크리트 수축줄눈(Contraction Joint) 우각부에 사선 방향의 균열(균열폭 0.1~0.15mm)과 수축줄눈(Contraction Joint) 경계부위의 무근 콘크리트 일부에 파손 발생
- 이와 같은 현상은 배수판 위에 시공된 무근콘크리트(현재 탄소섬유 보강콘크리트를 적용하여 시공한 상태임) 부위에서 온도 변화에 따른 수축 · 팽창에 대응하기 위해 설치된 줄눈에 관통 균열이 발생하여 개별 무근콘크리트판(4m×4m)으로 분리되고, 수축줄눈(Contraction Joint) 부위를 중심으로 변위에 의한 기초콘크리트와 무근콘크리트판(배수판 포함) 사이에 간극(들뜸)이 발생되어, 해당부위에서 차량이동시 충격 · 진동에 의해 간극(들뜸)부위가 맞닿으면서 소음, 균열, 들뜸이 발생된 것으로 판단

▣ 판정결과

지하주차장 바닥의 무근콘크리트 부위에서 온도 변화에 따른 수축 · 팽

창에 대응하기 위해 설치된 줄눈의 관통 균열에 의해 개별 무근콘크리트판(4m×4m)으로 분리되고 변위에 의한 기초콘크리트와 무근콘크리트판(배수판 포함)사이에 간극(들뜸)이 발생하여, 해당부위에서 차량이동시 충격 · 진동에 의해 간극(들뜸)부위가 맞닿으면서 소음, 균열, 들뜸이 발생된 것으로 판단되며, 이는 기능상 · 미관상 지장을 초래하므로 일반하자로 판단

● 1층 필로티 벽체 콘크리트 채움 부족

▣ 신청취지 및 피신청인 답변

· **신청취지**

1층 필로티 벽체 콘크리트 채움 부족 부위가 있어 하자 판정 요청

· **피신청인 답변**

대상 공용부분의 하자 여부 확인 후 조치 예정

▣ 조사내용

· **하자담보책임기간**

일반 철근콘크리트 공사에 대한 하자담보책임기간은 사용승인일로부터 4년까지이고, 하자담보책임기간 이내에 하자보수 청구

· **설계도서 및 시공상태**

– 건축허가도면 및 사용승인도면 검토결과, 1층 필로티 벽체는 철근콘크리트로 표기

– 현장실사 결과, 1층 필로티 벽체 모서리 중앙부 및 상부에 콘크리트 채움이 부족한 부위 확인

▣ 판정결과

대상벽체 시공 당시 콘크리트 타설 및 다짐 미흡의 영향으로 콘크리트 채움이 부족한 부위가 발생, 이로 인해 기능상, 미관상 지장을 초래하므로 일반하자로 판단

제5장

하자분쟁 발생시 업계의 대응전략

제1절 하자의 공종별 내용에 대한 문제점 분석

1. 콘크리트 균열하자

가. 2016년 개정된 건설감정실무의 내용

콘크리트의 균열 하자는 통상 내구성 저하를 초래하는 기능상 · 안전상 하자로써 중요한 하자로 분류하며, 미세한 균열이라 하더라도 미관상 지장을 초래하면 하자에 해당한다. 균열 폭이 0.3mm 미만이라 하더라도 하자로 판단하며, 다만 구조부 균열 하자의 보수방법에 있어 건식균열 중 0.3mm 미만은 표면처리 방법으로, 0.3mm 이상은 주입식 균열 보수방법으로 각 보수하도록 규정하고 있다. 층간균열의 경우에는 0.3mm 미만, 이상을 구분하지 않고 충전식 균열 보수방법을 사용하도록 하고 있고, 누수균열(습식)의 경우 주입식 균열 보수방법(에폭시)을 사용하도록 규정하고 있다.

나. 건설감정실무 기준에 대한 의견

1) 조사방법 표준화의 필요성

가) 정확한 균열 조사의 어려움(비용측면)

건설감정실무에는 조사방법에 대한 내용을 마련해놓고 있지 않다. 비용측면의 문제로 인해 정확한 조사가 어려운데, 이는 공동주택이 고층이며 조사대상이 광범위하고 특히 외벽의 경우 신축시 초벌, 정벌, 재벌을 하게 되고 3-5년 경과시 재도장까지 하였을 경우 도장 두께만 약 1.5-2mm에 이르게 되어 표면상의 균열이 도장균열에 불과한 경우가 많기 때문이며(특히 미세균열), 또한 표면상의 균열폭에 비해 실제 구조체 균열의 폭은 대부분 적게 나타난다. 그러나 모든 균열에 대해 도장면을 제거한 후 정확하게 조사하게 되면 조사비용이 보수비용보다 월등하게 많게 되어 부당한 결과가 초래될 위험이 있다.

나) 의견

따라서 통상적인 방법인 육안과 망원경을 이용하여 균열의 폭과 길이를 조사하여 기록한 균열도를 원 · 피고 양측 관계자의 입회하에 10개동이면 3개동 정도를 저층부, 중층부, 고층부 3개의 층으로 나누어 표본조사하는 방법이 합리적일 것으로 사료된다.

2) 허용균열폭 미만의 균열

가) 2016년 개정된 건설감정실무의 내용

2011년 건설감정실무의 내용과 동일하게 무근콘크리트 균열 폭이 0.3mm 미만이라 하더라도 하자로 판단하나, 보수비용에 있어 2015년 추록 및 2016년 개정으로 표면처리 단가를 일부 수정하였다.

나) 국토교통부 하자판정기준

콘크리트 허용균열폭(외벽의 경우 0.3mm) 이상일 경우 하자로 판정한다. 다만, 허용균열폭 미만인 경우에도 누수가 있거나 철근이 배근된 위치에서 발견된 경우 하자로 판정한다.

다) 한국토지주택공사 전문시방서

콘크리트 허용균열폭(외벽의 경우 0.3mm) 이상일 경우 하자로 판정한다. 다만 누수되는 부위, 철근이 배근된 위치에 발생한 균열에 대해 보수하여야 한다.

라) 국토교통부 각종 고시 등

국토교통부의 각종 고시인 '건축구조 설계기준', '하자평가기준', '보수보강 전문시방서' 및 기타 관련 연구기관에서 인정하는 허용균열폭은 건조환경 0.4mm, 습윤환경 0.3mm로 보고 있다.

구분	건조환경	습윤환경
가. 국토교통부 고시 건축구조설계기준	0.4 ㎜	0.3 ㎜
나. 학회 및 기타 관련 연구기관에서 본 허용균열폭 (한국콘크리트학회의 콘크리트 구조설계기준 관련)	0.4 ㎜	0.3 ㎜
다. 국토교통부 공동주택의 균열에 대한 하자평가기준	0.4 ㎜	0.3 ㎜
라. 콘크리트 부재의 균열 누수 보수/보강 전문시방기준	0.4 ㎜	0.3 ㎜

마) 문제점 및 의견

0.3mm 미만의 균열은 건축물의 시공과정에서 콘크리트 재료가 가지고 있는 고유한 특성 때문에 숙명적으로 발생할 수밖에 없으며, 공동주택의 구조설계시 이와 같은 점을 감안하여 사용하중의 1.8배 이상을 구조설계에 반

영하고 있고, 구조안전상 문제가 없는 범위 내에서 일정수준의 균열은 허용하고 있다. 따라서 허용균열폭 미만의 균열은 누수가 있거나 철근이 배근된 위치에 발견된 경우 또는 0.2mm 이상 등 일정한 기준을 정해 하자로 판정하는 것이 합리적이라고 사료된다.

3) 층간 균열(층이음균열)

가) 2016년 개정된 건설감정실무의 내용

층간 균열의 경우에도 마찬가지로, 균열 폭이 0.3mm 미만이라 하더라도 하자로 판단하도록 하고 있으며, 2011년 건설감정실무에서는 층간균열의 보수방법에 대해 따로 규정하지 않고 원칙적으로 일반 균열과 동일한 보수방법 즉, 폭 0.3mm 미만은 표면처리 방법, 폭 0.3mm 이상은 주입식 균열 보수 방법으로 보수하는 것으로 적시하고 있었다(다만 층간균열의 경우 별도의 보수방법을 선정할 수 있도록 규정하고 있었다). 그러나 2015년 건설감정실무 추록 및 2016년 개정된 건설감정실무에서는 층간균열의 경우 0.3mm 미만, 이상을 구분하지 않고 충전식 균열 보수방법을 사용하도록 하고 있다.

나) 국토교통부 하자판정기준

국토교통부 하자판정기준에는 층간균열에 대해 따로 규정하고 있는 바는 없고, 앞에서 본 일반 콘크리트 균열의 하자판정의 기준이 동일하게 적용된다.

다) 문제점 및 의견

통상적으로 감정인들은 외벽 층간균열 전부를 시공상 잘못에 기인한 하자로 보고 그 보수를 위해 일률적으로 충전식 균열 보수공법을 적용하고 있다. 2015년도 건설감정실무 추록 및 2016년 개정된 건설감정실무에 의하더라도 2011년 건설감정실무와 달리 충전식 균열 보수방법을 사용하도록 적시하고 있다.

그러나, 건축구조물은 먼저 기초 위에 지하구조늘을 형성하고 차례로 1개 층씩 콘크리트를 분리 타설하게 되는데, 이 구조체를 형성하기 위해 먼저 거푸집을 설치하고, 여기에 콘크리트를 타설하여 양생 후 거푸집을 철거하는 방법으로, 1개 층을 완성한 후 계속해서 상부층 또한 같은 과정을 거치게 된다. 그래서 각 층의 콘크리트를 타설하는 시간차에 의해 아래층에서 타설한 콘크리트와 새로이 타설한 콘크리트가 면하는 부분에는 불가피하게 미세균열이 생길 수밖에 없다.

또한, 건설회사도 시공시 필연적으로 발생될 수밖에 없는 시공이음(construction joint)이라는 사실을 직시하고, 이를 미연에 방지하기 위해 신축공사 당시부터 해당부분에 잔존하는 레이턴스(laitance) 등 이물질을 치핑 및 면처리 후 고압세척기로 불어내어 이물질이 잔존하지 않도록 청소를 실시하고 난 이후 시공하고 있는 것이 현실이다. 그럼에도 불구하고, 층이음 균열은 콘크리트 메커니즘상 필연적으로 발생되거나, 내구연한의 경과에 의한 자연발생적인 균열이라 할 것이다. 이와 같은 취지로, 서울중앙지방법원 2008. 1. 31. 선고 2006가합101927 사건 판결은, "아파트 외벽 층이음부는 시공상 부득이하게 발생되는 이음부로서, 이곳에 발생한 균열을 구조체 균열로 볼 수 없으므로, 원고의 이 부분 주장은 이유 없다."라고 판시하여, 층이음 균열을 공사상 잘못에 기인한 하자로 볼 수 없다는 점을 밝힌 바 있다.

따라서, 층간균열은 시공상 잘못에 기인한 하자라기보다는 콘크리트 메커니즘상 불가피하게 발생한 것으로 보아야 할 것으로 그 전부를 시공상 잘못에 기한 하자로 보는 것은 부당하다. 더욱이 국토교통부 하자판정기준에 따른 허용균열폭인 0.3mm 미만의 층간균열에 대해서까지 하자로 판정하여서는 안될 것이다.

만약 하자로 판정한다고 하더라도, 그 보수공법에 있어 0.3mm 미만의 허용균열에 대해 2015년 건설감정실무 추록 및 2016년 개정된 건설감정실무는 충전식 균열 보수공법을 적용하도록 규정하고 있으나, ① 충전식 균열 보수공법에 대해 1999년 「콘크리트 균열보수 · 보강 전문시방서」에는 "충전공법은 균열 폭이 0.5mm 이상으로 비교적 큰 경우의 보수에 적합한 공법으로, 균열을 따라 모르타르 마감 또는 콘크리트를 절단하여 그 부분에 보수재를 충전하는 방법이다."라고 설명하고 있고, ② 2015년 건설감정실무 추록 및 2016년 개정된 건설감정실무에도 "충전공법은 비교적 큰 폭의 균열보수에 적용하는 공법으로 균열을 따라 콘크리트를 U형 또는 V형으로 잘라내고 그 부분에 보수재를 충전하는 방법이다."라고 정의하고 있으며, ③ 오히려 0.3mm 미만의 미세균열에 충전식 공법을 적용할 경우, 미세한 균열에 U형 또는 V형으로 파내어 추가적인 손상을 가한 후 충전재를 충전하는 것은 상식적으로 보더라도 균열을 확대 및 악화시킬 수 있는 보수 방법이라 할 것이다. 따라서 폭 0.3mm 미만의 층간균열 보수에는 '표면처리공법'으로 하자보수비를 산정하는 것이 합리적일 것으로 사료된다.

2. 결로, 곰팡이

가. 2016년 개정된 건설감정실무의 내용

1) 하자 판정의 기준

2016년 개정된 건설감정실무는, 결로 하자는 실내외 단열성능에 이상이 발생한 기능상의 하자로서, 기능상, 미관상, 위생상의 지장을 초래하는 하자로 보고 있으며, 곰팡이, 얼룩, 결로수 등의 발생 및 흔적을 육안으로 조사하도록 규정하고 있다.

2) 보수방법 및 비용산출

2016년 개정된 건설감정실무는 결로 하자에 대한 보수방법 및 비용산출에 관해, ① 세대 내벽, 로비 벽체의 경우, 곰팡이, 얼룩, 결로수 등의 징후가 특정 부분에 집중이 된 경우 당해 부분을 보수범위로 하나, 벽면 전체에 광범위하게 발생한 경우는 벽체 전체 면적을 대상으로 보수 공법을 적용하도록 규정하고 있다. 다만 법원에서 달리 판단할 수 있는 경우를 고려하여 최초 감정시 단열공간과 비단열공간(구분소유자가 외부 새시를 시공한 경우를 포함)을 구분하여 보수비를 산정하도록 하고 있다. 또한 벽체의 보수방법으로 당해 부위 철거 후 단열 성능이 제대로 발휘될 수 있는 보수방법을 적용하도록 하고 있으며, 각종 창 및 현관문 부위 결로 보수 공법으로 창의 품질 불량, 파손의 경우는 단열기준을 만족할 수 있는 공법을 적용하도록 규정하고 있다.

② 발코니의 경우, 구분소유자가 외부 새시를 시공했는지, 분양자가 외부 새시를 시공했는지로 구분하여, 결로의 원인이 외부 새시로 판단되는 경우 구분소유자가 외부 새시를 시공하였다면 책임은 분양자가 아닌 새시업자에

게 있으므로 시공상 하자에서 제외하도록 하고 있다. 그러나 분양자가 외부 새시를 시공한 경우에는 분양자에 책임이 있으므로 결로 현상 해결을 위한 적절한 보수 방법을 적용하여 보수비를 산정토록 하고 있다.

③ 보조주방 외벽 단열 미비의 경우 정상적인 단열 성능을 충족할 수 있는 보수방법을 선정하도록 하고 있고, 지하층의 결로 하자는 지하층 단열, 환기시스템 등을 고려한 적합한 보수 방법을 채택하도록 하고 있다.

나. 국토교통부 하자판정기준

단열공간의 벽체 또는 천장에서 결로가 발생하는 경우, 단열공간 창호에 결로가 발생하는 경우를 하자로 보고 있다. ① 열화상 카메라 측정으로 단열처리가 현저히 불량한 때, ② 온도차이가 미미하여 당사자가 이의를 제기하는 경우, 결로 및 곰팡이 발생부위의 마감재를 해제 후 설계도서와 비교하여 단열재의 미시공, 변경시공 또는 부실시공 상태가 육안으로 식별되거나 장비로 측정될 때, ③ 단열 공간 창호의 경우, 창호의 모헤어 및 풍지판 등의 시공상태가 불량하여 기밀성이 현저히 저하되거나, 창문틀 주위에 모르타르 또는 우레탄폼 등을 제대로 채우지 아니한 때, 창호 시험성적서 등에 기재된 창호의 성능이 '에너지절약계획서'와 '건축물의 설비기준 등에 관한 규칙'에 미달하는 때에 하자로 판정하도록 하고 있다. ④ 다만, 비단열 공간의 벽체, 천장 또는 창호에서 결로가 발생하는 경우에는 입주자의 유지관리 사항을 고려하여 하자가 아님을 규정하고 있다.

다. 문제점 및 의견

세대 침실 결로, 곰팡이 발생이 하자인지 여부, 발코니 결로, 곰팡이 발생이 공사상 하자인지 여부, 지하주차장 등 지하층 결로가 하자인지 여부 등에 대하여는 제3장 제2절 2. 결로, 곰팡이 부분에서 구체적으로 설명한 바 있다.

먼저 세대 침실 결로, 곰팡이의 경우 그 발생원인은 다양함에도 불구하고, 감정인들은 통상적으로 단열구간의 미흡한 마감처리 등에 의한 열손실, 투습이 주원인이라고 하고 있지만, 이를 확인조차 하지 않고 시공상 잘못으로 보고 있다. 그러나 대법원 2008. 6. 26. 선고 2005다56193, 2005다56209(병합) 판례는 직접 확인하지 않고 산출한 보수비는 인정할 수 없다는 태도를 분명히 하고 있고, 단열재 부실시공을 직접 확인하지 않고 결로, 곰팡이가 발생하였다고 하여 철거 후 재시공이라는 다대한 보수비를 산정함은 부당하다고 하겠다. 따라서, 세대 내부 결로, 곰팡이에 대한 하자판정을 하기 위해서는 단열재 부실시공 등 시공상의 잘못이 명확히 확인되어야 하며, 결로는 포화상태의 습공기가 노점온도 이하의 표면과 접하게 될 때 표면에 생기게 되는 이슬맺힘 현상으로 온도차 뿐만 아니라 실내 공기의 습도도 주요한 원인이므로, 사용자의 습도 관리 등을 종합적으로 판단하여 하자로 판정하여야 할 것이다.

다음으로 발코니 결로, 곰팡이의 경우 감정인들은 미관상, 위생상 지장을 초래하고 있으며, 내 · 외부 온도차로 인해 결로가 발생된 것으로 추정하여 단열 모르타르 바름 후 결로 방지 페인트 도장 시공이라는 실로 다대한 보수비를 산정하고 있다. 그러나, 우선적으로 발코니 외부 섀시의 시공주체에 대해 시공사가 시공한 것인지, 각 입주민들이 개별적으로 설치하였는지를 확인하여야 하며, 결로 현상이란 위 세대 내부 결로, 곰팡이와 마찬가지로 다양한 원인으로 발생하게 되는 점을 간과해서는 안될 것이다. 또한 발코니는 외기에 해당되는 공간으로 설계 당시부터 발코니 외부 창호를 시공할 것을 예정하지 아니하여, 단열재 시공을 고려하지 아니한 것으로 이러한 발코니 결로, 곰팡이는 시공상 잘못에 기인한 것으로 볼 수는 없을 것이다.

마지막으로 지하주차장 등 지하층 결로에 대해 감정인들은 지하주차장 통로, EV홀 벽체 결로가 발생되어 미관상, 위생상 지장을 초래하고 있으며, 내·외부의 온도차로 인해 결로가 발생된 것으로 추정하여 마감재 철거 단열재 시공 및 액체방수 시공 후 마감재 시공이라는 실로 다대한 보수비를 산정하고 있으나, 이는 여름철에 한정된 현상으로 그 구체적인 내용에 대하여는 제3장 제2절 2. 결로, 곰팡이 부분에서 설명한 바 있다. 따라서 공동주택 지하주차장에서 발생하는 결로는 마감재 철거 후 단열재 시공을 통해 결로가 발생하지 않도록 온·습도를 맞추려는 것은 한계가 있으며, 환기를 통해 결로가 발생하지 않도록 만들어주어야 하나 환기가 제대로 되지 아니할 경우 그 습도는 결로수가 되어 버릴 수밖에 없다. 통상적으로 지하주차장에는 급기용 유인팬 및 배기용 팬이 각각 설계되고 설치된 만큼, 이를 적절히 운용하여 결로 등을 예방하여야 할 것이며, 장마철에는 제습기 가동도 고려해 볼만하다.

3. 주방 싱크대 하부 및 벽체마감 미시공

가. 2016년 개정된 건설감정실무의 내용

1) 싱크대 하부 미시공

싱크대 하부 바닥 마감이 없어 시멘트 모르타르가 그대로 노출된 경우 분진 발생이 우려되며, 미관상 지장을 초래하므로 하자로 판단한다. 하자 보수비 산정 방법은 하부 바닥을 에폭시 페인트로 도장하는 비용을 산정한다.

2) 싱크대 벽체마감 미시공

설계도면의 실내재료마감표 및 당해부위의 상세도의 마감재 표기 유무에 따라 판단한다. 설계도서에 마감재를 미시공하도록 표기한 경우 하자에서 제외한다. 하자보수비 산정은 하자없이 시공하였을 경우의 시공비용과 하자 있는 상태대로의 시공비용의 차액(공사비 차액)으로 산정한다.

나. 문제점 및 의견

국토교통부 하자판정기준 제16조를 보면 "주방 싱크대의 하부 및 배면 마감 미시공은 설계도서에 별도로 표기되어 있지 않은 경우 하자가 아닌 것으로 판정한다"라고 규정되어 있다. 나아가 서울고등법원 2012. 4. 10. 선고 2012나3779 사건에서 재판부가 "실내재료마감표에 주방 · 식당 바닥을 온돌마루로 마감하도록 표기되어 있기는 하나, 싱크대 하부까지 그와 같이 마감하도록 명기되어 있지는 않은 점, 설계자가 위 '온돌마루'는 주된 마감을 표현한 것이지, 싱크대 하부까지 그것으로 마감하라는 의미는 아니라고 밝힌 점, 대한건축학회 건축기술지침서에서도 싱크대 하부는 온돌마루판으로 마감할 경우 마루판 시공이 선행되어야 하므로 보양에 대한 부담이 크고, 누수로 인한 마루판 교체시 주방가구를 해체하여야 교체가 가능하다는 문제점이 있어, 에폭시 페인트 코팅으로 마감하는 것이 일반적이라고 하는 점, 한국토지주택공사 견적지침서에도 싱크대 하부 칸막이에서 8㎝ 내부 면적은 공제하도록 하는 점, 이 사건의 경우 싱크대 하부가 전혀 마감되지 않은 것은 아니고, 장판지로 마감되었으며, 따라서 시멘트 모르타르 분진 발생, 시멘트 냄새 유입, 해충 서식 등의 가능성은 적은 점 등에 비추어 볼 때, 싱크대 하부를 마루판으로 마감하지 아니하였다고 하여 기능 · 미관 · 안전상 지장을 초래한다고 할 수는 없으므로, 이는 하자에 해당하지 아니한다."고 판시하고 있다. 이외 다수의 유사사건의 판례가 견해를 같이 하고 있는 점에 비추어서도, 2016년 개정된 건설감정실무에 따른 하자판정기준은 미흡한 점이 있으므로 국토교통부 하자판정기준 제16조에 의거한 하자판정이 이루어져야 할 것으로 보인다. 또 하자라고 판정되는 경우에도 하자보수비용은 에폭시 페인트 도장비용만이 인정되는 것이 타당하다고 사료된다.

4. 타일 모르타르 뒷채움 부족

가. 2016년 개정된 건설감정실무의 내용

타일면의 뒷채움 부족은 탈락면의 육안관측 또는 타공시의 타격음으로 미시공 여부를 판단하고, 철거 후 재시공하는 비용은 과다한 비용을 요하므로 시공비용의 차액을 산정한다.

나. 국토교통부 하자판정기준

하자판정기준은 타일 뒷채움 부족을 하자의 한 양상으로 규정하고 있고, 타일 뒷채움 부족의 조사방법은 "타일의 접착 강도 시험 실시(0.392Mpa(4Kgf/cm^2)) 미만"인 경우 하자로 판정하며, 그 보수방법에 관해 정하고 있는 바는 없다.

다. 문제점 및 의견

감정인들은 일부 세대의 타일의 타격(두드림) 검사를 하여 공명음이 발생하는 타일을 조사하여 산술평균한 값으로 하자여부를 판단하고 있다. 그러나 떠붙이기 공법을 사용하여 욕실에 타일을 부착하는 공사를 시공하는 경우 공법의 특성상 타일을 벽면 등에 부착하기 위해 타일의 뒷면에 묻힌 모르타르가 퍼지면서 타일의 뒷면 전체가 모르타르로 채워지지는 않는 것이 일반적인 현상이다.

그리고 2006년 3월경 발행된 대한건축학회의 '건축기술지침'을 기준으로 볼 때 채움 정도가 80% 상당이면 접착이 잘된 타일로 보고 있고 단순히 모르타르가 채워지지 않았다고 하여 하자로 판정할 수 없다고 보고 있으며, 공법 특성에 기인한 것으로 사료되므로 채움 정도가 80% 미만인 타일만 재료비 차액으로 산정하는 것이 타당하다고 사료된다.

이와 같은 취지로, 서울중앙지방법원 2013. 1. 11. 선고 2010가합111167 판결에서 재판부는 "피고 ○○건설의 신청에 의한 감정인 ○○의 2012. 1. 25.자 및 2012. 10. 15.자 각 보완감정 결과에 변론 전체의 취지를 종합하여 보면 이 사건 아파트 욕실에 부착된 타일의 뒷면에 몰탈이 일부 부족하게 채워진 사실, 감정인 몰탈 충진이 부족한 부분을 전체 면적의 10%로 파악하여 하자보수비를 산정한 사실을 인정할 수 있으나, 한편 위 각 증거들에 의하면, 욕실에 부착된 타일 뒷면에 몰탈이 일부 부족하게 채워졌다고 하더라도 입주자들이 욕실을 사용하는 데 별다른 장애가 없는 사실, 떠붙이기 공법을 사용하여 욕실에 타일을 부착하는 공사를 시공하는 경우 공법의 특성상 타일 뒷면 전체를 몰탈로 채우기는 어려운 사실, 감정인은 부착불량으로 실제 파손이 발생된 타일에 대해서는 별도의 보수비를 산정한 사실을 인정할 수 있다. 그렇다면 두들김 검사 결과 욕실 타일의 뒷면 몰탈이 약 10% 부족하게 시공되었다는 사정만으로 기능상, 미관상 또는 안전상의 지장이 초래된다거나, 통상의 용도로 사용할 수 있을 만한 성상을 갖추지 못하게 된다고 보기는 어렵고, 달리 위와 같은 사정을 인정할 만한 증거가 없으므로, 이 항목은 하자에서 제외하기로 한다"라고 판시한 바 있다.

5. 액체방수층 변경시공(두께부족)

가. 건축공사표준시방서상의 액체방수 두께 규정의 비교

구 분	건축공사표준시방서			대한주택공사 공사감독 핸드북
	1994년도	1999년도	2006년도	2005년도
방수구분	C종(2차) 기준	1종(2차), 2종(1차)으로 구분	바닥, 벽으로 구분	1종(2차), 2종(1차)으로 구분
방수시멘트 풀칠 두께 기준	두께기준 없음	두께 기준 없음	두께기준 없음	방수시멘트 1-3mm 방수모르타르 6-8mm
방수모르타르 두께 기준	벽 : 6-9mm 바닥 : 10-15mm	두께 기준 없음	두께 기준 없음	적용기준 제시된 바 없으나, 건축공사표준상세도에는 6mm로 적시
두께 계	벽 :12-18mm(2회 기준) 바닥 : 20-30mm(2회 기준)	두께 기준 없음	두께 기준 없음	14-20mm

표에서 보는 것처럼 액체방수층의 두께는 건축공사표준시방서의 개정에 따라 공법이 변경되어 하자판정기준에 대한 구체적 특정이 어렵다. 그러므로 감정실무에서는 각 연도별 시방기준을 명확히 파악하여 하자여부를 판정하여야 할 것이다.

나. 2016년 개정된 건설감정실무의 내용

1) 하자판정기준

액체 방수층의 두께 부족, 일부 방수층의 미시공과 같은 하자는 설계도면의 당해부위 상세도와 시방서 등으로 판단한다. 방수기능에 문제가 없다면 구조적 안전성, 내구연한에 영향을 미치는 중요한 하자로 보기는 어렵다.

2) 비용산정방법

중요하지 않은 하자로써 보수비용이 과다한 경우로 하자로 인한 손해 즉,

하자없이 시공하였을 경우의 시공비용과 하자있는 상태대로의 시공비용의 차액을 산정한다.

3) 문제점 및 의견

법원 감정인들과 하자소송 실무에서의 문제점은 법원의 감정인들이 일반적으로 기준을 삼고 있는 보호모르타르 두께에 관한 건축공사 표준시방서가 1999년도에 개정되면서 보호모르타르 두께에 관한 규정을 삭제하였고, 2006년도 개정에서도 이와 같은 태도를 그대로 견지하였음에도 여전히 법원감정실무에서는 이에 대한 고려없이 두께에 관한 규정을 두고 있던 1994년도 표준시방서를 기준으로 하자보수비를 산정하고 있다는데 있다.

그러나, 현재 공동주택 하자소송이 제기되는 아파트들의 경우에는 모두 1999년 이후에 사업승인을 받아 시공된 아파트들로서(1999년 이전 사용검사를 받은 아파트들은 이미 제척기간의 경과로 인해 소를 제기할 수 없음) 보호모르타르 두께에 관한 규정을 둔 1994년도 표준시방서는 그 기준이 될 수 없다.

또한 대한건축학회는 액체방수층 두께 규정을 삭제한 이유에 대해 "시멘트 액체방수는 방수재의 구성 및 특성상 방수 성능을 결정하는 평가지표가 두께에 의한 관리가 아니기 때문"이라고 하고 있다. 발전된 건축시공기술을 고려하여 두께 기준을 삭제한 학회의 견해에 따를 때, 비록 방수기능에 문제가 있다고 하더라도 보호모르타르 두께 부족을 중요한 하자로 보아 재시공비를 산정하는 서울중앙지방법원 건설감정실무의 지침은 타당하지 않다고 보아야 한다.

따라서 법원감정인들이 보호모르타르 두께 부족을 하자로 판정하여 과다한 보수비를 산정하는 경우, 감정의 기준이 어디에 있는지를 우선 파악한 뒤 표준시방서라면 이를 배척하도록 하고, 시공상세도라면 중요하지 않은 하자라는 점을 지적하여 공사비차액으로 그 보수비를 제한하는 대응이 필요하다.

6. 거울부식

가. 2016년 개정된 건설감정실무의 내용

건설감정실무에 따르면, 화장실 거울의 변색은 기능상, 미관상 하자로 분류하고 있다. 그 보수방법으로 변색을 치유할 수 있는 보수방법을 제시하고 있으며, 변색의 치유가 불가능한 경우 교체하도록 하고 있다.

나. 국토교통부 하자판정기준

국토교통부 하자판정기준에 따르면, 욕실 거울이 부식방지를 위한 코팅처리가 되지 않아 변색된 경우를 하자로 판정하고 있으나, 다만 입주자의 사용상 잘못이 인정되는 경우에는 하자가 아니라고 규정하고 있다.

다. 문제점 및 의견

1) 거울 부식 발생의 원인

세대내 하자 항목들 중에 빠지지 않고 들어가는 것이 욕실 거울 테두리 부식에 관한 사항이다. 대다수의 판결은 욕실 변색 등을 시공상 하자로 인정하여 사업주체에게 하자보수에 갈음한 손해배상책임을 인정하고 있다. 이 항목은 중요하지 않은 하자이지만 보수비용이 과하게 산정되고 있는 문제점이 있어 이에 대한 합리적인 보수방안이 논의될 필요가 있다.

먼저, 거울의 제작과정을 살펴보면, 예전에는 은, 청동, 철 등의 표면을 갈아 광을 내어 거울을 제작하였으나, 현재는 표면이 편평한 유리판 뒷면에 수은을 바르고, 그 위에 습기를 막기 위해 연단(鉛丹)칠을 함으로써 거울을 제작한다. 이렇게 제작된 거울 원판은 소요규격별로 절단하는 과정에서 절단된 면에 별도의 부식방지 코팅처리를 해야 하나, 이를 하지 않음으로 인해 부식 유발물질인 황, 염소 등이 가장자리 절단면의 은과 함께 보호막 속으로 침투되어 부식을 유발하는 것이다.

그러나, 부식방지 코팅처리가 되었다고 하더라도 은 성분은 약간의 자극에도 매우 약하기 때문에 소위 욕실에서 사용하는 청소용 세제 및 샴푸 등으로 인하여 부식되기 쉬우며, 또한 통상적으로 욕실의 환경은 대다수의 사용자들이 샤워를 주목적으로 하기 때문에 늘 수분이 많고, 사용시작과 함께 환기설비가 작동되어 사용자가 수동적인 방법에 의해 환기를 시키지는 않는다. 또한, 사용자들은 샴푸 등 산성과 알카리성 제품을 구별하여 사용하지 않으므로 거울은 늘 이와 같은 환경에 노출되기 때문에, 욕실 환경이 바뀌지 않는 이상 부식현상은 피할 수 없다고 할 것이다.

2) 감정인들의 보수비 산정의 문제점

대다수 감정인들은 욕실 환경 및 사용상 부주의에 대해 고려하지 않은 채, 기존 거울보다 질 좋은 거울을 교체 시공하는 다대한 보수비용을 산정하고 있으나, 이는 세대 평당 보수비는 한정되어 있고 그 중에서 거울 교체 보수비는 과한 비율로 산정되는 것으로서 경제적으로도 비합리적이라고 사료된다.

2016년 개정된 건설감정실무에 따르면 욕실 거울 변색에 대해 기능상, 미관상의 하자로 판단하고 있으나, 거울 변색으로 인해 미관상 지장을 초래한다고 하더라도 거울 기능이 저하된다거나 기능상 문제가 발생된다고 보기는 어려우므로, 거울을 교체하는 비용을 보수비로 산정하기 보다는 부식된 테두리에 아트리본을 시공하는 방법으로 보수처리를 하는 것이 경제적으로도 합리적이며 바람직하다 할 것이다. 이와 같은 취지에서 서울남부지방법원 2014. 6. 24. 선고 2013가합1809 판결은 아트리본 보수로도 충분하다고 판단하여 원고의 욕실 거울 전면 교체 주장을 받아들이지 않고 아트리본 보수비만을 하자보수비로 인정한 바 있다. 또한 서울남부지방법원 2015. 11. 26. 선고 2013가합10513 판결의 경우에는 거울의 일부분이 변색된 것으로 인해 거울의 기능을 상실한 것은 아니라고 보아 거울 테두리를 방습시트로 보수한 비용으로 보수비를 산정한 바 있다.

더욱이, 감정인들은 거울 변색에 대해 욕실 환경을 고려하여 시공상 하자인지, 사용상의 유지 · 관리상의 하자인지 여부를 명확하게 판단하여 하자여부를 결정하고 가사 하자로 판단한다고 하더라도 적어도 사용자들의 유지 · 관리상 과실을 고려하여 하자보수비를 산정하여야 할 것이다.

7. 수목의 고사, 미식재, 규격불량

가. 2016년 개정된 건설감정실무의 내용

2016년 개정된 건설감정실무의 내용에 따르면, 조경 하자와 관련하여 아래와 같이 하자판정기준, 보수방법 및 비용산출을 적시하고 있다.

하자 판정 기준		보수 방법 및 비용 산출
① 고사목	하자 판정 기준	고사목은 설계도서 및 식생 환경의 조건, 불량 등을 종합적으로 고려하여 기능상, 미관상의 하자를 판단한다.
	비용 산정 방법	고사목의 보수는 고사목을 처리하고 동일 사양의 식재를 시공하는 보수 비용을 산정한다.
② 규격 미달	하자 판정 기준	• 식재의 규격이 설계도서에 규정한 치수보다 미달인 경우, 흉고 직경과 근원 직경, 수고를 기준으로 조사한다. • 실측 치수가 사용검사 도면의 조경수 규격 치수보다 10% 이상 미달하는 경우 하자로 판정한다.
	비용 산정 방법	식재 비용은 조사 당시의 건설공사 표준품셈에서 정한 나무 높이, 흉고 직경, 근원 직경, 관목류, 교목류의 규격 차이에 따른 재료비의 단가 차이를 반영하여 산정한다.
③ 부족 식재 (미식재)	하자 판정 기준	부족 식재, 미식재는 조경설계도서의 구역별 상세도를 기준으로 그 부족 여부를 판단한다.
	비용 산정 방법	부족하거나 미식재된 경우 보수비는 동일 사양의 식재를 시공하는 비용을 산정한다.
④ 추가 식재	하자 판정 기준	설계도면과 대비해 추가적으로 시공한 식재에서 발생한 하자는 ①의 경우에 준하여 하자를 판단한다.
	비용 산정 방법	①의 경우에 준하여 보수 비용을 산정하되 추가 식재에 대한 보수 비용임을 명기한다.

나. 국토교통부 하자판정기준

1) 조경수 고사목

조경수 고사목에 대해 국토교통부 하자판정기준은, 조경수는 수관부의 가지 3분의 2 이상이 고사되거나, 수목의 생육상태가 회복하기 어려울 정도로 불량하거나, 지주목의 지지상태가 부실하여 조경수가 쓰러진 경우에는 입상불량으로 하자로 규정하고 있으며, 다만 관리주체 및 입주자 등의 유지관리 소홀로 인해 조경수가 고사되거나 쓰러진 경우 또는 인위적인 훼손이 입증되는 경우에는 하자가 아닌 것으로 볼 수 있다고 규정하고 있다.

2) 조경수 규격 미달

조경수는 설계도서에 적합한 수종으로 식재하였으나 규격(흉고 직경 또는 근원 직경)이 설계도서에 미달하는 경우 변경시공으로 하자로 보며, 그 조경수 규격의 허용오차는 – 10%까지로 한다고 규정하고 있다. 다만 이 규정에 해당함에도 불구하고 조경수의 수형과 지엽 등이 지극히 우량하거나 식재지 및 주변 여건에 조화될 수 있다고 인정되는 경우에는 하자가 아닌 것으로 보고 있다.

3) 조경수 부족 식재(미식재)

설계도서와 식재된 조경수를 비교하여 수종이 다르거나 저가의 수종으로 식재한 것으로 인정되는 경우, 설계도서와 달리 조경수의 식재를 누락한 경우 등을 하자로 판정하는데, 다만 설계도서와 달리 위치를 변경하여 다른 장소에 식재된 경우에는 현장의 제반 여건을 고려하도록 규정하고 있다.

다. 문제점 및 의견

수목의 고사, 미식재, 규격불량 등에 대한 감정현황, 감정의 문제점 등에 대하여는 제3장 제2절 8. 수목의 고사, 미식재, 규격불량란에서 설명한 바 있다.

조경하자의 경우 감정인들은 조경공사 표준시방서상의 고사목 판정기준 등에 적합하게 감정을 하여야 하고, 또한 시공상 잘못으로 인한 부분과 유지관리상의 잘못으로 인한 부분을 구체적으로 특정하여야 할 것이며, 그에 따라 보수비용이 적절하게 산정된다고 하더라도 원고측의 하자보수요청공문 등을 확인하여 수목의 고사가 하자담보책임기간 내에 발생한 것인지, 환경상 요인 내지 관리상 과실에 기인한 하자는 아닌지 여부를 확인하여 하자담보책임의 범위를 결정하여야 할 것이다.

8. 조적벽 미장 미시공

가. 2016년 개정된 건설감정실무의 내용

2016년 개정된 건설감정실무에 따르면, PD(파이프덕트) 내벽의 미장 마감 여부는 설계도면의 실내재료마감표 및 당해 부위 상세도를 기준으로 하자로 판정하도록 하고 있으며, 구조적 내구연한, 또는 안전에 지장을 초래하는 중요한 하자는 아니라고 보고 있다. 이에 덧붙여 2016년 개정된 건설감정실무는 기존 건설감정실무의 내용과 달리 "PD내부의 특성상 실제 시공이 어려운 측면도 있다."고 밝히고 있다.

하자보수비 산정방법은 중요하지 않은 하자로서 보수비용이 과다한 경우에는 하자로 인한 손해 즉, 하자없이 시공하였을 경우의 시공비용과 하자있는 상태대로의 시공비용의 차액(공사비 차액)으로 산정하도록 하고 있다.

나. 국토교통부 하자판정기준

국토교통부 하자판정기준은, AD(에어덕트)의 일부 또는 전부의 벽체를 조적 시공 후 설계도서와 달리 조적벽체에 미장을 누락한 경우(해충 및 냄새 발생)에 하자로 판정하도록 규정하고 있으나, 다만 AD 내의 관통되는 부분이나 통로가 좁아 시멘트 모르타르의 바름작업 등 시공이 곤란하다고 인정되는 부위는 하자가 아닌 것으로 보고 있다. 또한 PD의 경우 기능상, 미관상 지장을 초래하지 않는다면 하자가 아니라고 규정하고 있다.

다. 문제점 및 의견

1) 문제점

조적벽체 미장 미시공에 대한 대다수의 판례는 해충의 침입과 서식, 또는 취기의 침투 및 소음 발생 등을 이유로 하자로 인정하고 있는데, 비록 설계도서에 시공지시가 없는 경우에도 건축공사 표준시방서를 근거로 하자로 인정하기도 하고 있다.

일반적인 미장공사는 기후 등 여러 조건의 영향을 받으며 시공부분이 대부분 노출되기 때문에 평가의 주요 사항이 되므로 양질의 재료를 사용하여 숙련된 기능공이 성실히 시공해야 하는 것이고 미장공사의 지침 등이 설계도면상 자세히 명시되어 있어 당연히 미장공사가 실시된다. 반면에 PD, AD 내부와 같이 은폐되는 부분까지 설계도면에 별도로 명시되는 경우가 적어 PD 및 AD 내 조적벽체 미장공사를 생략하여 이러한 부분에 대한 미장마감 미시공이 현 하자소송에서 쟁점이 되는 부분 중의 하나이다.

통상적으로 은폐되고 매몰되어 미관상 지장이 없는 부분은 마감이 불필요하고, 입주자가 PD 및 AD 내부를 열고 들어가지 않는 이상 볼 수 없는 부분인데도 대다수의 감정인들은 조적벽체의 내구성 향상 등을 위해 미장공사를 시행하여야 한다고 주장하면서 이를 하자로 지적하여 초벌(두께 7mm) 바름 비용을 산정하거나, 치장(두께 18mm)을 목적으로 하는 비용을 산정하는 등 확실한 감정 기준이 존재하지 않는 실정이다.

2) 유관기관의 견해 및 일부 판례

2006. 10. 25.경 발생된 대한건축학회 건축기술지침에 의하면, 은폐된 부위는 일반적으로 미장을 생략하거나, 차음 등을 위해 특기시방서에 명기된

경우에만 미장을 하고, 그 미장 또한 일반적으로 초벌미장을 기준으로 적용하도록 하고 있다.

서울중앙지방법원 2009. 11. 4. 선고 2008가합14737 판결은 "PD내부 조적벽체 미장은 공간이 협소할 경우 미장을 시공하기에 어려움이 발생되는 부분이고 이를 생략하였다고 하더라도 기능상, 미관상 문제점은 발생하지 않는 사실을 인정할 수 있으므로 이를 하자에서 제외한다."고 하여 현실적으로 미장을 할 수 없는 부위는 하자로 볼 수 없다는 점을 분명히 밝히고 있다.

3) 의견

그렇다고 하더라도, 특기시방서상에 명기된 경우까지 하자가 아니라고 볼 수는 없다. 일반적으로 PD 내부를 살펴보면 4개의 면 중 한 면은 세대 벽체의 콘크리트 면이고, 나머지 세면은 조적벽이다. 콘크리트 벽체에 면해 있는 PD 내부는 해충 및 취기의 방지가 가능하므로 별도의 마감이 필요하지 않으나, 욕실 천장 AD 내부는 욕실의 기능상 물 사용이 많아 습하기 때문에 유충의 방지를 위해서라도 초벌미장을 기준으로 한 마감이 필요하다고 사료된다.

그러므로 설계도서 및 관련도서 등에 명확한 규정을 하지 않는다면 현 문제는 계속 쟁점이 될 것이며, 감정인들 또한 좀 더 객관적인 판단을 하여 PD 및 AD 내부 조적벽체에 미장마감이 꼭 필요한 부분인지 아닌지를 판단한 후 하자여부를 결정하도록 하여야 할 것이다. 또한 하자로 인정된다고 하더라도 2016년 개정된 건설감정실무의 지시와 같이, 중요하지 않으면서 보수비용이 과다한 경우로서 하자로 인한 손해 즉, 공사비 차액만이 하자보수비로 인정되어야 할 것이다.

9. 욕실문턱 단차불량

가. 건설감정실무 및 국토교통부 하자판정기준

설계도서의 표기 치수를 기준하여 판단하고, 욕실 단차가 설계도면과 일치하는 경우에는 슬리퍼가 욕실 문 하부에 걸린다고 하더라도 하자가 아닌 것으로 판정하며, 욕실단차가 설계도면과 상이한 경우 배수구에서 문턱까지 직선거리의 물매 1/100을 미달하는 경우 하자로 판정한다. 치수 표기가 없는 경우 50mm를 최소 단차 기준으로 판정한다.

나. 건설감정실무에 따른 보수방법

하자보수비는 욕실발판 매트 설치비용을 산정한다.

다. 문제점 및 의견

2015년 건설감정실무 추록 및 2016년 개정된 건설감정실무가 발간되기 이전에도 하자소송의 재판부는 "보다 저렴한 보수비용을 투입하여 동일한 보수 효과를 낼 수 있다면 저렴한 비용의 보수방법을 사용하는 것이 가능한바, 이 사건에서도 위 하자의 보수방법으로 욕실바닥을 철거하고 재시공하는 방법보다 저렴한 보수비용이 소요되면서 유사한 보수 효과를 낼 수 있을 것으로 보이는 깔판설치 방법을 선택하는 것이 보다 적절한 것으로 보인다."(서울중앙지방법원 2007가합35898 판결, 서울남부지방법원 2012. 4. 26.선고 2009가합25686 판결 등)라고 하여 욕실문턱 단차불량에 대해 욕실발판 매트 설치비용을 하자보수비로 산정하고 있었다. 다만 욕실발판 매트 설치비용에 대해 매트의 내구연한과 아파트의 잔존수명기간을 고려하여

5회 이상의 매트 설치비용을 인정한 판결(서울중앙지방법원 2016. 2. 3. 선고 2013가합84518 판결)도 있으나, "피고들이 기존에 발생한 하자보수와 별도로 향후의 하자보수비용까지 부담한다고 보기는 어렵고, 달리 욕실매트를 설치한 이후에 3년마다 위 하자가 반복하여 발생함을 인정할 만한 증거가 없는 이 사건에 있어 이 사건 아파트의 잔존수명기간에 해당하는 45년간 매 3년마다 이를 교체하는 비용은 합리적인 범위를 넘어서는 과도한 보수비용이라고 할 것이므로 위 2,191,000원을 초과한 금액의 지급을 구하는 원고의 주장은 이유 없다."(서울중앙지방법원 2008가합46598 판결)고 하여 욕실문턱 단차불량에 대한 보수비용산정을 매트 1회 설치비용으로 제한한 판결도 존재한다.

건설감정실무가 욕실문턱 단차불량의 보수비용 산정방법에 대해 욕실발판 매트 설치비용을 인정한 것은 바람직한 개선 방향이라고 할 것이며, 다만 서울중앙지방법원 2008가합46598 판결과 같은 이유로 그 보수비용산정은 매트 1회 설치비용으로 제한함이 타당하다고 사료된다.

10. 세대 욕실 천장내 플렉시블 전선관 미시공

가. 2016년 개정된 건설감정실무의 내용

2016년 개정된 건설감정실무의 내용에 따르면, 설계도면, 시방서 및 관계 법령에 의거하여 하자여부를 판단하도록 하고 있으며, 그 보수비용 산정방법으로는 내선전공 규정에 적합한 플렉시블 전선관을 보수하는 비용을 산정하도록 하고 있다.

나. 국토교통부 하자판정기준

국토교통부 하자판정기준에 의하면, 2중 천장 내에서 옥내배선 분기점 또는 아웃렛박스에서부터 조명기구전원 인입부분까지 전기배선을 케이블배선, 금속제전선관(점검할 수 없는 장소는 2종 금속제 가요전선관에 한한다) 또는 합성수지관으로 시공하지 아니한 경우에는 미시공 하자로 규정하고 있으며, 설계도서와 다른 저급 자재를 사용한 경우는 변경시공 하자로 규정하고 있다. 다만, 이에 해당하는 경우에도 전기배선의 길이가 30cm 이하이고 그 배선이 조명기구 등에 직접 접촉될 우려가 없는 경우에는 하자가 아닌 것으로 규정하고 있다.

다. 문제점 및 의견

제3장 제2절 11. 세대 욕실 천장 내 플렉시블 전선관 미시공란에서 본 바와 같이 내선규정의 제210절 옥내등 210-2의 '조명기구 등을 직부 또는 매입하는 경우의 시설방법'편에서는 "2중천장 내에서 옥내배선으로부터 분기하여 조명기구에 접속하는 배선은 케이블배선 또는 금속제가요전선관 배선

(점검할 수 없는 장소에서는 2종 금속제가요전선관에 한한다)으로 하는 것을 원칙으로 한다. 다만, 옥내배선과의 분기점 또는 아웃렛박스에서 기구전원 인입부분에 이르는 배선의 길이가 30cm 이하이고, 또한 직접 조영재에 접촉될 우려가 없도록 다음 각호에 의하여 시설할 경우에는 그러하지 아니하다."라고 하여 이 항목은 권고사항에 불과할 뿐만 아니라 단서조항에서도 예외규정을 두고 있다. 즉 설계도면 및 지시서에도 전선관을 시공하라고 지시된 바 없고, 이러한 권고사항임을 고려하여 미시공 여부를 판단한다면, 이 항목을 하자로 판단할 수는 없는 것이라 할 것이다.

11. 방화문

가. 2016년 개정된 건설감정실무의 내용

1) 개요

2016년 개정된 건설감정실무는 최근 다수의 하자소송에서 실무상 또는 법리상으로 문제가 되고 있는 방화문 성능 하자에 관해 최초로 규정하고 있다. 2016년 개정된 건설감정실무는 방화문 성능 하자를 건축물 성능 하자의 일종으로 구분하고, ① 방화문 성능 감정 절차, ② 감정시 판단 기준 및 유의사항 등에 대한 지침을 밝히고 있다.

2) 방화문 성능 감정 절차

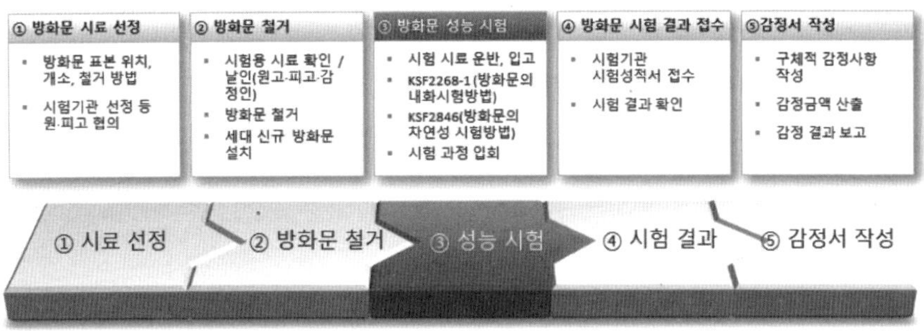

2016년 개정된 건설감정실무 제75면, [그림 7] 성능시험 절차

3) 감정시 판단 기준 및 유의사항

갑종방화문의 성능에 대한 판단기준은 '자동방화셔터 및 방화문의 기준(국토교통부고시) 제5조(성능기준)'에서 규정하고 있는 KS F2268-1(방화문의 내화 시험방법), KS F 2846(방화문의 차연성 시험방법)에 따르며, 감정도 이 기준에 의해 수행하도록 규정하고 있다.

또한, '건축물의 피난 · 방화구조 등의 기준에 관한 규칙'이 개정되면서 건

관련 규정	내용	조문
자동방화셔터 및 방화문의 기준 제5조 (성능기준) 국토교통부 2015-212호	1. KS F 3109 (문세트) 2. KS F 2268-1 (방화문의 내화 시험방법) 3. KS F 2846 (방화문의 차연성 시험방법) 4. KS F 2845 (유리구획부분의 내화시험 방법)	② 방화문은 KS F 3109(문세트)에 따른 비틀림강도 · 연직하중강도 · 개폐력 · 개폐반복성 및 내충격성 외에 다음의 성능을 추가로 확보하여야 한다. 1. KS F 2268-1(방화문의 내화시험 방법)에 따른 내화시험 결과 건축물의피난 · 방화구조등의 기준에 관한 규칙 제26조의 규정에 의한 비차열성능 2. KS F 2846(방화문의 차연성시험 방법)에 따른 차연성 시험결과 KS F 3109(문세트)에서 규정한 차연성능 3. 방화문의 상부 또는 측면으로부터 50센티미터 이내에 설치되는 방화문 인접창은 KS F 2845(유리구획부분의내화 시험방법)에 따라 시험한 결과 비차열 1시간 성능 4. 도어클로저가 부착된 상태에서 방화문을 작동하는데 필요한 힘은 문을 열 때 133N 이하, 완전 개방한 때 67N 이하

2016년 개정된 건설감정실무 제76면, [표 12] 자동방화셔터 및 방화문의 기준

축허가신청일이나 신고일에 따라 적용하는 감정의 기준과 KS적용 기준이 다음과 같이 달라지므로, 이러한 점을 유의하여 감정업무를 수행하도록 하고 있다.

(1) 건축물의 피난 · 방화구조 등의 기준에 관한 규칙 적용 시기

- 건축허가신청일 및 건축신고일이 시행(2004. 1. 6.) 이전의 경우
  → 사양 및 성능기준 중 어느 하나를 선택적으로 충족하여야 함.
- 건축허가신청일 및 건축신고일이 시행(2004. 1. 6.) 이후의 경우
  → 성능기준을 충족하면 됨.

(2) 시기별 적용 KS기준

- 건축허가신청일 및 건축신고일이 시행(2005. 7. 27.) 이전의 경우
  → KS F 2268 기준 성능시험
- 건축허가신청일 및 건축신고일이 시행(2005. 7. 27.) 이후의 경우
  → KS F 2268-1 기준 성능시험

2016년 개정된 건설감정실무 제76면 이하

나. 건축물의 피난 방화구조 등의 기준에 관한 규칙 제26조 등

국토교통부장관이 정해 고시하는 시험기준에 따라 시험하며, 갑종방화문의 경우 비차열 1시간 이상, 차열 30분 이상(영 제46조제4항에 따라 아파트 발코니에 설치하는 대피공간의 갑종방화문), 을종방화문의 경우 비차열 30분 이상의 성능이 확인될 경우 하자가 아니다.

'자동방화셔터 및 방화문 기준'에 따르면 위 성능시험은 건설기준관리법 제25조에 의한 품질검사전문기관, 국내공인시험기관, 한국건설기술연구원에서, 방화문의 내화시험방법에 따라 실시한다.

이 규칙의 부칙 제6조에 의하면, 종전 법률에 의하여 성능을 인정받았다면 현행 법률에 의한 품질 시험에서 성능이 확인된 것으로 간주하도록 규정하고 있다.

> 건축물의 피난 · 방화구조 등의 기준에 관한 규칙
>
> **제25조(건축물의 마감재료) 제5항**
>
> 영 제61조 제2항에 해당하는 건축물의 외벽(필로티 구조의 외기에 면하는 천장 및 벽체를 포함한다)에는 법 제52조 제2항 후단에 따라 불연재료 또는 준불연재료를 마감재료(단열재, 도장 등 코팅재료 및 그 밖에 마감재료를 구성하는 모든 재료를 포함한다. 이하 이 항 및 제6항에서 같다)로 사용하여야 한다. 다만, 외벽 마감재료를 구성하는 재료 전체를 하나로 보아 불연재료 또는 준불연재료에 해당하는 경우 마감재료 중 단열재는 난연재료로 사용할 수 있다.

제26조(방화문의 구조)

영 제64조에 따른 갑종방화문 및 을종방화문은 국토교통부장관이 정하여 고시하는 시험기준에 따라 시험한 결과 다음 각 호의 구분에 따른 기준에 적합하여야 한다. 〈개정 2005.7.22., 2006.6.29., 2008.3.14., 2013.3.23., 2015.4.6.〉

1. 갑종방화문: 다음 각 목의 성능을 모두 확보할 것

가. 비차열(非遮熱) 1시간 이상

나. 차열(遮熱) 30분 이상(영 제46조제4항에 따라 아파트 발코니에 설치하는 대피공간의 갑종방화문만 해당한다)

2. 을종방화문: 비차열 30분 이상의 성능을 확보할 것

자동방화셔터 및 방화문의 기준

제6조(시험기관)

성능시험은 다음 각 호의 시험기관에서 할 수 있다.

1. 건설기술관리법 제25조에 의한 품질검사전문기관

2. 한국산업규격(KS A 17025) 또는 ISO/IEC 17025에 적합한 것으로 인정받은 국내공인시험기관

3. 한국건설기술연구원

다. 방화문 하자 감정의 문제점

1) 감정신청 자체의 문제점

일반적으로 감정신청시 단순히 중대한 결함을 초래할 우려가 있다고 하여 감정신청을 하고 있다. 이는 우선 설계도면이나 도급계약에 비춰 각 방화문 등이 설계된 사실은 인정하고 있는 것으로 보이며, 단순히 하자가 발생할 우려만으로 감정신청을 하는 것은 민사소송에서 금하는 모색적 증명에 해당하며, 실제 발생한 하자여부나 설계도면에 비추어, 미오시공 및 변경시공을

감정하는 하자보수금 사건의 성질상 이미 그 신청 자체가 부적법하다고 할 것이다.

통상적으로 시공되는 방화문은 KS업체에서 납품받게 되며, 현장 반입한 방화문은 샘플을 선정하여 감리의 감독하에 공인인증기관의 성능시험을 통과한 자재가 납품된다. 따라서 원칙적으로 방화문을 하자로 보아서는 안될 것이며, 사후적으로 감정당시 성능시험을 통한 하자판단은 다음과 같은 여러문제들이 있으므로 하자로 보아서는 안될 것이다.

2) 방화문 시공 후 3-5년이 경과한 시점에서의 성능시험을 토대로 시공당시 성능을 판정할 수 없음

최초 방화문 설치 당시 공인인증기관의 성능시험을 거친 제품이라 하더라도, 성능시험을 실시하기 위해 방화문이 설치된 상태에서 문틀 주변의 벽체 및 사춤모르타르 부위를 파취하여 철거할 경우 그 과정에서 발생하는 진동과 충격에 의해 방화문의 문틀 등에 뒤틀림, 변형 등이 발생할 수밖에 없고, 설치 후 3-5년 동안 사용에 의해 반복적으로 충격이 가해지면서 뒤틀림이나 벌어짐이 발생할 수밖에 없다. 그래서 KS 기준에 따른 성능인증 역시 그 유효기간을 1년으로 제한하고 있다.

3) 방화문 하자는 사용검사후 하자로서 1년차 하자에 해당하므로 하자발생기간 도과

주택법 시행령의 하자담보책임기간은 1년이며, 이 기간의 성격은 하자의 발생기간이다. 그렇다면 증명책임 분배의 원칙상 권리를 주장하는 자가 권리의 발생요건을 증명해야 하고, 주택법상으로도 하자발생기간의 하자담보청구의 요건으로 해석되는 점 등을 고려할 때 권리를 주장하는 원고로서는 방화문의 하자가 사용승인일로부터 1년 이내에 발생하였음을 입증하여야 할 것인데, 감정신청시 이에 대한 아무런 입증도 하지 않고 있다. 따라서 방화문 감정결과를 토대로 하자가 밝혀진다고 하여 사용승인일로부터 3-5년이 지난 현재 그 하자의 발생시점을 입증할 방법이 없는 경우, 방화문에 대한 원고의 감정신청은 무의미하다 할 것이다.

4) 의견

방화문 설치시공 당시 국가공인시험 기관에서 성능시험결과 법령에서 정한 성능기준을 충족시킨 것으로 판정받았으므로 방화문에 성능미달의 하자가 있다는 주장은 실체적으로도 아무런 이유가 없다. 감정시점에서 시험결과 가사 방화문에 성능상 하자가 있는 것으로 판정된다 하더라도, 방화문 설치로부터 3-5년이 지난 시점에서의 성능시험을 토대로 설치 당시의 하자존부를 판정하는 것은 무의미하다고 사료된다. 가사 감정을 하더라도 준공도면과 달리 시공된 부분, 예컨대 철판두께 부족 등이 감정신청 대상이 되어야 한다고 사료된다.

12. 스프링클러 배관 누수 하자

2015년 건설감정실무 추록과 국토교통부 하자판정기준에는 스프링클러 헤드 반경 부족에 관한 내용만이 존재하며, 2016년 개정된 건설감정실무에서도 스프링클러 배관 누수 하자의 경우 방화문 성능 하자의 감정절차를 준용하도록 하고 있을 뿐 어떠한 구체적인 하자판단기준 및 보수방법도 규정하고 있지 않다.

그러나 스프링클러 배관 누수 하자는 스프링클러 배관재인 동관에서 하자가 발생하는 경우 생기며, 스프링클러 배관은 각 세대 천장 내부에 설치되어 있어 하자발생시 시공상 잘못으로 추정될 개연성이 높다.

문제가 되는 부분은 하자비용산정과 관련한 부분인데, 하자소송의 원고(입주자대표회의 등)는 스프링클러를 철거한 후 재시공하는 보수비의 산정을 전제로 일부 세대의 누수발생을 공통하자로 보아 전체 세대에 대한 하자보수비 청구를 주장하고 있다. 반면, 피고(시행사, 시공사 등)는 대개 구리성분으로 구성되는 배관은 암모니아와 반응하여 부식하는데, 배관 속의 물의 암모니아 성분을 제거하는 것으로 충분하며, 플러싱 공법(물 및 방청제를 외부에서 주입함으로써 기존 오염된 물을 배출하는 방법)으로 비용을 산정할 것을 주장한다.

제2절 업계 입장에서의 대응전략

1. 내용 및 금액청구에 대한 반론 제기

가. 개요

1절의 공종별 하자내용에 대한 문제점 분석에서도 나타났듯이 입주자들이 제기하는 하자의 내용이 실제와는 다른 내용도 적지 않고, 더욱이 보수비용을 과다하게 청구하는 경우도 비일비재하다. 이는 입주자들에 비해 건설업체들이 대체로 수세적인 입장에서 A/S를 처리하는데 따른 현상이기도 하다. 앞으로도 주택을 계속 건설해야 하는 업체들의 입장에서는 회사의 이미지 등을 고려해서라도 입주자들의 요구를 되도록 수용하기 위해 애쓰기 때문이다.

문제는 업체들의 입장에서 어느 정도까지 손해를 보면서 입주자들의 요구를 들어줄 수 있는가 하는 점일 것이다. 최근에는 기획소송까지 더해지면서 하자감정인들의 부추김으로 하자보수 금액에 대한 입주자측의 요구가 과다해지는 측면이 있음을 부인하기 어렵다.

예컨대 동일한 균열내용을 놓고도 감정인마다 서로 다른 하자의 내용과 보수방법이나 범위를 내놓기 일쑤다. 하자내용과 보수방법 및 범위가 다르니 보수금액도 다르게 산정되는 것은 당연할 터이다. 법원에서도 또한 이와 관련하여 같은 판결을 내리지 못하고 재판장에 따라 천차만별의 결과가 나타난다.

미시공이나 변경시공 등의 문제도 자주 발생하는 하자의 하나인데, 이에 대해서도 판결을 내리기가 모호한 경우가 적지 않다. 설계도면 자체가 상세하게 되어 있지 않아 일반적인 시공에 따르다가 미시공 하자로 소송이 제기되는 경우가 있는가 하면, 오히려 더 좋은 자재로 시공하였음에도 표준시방서의 기재내용과 다르게 시공되어 있다고 해서 문제가 제기되기도 한다.

이런 경우 대개는 입주자들이나 건설업체 모두 수긍하기 어려운 사례들이 많다. 이럴 때에는 업체 입장에서도 적극적인 대응이 필요하다. 먼저 입주자 측에 문제를 상세히 설명하고 이해를 구하는 작업이 필요할 것이다. 그래도 문제가 해결되지 않을 경우 하자심사 · 분쟁조정위원회를 통한 조정이나 변호사 등 법률전문가의 도움을 받는 일도 필요하다.

나. 하자내용 및 금액청구에 대한 반론 제기

건설업체들의 입장에서 분명한 하자에 대해서는 보수를 해주는 것이 당연하다. 문제는 하자라고 볼 수 없는 부분을 하자라고 제시하거나 더 좋은 자재를 사용하거나 설계도면보다 더 좋은 방법으로 시공하였음에도 도면대로 되지 않았다고 해서 하자로 문제를 제기하는 경우, 또 보수금액을 실제 이상으로 부풀려 청구하는 경우 등일 것이다. 이들 문제에 대해서는 업체 입장에서도 분명하게 대응할 필요가 있다.

입주자들이나 소송대리인 등을 통해 제기된 문제에 대해 하자의 내용을 명확히 구분해 적시하는 것은 물론, 보수공법 등을 정확히 기재하고 그에 따른 보수금액이 어느 정도인지를 산출하여 제시하는 것이다. 즉 하자의 내용이나 보수금액 등을 정확히 기재하고 산출하여 반론을 제기할 필요가 있다.

공사의 내용에 대해 가장 정확하게 알고 있는 것은 입주자들이나 소송대리인측 보다는 바로 업체측임을 인식하여야 한다. 공사가 어떻게 진행되고 어떤 문제가 있었는지, 거기에 하자가 있었다면 원인이 무엇인지를 정확하게 설명하는 것이 오히려 상대를 설득하는 방법이 될 수 있다.

2. 전문 법률전문가의 활용

건설업체의 입장에서 입주자들을 상대로 한 설득 및 반론제기와 함께 국토교통부의 하자심사 · 분쟁조정위원회나 건설분쟁 전문 변호사 등 전문가들을 활용하는 일도 필요하다. 하자심사 · 분쟁조정위원회의 경우 하자여부를 공정하게 심사해줄 수 있을 뿐 아니라 필요할 경우 분쟁을 조정하는 역할도 맡고 있어 입주자측의 보수비용 과다 청구 등의 문제를 해결할 수 있기 때문이다.

특히 위원회의 각 분과위원회에 소속된 위원들은 분야별 전문가들이어서 하자의 내용에서부터 보수금액, 법률적 문제 등을 비교적 소상하게 파악할 수 있는 위치에 있는 사람들이다. 분쟁조정위원회를 통해 1차적으로 문제를 걸러낼 수 있다는 점에서 소송으로 진행되더라도 건설업체측에서는 그만큼 유리한 입장에서 대응을 할 수 있다.

건설관련 법률전문가를 활용하는 것도 좋은 방법이 될 수 있다. 요즘은 법조분야도 대부분 전문화되어가고 있는 추세다. 대형 로펌의 경우에도 개별 변호사들의 업무 영역을 전문분야별로 세분화하고 있다. 따라서 관련분야에 관해 전문적인 지식을 지닌 변호사를 활용하는 것이 소송을 유리하게 끌고 갈 수 있는 방법이다.

더군다나 건설관련 전문 변호사들은 그간 여러 차례에서 수십 차례가 넘는 소송을 통해 쌓아온 노하우를 활용, 건설업체에 유리하게 소송을 이끌어 갈 수 있는 장점이 있다. 건설관련 전문 변호사들은 그간 건설과 관련된 사건의 변호를 맡으면서 건설분야에 대한 전문지식도 상당히 축적하고 있는 경우가 많다. 물론 전문 변호사들이라고 해서 세부적인 건설기술문제까지 알지 못하는 경우도 적지 않지만, 이런 부분은 건설업체측에서 보완해줄 수 있는 부분이다.

또 건설전문 법무법인 중에는 기술적인 문제의 자문을 받을 수 있도록 관련 자회사를 설립하거나 기술관련 업체들과 업무협약을 맺고 있는 경우도 있다. 이들 법무법인들은 소송과정에서 기술적인 문제까지 세부적으로 다루기 때문에 건설업체측에서는 그만큼 유리하게 소송을 이끌어갈 수 있다.

그간 건설업체들이 소송에서 불리한 입장에 처한 경우는 대부분 하자감정인들이 하자내용을 부풀리거나 필요 이상의 보수방법 등을 통해 과다한 금액을 청구한데서 비롯되었다. 그러나 전문 변호사들이 기술적인 자문을 받을 수 있음에 따라 하자감정인들이 감정한 내용의 문제점을 정확히 짚어낼 수 있게 되었고, 여기에 법률적인 전문성이 더해지면 판결의 내용도 그만큼 공정해질 수 있게 될 것이다.

관련 법률상에 나타난 하자의 개념이나 정의 등이 불분명한 점도 전문 변호사의 도움을 필요로 하는 요인으로 꼽힌다. 개념이나 정의가 불확실하다 보니 판정기준이 명확하지 않고, 재판장의 재량에 따라 판결내용이 오락가락하게 되는 것이다. 같은 하자내용을 두고도 판결내용이 천차만별인 것은 바로 이런 요인때문이다. 요즘은 그나마 법원에서도 나름대로 판정기준을 만들고, 국토교통부에서도 하자판정기준을 만드는 등 기준을 일원화하기 위한 노력이 이루어지고 있어 다행이다.

거의 대부분의 건설업체들은 필요한 하자를 보수하는 일은 당연하다고 생각한다. 물론 하자가 아예 없었으면 좋겠지만, 수많은 공정이 얽힌 건설공사를 진행하다보면 하자가 전혀 없을 수는 없다. 따라서 업체마다 공동주택의 입주가 끝나면 최소 1~2년의 기간동안 전담 A/S팀을 두고 하자보수를 해주고 있다. 실제로 이 과정을 통해 대부분의 하자문제는 처리된다.

문제는 이 과정에서 입주자들과 업체간에 하자 여부를 두고 다툼이 일거나 하자보수가 제대로 이루어지지 않는 경우 등이다. 또 기획소송 등에 의해 실제 이상의 하자내용과 보수청구가 제기되는 경우 등에 일어나는 것이다. 이같은 경우는 대체로 의도적인 경우가 많기 때문에 업체의 입장에서도 전문적인 대응이 필요할 수밖에 없다.

3. 하자보수 보증의 활용

하자보수 보증은 하자보수의 책임을 담보하기 위한 제도이다. 이를 위해 건축주 또는 시공자가 하자보수 보증금을 금융기관에 예치하도록 하고 있다. 건축주 또는 시공자는 하자보수 보증금으로 대지가격을 제외한 총 공사비의 3%에 해당되는 금액을 예치하여야 한다. 다만 사업주체가 국가 · 지방자치단체나 한국토지주택공사, 지방공사인 경우에는 예치의무가 없다.

즉 하자보수 보증제도는 사업주체가 입주자 등의 하자보수에 응하지 않을 때나 사업주체가 부도를 내어 하자보수를 할 수 없을 때 등에 하자보수 보증금을 활용하여 하자보수를 할 수 있도록 한 제도이다. 이런 경우 입주자대표회의 등은 보증금이 예치된 금융기관에 하자보수 보증금을 청구할 수 있다.

입주자 및 입주자대표회의, 또는 이들로부터 관리를 위임받은 관리업체 등은 하자심사 · 분쟁조정위원회의 하자 여부 판정 또는 분쟁조정 결정, 법원의 재판결과, 하자진단 등에 따른 하자보수비용 등 대통령령으로 정하는 용도에만 하자보수 보증금을 사용할 수 있다. 또 입주자 대표회의 등은 하자보수 보증금을 지급받기 전에 사업자를 선정하여서는 안되고, 하자보수 보증금으로 하자보수를 끝낸 후에는 사용내역을 사업주체에 통보토록 하고 있다.

하자보수 보증금은 사업주체가 사용검사권자가 지정하는 금융기관에 현금으로 예치하거나 또는 주택도시보증공사(HUG), 건설공제조합에서 발행하는 보증서, 이행보증보험증권 등을 사용검사권자 명의로 예치하여야 한다. 이행보증보험증권은 현재 서울보증에서 취급하고 있다.

하자보수 보증금은 하자의 보증기간에 따라 다른 비율로 예치토록 하고 있다. 현재에는 보증기간이 2년인 경우에는 예치금의 15%, 3년인 경우 40%, 5년인 경우 25%, 10년인 경우 20%로 되어 있다. 그러나 종전의 법률에 따른 해당 공동주택의 사용검사 또는 건축허가신청일에 따라 보증기간과 기간별 예치금액에 다소 차이가 있다. 즉 2007년 3월 15일 이전에 사업계획승인이나 건축허가를 신청한 경우 보증기간이 1년, 2년, 3년, 5년, 10년으로 되어 있고, 2016년 8월 11일 이전에 사용승인이나 사용검사를 받은 경우에는 1년, 2년, 3년, 4년, 5년, 10년으로 되어 있다.

입주자들의 하자보수 소송에 대응하여야 하는 건설업체의 입장에서는 하자보수 보증을 적절히 활용할 필요가 있다. 주택법에는 하자보수시 하자보수 보증금을 우선적으로 사용하는 것과 함께 사용내역을 반드시 시 · 군 · 구청장 등에게 신고하도록 명시되어 있다. 따라서 입주자들이나 입주자대표회의 등에서 하자분쟁 조정 등을 통해 하자보수를 하게 되는 경우에도 다른 용도로 이를 사용할 수 없다. 즉 입주자들로 하여금 금전적 이익을 기대하지 못하도록 하고 있는 것이다.

기획소송 등 하자관련 분쟁이 소송으로 이어지는 경우 입주자들은 금전적 이익을 기대하는 경우가 적지 않다. 이때 법원의 하자보수 청구에 대한 판결금에 대해서도 하자보수 보증의 경우와 마찬가지로 자금의 용도를 하자보수에만 국한시킬 수 있도록 하는 것이 필요하다.

종전 한 재판에서는 입주자들이 청구한 하자보수 금액에 대해 돈 대신 문제가 되는 하자를 직접 보수해주도록 판결을 내린 예가 있다. 건설업체의 입장에서는 이편이 훨씬 실질적인 판결인 셈이다. 시공의 노하우를 지닌 업체이니만큼 하자보수의 비용을 절감할 수도 있기 때문이다.

하자보수 보증제도를 두는 것은 꼭 필요한 하자를 보수할 수 있도록 하기 위한 것이다. 입주자대표회의 등에서 하자보수 관련 소송을 제기하는 것도 결국 하자보수를 제대로 하기 위함에 그 목적이 있다는 점을 감안하면, 먼저 하자보수 보증제도를 활용하여 최대한 하자를 보수할 수 있도록 하되, 예치된 금액으로 부족한 하자에 대해서만 실질적으로 하자를 보수하도록 하는 형태의 제도 보완이 필요하다.

4. 법원의 노력

가. 서울중앙지방법원 판사들의 "건설감정실무지침" 제정 및 개정

서울중앙지방법원 건설소송전담재판부 판사들은 건설소송재판을 담당하면서 건설소송에서 중요한 감정에 대한 신뢰를 높이기 위해 감정기준을 객관화하여 감정인마다 감정기준을 달리 적용하여 생기는 감정결과의 편차를 줄이고, 감정서를 표준화하여 내용이 충실하고 이해하기 쉬운 감정서가 작성될 필요성을 공감하였다. 그래서 이에 공감하는 서울중앙지방법원 소속 건설감정인들, 건설전문조정위원들과 공동 연구를 진행하기로 하고 건설감정 태스크포스팀을 2011. 3. 구성하였고, 건설전문 변호사들, 건축사, 기술사 등 건설전문가들도 참여하여 총 16차에 걸친 회의와 다섯 차례의 세미나, 2회의 전체 감정인 의견청취를 거쳐 2011. 9. 건설감정기준과 표준감정서 작성지침을 마련하게 되었다.

법원은 이와 같은 노력에서 그치지 않고, 2011. 9. 이후 집합건물법, 주택법 등 관련 법령이 개정되었고 국토교통부가 2014. 1. 3. 제정한 '공동주택 하자의 조사, 보수비용 산정 방법 및 하자판정기준'에서 일부 하자에 관해 '2011년 건설감정실무'와 다른 하자판정기준 및 보수비용을 제시하였는바, 서울중앙지방법원 건설소송실무연구회는 2014. 7. 건설소송전담재판부 소속 법관들과 감정인들로 태스크포스팀을 구성하였다. 이후 건설감정기준의 개정 필요성과 그 개정방안에 대해 수개월 동안 논의를 거치고, 2014. 12. 1. 열린 '건설감정절차 개선을 위한 심포지움'에서 전문가들의 의견을 청취하여, 2015. 2.경 '2011년 건설감정실무'의 하자부분 중 일부를 개정하는 내용의 '2015년 건설감정실무 추록(개정)'을 발간하였다.

2015년 7월에는 법관들과 변호사, 감정인들로 태스크포스팀을 구성하여, 건설감정기준의 개정 필요성과 그 개정방안에 관해 수개월 간의 논의를 거쳐 최근 실무에서 문제가 되고 있는 방화문 성능하자, 공사기간 연장으로 인한 간접비, 공사로 인한 인접지 피해감정 등의 부분을 위주로 보강하고, 기존 발행된 건설감정실무 초판(2011년) 및 추록(2015년)을 통합, 미진한 부분은 보완하는 방향으로 수정하여 2016. 10.경 또다시 그간의 문제를 보완해 개정한 '2016년 개정된 건설감정실무'를 발간하였다.

나. 법원의 노력으로 인한 기대효과 및 건설회사 노력의 필요성

법원은 이러한 2011년 건설감정실무, 2015년 건설감정실무 추록(개정) 및 2016년 개정된 건설감정실무를 통해 건설감정기준과 표준감정서 작성지침을 마련함으로써, 객관적이고 과학적인 감정기준이 정립되어 적정한 감정가격이 산정되고, 각종 하자의 중요도 및 보수비 산정방식의 통일로 감정의 신뢰도를 제고하며 감정에 대한 불신이 해소되어 소송으로 인한 분쟁해결에 상당한 도움을 줄 것으로 기대하고 있다. 나아가 감정에 대한 예측가능성을 높여 분쟁을 예방하고 시공자의 품질의식을 높여 건축문화의 향상에도 기여할 것으로 예상하고 있다.

건설소송에서 하자감정과 관련하여 법원이 이와 같은 노력을 통해 건설감정의 기준 및 감정서 작성지침 등을 마련하는 동안, 시행사 또는 시공사로서의 건설회사들은 업계 또는 기업 차원에서 별다른 노력도 기울이고 있지 않은 것으로 보인다. 그러나 건설분쟁에서 입주자대표회의 등의 부당한 청구 또는 소송을 미리 방지하고, 하자소송에서 적절한 방어를 통해 과도한 하자보수비를 부담하지 않기 위해서라도 지금부터 업계 및 기업 차원의 노력 또한 절실히 요구된다 할 것이다.

부록

건설감정실무지침 및 국토교통부 하자판정기준 비교표

1) 건축

⊙ 콘크리트 균열

건설감정실무	국토교통부 하자판정기준 (제7조, 제8조, 제9조)
1. 하자 판정 기준 가. 통상적으로 내구성 저하를 초래하는 기능상, 안정상 하자로 판단 2. 보수 방법 : 구조부와 비구조부로 구분하여 균열형태에 따라 보수방법 각각 달리 적용 가. 비구조부의 균열 1) 무근콘크리트, 조적, 미장 부위 – 0.3㎜ 미만 : 표면처리 방법 – 0.3㎜ 이상 : 충전식 균열 보수 방법 2) 조적 부위 이질 접합부 균열 – 코킹 보수 방법 또는 표면처리 방법 나. 구조부의 균열 1) 건식균열 – 0.3㎜ 미만 : 표면처리 방법 – 0.3㎜ 이상 : 주입식 균열보수 방법 2) 습식균열 : 주입식 누수균열보수 방법 3) 망상균열 : 도포식 방법 4) 피복 부족 철근 노출 : 단면복구 방법 5) 층간 균열 : 충전식 균열보수 방법	1. 하자 판정 기준 가. 콘크리트에 발생한 균열은 「별표 2」의 허용 균열 폭 이상인 경우에 시공 하자로 봄 단, 누수를 동반하는 균열, 철근이 배근된 위치에 발생한 균열은 시공하자로 봄 1) 건조환경 : 0.4㎜ 이상 2) 습윤환경 : 0.3㎜ 이상 나. 콘크리트 철근 노출 : 시공하자 다. 마감부위 균열 1) 미장 및 도장 부위에 발생한 미세균열 및 망상균열 등이 미관상 지장을 초래하는 경우에는 하자로 봄

⊙ 결로 하자

건설감정실무	국토교통부 하자판정기준 (제15조)
1. 하자 판정 기준 가. 실내외 단열성능에 이상이 발생한 기능상의 하자로서 기능상, 미관상, 위생상의 지장을 초래 2. 조사 방법 : 곰팡이, 얼룩, 결로수 등의 발생 및 흔적을 육안으로 조사 3. 보수방법 가. 세대 내벽, 로비 벽체 1) 벽체 : 당해 부위 철거 후 단열성능을 제대로 발휘될 수 있도록 보수 방법 적용 2) 각종 창 및 현관문 부위 : 창의 품질 불량, 파손의 경우 단열기준을 만족할 수 있는 기준 적용 나. 발코니 1) 샷시 : 구분소유자 또는 분양자중 누가 외부 샷시를 시공하였는가에 따라 책임 발생 2) 보조주방 외벽 단열 미비 : 정상적인 단열성능을 충족할 수 있는 보수 방법 선정 다. 지하실 : 지하층의 단열, 환기시스템 등을 고려한 적합한 보수방법을 채택	1. 하자 판정 기준 가. 단열 공간의 벽체 또는 천장에서 결로가 발생하는 경우 나. 단열 공간 창호에 발생한 결로 2. 조사방법 및 형태 가. 열화상 카메라로 측정한 결과, 결로 및 곰팡이가 발생한 부위의 단열처리가 현저히 불량한 때 나. 온도차이가 미미하여 당사자가 이의를 제기할 경우, 결로 및 곰팡이 발생부위의 마감재를 해체한 상태를 설계도서와 비교하여 단열재를 미시공, 변경시공 또는 부실 시공한 상태가 육안으로 식별되거나, 장비로 측정될 때 다. 단열 공간 창호 1) 창호의 모헤어 및 풍지판 등의 시공 상태가 불량하여 기밀성이 현저히 저하된 때 2) 창문틀 주위에 모르타르 또는 우레탄폼 등을 제대로 채우지 아니한 때 3) 창호 시험성적서 등에 기재된 창호의 성능이 '에너지절약계획서'와 '건축물의 설비기준 등에 관한 규칙'에 미달하는 때 라. 비단열 공간의 벽체, 천장 또는 창호에서 결로가 발생하는 경우에는 입주자의 유지관리 사항을 고려하여 하자가 아님

⊙ 누수

건설감정실무	국토교통부 하자판정기준 (제10조)
1. 하자 판정 기준 가. 누수는 기능상, 안정상, 미관상의 지장을 초래하는 중요한 하자 2. 조사방법 가. 누수 발생 및 발생흔적을 육안이나 측정 도구로 확인 3. 보수방법 가. 구조부 균열 부위 누수 하자보수 공법 1) 습식균열 보수 방법(보수 방법상 필요 시 추가 방수 보완 조치) 나. 방수층 결함부위 누수 하자보수 공법 1) 하나로 연결된 방수 부위의 전체면적을 보수범위로 산정 2) 방수부위의 별도 분절이 가능한 경우에는 분리 구획된 부분을 보수범위로 산정한다. 다. 외부 창호 결함 부위 누수하자 1) 창호의 수밀성과 배수성을 보완하는 공법 선정(필요시 창호 성능 개선도 고려)	1. 하자 판정 기준 가. 방수공사, 비방수공사 및 창호공사로 구분 2. 누수하자의 범위 가. 방수 공사 1) 상시 누수 : 진행성 누수 2) 일시 누수 : 물이 남아 있거나 흔적이 있는 누수 나. 비방수 공사 1) 상시 누수 : 배관에서 발생한 누수(배관 하자) 2) 상시, 일시 누수 : 외벽 또는 바닥의 관통 균열 또는 유사한 균열부위 누수(균열 하자) 다. 창호 공사 1) 상시 누수 : 창호의 외부에 면한 부위에서 빗물 등이 내부로 스며드는 누수와 문틀 주위의 실링(코킹) 등의 처리가 불량하여 발생하는 누수 2) 일시 누수 : 창호 내부면 주위에 물이 남아있거나 흔적이 있는 경우 * 사용상 또는 유지관리 부실로 발생한 누수는 하자에서 제외

⊙ 타일

건설감정실무	국토교통부 하자판정기준 (제18조)
1. 하자 판정 기준 가. 균열, 파손 탈락 나. 들뜸, 배부름, 처짐 다. 구배 불량에 대한 각실의 기능 · 미관 또는 안정상 지장을 초래하는 하자 라. 뒷채움 부족 2. 조사 방법 가. 육안 관측 및 촉지 파악 나. 구배 불량의 경우 담수(물뿌림) 확인 다. 타일 뒷채움 부족 : 육안관측 및 타공시의 타격음 3. 보수 방법 가. 재시공 나. 구배 불량의 경우 방수층 훼손이 발생할 경우도 고려 다. 뒷채움 부족의 경우 : 시공비용 차액 산정	1. 하자 판정 기준 가. 균열, 파손, 탈락, 들뜸 등의 현상 발생 나. 배부름, 처짐 등의 현상 발생 다. 타일 뒤채움이 부족 2. 조사 방법 가. 타일 뒤채움 부족의 경우 : 타일의 접착 강도 시험 실시(0.392Mpa(4Kgf/㎠)) 미만 ※ 건축기술지침[대한건축학회] – 타일 뒤채움량이 80%이상 이면 합격으로 봄

⊙ 욕실 문턱

건설감정실무	국토교통부 하자판정기준 (제17조)
1. 하자 판정 기준 가. 설계도서의 표기 치수를 기준으로 판단 나. 치수 표기가 없는 경우 50㎜를 최소 단차 기준 2. 조사 방법 가. 배수구에서 문턱까지 직선거리의 물매 1/100을 고려한 값보다 미달한 경우 3. 보수방법 가. 욕실 발판 매트 설치	1. 하자 판정 기준 가. 설계도면에 욕실 깊이만 표시된 경우 문턱에서 측정된 단차가 배수구에서 문이 있는 벽체까지의 최단 직선거리 물매 100분의 1을 뺀 값에 미달하는 때 나. 설계도면에 문턱 단차가 표시된 경우 치수에 미달하는 때 다. 표시가 없을 경우에는 물 넘치지 않을 정도의 높이인 50㎜ 깊이에 미달하는 때

⊙ 창호

건설감정실무	국토교통부 하자판정기준 (제22조)
1. 하자 판정 기준 가. 개폐 불량, 틈새, 코킹 불량, 외풍 등의 하자 2. 조사 방법 가. 육안 관측과 실제 개폐 3. 보수 방법 가. 각 하자별 현황에 적합한 손보기 비용	1. 하자 판정 기준 가. 창호의 틀과 짝의 수직, 수평 및 닫힘 상태가 불량(문 열고 닫음이 용이하지 않음) 및 기밀성이 현저히 떨어지는 등 기능상 지장 초래 나. 미서기문 또는 미닫이문에 손잡이가 설치하지 아니하여 문을 열고 닫을 때에 기능상 지장을 초래(열고 닫음의 문제가 없을 경우 하자가 아닌 것으로 봄) 다. 침실의 방 여닫이문의 하부에 문턱이 없는 경우에는 그 여닫이문의 하부와 바닥 간의 틈새가 과다하거나 그 틈새를 최소화 할 수 있는 장치(모헤어, 고무재질 등)을 설치하지 아니한 경우

⊙ 목재창호

건설감정실무	국토교통부 하자판정기준 (제21조)
1. 하자 판정 기준 가. 욕실, 세탁실, 샤워실 등과 같이 물을 사용하는 공간의 문짝 마구리 면 마무리 처리 미시공(물을 사용하지 않는 공간 문짝 : 하자 아님) 2. 보수 방법 가. 마감용 페인트로 처리	1. 하자 판정 기준 가. 물을 사용하는 욕실, 세탁실 및 샤워실 등과 같은 곳에 설치된 문짝 상,하부의 마구리 면에 래핑지 또는 조합페인트 등으로 마감하지 않은 문짝 나. 물을 사용하지 않은 공간에 설치된 문짝(하자가 아님)

⊙ 화장실 거울변색

건설감정실무	국토교통부 하자판정기준 (제17조)
1. 하자 판정 기준 가. 화장실 거울의 변색은 기능상, 미관상 하자 2. 보수 방법 가. 변색을 치유할 수 있는 보수 방법 (보수 불가시 교체)	1. 하자 판정 기준 가. 욕실 거울이 부식방지를 위한 코팅처리가 되지 않아 변색된 경우(다만 입주자의 사용상 잘못이 인정되는 경우 – 하자가 아님)

⊙ 가구

건설감정실무	국토교통부 하자판정기준
1. 하자 판정 기준 가. 가구의 고정 불량, 개폐 불량, 시트지 들뜸 2. 조사 방법 가. 육안 관측과 실제 개폐 등 3. 보수 방법 가. 각 하자별 현황에 적합한 손보기 비용	– 하자 판정 기준 없음–

⊙ 싱크대 하부 및 배면 마감

건설감정실무	국토교통부 하자판정기준 (제16조)
1. 하자 판정 기준 가. 하부 바닥의 마감이 없어 시멘트 모르타르가 그대로 노출된 경우에는 분진 발생할 우려가 있고, 미관상 지장을 초래함 나. 싱크대 벽면의 마감 미시공은 설계도면의 실내재료마감표 및 당해 부위 상세도의 마감 유무에 따라 판단 2. 보수 방법 가. 하부 바닥을 에폭시 페인트로 도장 나. 벽면 마감 미시공은 공사비 차액으로 산정	1. 하자 판정 기준 가. 설계도면(실내재료 마감표, 싱크대 하부의 상세도면, 시방서 등)에 마감 표시가 되어 있는 경우 나. 설계도서에 주방 싱크대 하부 마감재가 표시되어 있지 아니한 경우, 주방 마감재와 동일하거나 미장 또는 쇠흙손 등으로 마감을 하지 아니한 경우

⊙ 천장 반자틀 각재 간격

건설감정실무	국토교통부 하자판정기준
1. 하자 판정 기준 가. 각재 간격 변경시공은 설계도면의 당해 부위 상세도로 판단(천장 처짐 등) 2. 보수 방법 가. 공사비 차액으로 산정	– 하자 판정 기준 없음–

⊙ 걸레받이 변경시공

건설감정실무	국토교통부 하자판정기준
1. 하자 판정 기준 가. 규격, 재질의 변경시공은 설계도면의 당해 부위 상세도와 비교하여 판단 2. 보수 방법 가. 공사비 차액으로 산정	– 하자 판정 기준 없음–

⊙ 액체방수층 변경시공

건설감정실무	국토교통부 하자판정기준
1. 하자 판정 기준 가. 액체 방수층의 두께 부족, 일부 방수층의 미시공과 같은 하자는 설계도면의 당해 부위 상세도와 시방서 등으로 판단 나. 방수 기능에 문제가 없다면 중요한 하자로 보기가 어렵고, 방수 성능에 문제가 있을 것으로 보이면 별도로 판단 2. 보수 방법 가. 공사비 차액으로 산정	– 하자 판정 기준 없음–

⊙ 미장 모르타르 두께 부족

건설감정실무	국토교통부 하자판정기준
1. 하자 판정 기준 가. 미장 모르타르 두께 부족은 설계도면의 당해 부위 상세도와 시방서로 판단 2. 보수 방법 가. 공사비 차액으로 산정	– 하자 판정 기준 없음–

⊙ PD 내벽 미장 미시공

건설감정실무	국토교통부 하자판정기준 (제14조 덕트 미장)
1. 하자 판정 기준 가. PD내부의 미장 마감 여부는 설계도면의 실내재료 마감표 및 당해 부위 상세도로 판단 2. 보수 방법 가. 공사비 차액으로 산정	1. 하자 판정 기준 가. 에어덕트(AD)의 일부 또는 전부의 벽체를 조적 시공 후 설계도서와 달리 조적벽체에 미장을 누락한 경우(해충 및 냄새 발생) 나. 제1항에 불구하고 에어덕트 내의 관통되는 부분이나 통로가 좁아 시멘트 모르타르의 바름 작업 등 시공이 곤란하다고 인정되는 부위는 하자가 아닌 것으로 볼 수 있음 다. 파이프 덕트(PD) 경우 기능상, 미관상 지장을 초래하지 아니하는 경우 –하자가 아님

⊙ 석재

건설감정실무	국토교통부 하자판정기준
1. 하자 판정 기준 가. 파손, 균열, 처짐 등 나. 변색과 흡수율 이상으로 과도한 침습현상 (사용관리상의 문제도 파악) 2. 보수 방법 가. 석재앵커, 긴결 공법 등의 적정성 여부를 파악하여 적합한 보수공법 적용 나. 시공상의 문제로 인한 경우 적합한 보수공법 적용	– 하자 판정 기준 없음–

⊙ 장애인 점자블록 미시공

건설감정실무	국토교통부 하자판정기준
1. 하자 판정 기준 가. 장애인 시설 중 점자블럭의 미시공 여부는 설계도면 및 관계법령으로 판단 2. 보수 방법 가. 장애인의 편의 증진을 위한 시설로 시공	– 하자 판정 기준 없음–

⊙ 콘크리트벽 타이핀 미제거

건설감정실무	국토교통부 하자판정기준 (제12조)
1. 하자 판정 기준 가. 콘크리트 내벽의 타이핀 미제거(육안조사) 2. 보수 방법 가. 공사비 차액으로 산정	1. 하자 판정 기준 가. 벽체에 돌축된 긴결재(폼 타이핀, 평타이, 분리형 타이, 관통형 타이)를 제거하지 아니한 경우(다만, 주거생활 및 유지관리에 지장을 초래하지 아니한 경우 – 하자 아님) 나. 벽체의 긴결재로 인한 구멍 채움이 부족한 경우

⊙ 지하주차장 바닥 구배불량

건설감정실무	국토교통부 하자판정기준 (제20조)
1. 하자 판정 기준 가. 주차장 바닥 면의 구배 불량은 레벨기 등을 통해 확인, 기능상, 미관상의 지장 여부 판단 2. 보수 방법 가. 주차장 바닥의 구배 조정이 가능한 범위를 설정하여 보수비 산정 나. 보수공사 시 방수공사의 훼손 등도 고려	1. 하자 판정 기준 가. 옥내에 설치된 지하주차장 등의 바닥 일정 부위에 물이 장기간 고이거나 역물매가 형성된 경우 나. 설계도면에 옥외(옥상, 지상주차장 등) 및 욕실 등의 물을 사용하는 공간에 배수 물매가 표시되지 아니한 경우에도 물이 고이거나 배수가 원활하지 아니하면 하자임 다. 제1항 및 제2항에도 불구하고 다음 각 호의 경우 하자가 아닌 것으로 봄 ① 소량의 물이 기능상 지장을 초래하지 아니할 정도로 고이는 경우 ② 설계 당시부터 배수 물매가 고려되지 아니한 경우

⊙ 지하주차장 트렌치 누락, 배수불량

건설감정실무	국토교통부 하자판정기준 (제19조)
1. 하자 판정 기준 가. 트렌치 누락 및 구배 불량으로 인한 배수불량은 설계도면 및 시방서 등과 현장 시공 상태를 비교 2. 보수 방법 가. 트렌치 누락은 설계도서와 일치하게 시공하는 비용 산정(다만, 배수에 지장이 없고 중요하지 않은 하자로 보수비가 과다한 경우 시공비 차액을 산정) 나. 구배 불량을 해소하는 경우 당해 구간을 치핑 후 방수몰탈 시공 등의 보수비용을 산정(배수에 지장이 없고 보수비가 과다한 경우 시공비 차액을 산정)	1. 하자 판정 기준 가. 설계도서에 시공하도록 표시되어 있는 트렌치를 시공하지 아니하여 물 넘침 등 기능상 하자 발생 나. 트렌치를 설계도서에 표시된 규격 및 재질 등에 미달되게 시공한 경우(다만, 트렌치의 깊이를 현장 상황에 맞게 시공) 다. 트렌치의 바닥에 물이 고이는 등 배수가 원활하지 아니한 경우

⊙ 지하주차장 안전페인트 및 주차구획 상이

건설감정실무	국토교통부 하자판정기준
1. 하자 판정 기준 가. 안전페인트 미시공, 변경시공은 설계도면, 당해 부위 상세도로 판단 나. 주차 구획 상이 시공은 설계도면 및 관계법령에 의거하여 운전자와 보행자의 안전에 영향을 주는 경우 하자로 판단(다만, 주차 기능에 이상 없는 주차 구획 내부의 트렌치 등 타시설물과의 간섭은 현황을 긴밀히 파악하여 하자에서 제외할 수 있음) 2. 보수 방법 가. 안전페인트 시공 비용의 차액을 산정 나. 설계도면 및 관계법령에 적합하게 주차 구획을 현황에 맞게 보완하는 보수 비용	– 하자 판정 기준 없음 –

⦿ 신축줄눈

건설감정실무	국토교통부 하자판정기준 (제11조)
– 하자 판정 기준 없음 –	1. 하자 판정 기준 가. 설계도서에 명기되어 있는 신축줄눈을 시공하지 아니한 경우 나. 옥상 또는 지하주차장 바닥 신축줄눈의 폭, 깊이 및 간격을 설계도서와 다르게 시공한 경우. 다만, 설계도서와 다르게 시공한 상태가 경미하여 기능상 지장을 초래하지 아니하는 경우에는 하자가 아닌 것으로 본다. 다. 옥상 또는 지하주차장 바닥의 신축줄눈이 설계도서에 명기되지 아니한 경우 다음 각 호의 어느 하나에 부합하지 아니하면 시공하자로 볼 수 있다. ① 옥상 줄눈 간격 : 4m 이하. 다만, 방수층에 단열재를 설치한 공법과 한랭지의 경우에는 2.5m 이하 ② 지하주차장 조절 줄눈 간격 : 6m 이하. 다만, 주택단지의 여건을 감안하여 기둥 중심선과 기둥간격 기준으로 측정할 수 있다. ③ 줄눈 폭 : 3mm 이상. 단, 온도의 변화에 따른 바닥판의 신축과 표면 도장재가 발라진 경우에는 그 두께 등을 고려 ④ 줄눈 깊이 : 두께의 1/5 이상

⦿ 재해로 인한 피해

건설감정실무	국토교통부 하자판정기준 (제34조)
– 하자 판정 기준 없음 –	1. 하자 판정 기준 가. 태풍 · 호우 · 지진 · 폭설 등의 자연재해로 인하여 불가항력적으로 발생한 시설물의 피해는 하자가 아닌 것으로 본다. 나. 자연재해가 아닌 재해로 인하여 발생한 하자에 대하여는 그 발생 원인에 따라 하자여부를 판단한다. 다. 제1항에도 불구하고 자연재해로 인하여 피해가 발생한 원인이 건축물의 구조 · 설비의 안전도가 통상적인 수준에 현격히 미달하여 발생한 부분은 시공하자로 볼 수 있다.

2) 기계설비

⊙ 위생기구류

건설감정실무	국토교통부 하자판정기준 (제27조)
1. 하자 판정 기준 가. 탈락, 고정 불량, 처짐 등 육안이나 촉지로 판단 나. 좌변기, 세면대 등 위생기구류의 파손, 고정 불량이 다수 발생한 경우 제품자체의 하자로 판단 다. 위생기구와 배관 사이에 누수가 발생한 경우는 부착, 접지 불량 라. 단, 사용상 부주의로 인한 파손, 탈락의 경우 하자에서 제외 2. 보수 방법 가. 제품 자체의 내구성에 중대한 하자가 있다고 판단 – 교체비용으로 산정 나. 기타 들뜸, 탈락, 부착 불량 등과 같은 하자 – 손보기 비용	1. 하자 판정 기준 가. 규격 오류 : 설치된 위생기구 등이 설계도서와 상이하거나 기준에 미달하는 때(변경 시공) 나. 들뜸, 탈락, 파손 , 고정불량 또는 처짐 등의 결함이 발생한 때 다. 기능, 부착불량 : 위생기구와 배관의 연결 불량 또는 위생기구와 배관 사이에서 누수가 되는 때

⊙ 보일러, 온수 분배기

건설감정실무	국토교통부 하자판정기준 (제26조 난방설비)
1. 하자 판정 기준 가. 각종 설비 기기류의 작동 불량 나. 사용관리상의 문제가 아닌 제품상의 결함인 경우 하자로 판단 2. 보수 방법 가. 적정한 기기 보수 비용	1. 하자 판정 기준 가. 거실 또는 침실 별로 난방조절이 안 되는 경우에는 특별한 사정이 없는 한 하자로 봄(다만, 가변형 공간 또는 부속공간(드레스룸, 알파룸, 파우더룸 및 욕실 등)을 두는 경우에는 설계도서대로 적합 시공된 경우 하자가 아님)

⊙ 스프링클러 헤드 반경 부족

건설감정실무	국토교통부 하자판정기준 (제35조)
1. 하자 판정 기준 가. 스프링쿨러 헤드의 살수반경에 대한 법적 기준 위반은 기능상, 안전상의 중요한 하자 2. 보수 방법 가. 살수장애가 발생한 구간에 대하여 스프링쿨러 설비 화재안전기준에 맞도록 헤드를 이전 설치하는 보수비용	1. 하자 판정 기준 가. 스프링쿨러 헤드에 관하여 이 기준이 없는 사항은 「스프링쿨러 설비의 화재안전기준(NFSC 103)」 제10조를 준용 나. 전기설비에 관하여 이 기준이 없는 사항은 「전기설비기술기준」을 준용

⊙ 배관 규격, 재질 변경

건설감정실무	국토교통부 하자판정기준
1. 하자 판정 기준 가. 배관의 규격 및 재질 변경은 설계도면 및 당해 부위 상세도로 판단(향후 부식이나 내구성 저하로 인하여 배관 기능에 영향을 미치는 변경시공은 중요한 하자로 판단) 나. 품질의 차이가 경미하면 중요한 하자가 아님 2. 보수 방법 가. 중요한 하자는 보수 비용으로 산출 나. 중요하지 않은 하자 – 공사비차액 산출	– 하자 판정 기준 없음 –

⊙ 각종 보온재

건설감정실무	국토교통부 하자판정기준
1. 하자 판정 기준 가. 동파 우려가 있는 부위의 각종 배관류 및 세대 양수기함의 보온재는 필히 시공 – 중요한 기능상 하자 2. 보수 방법 가. 각종 보온재의 단열 성능에 적합한 보수비용의 산정	– 하자 판정 기준 없음 –

⊙ 각종 설비, 슬리브 주변 사춤 미시공

건설감정실무	국토교통부 하자판정기준 (제13조)
1. 하자 판정 기준 가. 설비 배관, 슬리브 사춤은 층간 방화구획을 위해 필요 – 기능상 하자 2. 보수 방법 가. 설비 배관, 슬리브 배관의 사춤에 소요되는 보수비용	1. 하자 판정 기준 가. 급수, 오수 또는 전기 등의 배관이나 배선함 관통부 주위를 밀실하게 채우지 아니하여 연기, 냄새, 소음 등이 전달되는 등의 문제가 발생하는 경우

⊙ 공기조화 설비

건설감정실무	국토교통부 하자판정기준 (제25조)
– 하자 판정 기준 없음 –	1. 하자 판정 기준 가. 환풍기 등의 공기조화설비에 다음 각 호와 같은 결함 등이 발생한 경우(제1호의 경우 변경시공) ① 규격오류 : 설치된 환풍기 등이 설계도서와 상이하거나 기준에 미달하는 때 ② 작동, 기능불량 : 환풍기 등의 팬이 작동하지 않거나, 댐퍼의 작동 및 기능이 불량한 때 ③ 부착, 접지, 결선 불량 : 환풍기 등과 배기구 및 배기 덕트 등의 연결이 불량하거나, 배선 연결이 불량한 때

3) 전기설비

⊙ 화장실 천장내 플렉시블 전선관

건설감정실무	국토교통부 하자판정기준 (제23조)
1. 하자 판정 기준 가. 플렉시블 전선관 미시공은 설계도면, 시방서 및 관계법령에 의거 판단, 안전상, 기능상의 하자로 분류 2. 보수 방법 가. 내선전공 규정에 적합한 플렉시블 전선관 보수하는 비용	1. 하자 판정 기준 가. 2중 천장 내에서 옥내배선 분기점 또는 아웃렛박스에서 부터 조명기구 전원 인입 부분까지의 전기배선을 케이블배선, 금속제전선관(점검할 수 없는 장소는 2종 금속제 가요 전선관에 한함) 또는 합성수지관으로 시공하지 않은 경우 나. 제1항에도 불구하고 전기배선의 길이가 30㎝이하이고 그 배선이 조명기구 등에 직접 접촉될 우려가 없는 경우 - 하자 아님

⊙ 지하주차장 CCTV 기능, 품질 시야 미확보

건설감정실무	국토교통부 하자판정기준 (제29조)
1. 하자 판정 기준 가. 지하주차장 공간의 안전을 확보하고 각종 사고와 범죄를 미연에 방지하는 예방적 기능을 발휘하는 중요한 안전시설 나. 시야 미확보는 설계도서 및 관계법령(부칙)에 근거하여 하자로 판정 2. 보수 방법 가. 기능 품질 및 사각지역 해소용 CCTV를 추가설치하는 비용 산정	1. 하자 판정 기준 가. 「주택법」, 「주차장법」 및 설계도서에 따라 폐쇄회로 텔레비전 카메라(CCTV)를 설치하지 않은 경우 나. 설치한 CCTV 카메라의 기능이 현저히 낮거나 전체 또는 주요 부분의 조망 및 식별이 어려운 경우 다. 자주식 주차장의 사람 및 차량 이동 동선에는 사각지대가 없도록 설치하되 부득이한 경우에는 예외로 함

⊙ 빌트인(BUILT IN) 가전제품 등의 작동불량

건설감정실무	국토교통부 하자판정기준
1. 하자 판정 기준 가. 현재 세대의 가전제품의 기능 및 작동 불량 하자에 대하여 입주자의 사용상 과실 등의 이유가 아닌 경우로서 세대주방 TV, 라디오, 냉장고(김치) 등에 대한 내구 성능의 하자, 제작 · 설치상의 하자 또는 다수 세대에 공통적으로 기능 및 작동 불량 하자가 발생했을 때 기능상 하자 2. 보수 방법 가. 제작, 설치상의 하자 또는 다수 세대에 공통적으로 기능 및 작동 불량 하자가 발생하는 경우에 한하여 점검 및 보수비용 산정	– 하자 판정 기준 없음 –

⊙ 전등, 안정기 기능 불량

건설감정실무	국토교통부 하자판정기준 (제24조)
1. 하자 판정 기준 가. 제품 자체의 불량 여부와 소모품에 따른 관리주체의 교체사항인지를 판단하여 반영 2. 보수 방법 가. 제품 자체의 불량인 경우 보수, 교체 비용을 산정	1. 하자 판정 기준 가. 조명설비에 다음 각 호와 같은 결함이 발생한 경우(다만, 제1호의 경우에는 변경시공) 1. 규격오류 : 설계도서와 상이하거나 기준에 미달하는 때 2. 작동, 기능불량 : 소음, 타는 냄새, 연기, 스파크 등이 발생하거나 고장이 날 때 3. 탈락, 추락 : 입주자 등의 과실이 없이 조명기구가 탈락되거나 추락될 때 4. 부착, 접지, 결선 불량 : 스위치 조작시 조명 등이 켜지지 아니한 때

⊙ 통신, 신호 등의 설비

건설감정실무	국토교통부 하자판정기준 (제28조)
– 하자 판정 기준 없음 –	1. 하자 판정 기준 가. 인터폰 및 홈오토메이션 등의 관련 제품에 다음 각 호와 같은 결함 등이 발생한 경우(제1호의 경우 변경시공) ① 규격오류 : 설치된 인터폰 또는 홈오토메이션 등이 설계도서와 상이하거나 기준에 미달하는 때 ② 작동, 기능불량 : 인터폰 또는 홈오토메이션 등의 작동이 불량하여 통화에 지장을 주거나 화질 등이 불량한 때 ③ 부착, 접지, 결선 불량 : 인터폰 또는 홈오토메이션 등의 배선연결 등이 불량한 때

4) 토목

⊙ 측구의 구배불량, 파손(스켈링) 현상

건설감정실무	국토교통부 하자판정기준
1. 하자 판정 기준 가. 단지 도로의 측구 콘크리트 면의 구배 불량으로 인한 경우 – 레벨기 활용 경사도와 설계도서와의 비교 판단 나. 물고임이나 파손(스켈링) 현상은 육안으로 판단 2. 보수 방법 가. 구배 불량의 경우 적정 범위에 한해서 보수 나. 콘크리트 포장 면을 보수하는 비용	– 하자 판정 기준 없음 –

⊙ 단지 포장 구배 불량, 침하, 규격 미달

건설감정실무	국토교통부 하자판정기준
1.하자 판정 기준 가. 단지 도로 포장 면의 구배 불량, 침하인 경우 – 레벨기 활용 경사도와 설계도서와의 비교 판단 나. 단지 도로의 포장 면 규격이 설계도서에 비해 미달되게 시공된 경우 코어링을 통한 시료채취 2. 보수 방법 가. 적정 보수 범위의 포장 면을 보수, 콘크리트 포장 면 보수, 기층 다짐 불량으로 인한 지반침하의 경우, 포장 면을 철거하고 되메우기를 재시공한 후 보수 나. 시공비 차액으로 산정(중요하지 않은 하자)	– 하자 판정 기준 없음 –

5) 조경

⊙ 조경수 고사목

건설감정실무	국토교통부 하자판정기준 (제30조)
1. 하자 판정 기준 가. 설계도서 및 식생 환경의 조건, 불량 등을 종합적으로 고려하여 기능상, 미관상의 하자 판단 2. 보수 방법 가. 고사목을 처리하고 동일 사양의 식재를 시공하는 보수비용을 산정	1. 하자 판정 기준 가. 조경수는 수관부의 가지 3분의 2 이상이 고사되거나, 수목의 생육상태가 회복하기 어려울 정도로 불량 나. 지주목의 지지상태가 부실하여 조경수가 쓰러진 경우에는 입상불량 다. 관리주체 및 입주자 등의 유지관리 소홀로 인하여 조경수가 고사되거나 쓰러진 경우 또는 인위적으로 훼손되었다고 입증되는 경우에는 하자가 아닌 것으로 볼 수 있다.

⊙ 조경수 규격 미달

건설감정실무	국토교통부 하자판정기준 (제33조)
1. 하자 판정 기준 가. 식재의 규격이 설계도서에 규정한 치수보다 미달인 경우, 흉고 직경과 근원 직경, 수고를 기준으로 조사 나. 실측 치수가 사용검사 도면의 조경수 규격 치수보다 10% 이상 미달하는 경우 2. 보수 방법 가. 식재비용은 조사 당시의 건설공사 표준품셈에서 정한 나무 높이, 흉고직경, 근원직경, 관목류, 교목류의 규격차이에 따른 재료비의 단가 차이를 반영하여 산정	1. 하자 판정 기준 가. 조경수는 설계도서에 적합한 수종으로 식재하였으나 규격(흉고 직경 또는 근원 직경)이 설계도서에 미달하는 경우 – 변경시공 나. 제1항에 따른 조경수 규격의 허용오차는 – 10%까지로 한다. 다. 제1항 및 제2항의 규정에 불구하고 조경수의 수형과 지엽 등이 지극히 우량하거나 식재지 및 주변 여건에 조화될 수 있다고 인정되는 경우에는 하자가 아닌 것으로 볼 수 있다

⊙ 조경수 부족 식재(미식재)

건설감정실무	국토교통부 하자판정기준 (제32조)
1. 하자 판정 기준 가. 부족 식재는 조경설계도서의 구역별 상세도를 기준으로 그 부족여부 판단 2. 보수 방법 가. 동일 사양의 식재를 시공하는 비용을 산정	1. 하자 판정 기준 가. 설계도서와 식재된 조경수를 비교하여 수종이 다르거나 저가의 수종으로 식재한 것으로 인정되는 경우 나. 설계도서와 달리 조경수의 식재를 누락한 경우, 다만 설계도서와 달리 위치를 변경하여 다른 장소에 식재된 경우에는 현장의 제반여건 고려

⊙ 조경수 추가 식재

건설감정실무	국토교통부 하자판정기준
1. 하자 판정 기준 가. 설계도면과 대비해 추가적으로 시공한 식재에서 발생한 하자는 '고사목'의 경우에 준하여 하자를 판단 2. 보수 방법 가. '고사목'의 경우에 준하여 보수비용을 산정하되 추가 식재에 대한 보수 비용임을 명기	– 하자 판정 기준 없음 –

⊙ 조경수 고무밴드, 철선 미제거

건설감정실무	국토교통부 하자판정기준 (제31조)
1. 하자 판정 기준 가. 고무밴드, 철선 미제거는 시방서 등에 의거하여 판단되나 현재 나무의 상태가 고사 등 부실하면 고사목으로 분류 – 상태가 양호하다면 중요하지 않은 하자로 판단 2. 보수 방법 가. 지면에 노출되어 있는 고무밴드와 철선과 같은 결속 재료를 제거하는 비용을 산정	1. 하자 판정 기준 가. 고사되지 않은 조경 수목의 뿌리분 결속 재료를 제거하지 않은 것은 하자가 아닌 것으로 본다. 나. 지표면에 노출된 조경수의 뿌리분 결속재료를 제거하지 아니한 경우에는 시공하자로 본다. 다만, 분해되는 결속재료를 사용한 경우에는 하자가 아닌 것으로 본다

⊙ 조경 시설물

건설감정실무	국토교통부 하자판정기준
1. 하자 판정 기준 가. 조경 시설물의 규격 불일치 등의 하자는 설계도면, 시방서 등 설계도서에 명기된 공법과 실제 현황, 공법 등의 일치 여부로 판단 나. 조경 공간의 하자는 건물의 안정성이나 내구연한에 영향을 미치는 중요한 하자는 아니나 기능상, 미관상 지장을 초래하는 하자 2. 보수 방법 가. 하자로 파악되는 부분의 보수비용 산출, 하자가 중요하지 아니한 하자는 공사비 차액으로 산정	– 하자 판정 기준 없음 –